Hildegard Marcus

Spiritualität und Körper

Hildegard Marcus

Spiritualität und Körper

Gestaltfinden durch Ursymbole

Die Deutsche Bibliothek – CIP-Einheitsaufnahme

Marcus, Hildegard:
Spiritualität und Körper : Gestaltfinden durch Ursymbole /
Hildegard Marcus. – Stockach: Weidling Verlag., 3., völlig neu überarbeitete Aufl. 2008
ISBN 978-3-922095-28-6

© Weidling Verlag Stockach
3., völlig neu überarbeitete Auflage 2008
Lektorat: Barbara Müller, MediaPartner
Druck: werk zwei Print + Medien Konstanz GmbH

Inhaltsübersicht

VII. Kapitel: *Das Labyrinth als Ursymbol*

Geleitwort

Wer je in Weimar um das bezaubernd schöne Gartenhaus Goethes an der Ilm herumging, erinnert sich an das sonderbare Bildwerk im Garten: eine Kugel schwebt auf einem Würfel. Darunter steht: „Dem guten Glück", agathé tyché. Die rollende Kugel berührt nur an einem Punkt den stehenden Würfel und wird doch von ihm getragen – das macht das „Glück" aus, das flüchtige, unbeständige, deswegen so kostbare. Denn Glück ist der schöne Augenblick der Balance, des zugefallenen Gleichgewichts mitten unter den Spannungen, der immer wieder gelingenden, freudig überraschenden Versöhnung des Gegenstrebigen.

Hildegard Marcus hat ein seltenes Buch geschrieben: den Aufweis der Grundformen des Daseins, vornehmlich des menschlichen Körpers, in Senkrechte und Waagerechte, Quadrat, Dreieck, Kreis/Kugel, Spirale und anderen (wer weiß schon noch, was die Lemniskate ist, die liegende und senkrechte Acht, und was sie bedeutet?). Zugleich weist sie auf deren Entsprechung im Kosmischen hin, also in der Natur: Makrokosmos und Mikrokosmos stehen in denselben Ordnungen. „So wie oben, so auch unten", nach dem berühmten Merksatz des so genannten Hermes Trismegistos, der ganze Epochen des Denkens prägte – sicherlich die Spätantike und das Mittelalter. Aber auch die Kunst wird erhellend herangezogen: Unvermutet springen im 20. Jahrhundert wieder Gestaltungen solcher Grundformen ins Auge, begleitet von Selbstaussagen der Künstler. Letztlich mündet die Darstellung in den großen Versuch, zur spannungsreichen Verbindung der Grundformen untereinander und zur Bewusstwerdung von Leib in Geist, Geist in Leib anzuleiten. Diesem Klarwerden dienen Körperübungen, die aus einer jahrzehntelangen Erfahrung hervorgegangen sind.

Liest man das Buch freilich nur von den Übungen im Sinne von Fitness her, dann ist seine Absicht unvollständig ergriffen. Die heutige Überfülle von Trainingsangeboten verleitet, missverstanden, eher zu raschen Rezepten: käufliche Gesundheit, Überanstrengung durch Einseitigkeit, Herausarbeiten einer gewissen körperlichen Norm, etwa von Schlankheit, Schnelligkeit, „idealen" Körpermaßen. Solche „Fünf-Minuten-Fitness" entspricht der neuzeitlichen Entwicklung, den Leib zum Körper herabzusetzen, welcher sich funktional oder mechanisch „auftrimmen" lässt. Eine derartige missleitende Vorstellung geht zumindest bis in einen Strang der Aufklärung zurück. Beispielsweise betrachtete Julien de la Mettrie in seinem berühmten Buch „L´homme machine"/ Der Mensch als Maschine von 1748 die Leibvorgänge als Maschinenreaktionen und seelische Zustände als Ergebnis derselben Mechanik. So lag es nahe, den Körper „reparatur-mäßig" anzugehen, sogar zu zwingen.

Andererseits geht es im Gegenzug heute vielfach um eine unklare und nebelhafte „Ganzwerdung". Sie bedient sich, des europäischen Materialismus und seiner Zwänge müde, häufig fernöstlicher Ausleihen, die unverstandene und aus ihrem Zusammenhang gerissene Praktiken anbieten, nicht selten für teures Geld und in geheimnisvoll-verdunkelnder Begrifflichkeit. Diese Sehnsucht nach Ganzwerden steht heute unter dem Fremdwort „Integralität" hoch im Kurs. Allein das Angebot an „ganzheitlicher Bildung" verrät das ungestillte Bedürfnis. In der Tat: Wer macht nicht unentwegt die Erfahrung seiner Halbheit, Unvollständigkeit, seiner schuldig-unschuldigen Zerrissenheit – und wünschte nicht stattdessen: integriert, ausgeglichen, „rund und schön" zu sein? Und sollte man so etwas nicht einfach auch „kaufen" können – auch um den Preis, in eine unverstandene Denkwelt einander überbietender Gurus, in die Halbwelt von Kartenschlagen und Astrologie hineinzugeraten?

Gegen das Zwielicht solcher heutigen Unsicherheiten, ja Hilflosigkeiten, steht dieses Buch. Genauer genommen, *steht es in sich*, ohne die Gegnerschaft von Körpervergötzung auf der einen Seite, von verschwimmender Irrationalität auf der anderen Seite mühsam abzuarbeiten. Es stellt sich einfach von Grund auf, nämlich von den Grundformen ausgehend, der heute unabweisbaren Frage: wie zu der verlorenen, wieder gesuchten Ganzheit auch der Leib führe – jener ausgezeichnete Zugang zu uns selbst. „Leibgehorsam" wäre ein schönes Wort dafür, wenn zugleich mitgehört wird, dass darin auch der Gehorsam gegenüber dem Geistigen eingeschlossen ist. Denn: „Alles Gute, was geschieht, wirkt nicht einzeln. Seiner Natur nach setzt es sogleich das Nächste in Bewegung" (Goethe, Artemis-Gedenkausgabe 12, 672). In diesem Buch – und das macht es unter den vielen sonstigen theoretischen Verkürzungen ungewöhnlich – treibt der Leib den Geist an. Und umgekehrt: Die Einsicht in die Grundformen führt zu ihrem Vollzug in den Übungen. Von jeder Seite aus wird das Ganze angestoßen.

Der Grundansatz des Buches ist in einem tiefen, offenen Sinn religiös. „Sei ganz vor mir", das ist schon der Ruf Jahwes an Abraham. Ganz meint nicht etwa „nur Sittliches", es meint Heil im Wortsinn von „whole" = ganz, heilig, geheilt. Es meint, aus den verworrenen Linien des Daseins ins Gerade, Aufgerichtete, Aufrichtige überzugehen. Und dabei zu entdecken, dass Außen und Innen, Leibliches und Geistiges keine Gegner, sondern Ergänzungen sind. Nach vielen Irrwegen der Trennung bricht heute die Frage auf, wie der Geist den Leib annehmen könne, ohne sich dessen „Schwerkraft" ganz auszuliefern, aber auch, ohne sich seiner zu entledigen.

Genauer: Heute geht es um eine „Fleischwerdung" unserer selbst, nicht im Sinne des (nicht selten forcierten) Verfallens an Trieb und Instinkt, auch nicht im Sinne ihrer Abweisung, sondern im Sinne der Leibwerdung. Hier lässt sich sprachlich etwas Wertvolles verdeutlichen: Ich habe einen Körper, aber: ich bin mein Leib. Körper ist als Leib wiederzugewinnen. Körper wäre jene Außenseite, die dem Geist als der Innenseite „entgegensteht"; Leib wäre jedoch immer schon Konkretion von Geist, ein Füreinander, Miteinander leiblich-geistiger Vorgänge. Daher haben wir zwar einen gewissermaßen mechanisierbaren Körper; darauf beruhen ja gerade die Erfolge objektivierter medizinischer Behandlung. Trotzdem sind wir aber, auch vom innersten Selbstanspruch her, mehr: nämlich unser Leib. Es geht also nicht mehr um Gegensatz, Abstoßung, sondern um *tiefste Anziehung* über allen vorletzten Widerstreit hinweg. Thomas von Aquin stellte sich im 13. Jahrhundert die Frage, ob nicht die Seele, die sich im Tod vom Leib trenne, Gott damit ähnlicher sei – denn sie sei ja nun wohl „rein geistig". Und er gibt die erstaunliche und groß gedachte Antwort: Ganz im Gegenteil, der Mensch sei in Leib und Seele Gott ähnlich, denn so sei er erschaffen: Ebenbild im Leibhaftigen und im Geistigen. (Letzten Endes wird dies bis zur Notwendigkeit der leiblichen Auferstehung weitergedacht.) Bei Hölderlin heißt es: „Wer das Tiefste gedacht, liebt das Lebendigste"; bei Novalis: „Einst wird alles Leib sein, ein Leib". Das sind freilich dichterische Aussagen, aber diese Visionen haben ihre Grundlage im Erfahrenen. Vor allem auch in der Erfahrung einer immer wieder mühselig zu überwindenden, unser irritiertes Dasein begleitenden Spaltung – die doch einmal eine gesicherte Vollendung finden müsse.

Man sage nicht, dass die europäische Herkunft den Weg zu einer solchen ganzheitlichen Sicht verbaue. Wer das Buch aufmerksam durchgeht, wird überrascht wahrnehmen, wie viel die Neuzeit an antikem und mittelalterlichem Wissen verdeckt hat, aber auch unterschwellig mitnimmt. Nicht Weniges davon ersteht wie in ursprünglicher Frische – so reicht das Buch eine Gabe weiter aus den damaligen „Frühlingen" an uns „Spätlinge", die ihre eigene Herkunft vergessen haben. Hier wird nicht nur „Leib", sondern auch „Geschichte" im umfassenden Sinn von Kultur, Kunst, Literatur aufgeweckt.

Von solchen Gedanken gestützt, wird deutlich, was „Ganzwerden" bedeutet: die *Durchlässigkeit* für alle geistigen und leiblichen Anlagen, den Nicht-Ausschluss oder die Nicht-Verdrängung von Gaben, sondern ihre wechselseitige *Durchsichtigkeit*, Transparenz. Die zur Einseitigkeit oder Verselbständigung neigenden Strebungen werden jeweils „gerichtet", in die Vielfalt des Ganzen aufgerichtet. Die Übungen beschneiden das Ungute an der jeweiligen Anlage, lassen aber ihre Kraft umso dienlicher werden für das Gesamte.

„Leiblichkeit ist das Ende der Wege Gottes" – dieser Satz des schwäbischen Pietisten Friedrich Christoph Oetinger sei als Anreiz zum Lesen dieses reichen Buches ausgesprochen. Damit das „gute Glück" des Gleichgewichts der Lebensspannungen immer wieder gelingt.

Prof. Dr. Hanna-Barbara Gerl-Falkovitz,
Technische Universität Dresden,
Lehrstuhl für vergleichende Religionswissenschaft
und Religionsphilosophie

Vorwort

Überall in unserer täglichen Wirklichkeit treten uns Ursymbole in den Blick, ohne daß wir sie als solche erkennen. Wir sehen diese Form-Zeichen und sehen sie doch nicht. Ursymbole als versunkene Marmorbilder, als vergessene Sprache? – Die Ursymbole, die hier zum Erinnern kommen sollen, sind: die gerade Linie als Senkrechte und als Waagerechte, das Kreuz, das Quadrat, das Dreieck, Kreis/Kugel, die Spirale, das Labyrinth.

Diese gewissermaßen ersten, einfachen, ursprungsnahen Zeichen bezeichnete der Symbolforscher Alfons Rosenberg als Ur-Symbole. In und mit diesen urtümlichen Bild-Zeichen vermag der Mensch die Ordnung des Kosmos und die Strukturen der wandelbaren und unwandelbaren Seinswirklichkeit zu erkennen, der er selbst mit seinem Leben und Sein angehört und in die er eingebildet ist – als Mikrokosmos im Makrokosmos.

Der hier erarbeitete Ansatz versucht, diese Ursymbole in unserer eigenen, konkreten Körpergestalt aufzuzeigen, um sie wieder existentiell wahrnehmbar und erlebbar zu machen. Die Philosophie spricht von der Seinsvergessenheit des modernen Menschen. Dieser aber hat zugleich auch seinen Leib vergessen – was die Philosophie oft nicht mit bedenkt.

Ursymbole sind Sinn-Zeichen, d. h. in ihrer sinnenhaft wahrnehmbaren Erscheinung offenbaren sie zugleich einen geistigen Aspekt, eine unsichtbare Energie. Dieses bedeutet, ein geheimnisvoller Bauplan bestimmt die Welt und den Menschen. Davon ist der Mensch auch in seinem Sehen und Gesehenwerden betroffen. Sichtbares und Unsichtbares, Sinnliches und Geistig-Seelisches fallen in ihm zusammen. ‚Zusammenfallen' heißt im Griechischen: sym-ballein. Wer Welt und Mensch symbolisch versteht, nimmt sie ganzheitlich wahr. Die sinnlich-geistige Gestalt des Menschen und die sinnlich-geistige Doppelnatur des Symbols sind in der Realität aufeinander zugeordnet.

Das Leib-Erinnern über Ursymbole geschieht auf dem Weg eines neu zu erweckenden *Körper-Bewusstseins*. Im Aufspüren der Urformen und ihrer archetypischen Kräfte findet der Mensch somit die Wurzeln, Leitbilder und Strukturen seiner leiblichen Gestalt: *Gestalt-Finden durch Leib-Erinnern über Ursymbole*.

Der Romantiker Novalis wusste um den Zusammenhang zwischen dem Äußeren und dem Inneren in der Erscheinung der Dinge: „Das Äußere ist das ins Geheimnis gehobene Innere."[1] Damit drückt er das Wesen des Symbols aus.

Auf den Menschen bezogen, wird hier Ungeheures gesagt. Zum einen, dass das Äußere, sprich: das Sichtbare am Menschen, ein Mysterium sei; zum anderen, dass zwischen Äußerem und Innerem ein geheimnisvoller Bezug bestehe.

Somit gehört im Prozess der geheimnisvollen Menschwerdung zur aufgerichteten Gestalt notwendig auch ein inneres, geistiges Aufrecht-Sein, in welchem sich das Streben nach bewusstem Mensch-Sein ausdrückt.

Nun ist die körperlich-geistige Einheit des Menschen, seine Präsenz und Schönheit nicht ohne Bemühung und stetiges An-sich-Arbeiten zu haben. Die beigeordneten Körperübungen wurden in Anlehnung an die eutonische Körperpädagogik und Körpertherapie von Gerda

---

1 Aus den ‚Fragmenten' von Novalis (Friedrich von Hardenberg), zitiert nach H. Keßler, Das offenbare Geheimnis, S. 81

Alexander[2] entwickelt und aus einer Vielzahl von Möglichkeiten ausgewählt. Die im Anhang aufgeführten Körperübungen sind nummeriert und im Text vermerkt, was ein paralleles Benutzen ermöglicht. Leider ist mit der räumlichen Trennung der Nachteil verbunden, daß die so notwendigen körperlichen Erfahrensanteile – das Besondere dieser Konzeption – ausgeklammert und übersehen werden könnten.

Eutonie vermittelt eine sensible innere Wahrnehmung (Erinnerung) unserer gegebenen biologischen Realitäten. Nicht die Muskelpakete, sondern das Knochengerüst repräsentiert die Baustruktur des menschlichen Körpers. Eine Methode der eutonischen Körperarbeit ist es, an den Knochen entlang zu spüren. Dadurch ist es möglich, ein persönliches Knochenbewusstsein zu entwickeln, welches dann eine reale Grundlage darstellt für die Selbsterfahrung. „Ohne Körperbewusstsein – keine Wesensbewusstheit" lautet eine Grundthese der Eutonie.

Die Ursymbole und ihre Be-Deutungen leisten dabei einen sinnstiftenden, belebenden Beitrag. Deshalb wird uns z. B. die lotgerechte Aufrichtung der Wirbelsäule, das Rumpf-Quadrat, das Schulter-Scheitel-Dreieck, die Dreiecksstruktur menschlichen Sitzens und auch die Rundheit des menschlichen Kopfes beschäftigen.

Alfons Rosenbergs Wort „Je sinnlicher, desto geistiger"[3] will auch besagen, dass Körper und Geist sich gegenseitig neue Bewusstwerdungsräume und Wirkkräfte zuspielen. Der wache Mensch erlebt sich als „geistdurchwirkte Sinnenwelt".[4] In seiner aufgerichteten, aufrechten Haltung vermag er sich wahrzunehmen als aufgerufenes Dasein in der Welt und geistig zu antworten. –

Angesichts der Spannweite der modernen Wissenschaften sind wir alle unweigerlich mit der Tatsache unserer Halbbildung konfrontiert und mit unserem beträchtlichen Nichtwissen.[5] Wir sind indes in sehr viel existentiellerer Weise halb gebildet: ‚Bildung des Körpers' und ‚Erziehung des Leibes' gehörten in der Blüte der griechisch-römischen Kultur zur pädagogischen Kernsubstanz. Eutonie war bereits zu antiker Zeit eine bekannte Weise der Körperausbildung und -pflege. Heute jedoch werden ‚Körperbildung' und ‚Leibeserziehung' nur verkürzt angewandt z. B. im Leistungsfach Sport. Ganzheitliche Bildung aber ist ein lebenslanger Bewusstwerdungsprozess von Leiblichem und Seelisch-Geistigem. Ohne partnerschaftliches, bewusstes Miteinbeziehen des ganzen Körpers in den Lebensvollzug (Friedrich Weinreb wird es ‚befreite Körperlichkeit' nennen, s. Kap. I, 5) werden bestimmte seelischgeistige Erfahrungen und Erkenntnisse nicht zugänglich werden. Wenn der Mensch nur seine mental-rationalen oder andererseits nur seine physischen Kräfte und Fähigkeiten ausbildet, wird er wegen solcher Einseitigkeit (Schlagseite), wegen mangelnder Balance, wegen eben seiner ‚Halb'bildung nur sehr schwer oder verspätet oder überhaupt nicht zu seiner vollmenschlichen Ausreifung gelangen können. Solcher Halbbildung heilend zu begegnen, dazu wird hier ein fundamentaler Beitrag angeboten.

---

2 Gerda Alexander, Eutonie, ein Weg der körperlichen Selbsterfahrung, München, Kösel, 41981. Sie hat mit der Entwicklung der modernen Eutonie einen westlichen Weg zur Erfahrung der körperlich-seelisch-geistigen Einheit des Menschen gewiesen. s. dazu Kap. I, 9.
3 Vgl. A. Rosenberg, Wandlung des Kreuzes, S. 20 oder Einführung in das Symbolverständnis, S. 89.
4 Vgl. A. Rosenberg, Kreuzmeditation, S. 35 oder auch 2 Tim 1,9: mit heiligem Ruf gerufen …
5 Der Volkskundler Hermann Bausinger, Tübingen, hielt kürzlich (am 31. X. 96) einen SWF-Radio-Vortrag über die Schrecken und das Lob der Halbbildung.

Die menschliche Gestalt ist etwas Universales, ein universales Kunstwerk! Kunstwerke bringen das Bild der Welt zum Vibrieren, indem sie an die Urbilder heranführen. (Max Beckmann macht in seinem Maler-Tagebuch folgenden Eintrag: „Das wichtigste Indiz der Begegnung mit einem Kunstwerk sei gewiss der Schauer über dem Rücken.") ‚Kunst ist sprechende Gestalt'! Beispiele aus der Kunst werden daher vor allem in den Kapiteln über die einzelnen Ursymbole herangezogen. Sie werden eine über die Sinne inspirierende Erfahrung der Symbole unterstützen.

Dass über die einfachen Urformen Gerade, Kreuz, Quadrat/Würfel, Dreieck/Kegel und Kreis/Kugel auch noch verwandte Symbole wie Sechseck, Achteck, Rad, Kreuz-im-Kreis, Lemniskate, Spirale und Labyrinth in z. T. ungewöhnlichen Aspekten und Deutungen zur Sprache kommen, erweitert das Informationsangebot.

Kulturgeschichtliche Aspekte, die u. a. Gedanken des Kulturphilosophen Jean Gebser und des Theologen Teilhard de Chardin aufgreifen, betten diesen Entwurf in einen philosophisch-theologisch-kultursoziologischen Orientierungsrahmen ein.

Tanz und Meditation, je für sich und auch im Miteinander (meditatives Tanzen), sind heute offenkundige Bedürfnisse vieler junger und älterer Menschen. Beide werden mit ihren körperlichen und geistigen Erfahrenshorizonten eigens angesprochen.

Die durch solche Auflichtungen unterstützte, körperlich-geistige und spirituelle Bewusstwerdung führt zu ganzheitlicher Selbst- und Welterfahrung.

Sobald wir uns selbst als Symbol und in unserer menschlichen Gestalt von den Ursymbolen her wahrnehmen, finden wir uns plötzlich überall in Zusammenhängen und in grenzenloser Zugehörigkeit.

Für Menschen an der Schwelle zum 21. Jahrhundert und im Übergang zu einer vierdimensionalen, integralen Kulturstufe (s. Jean Gebser, Kap. I, 8) ist dies von besonderer Bedeutung. Unsere Menschengestalt zu erinnern, d. h. von innen her sensibel anzunehmen (lat. recordare!), ist eine Weise, dem überhand nehmenden äußeren Chaos entgegenzustehen. Zweierlei ist hier zu bedenken: Erinnerungen sorgen für die Kontinuität des Lebens, und: Neues kann nur durchkommen, wenn das Chaos gestaltet wird.

Dabei wird es gut sein, sich auf Wurzelhaftes, Anfängliches zu besinnen.

Die hier genannten Ursymbole sind archetypische Formen, sie sind Wurzeln aller Gestaltung. Die äußeren und inneren menschlichen Strukturen – hier werden sie als Ursymbole herausgestellt und gedeutet – sind erfahrbar und durchschaubar, grenzüberschreitend-durchlässig, weltförmig und entwicklungsfähig. *Der Ausgang von den Wurzeln begünstigt die Öffnung zum Universellen.*

Die den Ursymbolen innewohnende Energie, von der eigens die Rede sein wird (Kap. I, 4), ist gewissermaßen Schubkraft, Halteseil und kreatives Potential für alles individuelle, leib-geistige und spirituelle Erinnern und Gestaltfinden in den noch ungeklärten und verwirrenden Herausforderungen unserer Zeit. Das Gedicht ‚Auferstehung' von Marie-Luise Kaschnitz[6] bringt eine unmittelbare körperlich-geistig-spirituelle Ganzheitserfahrung ins Wort, konkret, wach, mitten im Hier und Heute:

---

6 Der Volkskundler Hermann Bausinger, Tübingen, hielt kürzlich (am 31. X. 96) einen SWF-Radio-Vortrag über die Schrecken und das Lob der Halbbildung.

Manchmal stehen wir auf
Stehen wir zur Auferstehung auf
Mitten am Tage
Mit unserem lebendigen Haar
Mit unserer atmenden Haut.

Nur das Gewohnte ist um uns.
Keine Fata Morgana von Palmen
Mit weidenden Löwen
Und sanften Wölfen.

Die Weckuhren hören nicht auf zu ticken
Ihre Leuchtzeiger löschen nicht aus.

Und dennoch leicht
Und dennoch unverwundbar
Geordnet in geheimnisvolle Ordnung
Vorweggenommen in ein Haus aus Licht.

Ich sehe in diesem Gedicht ausgedrückt, wie z. B. der biologische Aufrichtungsreflex, der in allen Menschen angelegt ist, plötzlich umzuschlagen vermag in spirituelle Auferstehungserfahrung ‚mit Haut und Haar‘.

In ähnlicher Weise erwecken und klären auch die anderen Ursymbole uns Menschen körperlich und geistig-seelisch. Sie bringen unser oft verworrenes, unbehaustes Dasein zu Erfahrungen wie

‚Geordnet in geheimnisvolle Ordnung
Vorweggenommen in ein Haus aus Licht.‘[7]

Über den eigenen Körper mit den Ursymbolen verbunden zu sein, das ist wie die Entdeckung einer neuen Welt. Der Leib-Erfahrung wird ein Fenster auf eine innere Wirklichkeit eröffnet. Hier enthüllt sich eine Ordnung, die vorher nicht da war. Sie ordnet real-biologische Knochenstrukturen, Gefühl-Gespür, Bewusstsein und inneres Gesicht zu einer eigenen Welt.

Das Vordergründige bricht zu inneren Sinn-Gestalten hin auf. Die Formen der Ursymbole stehen bereit (z. B. Lot-Gerade, Rumpf-Quadrat, Schulter-Scheitel-Dreieck, Steh- und Sitz-Dreieck, Kopf-Kugel etc.), unser individuelles leibliches Dasein auch an geistig-universalen Formungen und Strukturen teilnehmen zu lassen – in grenzenloser Zugehörigkeit.

Dieses Leib erinnernde Ankommen in einem individuellen und zugleich universalen Zusammenhang, der als gemeinsame Mitte erfahrbar wird, führt direkt zu einer Verbesserung der Lebens-Identität und Lebens-Qualität (Ökonomie): nämlich in einen tieferen, ganzheitlicheren Atem (= Prinzip des Lebens), als einem reflexartigen Erweis des ‚richtigen Weges‘. Solche Erfahrungen rechtfertigen dieses Buch.

---

7 Das Gedicht ‚Auferstehung‘ wird noch einmal aufgeführt im Zusammenhang mit dem eutonischen Streckreflex, dem sog. ‚Transport‘, bei den Körperübungen, s. S. 257.

Ich lege hiermit gewissermaßen ein Lebenswerk vor. Als ich seinerzeit (1947/48) am Anfang meines Studiums in München in einer Wiese lag und mir das Ziel meines Studiums vorzustellen versuchte, nämlich mein Menschenbild zu studieren aufgrund von Erfahrungen mit katholischer Kirche und dem NS-Regime, um Lebenshilfe leisten zu können bei meinen Schülern und Schülerinnen, da erfuhr ich eine Bestätigung zu diesem Weg, von dem ich ahnte, dass er sehr anstrengend, vielseitig, anspruchsvoll und lang sein würde. Er beinhaltete zunächst das Studieren an drei Fakultäten: Theologie, Germanistik und Leibeserziehung. Nur durch eine Sondergenehmigung des Bayrischen Kultusministeriums (auf Fürsprache von Prof. Dr. Michael Schmaus) konnte ich diese damals recht ungewöhnliche Fächerverbindung belegen.

Nach Staats- und Assessor-Examen unterrichtete ich leider nur ein Jahr lang. Die folgenden dreißig Jahre galten vornehmlich der Familie und dem Auf- und Erziehen von fünf Kindern.

In diesen Jahren aber durfte ich zwei großen Persönlichkeiten begegnen: dem Symbolforscher und Lebensführer Alfons Rosenberg und der Eutonie-Meisterin Gerda Alexander (s. S. 22 und S. 44). Beide gaben mir das notwendige weitere Rüstzeug, so dass auf dem soliden Boden meiner universitären Ausbildung, die im sportlichen Bereich durch Ruth Opitz[8] und ihre tänzerische Bewegungsgestaltung besonders qualifiziert war, ein solch ganzheitlicher Bildungsentwurf entstehen konnte.

Nebenbei gab ich Volkshochschul-Kurse und betreute über 30 Jahre lang kontinuierlich eine Frauengruppe in funktioneller, eutonischer und tänzerischer Gymnastik. Aus meinen schriftlichen Ausarbeitungen für die Teilnehmenden der jeweiligen, immer neu thematisierten VHS-Kurse entwickelte sich plötzlich der zusammenfassende (vorläufige) Arbeitstitel für diese Arbeit: Die Ursymbole als Wirkkräfte der menschlichen Gestalt.

Auf die Jahre der Haushaltsarbeit sehe ich heute versöhnt und dankbar zurück. Sie ließen die ursprüngliche, hehre Idee der Studentin in harter Alltagsrealität im verborgenen Untergrund weiterwirken und äußerlich sich anreichern durch das Einsteigen in die Symbolkunde und das Erlernen der eutonischen Körperarbeit – jeweils aus ‚erster Hand'.[9] Nach dem Entlassen der Kinder in ihr eigenes Leben fand ich dann Kraft und Zeit für die hier vorliegende Ausformulierung des frühen Ideals.

---

8 Ruth Opitz war vor ihrer Arbeit am Institut für Leibesübungen Solo-Tänzerin der Dorothee Günther-Schule in München.
9 Dies geschah über Jahre hinweg in vielen Wochenkursen im Bildungshaus St. Gerold. Meine beiden großen Lehrer liebten diesen Ort wegen seiner bedeutungsvollen geographischen Lage im Großen Walsertal und wegen seiner menschenfreundlichen, geistlich-benediktinischen Ausstrahlung.

Vorwort zur 3., völlig neu überarbeiteten Auflage

In all seinen Facetten ist das Zustandekommen dieser dritten Auflage für mich eine beglückende Fügung. In der Zwischenzeit von etwa zehn Jahren hat sich das Leben von Welt und Menschen spürbar verändert. Fast Wort für Wort habe ich deshalb mein Schriftwerk nachgeprüft. Durch stilistische und sachliche Ausbesserungen und auch durch einige neue Absätze gab es Verdeutlichungen und Aktualisierungen. Zu meiner eigenen Verwunderung sind um die 97 Prozent des Inhalts und der Anlage des Buches geblieben. Es ist einfach ein Langzeitbuch und heute so aktuell wie anfangs.

Jedoch:

Neu ist, rein äußerlich, die Gestaltung des Titelblattes, wozu die Malerin und Graphikerin Ursula Kaiser gewonnen werden konnte.

Neu ist vor allem die fachliche und geistige Kompetenz des Weidling-Verlages, seiner Inhaberin und seiner Lektorin. Beide zusammen haben durch ihr modernes Kow-how und ein entsprechendes ästhetisches Gespür alles auf ein ansprechendes und zutreffendes Niveau gebracht.

Neu ist auch weiterhin die Berücksichtigung der neuen Entwicklungen auf den Feldern der etablierten Wissenschaften, vor allem des lebhaft gewordenen Dialoges zwischen Philosophie, Theologie, Naturwissenschaften, Psychologie und der Biologie des Menschen. Ein gegenseitiges Ernstnehmen und Integrieren von Körper, Seele und Geist ist in Gang gekommen. Da wir an die Grenzen unserer rationalen Fassungsmöglichkeiten gekommen sind, hat sich auch eine Gesprächsebene zwischen den Naturwissenschaften und der religiösen Mystik aufgetan. Die Entdeckung der holografischen Welt (ein 3D-Bild projiziert in den Raum) korrespondiert mit der Ganzheitlichkeit des modernen Menschenbildes von Körper, Seele und Geist. Die Naturwissenschaften erkennen fasziniert eine implizierte Ordnung alles Seienden. David Bohm und Hans-Peter Dürr wären hier stellvertretend zu nennen. Gleicherweise fasziniert steht die wissenschaftliche Forschung heute vor dem unauslotbaren Geheimnis des menschlichen Bewusstseins. Stanislav Grof und Sir John Eccles sind Vertreter dieser modernen Hirnforschung. Spontan nennen möchte ich einige der großen Namen aus der Geistesgeschichte der Neuzeit: von Kant über Max Planck und Albert Einstein, von Heidegger, Plessner, von R.M. Rilke, Picasso, Chagall, C.G. Jung, Karl und Hugo Rahner bis zu Wilhelm Schmid mit seiner „Philosophie als Lebenskunst" und bis zu Christina Kessler mit ihrem provokanten Buchtitel „AMO ERGO SUM" (anstelle der Losung von Descartes „cogito ergo sum"): „Ich liebe also bin ich"

Abb. A: Majestas Domini, Hitda-Kodex, Köln, um 1020, Darmstadt

17

anstatt „Ich denke also bin ich". Allein an dieser kleinen Einzelheit spiegelt sich der zurzeit stattfindende Paradigmenwechsel innerhalb der menschlichen Entwicklungsgeschichte. Wir stehen mittendrin!

Täglich können wir die Kennzeichen dieser Wandlungstendenz zum ganzheitlichen, selbstbewussten und auch ethisch eigenverantwortlichen, weltbürgerlichen Menschsein vielfältig feststellen. Doch vollzieht sich dieser Wandel nicht ohne heftige Krisen, Reformen, Erschütterungen vielerlei Art und Naturkatastrophen, die jeden von uns mit betreffen.

Ursymbole bezeichnen Anfängliches, Wurzelhaftes, sie sind gleichsam die „Jugend" der Erde. In den späten Improvisationen und kosmischen Visionen des Malers Wassily Kandinsky mit ihren leuchtend-frischen Farben und Formen findet sich dieser Werdeprozess der Welt ausgedrückt, vor allem in dem Bild „Im schwarzen Quadrat" von 1923 (Abb. B). Man möchte ihm auch den Titel „Die Jugend der Welt" verleihen, und es sogar in einer Linie sehen mit der (auf Seite 23, Abb. 1) vorgestellten Miniatur aus dem 13. Jahrhundert, wo Gott damit befasst ist, allezeit, immer Welt aus Ursymbolen zu erschaffen. Kreativität aus dem Ursprung!

Im Übergang zum integralen Zeitalter der vierten Dimension (siehe die Ausführungen zu Jean Gebser im 1. Kapitel) gilt es, die leib-geistige Gestalt des Menschen neu aufzusuchen und sie aus blutleeren, rein rationalen Bestimmungen in eine blutvolle, kreative, existentielle Lebens-Praxis und Lebens-Kunst zu bringen.

Die Symbole und besonders die Ursymbole erweisen sich aufgrund ihrer sinnlich-geistigen Doppelnatur hierbei als die idealen Vermittler einer solchen Neuorientierung.

Nicht nur durch die Monderoberung oder die Atomspaltung oder durch die Überwindung der Schallgrenze oder die unsichtbar alles vernetzende Medienwelt sind wir Menschen in grenzenlos erscheinende Weltenräume vorgedrungen.

Wie antwortet nun der moderne Mensch auf diese neuen Ortlosigkeiten, auf diese Chaos-Bedrohung und diese Orientierungsschwierigkeiten bei einem fortschreitenden Sich-ihrer-Bewusstwerden?

Der hier vermittelte Weg zu einer neuen Gestalt- und Selbstfindung im Spiel zwischen Gott und der Welt lässt den Menschen mit seiner körperlich-geistigen Gestalt nicht ohnmächtig Draußen-Vor, sondern lässt ihn zu einem kreativen Mitspieler werden. Die Pole dieses Dreieck-Spieles – die göttliche und die menschliche Welt – sind füreinander durchlässig und sie erklären sich gegenseitig.

Indem ein Mensch an seiner ganzheitlichen Durchlässigkeit arbeitet, findet er im Maße seines sich Bewusstwerdens in den Formen seiner eigenen Körperlichkeit mehr und mehr auch zu seiner inneren Wesensgestalt. Damit wird er auch zu seiner eigentlichen Lebens-Mitte vordringen, die biologisch-körperlich und geistig-mystisch sein *Herz* ist. –

Nicht Isolierung oder Abschottung oder das Gefühl von Verlorenheit im Unüber-

Abb. B: Wassily Kandinsky, Im schwarzen Quadrat, 1923, Öl auf Leinwand, Guggenheim Museum, New York

schaubaren, sondern das Gefühl grenzenlosen Dazugehörens wäre das Merkmal dieser erweiterten, vierdimensionalen, transparenten Lebens-Perspektive.

Ein Mensch, der sich berühren lässt in seinem Herzen von der Weite der kosmischen Welt und zugleich von der absoluten Grenzenlosigkeit und Nähe des Göttlichen, der lebt spirituell:

als begeisterter Grenzgänger.

Die oben genannten Persönlichkeiten aus Wissenschaft und Kunst gehören in meinen Augen zu den Vorläufern und Wegbereitern dieser neuen Epoche – wie manch andere auch. Heutige Menschen spüren immer häufiger, dass sie gegenüber der Hektik des modernen Lebensstils nicht genügend gewappnet sind, dass sie kaputt gehen, wenn Sie nicht Sorge tragen sowohl für ihr körperliches wie auch für ihr geistig-seelisches Überleben. Unter ihren täglichen Belastungen erfahren sie, wie das Körperliche und das Geistig-Seelische, das Sichtbare und das Unsichtbare, das Vergängliche und das Ewige ihres Lebens zusammengekoppelt ist. Das Ewige ist uns viel näher als wir gemeinhin annehmen.

Die Menschen erfahren sich als körperlich-geistige Doppeleinheit. Für eine körperlich-geistige Doppelheit aber steht das Wort Symbol, das sich herleitet vom griechischen Wort symballein = zusammenfallen. Der Mensch ist auf Grund seiner körperlich-geistigen Doppelnatur ein Symbol! Er ist ausgestattet mit der Fähigkeit, symbolisch zu leben, das heißt, er ist fähig zu Grenzüberschreitungen zwischen körperlichen und geistigen Bereichen. Er ist von Natur her ausgestattet für reale Transzendenz-Erfahrungen. Als Grenzgänger wird er an der Grenze durchgelassen und dadurch selbst durchlässig für beide Seiten. Er wird hinauswachsen – täglich – über seine Stube, sein Haus, die Straßen seiner Stadt, über Schulweisheiten und mehr und mehr sich einfühlen können in die inneren Sensibilitäten seines Körpers und dann in die Schönheit und Weite von Gärten und Landschaften und Kontinenten und dann in die Ver-antwortung gegenüber dieser seiner Welt und den innerlichen Atem- und Schaukräften des eigenen Herzens.

Unter dem Gewahrwerden einer solchen größeren Welt wird seine Seele erwachsen werden und vielleicht Erleuchtungen erleben. Sein Körper und sein Geist werden füreinander durchlässig werden.

Neu ist abschließend, dass mir unter der neuen Durchsicht meiner Arbeit das Symbol der Lemniskate, das bisher am Rande stand, für die existentielle Durchlässigkeit von Körper und Geist zum Verstehensbild, zum anregenden Sinn-Bild geworden ist.

Mit der Lemniskate wird hier ein eindrucksvolles Beispiel vorgestellt für die kreative Potenz und vor allem die enorme Energie der Form, die allen Symbolen, vor allem aber den Ursymbolen, einverwoben ist und die befreit werden kann – wie einst Dornröschen.

Ich wünsche meinen Lesern eine kreative Reise durch die Welt der Ursymbole. Als Leseempfehlung möchte ich vorschlagen, jeweils ein Kapitel, also ein Symbol, als Leseeinheit etwa für eine Woche.

Die Körperübungen gehören dazu. Sie dienen einem körperlichen und seelischen Gewahrwerden und unterstützen das Meditieren und insgesamt die ganzheitliche Bildung. „Denn nichts vermag heilender zu wirken, als die Einbildung von urtümlichen Bildern."*

---

* Alfons Rosenberg, Christliche Bildmeditation, S. 23.

I. Kapitel

Zum theoretischen Ort des Themas

Vorbemerkung:

Die Kenntnisse über die Welt der Symbole sind bei vielen Menschen noch recht lückenhaft und ungenau. Deshalb sollen in diesem ersten Kapitel wenigstens einige Gesichtspunkte zum Symbolverständnis erörtert werden. Bei unserem Thema interessiert vor allem die Frage, was Symbole für das persönliche Leben des Menschen bedeuten und bedeuten können. Diese Gedanken werden zwar bei dem außerordentlichen Umfang des Gebietes unvollständig sein, aber dennoch anregend genug für ein anschließend aufmerksameres Umgehen mit Symbolen.

1. Das Wiederaufleben des Symbolverständnisses im 20. Jahrhundert: E. Dacqué – R. Guardini – A. Rosenberg

Das 18. und 19. Jahrhundert verlor sich nicht auf der ganzen Linie an ein rein rationalistisch-mechanistisches Denken. Dichter wie Goethe und Novalis standen dagegen, bewahrten den Sinn für ein organisch-umfassendes Ganzes und wurden so zu Vorläufern und Anregern einer neuen Entwicklung. „Alles Vergängliche ist nur ein Gleichnis." (Faust II, Schlussszene) u. Novalis: „In allem Sichtbaren wartet ein Geheimnisvoll-Unsichtbares auf das Offenbarwerden." (Fragmente)

Um die Jahre 1920 bis 1930 gab es einen vehementen Aufbruch des symbolischen Denkens und Nachdenkens über die Symbole. Der Blick öffnete sich wieder für die geheimnisvollen Zusammenhänge, für die Gleichnis- und Zeichenhaftigkeit des Lebens.

Der Naturhistoriker *Edgar Dacqué* setzte mit seinem Buch „Leben als Symbol" 1927 einen Aufsehen erregenden Akzent. Er suchte eine Verbindung zwischen den Weltanschauungen des Rationalen und des Mythischen, und er fand diese im Symbolischen. Die naturhistorische Erkenntnis vollende sich, indem sie sich und die Erscheinungen in ihrem inneren Sinn begreife und zwar so, „dass sie ersetzbar sei durch eine Lehre über die innere Bedeutung der Formen. Alle Erscheinungen müssen als lebendige Symbole der inneren Wirklichkeit begriffen und erfahren werden."[10] „Es hat nie ein tiefgründigeres Wissen und Erkennen gegeben als das im Symbol, und niemals war es anders errungen als durch ein Erleben, worin das Gegenständliche, das Erscheinungshafte als lebendiges Gleichnis eines Unaussprechlichen gesehen ward."[11]

Nach Jahrhunderten rein rationaler, philosophischer Systeme steht Edgar Dacqué mit wissenschaftlicher Autorität dafür ein, dass „wir Menschen selbst ununterbrochenes Naturgeschehen und metaphysisches Geschehen in Einem sind, dass wir einer abstrakten Begrifflichkeit völlig entzogen sind, und dass Mensch-Sein nur in der unmittelbaren Spiegelung des

---

10 E. Dacqué, Leben als Symbol, S. 10.
11 A.a.O. S. 5.

äußeren und inneren Lebens, also nur im lebendigen Bild gezeigt werden kann."[12] Folgende Notiz bezeugt eine inzwischen erfolgte, eindeutig veränderte Definition des Menschen: Der Philosoph Ernst Cassirer, ein bedeutender Analytiker der symbolischen Formen, hat 1944 folgende Korrektur vorgeschlagen: „Anstatt den Menschen als ein animal rationale zu verstehen, sollten wir ihn … als ein animal symbolicum definieren."[13]

Der renommierte Religionsphilosoph Romano Guardini (1885–1968) veröffentlicht 1925 sein philosophisches Hauptwerk „Der Gegensatz, Versuche zu einer Philosophie des Lebendig-Konkreten". Als Anschauungsskizze seiner Gegensatzlehre offenbart sich ihm das Kreuz als das Symbol für die in Gegensätzen ausgespannte, geheimnisvolle Ganzheit der konkret-lebendigen Weltwirklichkeit: das ‚Bild' einer Kreuzung von Senkrechtem und Waagerechtem als den äußersten Gegensätzen der Wirklichkeit. „Die Gegensatzidee", im Symbol des Kreuzes konkret vorstellbar, „macht, dass die Wirklichkeit uns Raum wird, ohne uns in ihr zu verlieren, und sie schafft eine neue Universalitätshaltung."[14]„Wer aus ihr heraus blickt und handelt, dem wird seine Stellung zur Welt tief umgeformt."[15]

Als Theologe veröffentlicht Guardini 1929 das kleine, aber begeisterte Aufnahme erntende Büchlein „Von heiligen Zeichen". In kleinen Skizzen über einzelne religiös-liturgische Elementarzeichen (wie z. B. das Kreuzzeichen, die Hand, das Stehen, die Stufen, die Kerze) weckt er diese förmlich auf aus dem Schlaf ihrer formalen Gebräuchlichkeit: „In lebendigem Schauen und Vollziehen soll zum Schwingen gebracht werden, was im Menschen auf diese Elementarzeichen anspricht, inwieweit sie Zeichen, Symbole sind."[16]

Von Guardini schon eingeführt, widmet *Alfons Rosenberg* (1902–1985) dem Phänomen ‚Symbol', das ihn wie ein inneres Ereignis traf, von da an seine ganze Lebensarbeit. Er wurde neben C. G. Jung weltweit einer der profundesten und kreativsten Lehrer der Symbolkunde und ein Führer in die faszinierende Welt der Archetypen.

Studien vor allem zum Kreuzsymbol und die Erarbeitung der Kreuz-Meditation wurden zu einem Zentralthema für ihn. In seinem Buch „Kreuzmeditation – Die Meditation des ganzen Menschen" von 1976 unternimmt er es: „die Knochenstruktur des Menschen als sein kreuzgestaltiges Wesensbild" darzustellen – z. B. in Ausdeutung des oberen Schulterkreuzes und des unteren Beckenkreuzes. In Vorträgen und Seminaren führte er viele Menschen in seine Kreuzmeditation ein. In der Eutonie von Gerda Alexander entdeckte Alfons Rosenberg unter den vielen Gymnastik- und Körperbildungsmethoden das adäquate Konzept für die Erarbeitung eines auf Einfühlung in das eigene Knochengerüst aufbauenden Körperbewußtseins. Er unterstrich dies, indem er zu Gerda Alexanders Buch „Eutonie – ein Weg körperlicher Selbsterfahrung" von 1976 das Vorwort beitrug.

Für Alfons Rosenberg war es ein brennendes Anliegen, seine Erfahrungen und Einsichten zur Symbolik der menschlichen Gestalt in einem Buch zusammenzufassen und zu veröffent-

---

12 S. E. Dacqué, Leben als Symbol, Vorwort.
13 Ernst Cassirer, Was ist der Mensch? Versuch einer Philosophie der menschlichen Kultur, Stuttgart 1960, 39ff.
14 R. Guardini, Der Gegensatz, S. 241 u. S. 238.
15 A. a. O. S. 238.
16 Ders.: Von heiligen Zeichen, S. 6.

lichen. Doch dieses umfangreiche Programm überforderte die physische Kraft des Achtzig-jährigen und auch die ihm zur Verfügung stehenden technischen Arbeitsbedingungen. So ist man genötigt, sich seine Beiträge zu diesem Thema selbst zusammenzusuchen.

2. Ursymbole in der Kunst – Leib und Gestalt –
Kunst ist sprechende Gestalt

Gestalt ist etwas Universales und Umfassendes. Unter Gestalt verstehen wir eine aus einem unsichtbaren Wurzelgrund herausgewachsene Einheit von Form und Sinn, von Körper und Geist. Menschliches Sein wird anschaubar in der menschlichen Gestalt, als Ideal, aber eben-so im konkreten Einzelfall. Die antiken Darstellungen von Helden, Göttern und Göttinnen, z. B. von Zeus, Apollon, Aphrodite, die Athena Parthenos des Phidias, der Wagenlenker von Delphi, der Diskuswerfer von Myron oder – im Nachklang – Michelangelos ‚David' geben davon beredtes Zeugnis:

Kunst ist sprechende Gestalt.

Der schauende und darstellende Akt des Künstlers bringt das tiefe Wesen des jeweiligen Gegenstandes, letztlich der Welt, der Wirklichkeit, zu vollerem Ausdruck, zu reinerer Erscheinung. Er bringt das Innere nach außen, dass es angeschaut werden kann. Auf diese Weise erhält das Kunstwerk, obwohl vielfach bedingt und begrenzt, seine Einheit, seine Geschlossenheit und Ganzheit, die es befähigt, Symbol des Daseins überhaupt zu sein.[17]

Das Kunstwerk bringt das Bild der Welt zum Vibrieren, indem es an die Urbilder heranführt. Dadurch be-kommt die künstlerische Darstellung ein Gewicht, das über ihren vorder-gründigen Sinn weit hinausgeht. Die Urbilder, die Archetypen, zählen zu den Elementen der Kunst, denn sie haben ihren Ursprung in der Sphäre des Numinosen, des Heiligen. In ihnen bleibt alle große Kunst, auch wenn sie sich im Profanen aufhält, letztlich die-ser Sphäre verbunden.

Abb. 1: Miniatur zum 1. Kapitel der Genesis aus einer französischen bible moralisé, Wien, Nat. Bibliothek.

Gott als Architekt des Universums. Gott schafft die Welt nach Maß und Zahl. „ho theós aei geometrei" (Platon), d.h.: Gott befasst sich allzeit damit, die Welt nach Ursymbolen zu gestalten.

---

17 Vgl. dazu Romano Guardini, Vom Wesen des Kunstwerks, Stuttgart-Tübingen 21950, S. 21; S. 32–33, und Theodor Däub-ler, „Es hat der Geist sein Gleichnis in der Form erkoren."

Die Gestalt des Menschen als Symbol des Menschlichen, als Symbol der Welt und als Symbol Gottes ist nun aber nicht einfach vorhanden: sie ist jedem Menschen als eigenständiger Person für sich selbst aufgegeben als ein Immer-Menschlicher-Werden.

Der Mensch ist das einzige Lebewesen, das sich selbst aufgegeben ist. Es gibt so viele Möglichkeiten der Gestaltfindung wie es Menschen gibt. Eine moralische Bewertung verbietet sich hier strikt.

Obwohl der Mensch immer hinter seinen Möglichkeiten zurückbleibt, im Mangel bleibt, wird er durch dieses Bewusstsein erst recht zur Sehnsucht nach Vollendung erweckt. Es gibt für den Menschen nie ein Ende seiner Selbsterziehungsarbeit, seiner agricultura sui ipsius.

In aller Gestaltwerdung, und somit auch in der Gestaltung des Menschlichen, sind die Ur-Symbole von gerader Linie und Kreuz, von Quadrat und Dreieck, von Kreis und Spirale anwesend als archetypisch-fundamentale Wirk-Elemente.

Der Geist hat die Tendenz zur Formwerdung. Die Ur-Formen sind quasi die „Stich-Worte" der realen Welt, die wir in der Individuation verarbeiten (s. Abb. 1). Es ist unser menschliches Los, die ständige Spannung zwischen Urform und verwirrender Alltagsrealität auszuhalten.

Das Aushalten dieses ‚Zwischen' von Vollendungssehnsucht und Alltags-Realität ist kein Akt nur der Selbstreflexion, sondern des Tuns. Wer sich dazu nicht aktiv öffnet und ‚befreit', wird über die Zweckmäßigkeit nicht hinausgelangen. Durch die Begegnung mit der Welt der Kunst wird dieser Prozess der Strukturierung unserer Lebenswelt aktiviert. Der Gestalt sehende und gestaltende Blick des Künstlers räumt die Verstellungen, Überlagerungen und Verschattungen unserer verzivilisierten Alltäglichkeiten beiseite und stößt vor zu den inneren, wesentlichen Strukturen, zu den ‚Stichworten' von Welt und Wirklichkeit. Die einzelnen Ursymbole können also auch über die Gegenstände unserer Lebenswelt wirken und uns helfen, in Abgrenzung und Einverwandlung die eigene Kontur zu finden. Dem Bewusstwerden solcher archetypischen Strukturelemente des Lebens, besonders in der eigenen Körperlichkeit, dazu dient diese hier angebotene Entdeckungsreise: zur Welt und zu uns selbst.

Nachdem eingangs einige Kunstwerke der Antike erwähnt wurden, sollen nun einige Beispiele aus der Kunst des Mittelalters und der Moderne diesen Gedankengang abrunden. In der Kunst des Mittelalters spielten vor allem das Quadrat, der unendliche Kreis und das gleichschenklige Dreieck als Symbole der Welt, des Kosmos und des dreifaltigen Gottes eine große Rolle. Als Beispiele seien hier nur genannt die Marmor-Intarsien der Fassade des Doms von Pisa (1302–11) und die Kirche San Miniato al Monte in Florenz (1018–63) außen und innen. Künstler wie Mondrian und Klee wurden zu Anfang des 20. Jahrhunderts in ganz anderer Weise von diesen Ursymbolen gefesselt. Piet Mondrian gründete mit Freunden um 1930 die Zeitschrift „Circle et Carré" und zwar mit der Intention „gegen das Chaos der Welt". Mondrian und Malewitsch waren die beiden radikalsten Mystiker dieser Abstrakten-Künstlergruppe, die jede Form naturalistischer Herkunft strikt ablehnte. Nicht das Sich-Verlassen des Künstlers auf den „äußeren Blick", sondern Anwenden des „inneren Blicks" war gemeint, jener Blick nach einem Wort von Paul Klee, „der das Sichtbare nicht zeigt, sondern es sichtbar macht".

Vor allem Kasimir Malewitschs „Weißes Quadrat auf weißem Grund" war eine programmatische Tat. Sein „Schwarzes Quadrat auf weißem Grund" nannte er die Nullform. Durch solche Formen von äußerster Bestimmtheit und dichtester, innerer Struktur wollten diese Künstler Selbsterfahrungen und Vorstellungen vom Mensch-Sein sichtbar machen. Durch die intensive Farbgebung wurden die radikalen Grundformen noch verstärkt, z. B. „Blaues Dreieck und schwarzes Rechteck" 1915 von Malewitsch oder Robert Delaunay's bunte Farbkreise oder „Tribut dem Quadrat" von Josef Albers 1959 in gelben Farbschattierungen.

Interpretation des Titelbildes „Urform" 1918 von A. Jawlensky

Es ist kein Zufall, dass der orthodoxe Russe Alexej Jawlensky (1864–1941), der vor den Ikonen der Moskauer Tretjakow-Galerie eine seelenerschütternde Erweckung zur Kunst erfahren hatte, das menschliche Gesicht zu seinem Hauptthema wählte. Von 1916 an gelangt Jawlensky über die „abstrakten, konstruktiven Köpfe" zu den reduzierten Strukturen seiner „Meditationen"-Bilder, von denen die letzten im Juni 1937 entstanden. Die dabei stereotyp wiederkehrenden Details sind schnell aufgezählt: eine große U-Form bezeichnet Wangen und Kinn. Nase und Brauen werden durch dünne, gratartige Linien markiert und stoßen zumeist rechtwinklig aneinander, so dass man versucht ist, ein Kreuz zu assoziieren. Den Mund deutet fast immer eine waagerechte Linie an. Über der Stirn liegt ein Dreieck, dessen Spitze auf den Scheitel weist.

Dieser äußerst reduzierte Formenvorrat genügt Jawlensky, das fast ausschließliche Motiv des en face gesehenen Kopfes in unterschiedlicher Weise und immer präziser auszuprägen. In seinem Bemühen, aus der Vielfalt der Erscheinungen das Idealtypische herauszuarbeiten, ist Jawlensky kein Einzelgänger. Ob man an Marc, Klee, Mondrian, Schlemmer u .a. denkt, sie alle waren von der Überzeugung durchdrungen, dass der sinnlich gegebenen Welt eine metaphysische Sphäre unsichtbarer Urformen zugrunde liegt.

Meditativ in sich gekehrt, sucht Jawlensky unablässig nach dem allein gültigen Urbild des von ihm als göttlich empfundenen Antlitzes. Seine „abstrakten Köpfe" werden so verständlich als Ausdruck eines fortwährenden Annäherungsprozesses an jenes unerreichbare Idealbild, jene geheimnisvolle Urform. Für ihn ist „das Gesicht nicht ein Gesicht, sondern der ganze Kosmos. Im Gesicht offenbart sich der ganze Kosmos".[18]

Eine Verwandtschaft zwischen Jawlenskys Gesichtern und den Ikonen besteht am deutlichsten bei den späten „Meditationen". So gleichen die kosmischen Gesichter der ‚Meditationen' äußerlich zwar den Ikonen am wenigsten, ihre große Gemeinsamkeit liegt in ihrer spirituell-religiösen Ausstrahlung. Sie wirken heilend, ohne fassbar zu sein.

Als intuitiver Maler brachte Jawlensky die Idee der Ikone als Abbild und als Symbol des Göttlichen, indem er sie auf das menschliche Gesicht bezog, auf eine heute verständliche und eindringliche Weise zum Leben.

Für den Maler Jawlensky konzentrierte sich im Angesicht des Menschen dessen ganze leib-geistige Gestalt.

---

18 Zit. aus Cl. Weiler, A. Jawlensky, Köpfe, Gesichte, Meditationen, Hanau 1970, 26.

3. Ursymbole als Ausdruck seelischer Lebensmächte

a) Kurze Vorstellung der hier angesprochenen Ursymbole

Um eine Vorstellung und ein sich aufbauendes Verständnis gewinnen zu können, sollen zunächst in knapper Form die Urformen vorgestellt werden, mit denen wir uns in den folgenden Kapiteln ausführlich beschäftigen werden.

Es sind geometrische Symbole, die noch nah verwandt sind mit den Grundzahlen: die gerade Linie; das Kreuz aus waagerechter und senkrechter Linie; das Quadrat; das Dreieck; der Kreis; die Spirale; die Lemniskate; das Labyrinth.

Als Strukturelemente des Lebens sind sie Zeichen von Ungreifbarem, von Unsagbarem. Was die Sprache nur einzeln aneinanderreihen und stückweise nach und nach ins Bewusstsein zu bringen vermag, das führen die Symbole gewissermaßen mit *einem* Blick vor Augen, ahnungsvoll und unausschöpflich. Doch bei uns heutigen Menschen ist die Fähigkeit zum Erschauen von Symbolen verkümmert und abgeblockt. Wir bedürfen einer Nach-Hilfe, einer Einübung.

Die Urformen als Elemente der gegenständlichen, realen Welt wirken je auf ihre Art in unser Leben hinein. Zwischen ihrer Ursprungsnähe und unserer ‚alten‘ Alltagswelt besteht ein Verhältnis wie zwischen Einfachheit und Komplexität im Sinn von vielfacher Verknüpfung und komplizierter Zweckorientiertheit: Zweckform statt Sinn-Gestalt. Ursymbole können uns helfen, uns auf Ursprüngliches zurück zu beziehen, Zufälliges und Unwesentliches zu abstrahieren, um Eigentliches und Wesentliches in den Blick zu bekommen. Meine Erfahrung ist, je mehr die Ur-Symbole in mir selbst zur Geltung kommen, ordnend, klärend und stärkend, um so strukturbewusster vermag ich meine Umwelt zu sehen, um so mehr komme ich bei mir selber an, im Menschlichen, auf der Erde und im Kosmischen: die Formen als Gestalt wahrnehmend.

Mit der geraden *Linie* wurde z. B. die Erkenntnis der Richtung geboren. Sie anzuwenden als sinnliches Zeichen für eine geistige Wegspur, war eine Sternstunde der Menschheit.

Das *Kreuz* ist der Treffpunkt von zwei geraden Linien, einer waagerechten und einer senkrechten. Diese unvereinbaren Gegensätze der realen Wirklichkeit sind im Kreuz zusammengespannt in *ein* Bild. Nord und Süd, West und Ost, Oben und Unten, Rechts und Links werden im Kreuz in ein Beziehungssystem gestellt, in eine Ordnungsstruktur, die in jedem Konkret-Lebendigen vorkommt. Das Kreuz stellt eine Grundarchitektur des Lebendigen dar. Existentiell bedeutet für den Menschen das Kreuz im Spannungsfeld der ihn umgebenden und tangierenden Kräfte zunächst: Das Durchtragen dieser komplexen Realität und dann: Ganzwerden im Stand-Halten.

Das *Quadrat* in seiner Eckigkeit steht für einen Lebensbereich im Hier und Jetzt. Es ist quadratisch wie das Haus, das ich bewohne, wie das Feld, das ich ausgrenze aus dem Ungeordneten, um es zu bebauen. Das Quadrat betont begrenzte, messbare Endlichkeit im Gegensatz zum Kreis, dessen Linie bzw. Umfang nirgends endet und der dadurch zum Symbol der Unendlichkeit, zum Symbol Gottes, wurde.

Das *Dreieck* wird gebildet aus drei Seiten, drei Ecken und drei Winkeln. Es ist die Figur des Bezogenseins in Spannung. Im Dreieck kommen unterschiedliche Kräfte zur Balance, denn es gibt gleichseitige, gleichschenklige, stumpf-, recht- und spitzwinklige Dreiecke; immer aber ist die Summe der drei Winkel gleich: $= 180°$. Es gibt harmonische, aggressive und lahme Dreiecke.

Der *Kreis* ist ein harmonisches, ideales Rund, eine ruhende Ganzheit. Er vermittelt Abgrenzung gegen das Außen und Binnenkonzentration, Allseitigkeit und Unendlichkeit. Er lässt eine Mitte finden. Im Kreis zu sein, vermittelt Umfangensein, aber auch Umgrenztsein. Organisches Wachstum ist ablesbar an größer werdenden, konzentrischen Kreisen, z. B. Baumstammringe. „Ich lebe mein Leben in wachsenden Ringen …" (Rilke)

Die *Spirale* ist wohl die freieste unter den Grundfiguren. In ihr geschieht Entwicklung in Dynamik. Wie wenn ein Kreis, sich übersteigend, bricht, rollt sich die Spirale auf und rollt sich auch wieder ein: Evolution und Konzentration und Wiederkehr des Gleichen auf neuem Niveau. Die Spirale stellt den Lebensrhythmus dar, einen Lebensschlüssel, der anzutreffen ist, sowohl im Einatmen und Ausatmen, in der DNS-Gen-Spirale wie auch im Welt-Code des I-Ging.[19]

Das *Labyrinth* kennt wie die Spirale eine Einwärts- und eine Auswärts-Windung. Im Labyrinth sind es verschlungene Wege von Außen zur Mitte und zurück von einer inneren Mitte nach Außen. Das Labyrinth ist ein sehr altes, geheimnisvolles Sinnzeichen. Es wurde neu vielfältig wieder hervorgeholt und feiert nun im Modedesign, in Geduldsspielen oder in der Gartenarchitektur fröhliche Urständ. Wir werden ihm allerdings tiefer und ernsthafter nachgehen, weil es ein wichtiges Wandlungssymbol darstellt.

b) Die Ambivalenz der Symbole

C. G. Jung und Alfons Rosenberg zählen unsere Ursymbole zu den Archetypen, die im kollektiven Bewusstsein des Menschen gründen, im magischen Urbewusstsein, im Grundwasser der Frühe. Daher sind sie von großer Bedeutungsbreite und -dichte, daher sind sie noch undifferenziert und somit ambivalent-mehrdeutig. Sie können Heil und Unheil bezeichnen und für den Menschen heilend oder (zer)störend wirken. Einige andeutende Beispiele:

Das Quadrat könnte dem zwanghaft veranlagten Menschen in seiner Platzangst und mit seiner Angst vor dem Chaos die heilende Vision einer überschaubar begrenzten, geordneten Welt vermitteln.

Das Sinnbild des Kreuzes könnte dem Schizoiden aus der Not seiner Gespaltenheit heraushelfen, indem es ihn ahnungsvoll teilnehmen lässt an der Einheit im Gegensätzlichen auf einer universalen Wirklichkeitsebene. Erinnert sei an das oben schon erwähnte Guardini-Zitat über die Gegensatzidee im Symbol des Kreuzes.

Der Kreis, der dem depressiven Menschen als Umklammerung und Ausgegrenztsein, als Isolierungsmauer vorkommen kann, vermag andererseits eben auch die Erfahrung von bergendem Umfangensein zu vermitteln.

Die Spirale indes kann dem Hysteriker mit seinen Befürchtungen, eingeengt zu werden, das ersehnte Über-sich-Hinausgehen schenken.

Ein Symbol ist, was es bedeutet. Das Symbol gehört nämlich einer Ebene der Wirklichkeit an, für die nicht das Faktische, sondern das Bedeuten, der Sinn, maßgeblich ist. „Erst die Sinngebung vollendet das Symbol."[20] Das Sinnliche am Symbol ist lediglich die halbe Sache, bei ihm entspringt alles Sein aus der Bedeutung. So kann der negative Unheilseffekt zugleich auch das heilende Zeichen sein. Doch haftet diesen Sinnbildern nichts Willkürliches an. In

---

19 Martin Schönberger, Verborgener Schlüssel zum Leben – Weltformel I-Ging im genetischen Code. Die nötigen Erklärungen werden im Kapitel über die Spirale gegeben.
20 H. Kessler, Das offenbare Geheimnis, S. 165.

symbolischen Bildern können sich auch verborgene Seelenvorgänge anzeigen. Die im Seelengrund des Menschen angesammelten ambivalenten psychischen Energien formen sich z. B. in Träumen um zu symbolischen Bildern oder Handlungen von seinsdeutender Qualität. Deshalb soll nun ein Blick geworfen werden auf das Verhältnis von Träumen und Symbolen.

c) Träume und Symbole

Verborgene Seelenvorgänge oder psychische Energien wirken sich nach außen hin aus, sie äußern sich in entsprechenden Haltungen und Handlungen, und zwar nicht immer unmittelbar deutlich, sondern oft verschlüsselt.

In besonders eindringlicher Weise finden solche Spiegelungen von Seelenvorgängen in unseren Träumen statt. In Traumbildern wird Seelisches ansichtig, jedoch unsere Träume ‚sprechen' in symbolischen Bildern. So kann z. B. das Auto, das ich im Traum fahre, meine Lebenssituation bedeuten, oder das Kind, das im Traum auftaucht, kann die Personifikation meiner Seele sein.

Träume sind eine Werkstatt der Symbole und für Symbole. In ihnen werden immer neue Symbole produziert, denn heutige Menschen träumen andere Bilder als ihre Eltern und Großeltern, denn sie haben andere Seelenzustände als jene, und zudem ist jeder Mensch ein Einzelschicksal.

Träume und ihre Symbolbilder dienen der Daseinserhellung, und zwar nicht auf der Ebene einer direkten, rationalen Erkenntnis, sondern auf der blutvollen Ebene des Existentiellen. Träume wollen und müssen individuell gedeutet werden. Träume zeigen verschlüsselt im symbolischen Bild unsere augenblickliche Seelenlage an. Deshalb ist es notwendig und überaus heilsam, dass wir die auftauchenden Bilder auf ihren Bedeutungsgehalt hin befragen. Dabei sind wir selbst unsere besten Traumdeuter, denn nur wir selbst haben die genauen Umstände, die Farben, die Entfernungen, die genauen Details, kurz alles ‚Wichtige' gesehen. Alles ist im Traumbild bedeutungsvoll und vielfach vernetzt.

Der Traum kommt aus unbegreiflichen Tiefen der Seele. Mit seinen unzähligen alten und neuen Symbolen und Sinnbildern ist er eines der größten Lebensgeheimnisse. In Bildersprache bringt der Traum die noch unbekannte Wahrheit ins Licht unseres Ich-Bewusstseins. Schonungslos hält er uns den Spiegel unseres wahren Selbst vor. Der Traum erzählt, wie wir sind. Er spricht die Wahrheit. Der Traum ist eine untrügliche Quelle zur Selbsterfahrung. Diese Eigentätigkeit der Seele ist, weil sie unabhängig ist von Willen und Bewusstsein, von überzeugender Kraft. Die Symbole erfüllen dabei eine Art Übersetzerfunktion, sie legen die geheimsten Strukturformen unseres Daseins bloß.

Die eigene, lebensgeschichtlich geprägte Symbolik kann sich bei großen, wichtigen Träumen mit einer kollektiven Symbolik verbinden. Dies geschieht vor allem in der zweiten Lebenshälfte, wo ganzheitlichere Probleme und Erfahrungen durchkommen und bearbeitet werden wollen.

Schon lange weiß man, dass uns im Wahrnehmen, Aussprechen und Deuten der Träume ein wichtiges Heilmittel für Leib und Seele geschenkt ist. In der relativ jungen Sparte der medizinischen Wissenschaft, der Psychologie, Psychoanalyse und Psychotherapie, wird dieses alte Wissen erneut angewandt. Psychologische Fachkräfte sind heute dazu besonders befähigt, weil die Kenntnis vom Traum und von Wesen und Bedeutung der Symbole in den vergangenen zwanzig Jahren ungemein erweitert und differenzierter geworden ist. Das kundige Deuten von Träumen spielt heute im Heilen von psychischen Belastungen und Störungen eine entscheidende Rolle. Denn hierdurch werden Verknotungen und Verschlüsselungen entdeckt und geortet und ins Bewusstsein gehoben und dadurch aufgelöst und befreit, die den Energie- und Lebensfluss zwischen Außen und Innen, zwischen immanenten und transzendenten Lebensanteilen ins Stocken gebracht hatten.

Die Symbole nämlich loten hinab in die größte Tiefe des Menschen und enthüllen Ansichten der Wirklichkeit, die sich allen anderen Hilfsmitteln des Erkennens widersetzen.

Wo immer aber Sinn und Bedeutung aufleuchtet, kommt Licht ins Dunkel oder kommt Dunkles an das Licht, findet Erleuchtung und Einsicht statt. Die meisten Menschen empfinden solches als wohltuend und befreiend. Deshalb kann man – mit einem Buchtitel von Helmut Hark[21], leicht verändert – sagen:

‚Die Traum-Symbole sind Gottes vergessene Sprache.‘

Traum-Symbole sind eine existentielle Sprache, eine Sprache, die mich zuinnerst angeht und – auf einmal – mich trifft und betrifft.

Ich bin, was im Traum auftaucht und in Erscheinung tritt, was bildhaft sichtbar wird, z. B. der lange Feldweg, das Fahrrad, der Bahnhof, der Kinderwagen, der Schnee von gestern, das lange gesuchte Haus oder Schlüsseletui oder Klo, das Fenster, die Treppe, der Nachbar, der Berg, der Ball, die Lampe, die Wiese, der Fluss, Bach oder Wasserfall, das braune, schwarze oder weiße Pferd, der Vogel, die Katze, die verwirrende Situation, das volle Restaurant, der große Margeritenstrauß etc. pp.

Der amerikanische Gestalt-Therapeut F. S. Perls (gest. 1970) hat in dieser Weise mit seinen Studenten Traumarbeit gemacht.[22]

Zur Einführung in ein Traumseminar sagte er: „Als erstes ist zu beachten, dass der Organismus stets als ein Ganzes arbeitet. Wir haben nicht eine Leber oder ein Herz. Wir sind Leber, Herz und Gehirn und so weiter, und sogar das ist falsch. Wir sind keine Summe von Teilen, sondern ein Zusammenspiel all dieser verschiedenen Teilchen, die in die Bildung des Organismus eingehen.“[23]

„Wir sind Körper, wir sind jemand (somebody). Es dreht sich mehr um sein als um haben. Deshalb nennen wir unseren Ansatz den existentiellen Ansatz: Wir existieren als Organismus, als ein Ganzes.“ „Wir müssen also stets den Ausschnitt der Welt, in dem wir leben, als Teil von uns selbst betrachten. Wo immer wir hingehen, nehmen wir irgendwie Welt mit.“[24]

Unsere Bemühung um Traum und Symbol lässt sich abschließend in zwei Punkten festmachen:

1. Das Traum-Symbol vermag tiefste Ansichten unserer persönlichen Wirklichkeit zu enthüllen.

---

21 Helmut Hark, Der Traum als Gottes vergessene Sprache, Walter-Verlag, Olten 1982.
22 Frederick S. Perls, Gestalt-Therapie in Aktion, Konzepte der Humanwissenschaften, Angewandte Wissenschaft, Klett-Cotta, Stuttgart 31979
    Die Gestalt-Therapie ist eine von Perls entwickelte Therapieform, die – vom Existentialismus und der Gestaltpsychologie beeinflusst – der Humanistischen Psychologie zuzuordnen ist.
23 F. Perls, a.a.O. S. 14.
24 A. a. O. S. 15.

2. Wir tun uns Gutes an,
    wenn wir aufmerksam auf unsere Träume achten,
    wenn wir die symbolischen Bilder unserer Träume ernst nehmen und
    wenn wir selbst mehr und mehr Symbolkundige werden.

4. Die evokatorische Kraft der Symbole

Ein nicht gedeuteter Traum ist wie ein nicht gelesener Brief, heißt es. Wer aufmerksam mit seinen Träumen umgeht, erfährt, welche befreiende und bestärkende Wirkung davon ausgeht, wenn ein Traum wenigstens ansatzhaft sich deuten lässt, (oft gleich, oft auch erst Monate später). „Was in Träumen einleuchtend geworden ist, strahlt in Stimmungen aus."[25]

Verstandene Traumbilder können Einsichten, Wandlungen und spontane Lebensimpulse bewirken. Helmut Hark nennt ein bewusst wahrgenommenes ein „lebendiges" Symbol und erkennt in ihm einen „energiegeladenen Bedeutungskern".[26]Er folgert:

„Ein lebendiges Symbol hat eine Ausstrahlung und setzt Energien frei."[27] In der Kunst wird dieses geistige Fluidum der Ausstrahlung als ‚Heiligenschein' dargestellt. Es ist in der Tat zu beobachten, dass Menschen, die in lebendigem Kontakt mit ihrer unbewussten Tiefenregion stehen, eine besondere Ausstrahlung besitzen. Aufgrund ihrer Erfahrung und Begabung im Umgang mit Träumen sind sie fähig, auch anderen Menschen zu tieferen Einsichten über sich zu verhelfen.

Durch das Erste (alte) Testament sind zwei solcher Traumdeuter berühmt geworden: Josef von Ägypten, der Sohn Rachels und des Erzvaters Jakob, den Thomas Mann durch sein großes Romanwerk würdigte, und Daniel, der jugendliche Prophet, der von König Nebukadnezar II. (605–562) nach Babel deportiert und der im Lauf der Tradition zu einer z. T. legendären Figur wurde. Dieser Daniel überstand, gewissermaßen von innen her ‚Kraft ausstrahlend' (= Typ: der Sieger!), den ‚Feuerofen' und die ‚Löwengrube', beides Symbole für todbringende Gefahrenherde – heute wie damals – und: ihm wurden Visionen zuteil. Dan 7-12! Das heißt, er konnte Verborgenes, sei es vergangen oder zukünftig, sehen.

Im Buch Daniel 5,12 wird gesagt: „Bei diesem Daniel … fand man außergewöhnlichen Geist sowie Erkenntnis und Einsicht und die Gabe, Träume auszulegen, Rätsel zu erklären und schwierige Fragen zu lösen."

Zu beachten ist, dass Daniel auch die Deutung der Träume des Königs Nebukadnezars träumt (Dan 2,19): „Darauf wurde ihm das Geheimnis in einer nächtlichen Vision enthüllt." – und Daniel berichtet: „Dieses Geheimnis wurde mir enthüllt, nicht durch eine Weisheit, die ich vor allen anderen Lebewesen vorhätte, sondern nur, damit du, König, die Deutung erfährst und die Gedanken deines Herzens verstehst." (Dan 2,30)

Die Gestalt des Königs ist hier ebenfalls symbolisch zu sehen: sie repräsentiert den freien Menschen schlechthin. Das aber besagt auch: Wem die Gabe der Traumdeutung für andere

---

25 H. Hark, a. a. O. 54.
26 A. a. O. 27.
27 A. a. O. 54.

zuteil ward, hat sein egoistisches Potential überwunden, dessen inneres Sensorium ist offen geworden für Allgemein-Menschliches.

Wer indes achtlos seine ihm aus Träumen zukommenden Impulse überhört, wird – statt stark und strahlend – dagegen dumpf in seinem Lebensgefühl. Bleiben die Traum-Anrufe ungehört, ungenutzt, bleiben sie schließlich ganz aus: „Ich träume nicht/nie", heißt es dann. Solche Menschen werden in ihrer seelischen Lebendigkeit zunehmend eingeschränkt und von außen – das bedeutet ‚fremd' bestimmt. Ihr physisch-psychischer Energiefluss von außen nach innen und von innen nach außen wird gestockt. Dies ist eine Ursache für viele psychotherapeutische Probleme.

Der Austausch zwischen den Bereichen des dunkel-ahnungsvollen Unbewussten und des hellen Bewusstseins unterliegt normalerweise Schwankungen, weil ja auch die Intensität des menschlichen Bewusstseins schwankt und es durchaus auch traumlose Perioden gibt. Die archetypischen Bildsymbole geben ihre belebende Kraft frei in dem Augenblick, in welchem sie uns bewusst und bedeutsam werden. Diese Energie gibt es nicht auf Vorrat.

Im Abrufen, wörtlich genau: im Erinnern kommt uns die „luminose" Energie aus dem archetypischen Grund entgegen und wird spontan präsent.

„Vergegenwärtigung ist Gegenwartwerdung", sagt H. Hark.[28]

Immer wenn unbekannte Kräfte und Energien frei werden, können auch Gefahren auftauchen. Das hängt mit der Ambivalenz der Symbole zusammen. Jean Gebser[29] spricht diesen Fall an: „Bei dem Wagnis, Symbolhaftes in die Erinnerung zu rufen, muss beachtet werden: Man muss das Symbol eingesehen haben, man muss also wach und gesichert von ihm sprechen können; kann man das nicht, dann ist man seiner selbst nicht sicher, dann wird man zum Opfer des Symbols, also Opfer einer uneingesehenen Macht, die dann mit einem macht, was sie will; vor dieser psychischen Vergewaltigung durch das Symbol und vor der psychischen Befangenheit, zu der das Symbol anerkennende Denken bei nicht genügender Wachsamkeit führen kann, – davor soll gewarnt sein."

So ist es möglich, in dämonische Bannkreise zu gelangen, aus denen man sich kaum allein wieder befreien kann. Märchen berichten von solchen geheimnisvollen Zauberkreisen, in denen sich vor allem Unwissende, das sind „Kinder", verfangen, abirren ins Unbekannte, ins Chaotisch-Weglose; z. B. Rotkäppchen, Hänsel und Gretel, bei Frau Holle, in der ‚Zauberflöte' u. a. m.

Ein kleines Kind beispielsweise liebt seine Eltern mit großer Gefühlsintensität; aber bisweilen hasst es sie auch. Die Märchen sprechen das innere Gefühlsleben des ‚Kindes' an, sie lassen das Ungeheuer, das es in sich selbst fühlt und das es auch manchmal regelrecht verfolgt, ins Bild treten! Mit Hilfe der Bilderwelt des Märchens lernt das Kind, das Ungeheuer in seiner Phantasie zu bedenken, es lernt es besser kennen und erhält auch Hinweise, wie es gebändigt und überwunden, wie der Zauberkreis durchbrochen werden kann: z. B. die ‚Hexe' in ihrem eigenen Backofen zu verbrennen.[30]

---

28 H. Hark, a. a. O. S. 55.
29 Jean Gebser, Ursprung und Gegenwart, dtv., München 1979, 1.Teil, S. 50.
30 Vgl. Bruno Bettelheim, Kinder brauchen Märchen, dtv. 1481, 1980, S. 139.

Wenn wir nicht fähig sind, das *Sym*bolon klar zu fassen, hat der *Diabolos*[31], der Verführer, seine Chance. Vor diesem Hintergrund wird deutlich, dass das Symbol schon vom Wortsinn her ursprünglich erfüllt ist von einer wahrhaft rettenden Kraft; denn ein (gewusstes) Symbol ist zugleich ein Bollwerk gegen die Macht des Diabolos. Wir sollten uns fragen, ob uns nicht im lebendigen Erschauen, Erfahren und Erkennen der Symbole auch eine Waffe gegen die List des Diabolos angeboten ist.

Wer sich der Ambivalenz der aus dem Inneren aufsteigenden Kräfte bewusst ist, wird wachsam und kritisch gegenüber sich selbst sein. Wo jedoch die Ureinheit des Seins in den Blick gekommen ist, wird das Unheilvolle, die Dimension des Bösen, mit erkannt. In diesem Falle hört das Böse auf, böse zu sein. Nun ist es eine Zielverfehlung, ein Versagen, und somit im existentiellen Verbund an seinem ,richtigen' Ort, es ist jetzt ein Baustein im Gefüge eines Ganzen. Ohne Chaos keine Kreativität, keine Neugeburt. Wie sehr aber Wachsamkeit geboten ist, merken wir an den zahllosen kollektiven Einflüssen, denen wir tagtäglich oft ungeschützt in unserer Massengesellschaft mit ihren Massenprodukten (dazu gehören auch die Medien!) ausgesetzt sind.

Überall treten uns in der alltäglichen Wirklichkeit die Ursymbole in den Blick, ohne dass wir sie als solche erkennen: z. B. das Quadrat (als Tisch, als Fenster, als Ackerfeld, als Würfel, als Vierung in einem Wehrturm oder einer Kirche oder im Schwetzinger Schlosspark) oder das Dreieck (als Verkehrszeichen, als Hausgiebel, als Berg u. v. a. m.). Wir sehen diese Zeichen und sehen sie doch nicht.[32] Urformen als ,versunkene Marmorbilder' als ,vergessene' Sprache?

Dieser Vergesslichkeit aufzuhelfen – die Philosophie spricht von der „Seinsvergessenheit" des modernen Menschen –, diene das Bemühen dieser Arbeit: nämlich die Ursymbole Kreuz – Quadrat – Dreieck – Kreis – Spirale – Lemniskate – Labyrinth – in sich *und* als Strukturelemente unseres Körpers und unserer menschlichen Gestalt aufzuzeigen und erfahrbar zu machen, damit sie als helfende, heilende Wirkkräfte (= Energie) in unserem Dasein ,lebendig' werden können.

5. Gestaltsymbolik im Wandel: von J. K. Lavater bis Friedrich Weinreb

Die Gestaltsymbolik versucht, den Zusammenhang von Äußerem und Innerem des Menschen einsichtig zu machen, indem sie seine äußere Gestalt und Haltung als Ausdruck seines inneren Wesens versteht und interpretiert.

Der Begriff der Gestalt wird dabei als eine Verschärfung des Ganzheitsaspektes aufgefasst. Die Gestalt des Menschen ist somit Ausdruck, Expression, des ganzen Menschen; oder anders

---

31 griechisch ,diaballein' = durcheinander werfen.
32 Die lebendigen Symbole sind, was ihre Wirkung betrifft, vergleichbar mit den indischen Chakren. Die Chakren sind emotionale Energiezentren des kollektiven Unbewussten und sie sind, ähnlich wie die Symbole, abhängig von der Bewusstseinsentwicklung. Im Bild der Kundalini-Schlange steigt die psychische Energie durch alle sieben Chakren hindurch an der Wirbelsäule entlang aufwärts, um diese zu verbinden und so die Ganzheit herzustellen. Solange ein Chakra nicht von der Kundalini-Kraft erfüllt sei, sei es statisch, und somit kein Chakra. Sobald sich jedoch ein solches Zentrum öffne und Energie einströmen lasse, beginne es zu rotieren und damit werde es zu einem Chakra: Jedes Chakra besitzt nur einen ihm eigenen Wirkungsbereich, der sich auf die körperliche Verfassung wie auch auf das geistig-seelische Befinden erstreckt. Jeder Mensch kann die Wirbel-Kraft der Chakren bei sich selbst erspüren, wenn er fähig geworden ist, sie sich körperlich und geistig bewusst zu machen. Das setzt geduldige, anhaltende Körperarbeit voraus.

gesagt: der menschliche Leib, d. h. seine lebendig-leibliche Erscheinung ist der Schlüssel zum Verständnis des ganzen Menschen. Im Bereich der Kunst – zum Vergleich – haben Künstler des Kubismus und Expressionismus gezeigt, wie eine malerische ‚Enthüllung‘ der Dinge oder der Lebewesen geschehen kann, wie durch kristalline oder dynamische Formen und Farben des Äußeren die inneren Wesensmerkmale ‚zum Ausdruck‘, zur Expression gebracht werden können; z. B. George Braque, Franz Marc, Vincent van Gogh, Paul Klee, Mark Rothko.

Um die gewachsenen, gewandelten Horizonte der Gestaltsymbolik anzuleuchten, sollen hier einige ihrer Wegbereiter und Vertreter vorgestellt werden.

Im 18. Jh. vertrat der Philosoph und Theologe **Johann Kaspar Lavater** in seiner Physiognomik (1772) die Ansicht, man könne aus Körperformen auf den Charakter eines Menschen schließen.

Der Mediziner **Carl Gustav Carus** (1789–1869) verfasste 1853 ein Buch über die „Symbolik der menschlichen Gestalt". Er war Anhänger einer kosmologischen Naturphilosophie.

Ernst Kretschmer (1888–1964) gehört mit seinem Werk „Körperbau und Charakter" in diese Tradition. Seine Konstitutionstypen sind ideelle Zusammenfassungen physisch-psychischer Merkmale, welche in der Normalpsychologie heute überholt sind, im Bereich der Psychiatrie als relativ brauchbar noch verwendet werden.

Gerhard Gollwitzer war Lehrer an der Kunstakademie in Stuttgart. Mit seinem Buch „Die Menschengestalt, Anregungen zu einer anschaulichen Anthropologie" von 1967 läutet er eine neue Dimension der Gestaltsymbolik ein.

Folgende Zitate belegen dieses:

„Das Menschliche ist die Urform des Lebens schlechthin."[33]

„Der Mensch ist das Bild, in dem Gott selbst die transzendente Unfasslichkeit und Übermächtigkeit seines Wesens in eine bestimmte Gestalt und Form fasst."[34]

„Alle lebendigen Formen weisen auf den Menschen hin, zielen auf seine Gestalt …" „Alles und jedes, das im geschaffenen Weltall Dasein hat, steht in einem solchen Entsprechungsverhältnis mit allem und jedem im Menschen, dass man sagen kann, auch der Mensch sei eine Welt."[35]

G. Gollwitzer zitiert hier zwar aus dem Buch von Ernst Benz, „Emmanuel Swedenborg, Naturforscher und Seher", München 1950, aber er identifiziert sich auch mit diesen Einsichten. Auch andere geistigen Ahnen sind unschwer herauszuhören: Hildegard von Bingen, Goethe, Edgar Dacqué u. a. m.

Für Gollwitzer bestimmen drei Gestalt-Themen die menschliche Existenz: Kreis, Gerade und Schrägen. Der Kreis – als Bild – ist für ihn das Sich-Abschließen, das Sich-Verkapseln, das Um-sich-selber-Drehen; aber er ist auch die Geburts-Höhle. Die Gerade ist ambivalent, einerseits zielstrebig, andererseits stur, starre Eingleisigkeit. Den Rumpf des Menschen sieht er als Elipsoid, als ein Zusammenwirken von Kreis und Gerade. Er, der Rumpf, mahne zu geistiger Bewegung und warne vor Erstarrung.

Die Schrägen sind Gollwitzers drittes Gestaltthema. Bei der Beweglichkeit des Rumpfes und der Gliedmaßen deuten sie hin auf die Fähigkeit des Menschen zu vielfältigem Handeln,

---

33 A. a. O. S. 115.
34 Dgl.
35 G. Gollwitzer, Die Menschengestalt, S. 115–117.

zum Verwirklichen von Einsichten und Emotionen. Für Gollwitzer treten diese drei Themen auch in der körperlichen Entwicklung des Menschen auf, gewissermaßen seine Menschwerdung in zeitlicher Folge. Der Embryo liegt eingeschlossen in der Mutterleib-Höhle. Die Aufrichtung des menschlichen Körpers wird durch die Gerade und seine Entfaltung wird durch die Schrägen dokumentiert. Die aufrechte Gestalt ist für Gollwitzer wie ein Zeiger nach oben. Diese Haltung sei – im Gegensatz zum müßigen Herumstehen – nicht die bloße Abwesenheit von Bewegung, sondern enthalte die Möglichkeit aller Bewegung in sich.[36]

Gerhard Gollwitzer bezieht zwar Kreis und Gerade auf die menschliche Gestalt, aber er zieht diesen Ansatz nicht weiter durch. Er reflektiert weder den Symbolbegriff, noch die umfangreichen weiteren Aspekte von Kreis und Gerade. Auch Quadrat und Dreieck treten nicht auf in seinem Körper-Gestalt-Konzept und erst recht nicht das Lot als wichtige Formkraft der aufrechten Haltung.

Dennoch: Gollwitzer war für die Gestaltsymbolik ein wichtiger Anreger, er hat sie näher an die konkrete Menschengestalt herangebracht.

Friedrich Weinreb (geb. 1910 Lemberg, gest. 1988 Zürich) lehrte an verschiedenen Universitäten Nationalökonomie und Statistik. Schon seit frühen Studienjahren und mit steigender Intensität widmete er sich der jüdischen Überlieferung. Zahlreiche Buchveröffentlichungen sprechen viele geistig interessierte Leser an. 1987 veröffentlichte er das Buch „Leiblichkeit – Unser Körper und seine Organe als Ausdruck des ewigen Menschen". Mit Friedrich Weinreb begegnet uns gewissermaßen ein Charismatiker der Gestaltsymbolik. Der Reichtum seiner Gedanken indes wird sich erst mitteilen können, wenn man sich bemüht und auf seine spezielle Terminologie eingeht. Dann aber erschließt sich aus dem Verhältnis von „Körperlichkeit" und „Leiblichkeit" unter seiner Anleitung das „faszinierende Abenteuer des menschlichen Lebens". Folgende ausgewählte Zitate möchten davon einen Eindruck vermitteln.[37]

Für Weinreb stellt ein Leben in bloßer Beschränkung auf den Körper, also eine Nur-Körperlichkeit, eine Beschränktheit dar, die schon der Enge wegen die Angst als ständigen Begleiter haben muss. Er möchte vom ‚Körper' zum ‚Leib' kommen, denn „der Körper ist der erscheinende Leib" (S. 109).

Im deutenden Betrachten der einzelnen Organe und Glieder verbinden sich für Weinreb Körper und Leib. In diesem ständigen Verbinden von Körper und Leib sieht er die grundlegende Aufforderung und Bedingung für menschliches Sein als Leiblichkeit, d. h. in „befreiter Körperlichkeit". „Denn der Leib steht dem Körper eigentlich gegenüber wie Zeitlosigkeit der Zeitlichkeit" (S. 122). „Leiblichkeit ist Freiheit des Körpers, die sich ausdrückt in grenzenlosem Beziehungsreichtum, nichts ausschließend, alles einbeziehend" (S. 8). „Dann werden wir die Freude der Ehe des Zeitlichen mit dem Ewigen erleben, vom Körper mit dem Leib. Dann wird das Leben eine Einheit bilden, und Gott wird nichts vergessen"(S. 124).

„Es ist eigentlich einfach, den Körper so zu sehen, dass wir den Leib, das Leben erkennen" (S. 125).

„Das ist der Weg des Menschen, der Sinn des Lebens. Dazu ist die Schöpfung, dazu ist alle Kreatur da. Es ist der Weg vom Körper, von unserer Konkretheit, in den Leib zum wirklichen Sein" (S. 119).

---

36 A. a. O. S. 43.
37 Wegen der zahlreichen Zitate werden die Fundstellen jeweils am Ende des Zitates angegeben.

Was Weinreb hier meint, können seine folgenden Sätze über das Sehen vielleicht verdeutlichen: „Der Mensch ist ... vom Wachsen des Wissens körperlich blind geworden. Er sieht mit seinen Augen dann nur noch das Äußere. Der Mensch im Leib sieht aber alles. Nicht in der Sequenz von Zeit und Raum, sondern in einer Einheit. Deshalb auch die Unterschiede im Sehen und im Schauen. – Der Leib kann nicht gezielt geändert werden, denn ein Ziel gehört zum Linearen, zum Körper. Man kann den Leib auch nicht studieren, denn Studieren ist ein kausaler Aufbau. Der Leib schenkt die Sicht aus dem Empfinden einer Beziehung, jenseits jeder Kausalität ... Der Leib schenkt aus der Totalität des Seins ... Dann sieht man auch in dieser Welt nicht mehr so schwerfällig, die Welt wird leichter, durchschaubarer" (S. 43f.).

Folgen wir Weinreb noch einen Schritt weiter. In seiner Sicht existiert der Leib beziehungsvoll, in der Mitte zwischen dem Selbst des Menschen und der Welt. „Dieses Selbst ist man nun einmal, empfindet es als das eigentliche Ich, den Kern seiner Erscheinung." „... Das Knochengerüst, das alles andere trägt, ist identisch mit dem Begriff des Selbst." Für Weinreb sagt es so die hebräische Sprache und für ihn stimmt das auch real, wenn er sagt: „Die Knochen in der Erscheinung, die physischen, die des Körpers, sind also im Leib das Selbst, denn im Hebräischen lautet das Wort „selbst" – „ezem" – wie Knochen" (S. 15).

Würdigung und Ausblick:

Vom Anliegen dieser Arbeit aus gesehen, ist es hochinteressant, wie Weinreb auf dem Weg über die hebräische Sprache zu Erkenntnissen angeregt wird, die in der europäischen Leibtherapie erst von wenigen Experten vertreten werden: dass wir nämlich bis tief auf die Knochen zurückgehen müssen, um die Baustruktur unseres Körpers erreichen und, das ist entscheidend, auch sinnenhaft wahrnehmen zu können.[38]

Diese Arbeit wird die Ursymbole als solche Baustrukturen darstellen und zu ihrer Erfahrung anleiten. Dadurch wird einsichtig, dass nicht durch muskuläres Fitness-Training, sondern dass nur wenn unsere Körperwahrnehmung bis auf die Knochenstrukturen zurückgeht, echte Veränderungen und Wandlungen unseres Selbst bewirkt werden können. Es ist beispielsweise ein Unterschied, ob einzelne Muskeln oder Muskelpartien trainiert werden oder ob ich meine aufrechte Haltung verbessere durch nachspürendes Korrigieren meiner lotgerechten, innerlichen Knochenstatik.

Ein Satz wie „Knochen sind im Leib das Selbst", kann nicht allein vom Kopf her verstanden werden, man muss dazu gelernt haben, an seinen Knochen entlang von den Zehen zum Kopf und bis in die Fingerglieder hinein zu spüren. Dann erst erfährt man sich in durchlässiger Ganzheit: in seinem geklärten Selbst. Jede ernsthafte Körpermeditation strebt dieses Ziel an. Um mit Friedrich Weinreb diesen Gedankengang abzuschließen: „Zu Gott aber kann man nur im Zentrum, im Vollkommenen kommen" (S. 119), aus dem Selbst, dem eigentlichen Ich, dem Kern seiner Erscheinung (S. 15).

---

38 Nach dem Grundsatz „Durch Körperbewusstsein zur Wesensbewusstheit" wird auch in der Eutonie nach G. Alexander gearbeitet. Hier sei – vorwegnehmend – nur die Tatsache erwähnt, dass sich in der Knochenhaut Nervenrezeptoren befinden, die solche Erfahrungen ermöglichen, nämlich innerlich real an den Knochenformen entlang zu tasten und damit auch die übergreifenden Baustrukturen unseres Körpers wahrzunehmen.

6. Die Mikro-Makro-Kosmos-Tafel der Hildegard von Bingen

Abb. 2: Der Kosmosmensch
Kosmos-Tafel aus dem Codex Latinum der Bibliotheca
governativa Lucca, Buchmalerei 14. Jh.

Historisch gesehen liegt Hildegard von Bingen (1098–1179) natürlich allem weit voraus, was im heutigen Sinn mit Gestaltsymbolik zu tun hat. Doch sie war ihrer Zeit weit voraus, so dass sie uns Heutigen noch Bedeutungsvolles zu sagen hat.[39]Über ihre Kosmos-Mensch-Tafel bietet sie uns zum Beispiel den großen Vorstellungsrahmen und eine höchst konkrete Anleitung zu dem, was Friedrich Weinreb für eine ‚befreite Körperlichkeit‘ und ‚Leiblichkeit‘ anfordert.

Dieses Tafelbild zeigt Mensch, Kosmos und Geist in der Schau Hildegards von Bingen:

Das Universum erscheint als ein gewaltiges Rad, das umgeben ist von einem Feuerkreis. In dessen Mitte schwebt die Erde, ein kompakter, rotbrauner Kreis. Vor dieser Erde steht ein Mensch in natürlicher Gestalt, Größe und Freiheit, nackt und gelöst, leuchtend transparent. Er füllt das ganze universale Rund mit seiner Körperlänge und mit seinen ausgebreiteten Armen aus: der Kosmos-Mensch in durchströmter Balance über dem kontrapunktisch-komponierten Weltall.

Aus dem sphärischen, mehrschichtigen Umkreis wirken Winde, Wolken und Wasser wie auch Gestirne und rätselhafte, tierähnliche Urgewalten herein. Durch feine Striche, die das ganze Bild durchziehen, erscheint der Mensch in der Mitte als das eigentliche Zentrum,

---

39 In der Deutung der Mikro-Makro-Kosmos-Vision der mittelalterlichen Seherin Hildegard v. B. haben mir geholfen Alfons Rosenberg (s. Vorwort seines Buches ‚Durchbruch zur Zu_kunft') und vor allem die ganz neu veröffentlichten, profunden Arbeiten von Elisabeth Gössmann (in: ‚Hildegard von Bingen, Versuche einer Annäherung, München 1995, S. 182–202).

gewissermaßen als die Frucht dieses kosmischen Netzwerkes, als das in Quadrat, in Dreiecken, in Kreuz und Kreis/Kugel gestellte Selbst der Menschheit.

Der Mensch ist zwar frei zur Hinwendung auf das ihm vorgegebene Ziel, zugleich aber ist er den Mächten des Kosmos verbunden. Der Kosmos ist seine Amme, die ihn unaufhörlich mit immer neuen Kräften begabt.

Unter ‚Kosmos‘ ist nicht nur das Insgesamt der physischen, sondern auch der geistigen Kräfte zu verstehen. Denn im Lebendigen sind Physis (Körper-Materie) und Geist nicht getrennt, auch ist nicht einer der Feind, sondern der Helfer des anderen. Im Medium der physikalischen Kräfte offenbart sich der Geist, durch sie treibt er die welt- und heilsgeschichtliche Entwicklung und Bewusstwerdung der Welt und des Menschen voran, führt er beide zur Freiheit und zur Vollendung (griech. Entelechie = en-telos-echein).

Aus dieser Vernetzung von Mensch, Mikro-Makro-Kosmos und Geist in Hildegards Bild wird allgemein verständlich: Was dem Menschen geschieht, geschieht allem, und: was im Makrokosmischen geschieht, geschieht auch im Mikrokosmischen. „Was die Erde befällt, befällt auch die Söhne der Erde“ – so sagte es in neuerer Zeit der nordamerikanische Indianerhäuptling Seattle 1855, und er hatte dabei schon Waldsterben, versauerte Erde und vergiftetes Grundwasser im Blick.

Wir müssen heute beides sehen: einmal, der Mensch steht in voller Beziehung zu allem, er steht in der Mitte der konzentrischen Sphären und Kraftfelder des Kosmos (= der Ordnung der Natur), dessen Wirkkräfte ihm zuströmen; aber wir müssen auch sehen lernen, dass unser Kosmos gestört und massiv in Gefahr ist. Die Wirkkräfte, die uns zuströmen aus der Natur, sind bereits teilweise ungenießbar oder verzerrt, Hildegard würde sagen, sie sind aus ihrem Maß, aus ihrer gesunden Harmonie herausgefallen.[40]

Doch Hildegards Vision geht noch eine Dimension weiter und tiefer: Bei genauem Hinsehen gehört der Feuerkreis zu einem personhaften Gebilde mit einem Haupt und mit Armen und Füßen. Diese feurige Gestalt hält den Kosmos mit ihren Armen umfangen. Gemäß Hildegards Deutung ist diese rotfeurige Gestalt zu verstehen als die göttliche Weisheit, die zugleich Liebe ist, und die als göttliche Weisheit = Sophia die kosmischen Bewegungen gleichsam begleitet. Sie ist als weiblich charakterisiert: die mütterliche Liebe der göttlichen Umarmung.[41]

Aus ihrem Stirnreif erhebt sich noch ein weiteres Haupt, ein ‚Greisen‘haupt,[42] das den Bildrahmen sprengt und überragt: eine Andeutung von überkosmischer göttlicher Immanenz und Transzendenz. Hildegard erkennt in der weisheitlichen Kosmosumarmung den weiblichen Aspekt und im Greisenhaupt die männliche Seite des Göttlichen. Die den Kosmos umgebende Symbolik des Göttlichen kennt also eine weibliche und eine männliche Seite, die hegende Kraft des Mütterlichen ebenso wie die Güte des Väterlichen. Entsprechend bezieht sich die Menschengestalt im Kosmos auf beide Geschlechter, sie kann androgyn verstanden werden. Hildegard kennt nur einen menschlichen Lebensstandard, der für Männer und Frauen gleich ist, auch in der Moral. Das ist zu ihrer Zeit einzigartig.

---

40 Das relativ unbewusste ‚Liegen am Busen der Natur‘ hat nicht erst in jüngster Zeit seine Ambivalenzen.

41 „Dem entspricht es, wenn Hildegard in ihrer Trinitätsvision in ‚Scivias‘ (L. II, Visio II) schreibt, dass durch das Verbum Dei als Quell des Lebens die mütterliche Umarmung Gottes in die Welt gekommen sei, um uns wie Kinder zu nähren und dann lebenslang unsere Helferin zu sein.“ (E. Gössmann, a. a. O., S. 189)

42 Aus diesem Bildaspekt kann man einen Hinweis herauslesen auf eine Art Geistgeburt, Geist-Austausch, auf eine Lot-Erfahrung, die in Gott beginnt und endet und die Welt und Mensch umfasst und durchdringt.

Hildegards Kosmosvision ist – kurz gefasst: die Welt und der Mensch in Gott. Gestalt-symbolisch ist es konsequent, wenn für Hildegard die Rundung der kosmischen Sphären korrespondiert mit der Rundung des menschlichen Kopfes und auch mit der menschlichen Seele. Der Kreis als weibliches Symbol und als Symbol Gottes und der Seele wird später noch ein eigenes Thema sein.

Würdigung und Ausblick:

Hildegard verbindet stets Theorie und Praxis, Gedanken und Tun. Wer sich der Weite und Größe des Kosmischen und seinen Wirkkräften mit allen seinen Sinnen öffnet, dem wird auf einmal auch sein Innerstes, seine Seele spürbar – nicht zuletzt durch die bereits angesprochene Korrespondenz des Runden.

Ihre unvergleichliche Symbolik der menschlichen Gestalt lässt sich aus der Interpretation der Kosmos-Mensch-Tafel hier in drei Aspekten verdeutlichen:

a) *Der* mit seinen Körperteilen und mit seiner Leiblichkeit bewusst *mit den Erdkräften verbundene Mensch*, z. B. „Wie die Erde ohne Gestein nicht bestehen könnte, so nicht der Mensch ohne sein knöchern Gebein."[43] Der menschliche Leib wird bei ihr gleichsam in eine große kosmische Landschaft projiziert und der Kanon des Mikrokosmos in eine durchlaufende Parallele zu den Proportionen und Gliederungen des Makrokosmos ge-setzt, um vereint erfahren zu werden.

b) *Der androgyne Mensch als Spiegel des androgynen Gottes,* d. h. die männlich-weibliche Aufspaltung wird überhöht zur umgreifenden Einheit des Menschlichen und Göttlichen, wie sich eben auch Mikro- und Makro-Kosmos spiegeln und einen.[44]

c) *Der aufgrund dieser weit verstandenen Leiblichkeit an die Wirkkräfte des Kosmischen und des Göttlichen angeschlossene, sensibel und spirituell geöffnete, bewusste Mensch.*

Diese drei Aspekte der Hildegardschen Gestaltsymbolik lassen sich in dem Satz bündeln: Alle Wunder der Welt sind geheimnisvoll in der Gestalt des Menschen zusammengefasst, alles nimmt Bezug auf seine Verhältnisse.

Aus Hildegards Kosmos-Vision kann man lernen: Der Mensch nimmt seine ganzheitliche Leib-Gestalt erst wahr und begreift sich unmittelbar als Erdenbürger im lebendig sich voll-ziehenden Austauschverbund mit dem Kosmischen und Göttlichen als seinem adäquaten, leib-geistigen Lebensraum.

Aus gutem Grund wurde Hildegards Kosmos-Tafel im 14. Jh. ihrem Buch von der Heilkun-de (Causae et curae, ed. P. Kaiser, Lipsiae 1903) vorangestellt, denn es ist eine leibliche und geistige Medizin, dieses Bild anzuschauen und auf sich wirken zu lassen. Es hebt mensch-liche Existenz in eine Offenheit und Weite, die auch viele unserer neuzeitlichen Ängste und Verspannungen aufzulösen vermöchte.[45]

---

43 Siehe dazu Kap. ‚Der Mensch als Werk Gottes', S. 105–125, hier S. 119 in Hildegard von Bingen, „Gott sehen", hg. von Heinrich Schipperges, Serie Piper: Texte christl. Mystiker SP 522, München 1987 und Heinrich Schipperges „Hildegard von Bingen – Ein Zeichen für unsere Zeit", Knecht-Verlag, Frankfurt 1981, bes. Kap. Welt-Bild und Bild-Welt, S. 41ff.

44 Das Laterankonzil von 1215 hat die Problematik der Benennung des Göttlichen auf den Begriff gebracht, wenn es sagt, bei aller Ähnlichkeit sei die Unähnlichkeit (dissimilitudo) immer noch größer.

45 Eine aus wacher, heutiger Zeitproblematik herausgearbeitete Auseinandersetzung und Analyse der Weltsicht Hildegards bietet das Büchlein mit dem markanten Titel „Umarmt vom lebendigen Licht" (Herder 1993).
Hanna-Barbara Gerl-Falkovitz stellt in ihrer Einführung das Heilsdrama zwischen Gott und den Menschen dar, und überra-schend zeigt sich dabei: „Es geht um unsere Wunden, um unseren Kampf, um unser Heil." (zitiert aus dem Klappentext)

Hildegards kosmische Vision reflektiert keine exakte Naturwissenschaft, sie sinnbildet aber auf einen Blick eine ganzheitliche Weltvorstellung, was naturwissenschaftlich unmöglich wäre. Wer ein solches Bild betrachtend in sich aufnimmt, geht einen Weg der körperlichen und spirituellen Bewusstwerdung.

7. Der Sephiroth-Baum, ein symbolisches Gottes- und Menschenbild der jüdischen Mystik, der Kabbala[46]

Während Hildegard von Bingen in ihrer Kosmos-Mensch-Tafel das Bild des Menschen in seiner natürlichen Erscheinung vorstellt, bietet der Sephiroth-Baum eine abstrakte, aber ebenso ganzheitliche Gestaltsymbolik.

Dieser aus geometrischen Urformen zusammengesetzte symbolische Baum ist nicht nur ein Bild für das Universum und für den Menschen, sondern besonders für die mystische Gestalt Gottes. Doch lassen wir uns dieses kompakte Bild sich nach und nach in seinen Bedeutungen erschließen:

Unter Bäumen entfaltete sich – nach der Bibel – das Leben der ersten Menschen Adam und Eva. Wegen ihrer Vielartigkeit und ihres Früchtereichtums galten die Bäume seit eh und je als Zeichen für Leben und Fruchtbarkeit. Der Mensch in seiner Körpergestalt fühlte sich dem Baum verwandt mit seiner Ver-wurzelung in der Erde, mit seinem aufragenden Stamm, mit seinem Kronen-Geäst, das sich weit in den Luftraum aus ‚blüht'.

Die vertikal erscheinende Milchstraße am Firmament stieg in den Augen der bildfähigen antiken Menschen auf wie ein kosmischer Baum, wie ein Weltenbaum. Die ‚Welt'esche Yggdrasil und die ‚Wotans'eiche sind dafür berühmte Beispiele. Immer auch wurden Bäume zu Ehren bedeutender Menschen und Ereignisse gepflanzt und gewidmet, z. B. Schiller-Linde, Eichenlaub als Siegerkranz, Friedensbuche. „Der Baum", so erklärt der alttestamentliche Traumdeuter Daniel dem König Nebukadnezar, „das bist du" (Dan. 4,19).

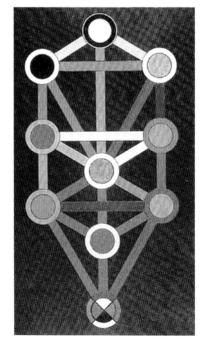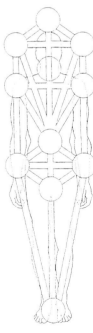

Abb. 3: Die Anordnung der Sefiroth auf dem Baum und ihre Übertragung auf den menschlichen Körper.

---

46 Die Geheimlehre der Kabbala entstand zwischen dem 12. und 14. Jh. in Südfrankreich und Spanien und wirkte vielfältig in den Chassidismus hinein, eine Richtung des Judentums, die eine Erneuerung und Verinnerlichung des religiösen Lebens anstrebt.

Der hier vorgestellte Sephiroth-Baum indes ist durch eine tiefe, lange, mystische Baum-Reflexion hindurchgegangen. Sein Baumbild ist nicht mehr biologisch-natürlich, sondern abstrakt. Wir sehen gerade Linien statt krummer Äste, Dreiecke, Quadrate, Kreise, die sich zu einem stilisierten Baum zusammenfinden.

Hier will etwas ausgesagt werden, was die bloße Natur übersteigt und was sich nur auf einer anderen Ebene der Formgebung ausdrücken kann:

Der Sephiroth-Baum ist ein Symbol für die wirkende Gottheit, die zugleich auch eine verborgene Gottheit ist. Mit seinen zehn stilisierten Ästen versinnbildet er die zehn göttlichen Potenzen und ihre dynamische Einheit. Diese zehn Wirkkräfte Gottes[47] wachsen wie ein Baum in die Schöpfung hinein, oder anders gesagt, das Geheimnis göttlichen Lebens äußert sich auf zehn Stufen, verhüllend und offenbarend zugleich. Die Sephiroth sind nicht einfach eine Abfolge von zehn aufeinander folgenden Momenten des göttlichen Lebensprozesses, sondern sie stellen präzis eine wohl strukturierte Gestalt dar. Geheime Kanäle verbinden die Sephiroth untereinander und weisen darauf hin, wie eine Sephira in die andere hinein- und zurückstrahlt. *Der geheime Rhythmus dieser Bewegung ist das Bewegungsgesetz der ganzen Schöpfung.*

Die Sephiroth sind die „heiligen Formen", in denen der wirkende Gott *und* der Urmensch, der mystische Mensch, der Adam Kadmon, auftreten; allerdings: der Mensch wird eigentlich nur durch die sieben unteren Sephiroth abgebildet, denn die oberen drei, das Denken, die Weisheit und die Einsicht, werden nicht im Bilde von Körperformen gedacht. Der irdische und der mystische Mensch gehören zueinander und sind nicht ohne einander in einer wohlgeordneten Welt denkbar. In dieser versammelten Gestalt Gottes und des Menschen erscheint auch die Vollendung des Alls. Somit können Ganzheit und Vollendung aufscheinen.

Doch das ‚schöpferische Chaos' ist in diesem Entwurf nicht ausgespart: es ‚sitzt' in den Ritzen! In den Ritzen der mystischen Gestalt Gottes wohnt für die Kabbala noch das Ausdruckslose, das immer jeden Ausdruck begleitet, in ihn eintritt oder sich aus ihm zurückzieht. Die Dialektik der Gestalt, das Wissen um dieses Doppelspiel, ist für das Wissen des Kabbalisten von den göttlichen Dingen charakteristisch. In jeder Gestalt, die überhaupt denkbar ist, ist die gestaltlose Substanz von EN-SOF, der unendlichen Tiefe der verborgenen Gottheit, unvermittelt und in ihrer ganzen Realität gegenwärtig.

In diesem Sinne gibt es überhaupt keine durchgestaltete Gestalt, die sich vom Untergrund des Gestaltlosen ganz zu lösen vermöchte. Je wahrer die Gestalt, desto gewaltiger das Leben des Gestaltlosen in ihr. In den Abgrund des Gestaltlosen zu stürzen, wäre im Sinn der Kabbalisten kein sinnloseres Abenteuer, als zur Gestalt selber sich zu erheben: Der mystische Nihilismus wohnt unter demselben Dache wie die Besonnenheit, die um Gestalt ringt. Das Göttliche ist nicht nur der gestaltlose Abgrund, in den alles versinkt, obwohl es das auch ist; es enthält in seiner Wendung nach außen die Garantie der Gestalt – nicht weniger gewaltig.

---

47 „Die Bezeichnungen der Sephiroth können hier nur kurz aufgeführt werden:
1. Wille; 2. Weisheit; 3. unterscheidende Vernunft; 4. Liebe, Gnade; 5. Strenge, Gericht; 6. Barmherzigkeit; 7. Ewigkeit; 8. Sieg, Ehre; 9. Gerechtigkeit; 10. Anwesenheit Gottes in der Welt, Schechina.
Die Vorstellung des Sephiroth-Baumes bezieht sich auf das Buch von Gershom Scholem „Von der mystischen Gestalt der Gottheit" – Studien zu Grundbegriffen der Kabbala – st W 209. Der Autor gilt international als einer der besten Kenner der jüdischen Religionsgeschichte, insbes. der Kabbala und der Mystik. Er sieht seine Bücher als „Stoff für den kommenden Historiker" an, als eine „Herausforderung an die Wissenschaft von heute als Ganzes". (Neue Züricher Zeitung)

Würdigung und Ausblick

Indem wie beim Sephiroth-Baum abstrakte Ursymbole (Dreieck, Quadrat etc.) als Baustrukturen des Göttlichen, Kosmischen und Ur-Menschlichen ins eigene leib-geistige Bewusstsein geholt werden, wird gewissermaßen eine menschliche Schallgrenze ins Offene durchbrochen. Die abstrakte Qualität der geometrischen Ursymbole gewährleistet, dass jeder Mensch auf einem objektiven Weg Anschluss finden kann an die größere Welt des Kosmischen und Göttlichen. Da diese archetypischen Zeichen allem Seienden und Lebendigen eingestiftet sind, können sie zu energetischen, dynamischen Impulsen für die menschliche Seins- und Gestaltfindung werden. So ist z. B. das Rumpfquadrat des Menschen zwischen den vier Kugelgelenken seines Skelettaufbaus hier im Sephiroth-Baum bereits erkennbar und sichtbar, wie auch die Mittellinie als Wirbelsäule und das Feuer- und das Wasserdreieck, wovon später noch eingehend gesprochen werden soll.

Die Bedeutungsgeschichte des Sephiroth-Baumes kann wahrnehmungsfähiger machen für Ursymbole des Seienden, ist dieses doch ein Prozess gegenseitigen Erfahrens und Bewusstwerdens von Körperlichem und Geistigem, von Konkretem und Abstraktem, wie es auch die Kunstgeschichte belegt. Der Sephiroth-Baum ist gleicher Weise ein natürliches und ein abstraktes Bild, er ist ein Symbol für strukturiertes, d. h. bewusstes, strömendes, universales Leben, welches profan ist und göttlich zugleich.

Wer solche Urzeichen in sinnengeöffneter Leiblichkeit wirklich und wach wahrzunehmen vermag, dem werden sie überall und immer wieder – Gestalt bildend – begegnen.

Nach allem, was mit dem Körper des Menschen in Kriegs- und Nicht-Kriegszeiten (Materialismus, Kommunismus, Rassismus, Sexismus etc.) geschehen ist und noch immer geschieht, darf ernsthaft heute nicht mehr naiv und hintergrundlos über ihn gesprochen werden, d. h. dürften die universalen, mystischen Bezüge nicht total ausgeblendet bleiben. Sie sind der unsichtbare Horizont, vor dem alles Sichtbare des Menschen erst seine Kontur, seine Gestalt, seine Würde findet.

8. Jean Gebser und sein Entwurf vom integralen Zeitalter

Die gegenwärtige Umbruchsituation, die in allen Lebensbereichen des Einzelnen und der Gesellschaft spürbar wird, löst Ängste und Verunsicherungen aus. Viele Menschen haben deshalb ein verstärktes Bedürfnis nach Sinnfindung und Verstehen ihres Lebens. Wahrscheinlich liegt hierin auch ein Grund für das lebhafte Interesse an den Welt und Mensch integrierenden Bildern Hildegards von Bingen und ihrer ganzheitlich-naturheilkundigen Gedanken.

Der schweizerische Philosoph Jean Gebser (1905–1973) hat diese tief greifende Kulturkrise in seinem Hauptwerk „Ursprung und Gegenwart" in ihren vielseitigen Aspekten gründlich untersucht.[48] Denn Krisenzeiten sind auch stets mit Bewusstwerdungsprozessen verbunden. Er erstellt seine Analyse vor einem weitgesteckten Betrachtungshorizont. So beginnt denn auch sein Aufriss der menschlichen Kulturentwicklung in der archaischen Frühzeit. Er braucht diese

---

48 Jean Gebser, Ursprung und Gegenwart, Fundamente der aperspektivischen Welt, Deutscher Taschenbuch Verlag, München 1973, Nr. 894, 895 und Kommentar Nr. 896.
Gebsers Werk ist der Versuch, die Spätzeit des 20. Jh. vor dem Hintergrund der gesamten Menschheitsgeschichte zu sehen und zu deuten. Er belegt, wie der moderne Mensch durch das veränderte Verhältnis zur Zeit durch die perspektivisch-fortschrittliche Wissenschaft mehr und mehr an Weltvertrauen verloren hat und in eine individuelle Isolation geraten ist.

*Abb. 4: Pablo Picasso, „Klassischer Kopf";
Lichtzeichnung; um 1949*

*Das Beispiel einer a-perspektivischen Zeich-
nung von P. Picasso, mit den Charakteristika: sphärischer Hintergrund, Betonung der
Strukturen und des offenen Raumes sowie die
Transparenz. (Abb. 59, Tafel 19)*

frühen Anfänge, um das Heute verständlich zu machen. Gegenwart nämlich kann nie nur aus sich selbst begriffen werden, wie auch die Zukunft sich herleitet immer auch aus den Quellen der Gegenwart.

Indem also Jean Gebser unsere Perspektive des 20. Jahrhunderts erweitert auf eine Zeitspanne, die Tausende von Jahren überblickt, legt er die Basis für ein erweitertes Verstehen und ein umfassenderes Bewusstsein. Er nennt dieses umfassende Bewusstsein das integrale. Für den Kulturhistoriker Gebser wurde seine Untersuchung zu einer Strukturanalyse des menschlichen Bewusstseins. Integral bedeutet für ihn, dass alle unserer Zeit vorausgegangenen Stufen der menschlichen Entwicklung nicht als überholt und deshalb als erledigt angesehen werden dürfen, sondern als notwendig dem Ganzen des Menschen zugehörig und ihm einverleibt anzusehen sind. Das will sagen, dass alles Vergangene im Gegenwärtig-Heutigen integriert und bedeutungsvoll bleibt, oft erkennbar, oft geheimnisvoll verborgen. Es geht nicht nur um eine Erweiterung des Bewusstseins, sondern auch um eine Intensivierung der Bewusstheit. Es geht um eine neue Bewusstseinsqualität.

Jean Gebser unterscheidet vier Kulturepochen, die jeweils durch die Art ihrer Welterfassung – Welterfahrung unterschieden sind – ähnlich den Altersstufen in der Individual-Entwicklung –:

1. das magische Bewusstsein als eindimensionales,
2. das mythische Bewusstsein als zweidimensionales,
3. das mental-rationale Bewusstsein als dreidimensionales,
4. das integrale Bewusstsein als vierdimensionales Bewusstsein.

Gebser betont nachdrücklich, dass alle Bewusstseinsschichten sich gegenseitig lebendig durchdringen; – ähnlich wie im Weltbild Hildegards sich Mikro- und Makrokosmos gegenseitig durchwirken. Unsere modernen Naturwissenschaften bestätigen diese These mehr und mehr.

Unter dem Aspekt dieser Arbeit ist es nun von Interesse, wie Gebser das neu angebrochene integrale Zeitalter charakterisiert. Zwei Aspekte sind grundlegend:

„Das integrierende Bewusstsein befähigt zur Wahrnehmung des Ganzen." Und: „Das Ganze aber ist nur als Durchsichtigkeit wahrnehmbar"[49], d. h. nur als Struktur, abstrakt, wie etwa beim Sephiroth-Baum, oder als/im Symbol.

Das zu Ende gehende Zeitalter des mental-rationalen Bewusstseins war nach Gebser geprägt von vorherrschender Rationalität, die mit der Renaissance und mit der Erfindung der Perspektive ihren Siegeszug in Europa begann. Das integrale Zeitalter hingegen wird charakterisiert durch

---

49 S. Gebser, a. a. O., S. 420.

die Überwindung der Rationalität zugunsten der A-Rationalität. Der A-Rationalität entspricht in der Malerei die A-Perspektivität. (Siehe als Beispiel die Lichtzeichnung von Picasso, Abb. 4.)

Weil das Ganze nur als und in Durchsichtigkeit wahrnehmbar ist, ist *die gläserne Kugel der Ausdruck der a-perspektivischen Welt.* Dies bewusstseinsmäßig zu leisten ohne Aufgabe der früheren Bewusstseinsstrukturen, dies ist – nach Gebser – die Überwindung der Rationalität zugunsten der A-Rationalität, ist der Durchbruch aus der Mentalität zur Diaphanität (= Durchsichtigkeit).

Die gläserne, durchsichtige Kugel ist somit das Kennzeichen des integralen, vierdimensionalen Zeitalters. Das UNO-Emblem zeigt denn auch eine durchsichtige Weltkugel mit den fünf Erdteilen darauf. Ferner sind die Weltraumfahrt, das Durchbrechen der Schallmauer durch Überschallflugzeuge und etwa die Cyber Space-Technik instruktive Beispiele.

Transparenz – Diaphanität – Durchsichtigkeit, Integration, Ganzheit, Struktur, Versöhnung wären in etwa die neuen Schlüssel-Vokabeln, die zugleich auch als Orientierungsdaten dienen können.

Das Gewahrwerden der Durchsichtigkeit des Ganzen durch eine das Äußere und das Innere, Vergangenes und Gegenwärtiges umgreifende Bewusstseinsstruktur erinnert und ist ähnlich dem Erfahren der Ganzheit des Wirklichen im Symbol. Wir treten also ein auch in ein Zeitalter des Symbolischen, der symbolischen Zeichen, der Verständigung über Symbole (z. B. internationale Sportembleme, Verkehrszeichen und andere Ortsbeschilderungen).

Jean Gebser formuliert philosophisch, was Hildegard von Bingen und der Sephiroth-Baum symbol-bildlich vorstellten:

die integrale Kraft des Ganzheitlichen.

Würdigung und Ausblick

Die Entfaltung eines ganzheitlichen Bewusstseins, oder – anders ausgedrückt – einer neuen Spiritualität, wird wesentlich davon abhängen, dass und ob und wie weit alle Schichten des menschlichen Seins in diesen Prozess der Durchlichtung mit einbezogen werden. Die Fähigkeit etwa zur Integration des Weltganzen oder ein Transparenz-Gefühl hinsichtlich der eigenen Leiblichkeit ist vielen Menschen leider im Zuge der Industrialisierung und Motorisierung unserer Umwelt und einer materialistischen Denkweise im Alltag verloren gegan-

Struktur	1. Raum- und Zeitbezogenheit		
	a) Dimensionierung	b) Perspektivität	c) Betontheiten
Archaisch:	nulldimensional	keine	Vorräumlich/ vorzeithaft
Magisch:	eindimensional	vorperspektivisch	raumlos/zeitlos
Mythisch:	zweidimensional	unperspektivisch	raumlos/ naturzeithaft
Mental:	dreidimensional	perspektivisch	raumhaft/abstrakt zeithaft
Integral:	vierdimensional	aperspektivisch	raumfrei/zeitfrei

Eine synoptische Skizze aus Gebsers Werk (S. 174)

gen und hat sie statt dessen in eine egozentrische Verkümmerung geraten lassen. Je mehr der Mensch sich seiner leib-seelischen Struktur (Knochenaufbau, Sensibilität) und seiner geistigen Strukturen bewusst wird, um so strukturierter und transparenter wird er sich selbst wahrnehmen können gegenüber einer weithin als chaotisch erscheinenden Alltagswelt. Der Denaturierung unserer Lebenswelt ist ihre Entseelung und ihre Entgöttlichung gefolgt.

Eine neue, ganzheitlich ausgerichtete Spiritualität wird sich um Verständigung und um Versöhnung der Gegensätze bemühen, z. B. zwischen Kopf und Herz, Völkern, Rassen und Religionen, zwischen Unbewusstem und Bewusstem, von Gegenwart und Vergangenheit, von klarster Rationalität (Mathematik) und Mystik. Der Atomwissenschaftler G. Zukav äußerte einmal vorausschauend, dass wir nicht überrascht sein sollten, wenn die Vorlesungsverzeichnisse über Physik im 21. Jh. auch Vorlesungen über Meditation und Mystik enthielten.

Es wird also für den Menschen des 20./21. Jh. mehr und mehr zur Notwendigkeit werden, auch zu seinen „anderen", noch verborgenen, unbewussten Schätzen vorzustoßen, um zu seiner Mitte zu kommen (Meditation), die nur aus ganzheitlicher Wesensklärung und -durchlichtung sich entbergen kann. Je mehr der Mensch seine ‚unbewusste' andere Hälfte, sei es der Partner Leib, sein Herz, die Natur, seine Seelenwelt (Träume), das Universum, das Göttliche in sein Existenzbewusstsein einzubeziehen vermag, desto mehr Energie wird er zur Verfügung haben.

Es geht um eine wahre, ganze, erfüllte, bewusste Gestalt, die nur dem Menschen erreichbar ist, nicht dem Tier; denn: menschliches Leben ist – so zeigen es die symbolischen Bilder Hildegards und des Sephiroth-Baums und ebenso die philosophischen Analysen Gebsers – ein ständiger, dynamischer Strömungs- und Wandlungs- und Reifungsprozess zwischen ‚Ursprung und Gegenwart' und Zukunft, zwischen der universalen Welt und dem unsichtbaren Gott.

Im Menschen bleiben Größe und Elend immer dicht beieinander. Denn: „Der Mensch ist jenes allseits bedingte Wesen, das ungeachtet seiner Bedingtheit doch nur im Unbedingten sein Genüge findet. Er braucht ein Wissen um Gott, wenn er zum Sinn seines Daseins finden soll" (Eugen Biser, Gott für uns, Patmos 1997, S. 31). Das Erfahren der Ganzheit des Wirklichen aber geschieht im Sichtbar-Unsichtbaren des Symbols. Im Symbol bleibt das Geheimnis des Seienden bewahrt. Zur symbolischen Erkennensweise scheint der Mensch des integralen Zeitalters herangereift und nun aufgerufen zu sein.

9. Gerda Alexander, ihre Eutonie als Weg zu einem integrierten Körperbewusstsein

In Folge der vorher angesprochenen Verunsicherung gibt es eine große Nachfrage nach neuen körperlichen und spirituellen Erfahrungen und nach heilenden Methoden auf der Basis eigener, aktiver Beteiligung. Die Angebote sind breit gefächert, z. B. Zen und Yoga, Traumarbeit, Musik- und Tanztherapie, Atemtherapie, Psychotherapeutische Gesprächs- und Entwicklungsarbeit, Eutonie, Meditation u. a. – um nur die bekanntesten zu nennen.

Gerda Alexander (1908–1994) stellt in ihrem Buch „Eutonie – Ein Weg körperlicher Selbsterfahrung"[50] die Prinzipien ihrer eutonischen Methode vor und auch die vielfältigen

---

50 Gerda Alexander, Eutonie – Ein Weg der körperlichen Selbsterfahrung, Kösel, München 41981.

pädagogischen und therapeutischen Anwendungsmöglichkeiten.

Eutonie wurde zwar schon im antiken Griechenland gepflegt, aber Gerda Alexander hat sie für unsere Zeit grundlegend medizinisch und pädagogisch neu konzipiert. (griech. eu = wohl, harmonisch; und griech. tonos = Spannung, Tonus) Eutonie bedeutet also eine Methode, welche harmonische Wohlspannung zu erzeugen vermag durch Regulierung der Körperspannungen zwischen Über- oder Unterspannung (Hypertonus oder Hypotonus).

Eutonie ist ein Weg der körperlichen Bewusstwerdung. Durch bewusstes Wahrnehmen der eigenen Körperbefindlichkeit kann der Körpertonus beeinflusst und harmonisiert werden. Im sorgsamen Einfühlen und sensiblen Hinspüren auf die akute Befindlichkeit des Körpers – etwa in einer besonderen Haltung oder Übungsanforderung – wird das, was ist, erfahren. Einfühlung bedeutet also nicht, sich innerlich Vorstellungen zu machen von etwas, sondern im Gegenteil, sich aller Vorstellungen und Vorgaben zu enthalten, damit der Zustand oder der Prozess im eigenen Körper sich selber ansagen kann. Für die Eutonie-Pädagogik von Gerda Alexander ist es eine der wichtigsten Aufgaben, den Schüler zu befähigen, unvoreingenommen die Reaktionen zu beobachten, die sich in seinem Organismus abspielen. Es geht nicht darum, diese oder jene Übung zu „können", sondern sich in seinem Körper immer wieder neu bewusst zu werden, sich *wahr*zunehmen. So kann es geschehen, dass die gleiche Person bei gleicher Übung zu einem anderen Zeitpunkt zu einem anderen Ergebnis kommt. Unvoreingenommen ist eine Wahrnehmung, wenn die Wirkung einer Übung in Bezug zur Ausgangssituation beurteilt und bewusst wird. Deshalb wird in der eutonischen Körperarbeit das Vergleichen der geübten Körperseite mit der ungeübten und das Nachspüren und Nachempfinden generell als pädagogische Methode angewandt.

Eutonische Körperwahrnehmung geht bis hin zu den Knochen und zum Knochengerüst. Die in der Knochenhaut vorhandenen Nervenrezeptoren ermöglichen diese Einfühlung. Indem wir an den Knochen entlang spüren, „unterlaufen" wir gewissermaßen die muskulären Spannungen, Verkrampfungen oder Tonusfixierungen und lösen sie „von unten" her auf. Sie bewusst zu machen, ist schon der Anfang des Lösungsprozesses. Tonusfixierungen sind zumeist der körperliche Ausdruck psychischer Hemmungen und Traumen, welche den ursprünglichen Körperrhythmus stören und dadurch das wahre Wesen verdecken. Wenn durch bewusste Arbeit mit dem Körper der Tonus wieder flexibel geworden ist, ist eine vertiefte Erlebnisfähigkeit gewonnen und der Zugang zu den schöpferischen Kräften wieder frei.

Das Entwickeln des Knochenbewusstseins und die damit verbundene Lösung der Muskulatur und der Atemwege ist also auch eine wertvolle Vorbereitung für das Auflösen von emotionellen Spannungen in der Tiefe des Unbewussten. Solche, schon das Wesen beeinträchtigenden Verspannungen pflegen vor allem in der Beckenboden-, Zwerchfell-, Zwischenrippen- und Schultergürtelmuskulatur aufzutreten, und sie sind darum auch von dorther wieder auflösbar.

Gerda Alexander arbeitet mit ihren Körperbewusstwerdungsübungen streng auf der Basis der biologischen und medizinischen Realitäten. Immer wieder ist feststellbar, dass unbewusste oder halbbewusste falsche Körperbildvorstellungen, besonders in Bezug auf Knochen und Gelenke, die Körperfunktionen beeinträchtigen. Viele Bewegungshemmungen, Rückenschäden und Hüftarthrosen könnten vermieden werden, wenn wir über ein reales, biologisch genaues Bewusstsein, z. B. vom Knochenaufbau unserer Wirbelsäule, von unserem Hüftgelenk und anderen Gelenken verfügen würden. Bei all den Bewusstwerdungen hinsichtlich des Körperinnenraumes und der tief liegenden Muskulaturen handelt es sich um eine durch stetiges Üben verfeinerte Tiefensensibilität. Das Bewusstwerden von vorher Unbewusstem entwickelt sich langsam zu einer neuen Fähigkeit, die dann auch bei aller äußeren praktischen Arbeit, beim Stehen und Gehen, jederzeit verfügbar ist und geübt werden kann.

Das Sich-Bewusstwerden im Knochengerüst enthält auch das Gewahrwerden der Strukturen unseres Körperbaus. Es führt zu einer neuen und wesentlichen Stufe: *zur Objektivierung der persönlichen Situation* – ein wichtiger Schritt auf dem Weg der Selbsterkenntnis und Selbstfindung. Das Integrieren bisher dem Bewusstsein entzogener oder noch unbewusster Körperzonen in das eigene Körperbild lässt auch verdrängte emotionale Erlebnisse zu Bewusstsein kommen.

Darum ist es durch eutonisches Üben möglich, „das den Körper bis in seine innersten Teile durchwirkende Geistige, welches das persönliche und das kollektive Unbewusste und zudem alle Stufen vergangener und künftiger Schöpfungsevolutionen mit einschließt, in das Offenbare des Bewusstseins zu heben".[51]

Wer eutonisch übt, wächst mehr und mehr in ein neues, differenziertes Gespür für seine eigenen Körperstrukturen hinein und nimmt sich als in größeren Ordnungen einverleibt wahr und fühlt sich lebendig angesprochen zu weiterer körperlich-seelisch-geistiger Entfaltung. Gerda Alexander hat diese Tatsache einmal auf Zukunft hin formuliert: „Die tief gehenden Veränderungen, die durch die Durchdringung des Körpers mit Bewusstseinskräften in der ganzen Persönlichkeit vor sich gehen, lassen ahnen, welche Entwicklungsmöglichkeiten des Menschen in Zukunft noch der Erschließung harren."[52]

Erst im dynamischen Spiel der Bewegung, im Hervorbringen schöpferischer Bewegungsformen, wird die Transparenz des eigenen Körperraumes in seiner lebendigen Beziehung zum ihn umgebenden Außenraum erfahren. „Hier ist eine Präsenz erforderlich, die keine geringere geistige Disziplin ist als die einer Meditation. Hier wird ein neues, komplexes Bewusstsein entwickelt und aktiviert, das Innen und Außen gleichzeitig umfängt."[53]

Wem es gelingt, auf diese Weise seinen ganzen Körper mit Bewusstsein zu durchstrahlen, der ist im Geheimnis des Tanzens angelangt. Ihm wird auch die Fähigkeit gegeben sein, zu erkennen, bei sich und anderen, wo und in welchem Maße echtes Körperbewusstsein vorhanden ist und wo es fehlt.

Würdigung und Ausblick

In dieser kurz gefassten Vorstellung der Eutonie nach Gerda Alexander waren etliche Anklänge zu bemerken an die Kosmosvision Hildegards von Bingen, an Friedrich Weinrebs Gedanken von der Leiblichkeit als befreiter Körperlichkeit, an den Sephiroth-Baum und vor allem an die neue, komplexe Spiritualität, die Jean Gebser für unser integrales Zeitalter herausgestellt hat. Gerda-Alexander-Eutonie ist eine ganzheitlich durchreflektierte Methode der Körperarbeit: Eutonie – als ein Weg zu befreiter Körperlichkeit durch permanenten Spannungsausgleich. Die ersten Schritte, die auf dieses Ziel hinführen, sind:
von der Körperwahrnehmung zur Körperbewusstwerdung,
von der Knochenspürung zur Knochenbewusstheit.

---

51 A. a. O. S. 58.
52 A. a. O. S. 52.
53 A. a. O. S. 58 und 59.

Durch Lösung und Auflösung von vegetativen Dystonien, auch von oft tief einverleibten, werden Energien frei, die in erhöhte Vitalität, in schöpferische Impulse und geistige Wachheit einfließen und die individuelle Persönlichkeit ermutigen und entfalten. Menschen im Spannungsausgleich befinden sich im Gleichgewicht, physisch und psychisch. Kurz: **Wesensbewusstheit durch Körperbewusstsein.**

Ein wesentlicher Ertrag auf diesem Weg ist, dass durch die Knochenspürung nicht nur das Knochenskelett, sondern auch die Strukturen des menschlichen Körpers erfahrbar werden können. Der verborgene Körperinnenraum wird vom Knochenbau her strukturiert, damit objektiviert und bewusstseinsmäßig erhellt. Dadurch erfährt das Körperbewusstsein – überraschend – eine Transparenz, eine Durchsichtigkeit und Durchklärung, die an den Sephiroth-Baum denken lässt. Dies sind genau die Charakteristika der neuen Spiritualität, die wir bei Jean Gebsers Entwurf für das kommende integrale Zeitalter kennen gelernt haben.

Vom geistigen Körperbewusstsein her wird der Mensch offen für die Wahrnehmung von größeren, umfassenderen Seinsordnungen, etwa für die Analogien zwischen dem Mikrokosmischen und dem Makrokosmischen und ihr ganzheitlich miteinander Verwirkt-Sein im eigenen Selbst – bildhaft vorgeschaut bei Hildegard von Bingen. Das Abstrakt-Geistige findet sich in der menschlichen Leiblichkeit geerdet und präsent – ursprünglich und gegenwärtig. Abstrakte Strukturen – Ursymbole – wie die *Gerade* (in der Wirbel-Säule), das *Quadrat* (im Rumpfquadrat), das *Kreuz* (in der Weitenspannung der Körpergestalt), das *Dreieck* (in Haltungen des Stehens, Sitzens und Bewegens), die *Kreis – Kugel* (des Kopfes) werden einsichtig: ein wichtiger Ausblick auf die folgenden Kapitel dieser Arbeit.

10. Philosophie und Leiblichkeit

Da die bisherige abendländische Philosophie fast nur Vernunftphilosophie war und auf reiner Rationalität aufbaute, kann es noch kaum verstanden werden, was Philosophie mit dem Leib zu tun haben soll. Dass sie so sehr vom Leibe abhob, hängt mit ihrer Entstehungsgeschichte zusammen. Ausgehend von und Bezug nehmend auf Sokrates behauptete eine Reihe männlicher Philosophen, den leiblichen Sinnen nicht trauen zu können, und, weil nur Männer den reinen Verstand haben könnten, sei das Denken reine Männersache. Man dürfe, so argumentierte Sokrates, nichts mit dem Leib zu schaffen haben, um zur Wahrheit zu gelangen.

Die Welt zu erkennen, vermag der Mensch jedoch nur mit Hilfe seiner ihm eigenen Beschaffenheit, die aus Körper und Geist, aus Materie, Sinnenhaftigkeit und Seele besteht. Zu jeder geistigen Einsicht bedarf es der vermittelnden Sinne. Nicht ein Geist denkt in uns oder die Vernunft, sondern der ganze Mensch denkt. Es geht um die Entdeckung unseres eigenen Leibes im Denkprozess.

In dem Moment, in dem unser Leib notwendig zum Erkennen dazugehört, kann gar nicht unbeachtet bleiben, ob wir weiblich oder männlich geboren sind und welche körperlichen Besonderheiten wir noch haben. Was die Frau vom Mann wesentlich unterscheidet, ist z. B. alles, was mit dem Gebären zusammenhängt. Daher ist es notwendig, dass auch die dem Leiblichen und den Sinnen stärker verbundenen weiblichen Handlungs- und Denkmuster zur Wirkung kommen.

Nur folgerichtig ist daher eine Rück- und Neubesinnung der Philo-Sophie zu einer Liebe zur Sophia, zu einer Weisheit, die in den alten Kulturen immer weiblich gesehen wurde und oft als Göttin personifiziert wurde. Damit würde der einseitig rationale männliche Intellekt aufgerufen, sich zu öffnen auch auf eine archetypisch-muttergöttliche Weisheit hin: Verstand und Sophia!

Der Mensch kommt erst in seiner männlich-weiblichen Polarität zu seiner Ganzheit, zu Offenheit und Durchlässigkeit gegenüber einer in Gegensätzen ausgespannten Weltwirklichkeit. Das Animus-Anima-Problem und sein Spannungsgefüge, wie es C. G. Jung aufgewiesen hat mit seiner These vom gegengeschlechtlichen Anteil in jeder Seele, sollte eigentlich zum geistigen Fundus jedes heutigen Menschen gehören.

Wo Sinne und Geist sich im Welt-Erfahren vereinen, sind wir der ganzheitlichen Wirklichkeit auf der Spur und sind wir zugleich im Symbolbereich.

Alfons Kirchgässner bringt folgende Klarstellung: „Die im Symbol verschlüsselte unsichtbare Wirklichkeit öffnet sich nur den geisterleuchteten, den weisen, wissenden Sinnen und einem Geist, der sich den Sinnen anvertraut; bleibt aber vorenthalten dem Geist, der sich von den Sinnen emanzipiert, und bleibt vorenthalten den Sinnen, die nichts als Sinnenhaftes suchen."[54]

Die abstrakte, geistig-sinnliche Qualität der Ursymbole gewährleistet, dass jeder Mensch einen ihm wesenseigenen Anschluss finden kann an jene unsichtbaren archetypischen Bereiche, die auf dem Grunde seiner konkreten Wirklichkeit liegen und er dadurch gefeit ist, durch verallgemeinernde, aufgepfropfte Muster überstülpt zu werden.[55] *Persönliches, sinnenhaftes Körperbewusstsein und ganzheitliches Welt- und Lebensbewusstsein gehören zusammen.*

Indem abstrakte Symbole als Baustrukturen des Menschlichen und zugleich des Kosmischen ins Körperbewusstsein geholt werden, wird ‚Leiblichkeit' als ‚befreite Körperlichkeit' – um mit Friedrich Weinreb zu sprechen – verwirklicht. *Die ursprungsnahen Ursymbole* sind allem Lebendigen eingestiftet; für den Menschen sind sie sinnlich-geistige Wegweiser zur Seinsfindung. Sobald sie kundig vom Menschen *in sinnenhafter Leiblichkeit wahrgenommen* werden, *begegnen* sie ihm *überall und verknüpfen ihn mit der Welt.* Wie katalysatorisch vermittelt tritt der ‚befreite' Mensch über ihre äußere Gestalt im „Blitz des Wahrnehmens" in Kontakt mit ihrer inneren dynamischen Wirklichkeit und nimmt teil am Ursprünglichen der natürlichen und übernatürlichen Dinge. Durch körper-meditierendes Einüben dieser Urgestaltungen (= Ursymbole) wird der Mensch mehr und mehr offen und selbst durchsichtig und durchströmt auf tiefere und höhere Dimensionen hin – das einzige ‚Wachstum', das ihm auf dieser begrenzten Erde erhalten bleiben wird.

Mit diesen Gedanken ist der Faden geknüpft hinüber zu den folgenden, konkret anschaulich-praktischen Kapiteln über die einzelnen Ursymbole.

Die Körperübungen tragen wesentlich dazu bei, Wahrnehmungsfähigkeit für diese Symbole zu erwerben.

---

54 Vgl. Alfons Kirchgässner, Die mächtigen Zeichen, Freiburg 1960, S. 83.
55 Gemeint sind Ideologien und auch gewisse Stilrichtungen oder -prägungen von besonderen Schulen für Körperbewegung etc.

II. Kapitel

Das Kreuz als Ursymbol
Die gerade Linie – die Senkrechte und die Waagerechte:

Abb. 5

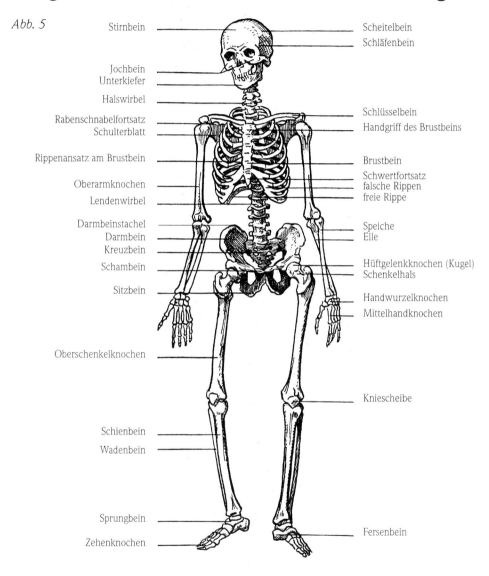

Stirnbein — Scheitelbein
Schläfenbein
Jochbein
Unterkiefer
Halswirbel
Rabenschnabelfortsatz
Schulterblatt
Schlüsselbein
Handgriff des Brustbeins
Rippenansatz am Brustbein
Brustbein
Schwertfortsatz
falsche Rippen
freie Rippe
Oberarmknochen
Lendenwirbel
Darmbeinstachel
Darmbein
Kreuzbein
Speiche
Elle
Schambein
Hüftgelenkknochen (Kugel)
Schenkelhals
Sitzbein
Handwurzelknochen
Mittelhandknochen
Oberschenkelknochen
Kniescheibe
Schienbein
Wadenbein
Sprungbein
Zehenknochen
Fersenbein

Nun beginnen die Kapitel über die einzelnen Ursymbole und ihren Bezug zur menschlichen Gestalt.[56]

Diese fein gezeichnete Skelettdarstellung zeigt besonders gut Volumen und Schönheit des menschlichen Skeletts.

---

56 Die notwendig dazugehörenden Körperübungen sind im Anhang beigefügt, nummeriert und mit einer Anleitung versehen. Durch einen Kreis mit der entsprechenden Übungsnummer wird auf sie aufmerksam gemacht.

Immer wieder möge also jede/r Lesende auf dieses Abbild der eigenen knöchernen Baustruktur zurückschauen, um sich von ihr her wirklichkeitsgerecht wahrzunehmen, damit geschieht, was der Arzt und Dichter Hans Carossa in einem Gedichtvers ansagt:

„... den kristallnen Leib im Leibe
lass ich langsam Glanz gewinnen."[57]

1. Die gerade Linie und das Linienkreuz als früheste symbolische Zeichen in der Archäologie

Am Anfang steht die gerade Linie: das früheste symbolische Zeichen. Sie anzuwenden als sinnliches Zeichen für eine geistige Einsicht, war eine Sternstunde der Menschheit. Mit der geraden Linie wurde die Erkenntnis der Richtung gewonnen. Doch wie ging der Weg dahin?

Die Prähistorikerin Marie König zeigt dazu einen Verständnisweg auf.[58]

Funde von menschlichen Skeletten, die schon vor ungefähr 100 000 Jahren sorgfältig in ost-westlicher Richtung bestattet worden waren, lassen darauf schließen, dass die Kardinalpunkte Osten und Westen schon den Neandertal-Menschen bekannt waren und sie bereits die Erkenntnis einer Lebensrichtung hatten. Dieser Ausrichtung konnte nur die Beobachtung des Kreislaufs in der Natur und der Gestirne zugrunde liegen: die Sonne ging blutrot im Westen unter, um mit der Morgenröte im Osten wieder aufzutauchen; also die Idee einer kosmischen Wiedergeburt. Wie anders konnte der frühe Mensch der Vorstellung von seinem Glauben an Wiedergeburt sichtbar Ausdruck verleihen?

Marie König berichtet weiter von einem Neandertaler-Grab in der französischen Dordogne, wo einem Toten ein Langknochen mit darauf eingeritzten geraden Linien beigelegt worden war. Zwischen dieser Grabbeigabe und der ost-westlich angeordneten Bestattung dürfte ein Denkzusammenhang bestanden haben. Mit diesen geritzten, geraden Linien sollte nachdrücklich die Himmelsrichtung angezeigt werden. Marie König folgert: „Teilte eine solche Weltachse die Welt in zwei Hälften? Das diffuse All gewann so Ordnung und – zunehmend – Gestalt."[59] Etwas Abstrakteres als eine gerade Linie als Ausdruck von Richtung ist nicht vorstellbar. Die Geburt der geraden Linie als Ursymbol – wahrlich eine Stern-Stunde! Welche ungeheure Erfinderleistung und Gestaltungskraft steckt dahinter verborgen! Es war der Anfang einer Zeichen-Sprache, einer Schrift, die sich aus Symbolen aufbaut. Solches frühe Wissen der Menschen ging nicht verloren. In allen alten Kulturen und bis ins Mittelalter hinein wurden die Toten nach den Gestirnen ausgerichtet. Aber wer weiß heute noch beim Anlegen und Begehen von Friedhöfen von solchen Zusammenhängen?[60]

Dieses Beispiel zeigt, wie die bisher dunkel verhüllten Anfänge der menschlichen Kultur durch das Wissen um den Symbolgehalt bewusst gesetzter Zeichen wieder aufgelichtet

---

57 Hans Carossa, Gedichte, Inselbücherei Nr. 500, Leipzig, S. 34,Von Lust zu Lust'
58 Marie König, Weib und Macht, Fischer TB, Frankfurt 1982, S. 107–158.
59 A. a. O. S. 114.
60 Das Christentum hat in der Ost-West-Ausrichtung seiner Kirchenbauten diese Vorstellung aufgegriffen.

werden kann. Symbole machen die Urbilder des Seins sichtbar, oder, nach Edgar Dacqué, Symbole bedeuten „reines (abstraktes) Darstellen des Urquells".[61]

Die Gerade verlor bis heute nicht an Bedeutung. Sie blieb das grundlegende Ordnungsschema aller Kultur. Mit ihr kann heute noch jede Richtung angegeben werden. Mit der geraden Linie begann auch der Mensch zu schreiben. Aus Schicksals-Zeichen oder Runen wurden Buchstaben. Wir besitzen bereits ganze Alphabete von frühzeitlichen ‚Schriften‘ und ‚Zeichen‘. Die chinesische Schrift scheint in besonderem Maße symbolische Zeichenhaftigkeit bewahrt zu haben.

Wie die Gerade grundlegend war für die Ausgestaltung der Schrift und damit der menschlichen Kultur, so ist sie es auch für die menschliche Gestalt. Dass allem Anschein nach die Waagerechte, die Ost-West-Linie, zuerst in Erscheinung trat und erst in einem zweiten Akt die Senkrechte dazukam, scheint zu bestätigen, dass zur Menschwerdung nicht nur die Geburt, sondern auch dann die Aufrichtung als Lebensakt entscheidend dazugehört. Dieser Akt findet erst etwa ein Jahr nach der Geburt reflexartig statt, und geschieht nicht wie das Erlernen der Sprache über die ‚Mutter‘ (Muttersprache), sondern aus angeborenem, eigenem Entwicklungsimpuls.

Ein glücklicher Zufall in der prähistorischen Forschung lieferte den Beweis dafür, dass der Neandertaler auch schon das *Linienkreuz* kannte. Man entdeckte in Ungarn unter hohen und daher sehr alten Sinterschichten einen Nummulites perforatus (nummulus = kleine Münze), die Schale eines einzelligen Urtierchens, dessen eine Seite glatt geschliffen war. Diese wurde von einem sehr akkuraten Linienkreuz überzogen. Die Forschung nimmt an, dass mit dem Zeichen die vier Himmelsrichtungen gemeint waren. Man hatte also auf die erste Gerade eine zweite gestellt, die sie im rechten Winkel schnitt und damit eine genaue Weltordnung erreicht: die in vier Viertel unterteilte Welt.[62]

Auch dieses Grundschema wurde lückenlos überliefert. Jeder konnte es verstehen. Von besonderer Bedeutung war es, dass der Mensch im Schnittpunkt der beiden Geraden den Mittelpunkt der runden Welt erkannte, den die Griechen so viel später als „Omphalos", als Nabel der Welt, bezeichneten.

Mit diesem Punkt fand der Mensch – ebenfalls eine Sternstunde seiner Entwicklung – den ersten festen Punkt im All. Hier sah er sich selbst verankert, die Welt und die Gestirne drehten sich um ihn.

Auch in den frühen Höhlenmalereien fand dieser Punkt eine bedeutungsvolle Ausgestaltung. Bei vielen Linienkreuzen, die in den Kulthöhlen des Waldes von Fontainebleau in die Wände geschliffen wurden, wird dieser Schnittpunkt eigens durch eine schüsselförmige Vertiefung hervorgehoben.

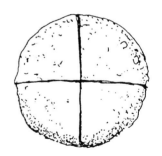

Abb. 6 : Gerundetes, einzelliges Gehäuse eines Nummulites perforatus, schwach geschliffen und mit einem Linienkreuz versehen. Es stammt aus der Traventin-Siedlung aus Tata (Ungarn), Neandertalerzeit. Durchmesser 2,1 cm, Mittelpaläolithikum (L. Vertes, 1964).

61 E. Dacqué, a. a. O. S. 9.
62 M. König, a. a. O. S. 115.

Wie das Linienkreuz der gezeichnete Beweis wurde für das Gewahrwerden einer kosmischen Ordnung, die sich ausdrückte in den vier Himmelsrichtungen: Oben – Unten, Rechts – Links oder später Norden-Süden-Osten-Westen, für die vier Jahreszeiten etc., so wurde das Linienkreuz zugleich auch maßgebend für die Darstellung des Menschen als einer Kreuzgestalt.

2. Die gerade Linie, die Senkrechte und die Waagerechte

Die gerade Linie, in eine überschaubare Bildfläche gezogen, drückt Einfachheit aus, Eindeutigkeit, Einfalt, gerichtete Entscheidung, aber auch Sturheit. Ingrid Riedel sagt sogar: „Die gerade Linie ist gottlos und unmoralisch."[63]

Die *Senkrechte,* die Vertikale, strebt steil in die Höhe und fällt ebenso steil in die Tiefe, Höhe und Tiefe miteinander verbindend. Sie wirkt sehr aktiv, rational-klar und zielgerichtet, persönlichkeitsbetont mit herrscherlich-hierarchischem Akzent (Zepter). Sie ist Gleichnis für alles, was drängend über sich hinaus will: das männlich-schöpferische Prinzip (Menhire, Phallus). Sie steht in der Gefahr zu hybrider Überheblichkeit oder des Wahnsinns.

Im hierarchischen Zeichen der Senkrechten wird Vielheit gegliedert: vom König zum Bettelmann oder Knecht.

Die *Waagerechte,* die Horizontale, stellt ein ruhendes, beharrendes Prinzip dar. Sie ist weitend, öffnend, auseinanderlegend, kontemplativ. Verlängert enthält sie ein allumschließendes, demokratisches Element. Sie sucht und findet das Transzendentale in der Immanenz, im Raum der Welt. Sie steht in der Gefahr des Zerfließens und der Nivellierung.

Ist die Vertikale ein Ausdruck unendlichen Strebens, unendlicher Sehnsucht in der Richtung des Wachstums, des Schöpferischen, des Absoluten, so besitzt die Horizontale keine besondere Zielstrebigkeit, sie ist reines, tragendes Dasein.

Trotz ihrer gegensätzlichen Symbolik bedingen sich Senkrechte und Waagerechte gegenseitig mit Notwendigkeit; denn eine ohne die andere geriete zur Absurdität. Wie Tag und Nacht sich ergänzen, so bietet sich auch die menschliche Gestalt bei Tag als aufrecht stehend, also in Hochform, dar und bei Nacht als liegend in der Waagerechten als der Erholungs- und Ruheposition.

Wie der Nummulitus perforatus anzeigt, bilden Senkrechte und Waagerechte die Weltkoordinaten. Ihre in klarster Gegensätzlichkeit ausgerichtete Achsenstruktur zeichnet sich auch in der menschlichen Gestalt ab. Diese beschreibt die Gegensatzstruktur im Lebendig-Konkreten, also mehr harmonisch und dynamisch. Im Weltenkreuz sind das Senkrechte und das Waagerechte völlig gleichwertig und gleichberechtigt zu einer Gestalteinheit verbunden.

Am *Beispiel der Treppe* wird deutlich, wie sehr diese beiden polaren Kräfte zusammenspielen: Im Hinuntertreten der Waagerechten steige ich senkrecht in die Höhe (Stiege). Stufe um Stufe ersteige ich so den Gipfel des Berges, den „Sitz der Götter". Im Hinunter‚steigen' der Treppe, beim Gang in die Tiefe, fängt die waagerechte Stufe jeweils meinen Absturz auf. Der Stufenweg der Treppe lebt vom Wechselspiel zwischen senkrecht und waagerecht.

---

63 Vgl. Ingrid Riedel, Formen, Kreuz-Verlag, Stuttgart 1985, S.27.

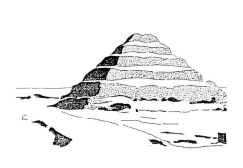

Abb. 7 und 8: Der ägyptische Pharao läßt sich auf dem Urhügel abbilden, um durch die Lebenskräfte, die diesem innewohnen, sein Leben regenerieren zu lassen.

Auch Jakob, der Stammvater Israels, sieht auf seiner visionären Himmelsleiter die Engel auf- und niedersteigen: als ein Zeichen für die ewige *Verbindung,* ‚den BUND' zwischen Himmel und Erde, zwischen Gott und den Menschen.

Die Überwindung des Chaos, Berg und Tempel gehören in fast allen frühen Kulturen zusammen. „Während die Tiefe eine Dimension des Chaos und des Todes ist, gehört zum Tempel die Höhe, der Berg."[64] In den Monumentaltreppen der Tempeltürme Mesopotamiens, Ägyptens und auch der vorhispanischen Kulturen Mexikos wurde die Himmelstreppe gegenwärtig geglaubt. Diese Pyramiden verbinden in ihrer Stufenarchitektur die Form riesiger Hügel mit einer Treppe. Auf dem Urhügel war der Schöpfergott erschienen. Von ihm hatte die geordnete Welt ihren Anfang genommen. Er war voll ungeheurer Energie und voll von Lebenskräften. Die toten Herrscher lassen sich deshalb auf dem Urhügel abbilden, um von dessen Kräften regeneriert zu werden. „Eine Treppe zum Himmel ist für ihn (den toten König) gebaut, so dass er zum Himmel hinaufsteigen kann."[64]

Das Treppensteigen, ein in unserer Weltlandschaft immer benötigter Vorgang, ist so urtümlich wie Einatmen und Ausatmen. Das lässt sich besonders gut an unserem Brustschwimmstil aufzeigen, der gekennzeichnet ist von einem dynamischen Bewegungsverbinden von Waagerecht und Senkrecht, gekoppelt mit Ein- und Ausatmen. Die Streckphase ist verbunden mit der Ausatmung und die Weitung des Armzuges zur Waagerechten mit dem Einatmen. Auch beim menschlichen Gehen ist eine klare Senkrecht-Waagerecht-Spannung gegeben: Körperform und Bewegungsrichtung verlaufen gegensätzlich. Die aufrechte Gestalt des Menschen geht vorwärts in der Waagerechten! Das erscheint physikalisch-aerodynamisch gesehen wie eine krasse Fehlkonstruktion. Bei allen anderen Wirbeltieren verläuft die Wirbelsäule parallel zur Bewegungsrichtung.

Alles Treppen- oder Bergsteigen oder Schwimmen oder Gehen lebt vom Zusammenspiel der Ur-Gegensätze von Waagerecht und Senkrecht; es enthält ein Überwinden von Chaos und wenn der Mensch dieses Ur-Spiel bewusst mitspielt, empfängt er Lebensregeneration.

---

64 Vgl. I. E. S. Edwards, The Pyramids of Egypt, Pelikan Book A168, 1961, S. 288.
  Pyramidenspruch 267. S. auch O. Keel, Die Welt der altorientalischen Bildsymbolik und das Alte Testament, S. 100.

3. Die Senkrechte und die menschliche Wirbelsäule

Die Wirbelsäule ist das prägende Element der menschlichen Gestalt. In ihr verkörpert sich das Prinzip des Senkrechten, ihr verdankt sie ihre Aufrichtung. Die aufrechte Gestalt unterscheidet den Menschen tiefgreifend von allen anderen Wirbeltieren. Die Aufrichtung aus der Vierbeinigkeit zum Zweibeiner – ein Schlüsselereignis – war die Voraussetzung für die Entwicklung des menschlichen Gehirns und veränderte gravierend den Knochenbau. Vielseitige Handlungs- und Bewegungsfähigkeiten, vor allem ein Rundum-Blick als Voraussetzung auch für geistige Übersicht, wurden damit ermöglicht und vieles andere mehr.

Mit ihren 33 gelenkartig verbundenen Wirbeln bildet die Wirbelsäule einen sowohl elastisch-beweglichen wie tragfähigen, belastbaren Knochen-Stab, der allerdings nur im Lot, d. h. in der ausgeglichenen Balance zu ihrem Gegenpart, nämlich zur horizontalen Erdbasis, seine optimale Leistung hinsichtlich Festigkeit, Durchströmung und Betriebsökonomie erbringen kann. In ihrem geschützten Innenkanal enthält die Wirbelsäule zahllose Nervenstränge, über die alle organischen und nervlichen Körperfunktionen mit dem Gehirn verbunden und miteinander koordiniert werden. Die Wirbelsäule ist quasi der Lebensfaden, an dem alles hängt. Sie wird dadurch zum ‚Menschen im Kleinen‘. Doch was die Natur zur Verfügung stellt – unbewusst –, muss ins geistige Bewusstsein geholt werden, so etwa wie die Wirbelsäule aus dem Naturgrund der Beckenschale wie ein Lebensbaum emporwächst und hinaufstrebt bis in die Verzweigungen seiner geistigen Möglichkeiten im Gehirn.

Im Bereich des Schultergürtels durchstößt die Wirbelsäule die schützende Umhüllung durch den Rumpf und gerät im Hals in eine Zone, die einen hohen Grad an Beweglichkeit erlaubt, dafür aber relativ ungeschützt ist.

Am oberen Ende des Halses durchstößt sie nochmals eine Schwelle. Der zweitoberste Wirbel, der Epistropheus, der Kopfwender, überragt mit einem steilen Knochenzapfen den obersten Wirbel, den Atlas-Wirbel, indem er mitten durch dessen Ringform hindurch stößt (s. Abb. 9). In der Aufsicht erscheint diese Konstruktion wie das Bild eines offenen Auges (s. Abb. 10). Der Übergang zwischen Hals-Wirbelsäule und Kopf ist somit überaus eindrucksvoll ausgebildet.

Die beiden Hinterhauptbeine des Schädels sind vergleichbar und korrespondieren mit den Sitzhöckern im unteren Gesäßbereich. Sie bilden mit den eiförmigen Mulden auf der

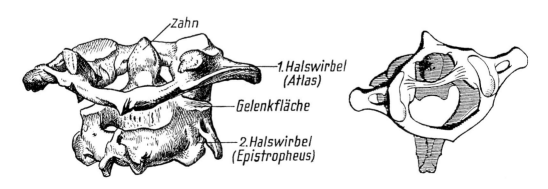

Abb. 9 und 10: Seitenansicht und Aufsicht der beiden obersten Halswirbel

Oberseite des Atlas-Wirbels eine scharnierartige Gelenkverbindung, das Atlas-Hinterhaupts-bein-Gelenk. (s. Abb. 11)

Das Bild vom Knochenbau des Kopfes zeigt, wie genial der schwere Kopf auf dem elastisch federnden Stab der Wirbelsäule balanciert.

Diese Details sind deshalb nötig, um sich den ungemein wichtigen Übergang zwischen senkrecht-langer Wirbelsäule und dem runden, schweren Kopf anatomisch genau vorstellen und ins rechte Bewusstsein holen zu können. Gelockerte und entspannte Muskeln und Bänder im Halsbereich haben großen Anteil am Gelingen einer lotgerechten, durchströmten, freien Kopf- und Gesamtkörperhaltung und an einem sensibel-wachen Gefühl dafür.

Kopfkugel und ‚Erdkugel' begrenzen gewissermaßen den in die Höhe und in die Tiefe tendierenden Verlauf der Wirbelsäule. Wie verschieden die Gestalt des Menschen von der der Tiere ist, zeigt sich besonders an der Art und Weise, wie der Schädel mit der Wirbelsäule verbunden ist. Der Atlas-Wirbel stellt gewissermaßen einen Thronsessel dar, auf dem ‚Seine Majestät' der Kopf aufruht, und der sich dadurch souverän wie eine strahlende, runde Sonne über dem eckigen Rumpf erhebt und sich bewegen kann. Der menschliche Schädel balanciert in kühnem Gleichgewicht auf der Wirbelsäule. Dieser locker aufliegende und sensibel aus-zutarierende Verbund von vertikaler Säulenstruktur und fast horizontaler Schädelunterseite ermöglicht dem Menschen, einen Zusammenhang zu spüren und zu erkennen, was sich am anderen Pol seines Körpers abspielt. Auch dort steht der Körperstab senkrecht auf der

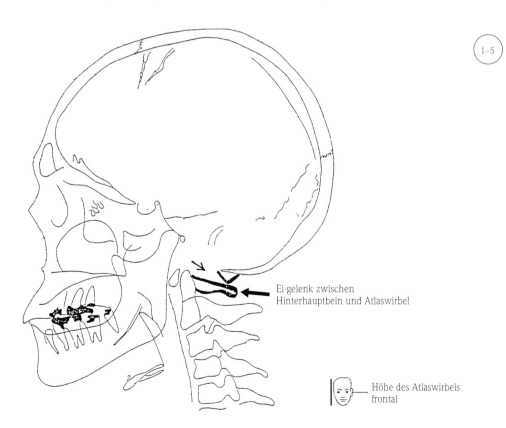

1–5

Ei-gelenk zwischen
Hinterhauptbein und Atlaswirbel

Höhe des Atlaswirbels
frontal

Abb. 11: Atlas-Hinterhauptsbein-Gelenk

verhältnismäßig kleinen, waagerechten Fläche der Fußsohlen, balanciert von den Sprung- und Fußgelenken. Das Bild dieser rechtwinkligen Verbindungen drückt aus, dass oben wie unten andere Welten sind. Der Mensch geht seinen Weg *zwischen* Himmel und Erde. Der Durchstoßimpuls der Wirbelsäule durch den waagerechten Schulter*gürtel* und durch den Ring des Atlaswirbels in den Kopf hinein und andererseits das Hinunterloten der Wirbelsäule durch das Steißbein bis hin zu den Fußsohlen und in die Erde hinein, erweisen sich auch in diesem Zusammenhang als ein hochsensibles, spannungsvolles, Gestalt bildendes Kräftespiel zwischen Senkrechtem und Waagerechtem.

4. Der menschliche Rücken und seine Rechts-Links-Teilung

Die senkrechte Linie der Wirbelsäule prägt die menschliche Rückenlandschaft. Zu ihrer Hinterfragung – so scheint mir – kann ein Bild des avantgardistischen italienischen Malers Lucio Fontana (1899–1968) wesentliche Aspekte beitragen.

Er ritzt mit einem Messer eine Leinwandfläche von oben nach unten auf. Das Ergebnis dieses vitalen Impulses ist ein glatter Riss mit einem ganz schmalen oberen Anfang, einem ebenso scharfen, feinen unteren Ende und dazwischen eine breit aufgesprungene Mitte: gleichsam eine offene Hautschnittwunde, die ein Schmerzgefühl auslöst im Betrachter.

Für mich entsteht eindeutig eine Assoziation zur Wirbelsäule. Auf der sonst leeren Lein-

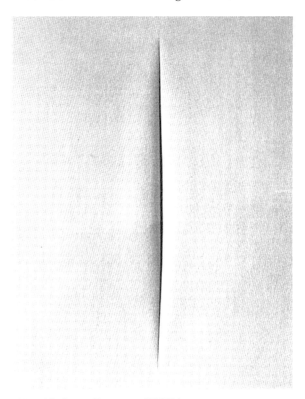

wandfläche gibt es auf einmal eine klare Scheidung in ein Rechts- und ein Links-von-der-Schnittöffnung und eine plastische, d. h. eine weitere Dimension durch das, was vom Hintergrund der Bildfläche durch die Offenheit der ‚Wunde' sichtbar wird. Bewegung, Gefühl, Zeit und Raum verbinden sich zu einem psycho-physischen Eindruck.

Was kann dieses Bild hier vermitteln? Durch seine aufrechte Gestalt ist der Mensch gerichtet und zugleich unterschieden-geschieden. Der Aufgerichtete ist ein Verwundeter; denn die Aufrichtung bewirkt eine Spaltung in zwei Hälften. Am Bild der Wirbelsäule im Kontext der Rückenlandschaft leuchtet ein, dass Gleichgewichtigkeit zwischen den Grundkoordinaten der Wirklichkeit gegeben sein muss, damit der Mensch sich ‚aufrecht' entwickeln und den aufrechten Gang

Abb. 12: Lucio Fontana: ATTESA
(Erwartung) Wasserfarbe auf Leinwand 116 x 89 cm

verwirklichen kann. Die Wirbelsäule, schon im Embryonalzustand des Menschen als erstes ‚Organ' erkennbar, vermittelt ihm auch eine fundamentale Lebensorientierung.

Da alle Sinnesorgane nach vorn gerichtet sind, entsteht die Frage, was bedeutet seine rückwärtige Seite, was ist dem Menschen im Rücken? Ist es unbewusstes, ungesehenes Erbgut? Ist es aus früher Zeit Erobertes, Zurückgelegtes, Erfahrenes, also eine Art Vergangenheitspotential? Der Rücken liegt in unserem Sichtschatten, auf der ‚dunklen' Seite unseres Selbst, er ‚enthält' in der Tat Vergangenes. Im Unterschied zu der sehr differenziert ausgebildeten Vorderseite – deshalb vermögen wir ja auch Menschen nur von dorther mit Sicherheit zu identifizieren – sind im Rücken allgemeine Gegebenheiten eingelagert. Sie haben mit Vergangenheit, Herkunft und Gemeinschaft zu tun, wie Bezüge zu Vaterschaft und Ahnen, Sippe, zur Triebstruktur, aber auch zu Mütterlichkeit, Geborgenheit, zum archetypischen Bereich und seinen schöpferischen Antrieben.

Da diese Bereiche in unserer modernen, fortschrittsbesessenen Alltagswelt nicht mehr gefragt, uninteressant und auch wegen der Schnelle der Zeit nicht mehr wahrgenommen werden können, werden damit viele tiefe psychische Ursachen unserer Rückenprobleme ansichtig. Allein gegen das ‚Chaos der Welt' zu stehen, überfordert. Die Wirbelsäule wieder bewusst zu machen und zu stärken durch spezifische Körperübungen, ist daher ein natürliches Heilmittel, d.h. ein natürliches Aktivieren von Vergangenheits- und Gemeinschaftssinn.

Dass aufrechte Haltung nicht nur eine orthopädische Angelegenheit, sondern von gesamtmenschlicher Relevanz ist, wird uns u. a. in einem Abschnitt der alttestamentlichen Jonasgeschichte gesagt: Jonas, der Prophet, war zornig, ja sogar lebensmüde, weil Jahwe die angedrohte Zerstörung Ninives nicht vollzogen hatte. „Da sagte Jahwe zu Jona: Und ich, ich sollte nicht betrübt sein wegen Ninive, der großen Stadt, in der es mehr als zwölf Myriaden Menschen gibt, *die nicht unterscheiden können zwischen ihrer Rechten und ihrer Linken,* und außerdem so viel Vieh?" (Jona 4,11). Die Fähigkeit, sich orientieren und differenzieren zu können zwischen den eigenen Körperseiten, wird hier als Erweis von Reife und Mündigkeit des Menschen verstanden.

Doch wie ist es bei uns bestellt? Wie dumpf und „rücksichtslos" ist in der Regel unser Rückengefühl, wie naiv-undifferenziert ist unser Rückenbewusstsein! Auch unsere Sprache zeigt mit dem Ausdruck „verrückt sein" an, dass falsche Konstellationen im Statischen oder im Psychischen im Rücken vorliegen.

Wer kann schon körperlich ... seine Wirbelsäule wahrnehmen, wenn er nicht gerade Schmerzen dort hat?

Wer spürt schon körperlich in seinem Rücken ein Verwandtes, ein Echo, wenn ihm Senkrecht-Emporwachsendes begegnet?

Wer spürt schon körperlich in seinem Rücken, wenn ihm symmetrisch geteilte Felder begegnen, sei es in Fensterflügeln, im aufgeschlagenen Buch (Buch-Rücken), beim Durchschreiten des Mittelgangs eines Platzes, eines Saales oder einer Kirche?

Wer spürt schon körperlich in seinem Rücken, wenn es um Gerechtigkeit geht, um jene Tugend, die der einen Seite dasselbe zugesteht wie der anderen?

Wer spürt schon körperlich in seinem Rücken, wenn die Wahrheit des Gewesenen zur Debatte steht?

Diese wenigen Andeutungen belegen, wie wichtig ein bewusst gefühlter Rücken für die Ausbildung des Sinnes für Gerechtigkeit und für die Charakter- und Identitätsfindung sein kann.[65]

Jeder kann daran arbeiten, seinen Rücken aus der ‚Verlorenheit' zurückzuholen. Die Ganzheit einer aufrechten Lebensgestalt, befreite Körperlichkeit, ein diaphanes Bewusstsein würden ihm u. a. bei dieser Bemühung zuteil werden.

Auch den Kabbalisten bei ihrer Sephiroth-Baum-Reflexion war die Interpretation der rechten und der linken Seite wichtig. Da es sich bei der Sephiroth-Lehre um eine „Wissenschaft der Seele" handelt, umfasste sie auch den psychologischen Bereich. Die unterschiedliche Bewertung, die die Kabbalisten im Lauf der Zeit der männlichen rechten und der weiblichen linken Seite zukommen ließen, wirkte sich dahin aus, dass die weibliche Seite als die „Linke Gottes" eindeutig minderwertiger ausfiel. Die durch die Kabbalisten vollzogene negative Bewertung der Linken muss als eine typische Patriarchatserscheinung gesehen werden.[66]

Dies kann als Beispiel dafür gelten, wie willkürliche Veränderungen des Natürlich-Gegebenen weit reichende Fehlentwicklungen zur Folge haben können, in gesellschaftlicher und in psychisch-religiöser Hinsicht. In diesem Falle ist es die Jahrtausend alte Überbewertung des Männlichen, die wir heute erkennen und aufzuarbeiten versuchen. – Vermutlich ist die vor allem in den vergangenen 500 Jahren einseitig bevorzugte und überbeanspruchte männliche Rationalität auch eine Ursache für die Wachstumsakzeleration bei unseren heutigen Jugendlichen, was besagt, dass die senkrechte Gestaltkomponente des Menschen über Gebühr, dominant, gewertet wurde und deshalb sich verstärkt auswirkte.

5. Die Wirbelsäule als Argument menschlicher Zukünftigkeit und Transzendenzfähigkeit

Die Wirbelsäule verkörpert in ihrer spiralförmigen Aufwärtsschwingung die geistige Wachstumsform des Menschen, der, solange er lebt, über sich hinaus strebt und streben muss (s. Kap. VII). Alle seine Sinnesorgane befinden sich auf seiner Vorderseite, was besagt: Menschliches Sein hat immer Zukommendes, Zukunft im Blick.

Was ist ein Genie anderes als ein Mensch, der es vermag, als Vorausseher, als Vor-Denker oder als Vor-Gänger einen Schritt über den bisher erreichten Zu-Stand oder die bisher mögliche Handlungs- und Erkenntnisfähigkeit hinaus zu tun.

Indem der Mensch denkend und handelnd sein Dasein ständig in die Zukunft hinausdehnt, verwirklicht er im Vor-Haben eine entscheidende Dimension seiner Zukünftigkeit, nämlich die Hoffnung. Schwierigkeiten im Hier und Jetzt vermag der Mensch zu bezwingen, indem

---

65 Peter L. Berger, einer der profiliertesten Religionssoziologen unserer Zeit, hält z. B. die Gleichberechtigung der Geschlechter (auch des ‚dritten Geschlechts', der sog. Minderheiten), der Rassen und etwa die „Unmöglichkeit" der Todesstrafe, für echte Wahrheitsfindungen. S. P. Berger, Auf den Spuren der Engel, Die moderne Gesellschaft und die Wiederentdeckung der Transzendenz, Herder/ Spektrum TB 4001, S. 109.

66 Vgl. dazu Christa Mulack, Die Weiblichkeit Gottes, Kreuz-Verlag, Stuttgart, bes. das Kapitel: Zur Polarität der Rechten und Linken des Sephiroth-Baumes, S. 167–241.

und weil er hofft. Hoffend vermag er sogar dem Tode mutig Trotz zu bieten.[67]

Mit dem Über-sich-Hinauswachsen des Menschen ist auch seine Fähigkeit zur Ekstase angesprochen. Ekstase ist hier gemeint als das Heraustreten, das transcendere, aus allen Gewohnheiten und Überschaubarkeiten der Alltagswelt. In der Ekstase steht der Mensch plötzlich in einem offenen Raum, wo unbekannte, gewaltige Mächte ihn ,außer-sich' geraten lassen. Göttliches, Dämonisches, Unbegreifliches dringt quasi von allen Seiten in ihn ein. Eine

Abb. 13: Diese Lithographie von A. Paul Weber hat den Titel „Rückgrat raus". Sie war zwar anti-nazistisch konzipiert, ist aber eine allgemein-sarkastische Illustration jedweder Charaktermanipulation und Gehirnwäsche.

metaphysische, eine übernatürliche Welt bricht um und in ihm auf. Dieses Aufgerissen- und Überwältigt-Werden, das Außer-sich-Sein kennzeichnet das ekstatische Erlebnis. Die große religiöse Ekstase als Erfüllt-Sein von einer Gottheit führt bis zu individueller Entpersönlichung, d. h. in einen Zustand von körperlichem und geistigem Frei-Sein von sich selbst[68] (z. B. beim rituellen Tanz primitiver Völker). Die Kunst des Barock, die menschliche Figuren und Plastiken mit weit ausgreifenden Gesten in offene Räume hineinkomponiert, vermag uns Augenblicke menschlicher Ekstasen vor Augen zu führen. Zwei Beispiele sollen hier genannt werden: Gian Lorenzo Bernini, der Hauptmeister des italienischen Hochbarock, mit seiner Plastik „Die Ekstase der Hl. Theresa" und „Die Vision des Hl. Benedikt" des Cosmas Damian Asam von 1718 in seinem Freskenprogramm in der Barock-Basilika von Weingarten/Oberschwaben. Die Illusion einer Öffnung des Gewölbes ins Jenseits, in die Transzendenz, ist thematisch und formal vollkommen.

Ekstase und Transzendenz weisen darauf hin, dass, wenn alle geographischen Kontinente bereits ,umsegelt' und durchforscht sein sollten, sich dem Menschen dennoch stets alte-neue und ungeahnte Reiche eröffnen können. Genies und Heilige berühren sich hier. Die Wirbelsäule ist quasi die Startrampe für alle geistigen Entwürfe des Menschen.

Eine entgegen gesetzte Art von „Ent-Rückung" wird auf folgender, surrealistisch-satirischer Lithographie von Andreas Paul Weber (1893–1980) illustriert: eine Rücken-Manipulation, wo mit der Sache der Wirbelsäule der aufrechte Gang, die individuelle Personen- und Charakterwürde wegoperiert wird, um den Mitläufer, das Herdentier, zu bekommen.

---

67 Vgl. P. L. Berger, a. a. O., S. 99.
68 Wir haben inzwischen erlebt, wie schnell die große Begeisterung am Beginn der Pop-Mu_sik verflogen ist; oft wird hier „wahnsinnige action" als Ekstase verkauft.

59

6. Das Kreuz als Ursymbol

Das zuvor erwähnte Nummulitus-perforatus-Fundstück war für unsere sehr frühen Vorfahren ein Abbild der viergeteilten Welt. In steinzeitlichen Höhlenzeichnungen wurde das Kreuz verwendet als Kennzeichen für Menschen. Mit seinen vier Balken war es ein Zeichen, in welchem die vier Himmelsrichtungen, die vier Zeiten und Wandlungsmöglichkeiten der Erde zusammengebunden waren; gewissermaßen die Wiedervereinigung der auseinanderstrebenden, urtümlichen Kräfte, der ‚paradiesischen Urströme'. Das Kreuz mit den gleichlangen Balken ist das „griechische", das Segenskreuz. Es steht für das Ganze (griech. ‚kat holon') und nicht als Konfessionsbezeichnung. Der erste Christ, der über die Form des Kreuzes nachgedacht hat, war Justin der Märtyrer, um 100 n. Chr. in Palästina geboren. Er erinnerte als Philosoph und christlicher Lehrer an Platon, der die Welt als von Gott geschaffenes Sphärenkreuz beschrieben hatte. Justin sah die Welt so von Gott geschaffen, damit wir in ihr das Zeichen unserer Erlösung erkennen. Es ist ein Zeichen für Christus, die Mitte der Welt, ein Abbild des Kosmos und ein Zeichen der Erfüllung. In der Romanik wird Christus als Welterlöser und Sieger über den Tod gezeigt, in der Mitte eines Kreuzes von griechischem Muster. Das „lateinische" Kreuz mit dem nach unten verlängerten Längsbalken ist erst viel später entstanden, erst nach der Erfindung des Leidenskreuzes (Kruzifixus) in der Zeit der Karolinger. Das lateinische Kreuz passt sich der Körperform eines Aufgehängten an, ein Bild des Balkens, an dem man Jesus von Nazareth hinrichtete.

Was im Konkret-Gegenständlichen unvereinbar ist, nämlich Senkrechtes und Waagerechtes, bringt der menschliche Geist zusammen in eine Baustruktur, in ein Beziehungssystem.

Indem die Gegenrichtungen als sich überkreuzende gesehen wurden, ergab sich eine Kreuzstruktur.

Unsere ganze Lebenswirklichkeit besteht aus einer umfassenden Vernetzung von unterschiedlichen und gegensätzlichen Kräften, Wertigkeiten und Funktionen. Alle haben ihren je eigenen Platz und sind trotzdem eingebunden in einer höheren Ordnung und in einer größeren Lebenseinheit. Das *Kreuz zeigt Lebensarchitektur.*

Menschliches Leben erfährt sich in Gegensätzen: es reibt sich unentwegt an Unversöhnlichem, an Unvereinbarkeiten, an Unbegreiflichem: Leben steht gegen Tod. Wir erfahren den sonnigen Berg und das finstere Tal, Kindheit und Alter, Sommer und Winter, Äußeres und Innerliches. Jedes braucht das Andere. Die Gegenpole sind letztlich nicht Feinde, sondern einander Helfer, Helfer-Gegner.[69] Das Kreuz ist das Symbol für eine Lebenswirklichkeit, die sich aus Gegensätzen aufbaut. Die Gegensatzidee als geistiges Prinzip für lebendige Bildung und lebendige Erkenntnis hat in der Kreuzform ihre anschaubare Gestalt gefunden.[70] Das heißt, das Kreuz liefert die Strukturformel für die Vereinigung von Gegensätzen. Nur unter der Kreuzstruktur lässt sich die in Gegensätzen ausgespannte Wirklichkeit als lebendige Einheit

---

69 Vgl. Friedrich Heer, ‚Begegnung mit dem Feinde'. F. Heer vertritt die These, dass wir unsere Feinde als Gegner ansehen sollten, unter einem quasi sportlichen Aspekt also.

70 Guardinis Gegensatzlehre ist deshalb auch zugleich eine Interpretation der Kreuzsymbolik.

erfassen. Indem das Kreuz die Gegensatzspannung der Lebenswirklichkeit widerspiegelt, ist es ein Lebens-Symbol, ist es sinnlich-geistiges Sinn-Bild für menschliches wirkliches und bewusstes Leben im Ganzen der Welt.

Das ‚Kreuz der Wirklichkeit‘ ist ein Ursymbol, denn es ist ein Symbol für die Wirklichkeit des Lebens.

Durch das Ausbreiten der Arme in die Waagerechte wird der aufgerichtete Mensch selber zum Zeichen des Kreuzes. Mit der komplexen Figur des Kreuzes und in seiner ihm bewusst gewordenen Kreuzgestalt nimmt der einzelne Mensch teil am Universum, an Universalem.

Der Mensch als Kreuzgestalteter und als In-seinem-Kreuz-Stehender *ist* universales Kreuzsymbol. Er vereinigt in sich den Gegensatz von Weltintegriertheit und personaler Eigenständigkeit. Er befreit sich damit zu lebendiger Universalität. Bewusstes Leben ist immer universal, es ist Anteil am Göttlichen.

Weil das Kreuz als Zeichen des Alls schon seit frühesten Zeiten existiert, ist es einfach der Sachlage nach rechtens und erforderlich, dass sich die christliche Perspektive von ihrer Fixierung allein auf das Kreuz von Golgotha löst und im Kreuz wieder auch kosmische Weite gewinnt, sonst bleibt sie hinter ihrem Ursprung, vor allem aber hinter dem zurück, was heute Transparenz, Transzendenz und Universalität beinhalten.

7. Die individuell geprägte menschliche Kreuzgestalt

Das gleichseitige Weltenkreuz besteht aus vier gleichartig ausgebildeten Balken. Sofern das Urkreuz jedoch in die lebendige, individuelle Menschengestalt hineinprojiziert wird, ergeben sich ebenso viele Ausprägungen, wie es Menschen gibt. Angesichts der gegensätzlichen Veranlagungen und Gewichtungen bei den Menschen zwischen Verstandes- und Gemütskräften, zwischen mehr körperlicher oder mehr geistiger Begabung, zwischen Egoismus- oder Gemeinschaftssinn, Optimismus oder Depression gibt es unendlich viele Möglichkeiten menschlichen Ins-Kreuz-Gestelltseins.

Alfons Rosenberg hat eine Reihe von Kreuzvarianten zusammengestellt und kurz charakterisiert.[71] Unterschiedliche Lebenshaltungen werden modellhaft aufgeführt mit ihren jeweils positiven und negativen Anteilen. Er liefert damit ein formales Instrumentarium und ein Vorstellungsmuster, durch welches eine Deutung und Charakterisierung individuell besonderer Körperhaltungen, Körperformen und Wesenszüge besser gelingen kann.

Sehr aktive oder gestresste Menschen besitzen beispielsweise häufig eine stark ausgeprägte oder verkrampfte rechte Schulterhälfte oder sogar eine stärker ausgebildete rechte Körperhälfte und haben dadurch ein unausgewogenes Körperbewusstsein. Auch Links- oder Rechtslastigkeit der Schultern und des Rumpfes – oft bedingt durch einseitige Arbeitsbedingungen, z. B. bei Schülern durch zu schwere Schultaschen – kann bedeuten, dass solchen Menschen das freie Gefühl ausgeglichener Körperbalance nicht erlebbar ist. Es lebe der Rucksack!

Durch Bewusstwerden der eigenen Besonderheiten ist es möglich, sowohl die körperlichen, wie auch die geistig-seelischen Auswirkungen korrigierend zu beeinflussen.

---

71 Diese Tabelle wurde übernommen aus seinem Buch „Kreuzmeditation", S. 130–131.

| 1 | 2 | 3 | 4 | 5 | 6 | 7 | 8 |

1 positiv: Erdverbundenheit, Fürsorgedenken, Beruhen in der Tradition, Empfinden für alles Gemeinschaftliche
negativ: Verfallensein an das Dingliche, Überbetonung des bloßen Soseins und der biologischen Bedingtheiten

2 positiv: intensives Streben über alles Bedingende hinaus, ideenhaftes Verständnis des Daseins, schöpferische Unruhe
negativ: Entsinnlichung des Denkens, unrealistische Begeisterung, Flucht aus irdischen Bindungen zugunsten »reiner Geistigkeit«

3 positiv: höchste, leibfreie Geistigkeit und vorstellungslose Gotteserfahrung, mathematisches Verständnis des Lebens
negativ: Verlust der Erdbindungen, abgespaltener Intellekt, das Religiöse abstrakt, Mangel an Nächstenliebe

4 positiv: zweckgebundene, »vernünftige«, auf praktisches Tun gerichtete Geistigkeit
negativ: infolge geistiger Zweckgebundenheit Neigung zur Ideologie, Depression, Überschätzung des Herkömmlichen

5 positiv: Konzentration auf die Aufgabe unter Verzicht auf Gemeinschaft und soziale Bindung
negativ: Selbstsucht, das irdische Ich anstelle des ewigen, Kontakt- und Gefühllosigkeit

6 positiv: äußerste Hingabe an die Gemeinschaft, die als einzige Realität empfunden wird
negativ: Übergewicht der Außenwelt und der Verhältnisse, Diktat der Sozialideologien und der Sozialtheologie

7 positiv: Erfahrung der Polarität des Daseins, äußerste Spannung der Gegensätze, dualistische Weltanschauung
negativ: Spaltung von Trieb- und Geistsphäre, zwanghaft triebhaft und religiös, Unvereinbarkeit beider Sphären

8 positiv: leere Mitte, Gotterfahrung ohne Gestalt und Voraussetzung, Kontakt nach allen Seiten
negativ: Verlust der Mitte, Zerfall der Persönlichkeit, Gegensätze sind unvereinbar, alles ist anempfindbar, jedoch ohne Verpflichtung, Selbstlosigkeit aus Schwäche

Wenn man sich dem Versuch unterzieht, einmal mit geschlossen gehaltenen Augen und aus innerer Sammlung heraus auf ein Blatt Papier eine Menschengestalt zu zeichnen, wird man entsprechende überraschende und höchst zutreffende Erkenntnisse über sich zutage fördern.

Oder eine Abänderung der Aufgabenstellung: Aus einem zuvor weich gekneteten Plastilinklumpen bei geschlossenen Augen in ca. 15 Minuten eine menschliche Gestalt formen.

Für beide Aufgaben gilt: Achtung, durch Mogeln = Blinzeln geht das Experiment kaputt!

8. Die Waagerechte und das Gleichgewicht im Kreuz

Die horizontale Querachse in der menschlichen Kreuzgestalt wird vor allem durch den Schultergürtel repräsentiert.

Die Bezeichnung ‚Horizontale' leitet sich her von der Grenzlinie zwischen Himmel und Erde, die als Meereshorizont einen sehr geraden Trennungsstrich abgibt. Dieser Strich ist geometrisch exakt waagerecht. Im Kleinformat wird die horizontale Erdkonstante im Handwerksgerät der Wasserwaage angewendet. Durch sie wird unsere bauliche Gegenstandswelt exakt ausgerichtet und in eine erdgeometrische Balance gebracht.

Der geometrisch-kosmische Gegenpol der Horizontalen ist das Lot, die Fall-Linie. Horizontale und Vertikale vertreten im Erd-Globus die Breiten- und Längen-G(e)rade(n) und stellen die Orientierungslinien dar.

Im Bild der Balkenwaage wird das Spiel der Balance zwischen feststehender vertikaler Mittelsäule und sich einpendelnder Waagerechten anschaubar. Übertragen auf den menschlichen Körper erscheint die Schulterquerachse – verlängert durch die ausgebreiteten Arme – wie die Waagerechte einer Balkenwaage. Damit verbildlichen sich die Bezeichnungen ‚waage-recht' und ‚Gleichgewicht'.

Wird das Gleichgewichtsspiel, welches die Menschengestalt harmonisch und dynamisch belebt und auszeichnet (besonders beim Gehen und natürlich beim Tanz), stillgelegt, dann herrscht mechanische Feststellung der Körperwaage. Bei vielen Menschen ist ein solcherweise verfestigter Körperzustand ‚festzustellen'. Muskelverspannungen im Schultergürtelbereich sind die entsprechende Folge. Nur wenige Menschen vermögen z. B. zu differenzieren zwischen den je eigenständigen Bewegungsmöglichkeiten von Schultergürtel und Brustkorb.

Das menschliche Gleichgewicht ist körperfunktional gesehen also eine dynamisch ‚bewegte' Auseinandersetzung zwischen der Senkrechten und der Waagerechten als den Koordinaten der menschlichen Kreuzgestalt. Das menschliche Stehvermögen beruht in Anbetracht der geringen Standfläche der Füße und der beträchtlichen Körperlänge auf einer guten Verwurzelung im Boden, aber vor allem auch auf der Balance, die durch die horizontalen Querachsen eingespielt werden muss – wie beim Drahtseilakt im Zirkus mit der langen Balancierstange. Darüber hinaus wird das menschliche Gleichgewicht durch ein labyrinthförmiges Organ im Innenohr gesteuert. Die innere direkte Querverbindung von Ohr zu Ohr kreuzt sich mit dem obersten Segment der Wirbelsäule, dem Atlaswirbel, so dass sich bei einem gut ausgerichteten Stehen die Ohren genau senkrecht über den Schultern und über den äußeren, markanten Darmbeinstacheln, den Sitzhöckern im Becken und den Fußgelenkknöcheln befinden. Langes Aufrechtstehen, ja, jegliche physische Bewegung und jede psychische Erregung fordern die Kunst des Balancierens heraus. Die inneren und äußeren Gleichgewichtsorgane unterstützen sich gegenseitig, wenn die inneren Querverbindungen sich parallel zur Schulterachse ausrichten.

Die Schulter-Querachse aber ist das ausdrucksstärkste Gleichgewichts-Element der menschlichen Gestalt. Sind doch die Schultern dazu bestellt, wie Joche die psychische Last des Lebens gleichgewichtig verteilt auf sich zu nehmen und zu tragen. Dieser Aufgabe aber sind die Schultern nur gewachsen, wenn der Mensch – innerlich eindeutig und bewusst und mit wohl verteilter Kraft aus dem Becken und aus den Füßen – sich unter sein geistiges Lebensjoch stellt und stemmt. Die Beschaffenheit der Schulterregion gibt sichtbare Auskunft darüber, in welcher Weise der einzelne Mensch diese Aufgabe bewältigt. Nicht die krampfhaft angespannt hochgezogenen oder die verteidigungs- und abwehrhaft vorgezogenen Schultern, sondern die möglichst exakten ‚rechten' Winkel zwischen Wirbel‚säule' und Schulter‚gürtel' entsprechen einer gleichgewichteten Körperhaltung: Nur so kann der Schultergürtel locker auf den Rippen des Brustkorbs aufliegen, die einzeln miteinander durch viele Muskeln und Bänder mit der Wirbelsäule fest und doch beweglich verbunden sind. Hier sollten wir beständig-aufmerksam unsere Haltung kontrollieren und korrigieren, weil an diesem Punkt die Ökonomie unserer Körperhaltung, unser Körpertonus und unsere Stellung zur Welt entschieden werden: der freie Zugang zu unserem Herzen, zu Urvertrauen und zum Lebensmut (Thymusdrüse).

In der Sprache des Ostens wird das Waagerechte, die Horizontale, als *Yin* bezeichnet. Yin ist das Weibliche, das Mütterliche, die Erde, die Materie, das Dunkle. Der Gegenpol ist *Yang*, das Senkrechte, Vertikale, Geistige, Männliche. Die fast maßlose Überschätzung materieller Werte und materiellen Denkens hat zu einem bedrohlichen Übergewicht des Waagerechten, des Demokratischen gegenüber dem Hierarchischen geführt. Nach langen Jahren eines demokratisch geführten Regierungssystems spüren wir heute inzwischen auch seine Schwachstellen, z. B. eine schier unaufhaltsame Ausdehnung von vielerlei Produktionen, Zersiedelung der Landschaft, mediale Vernetzung etc. Dies alles begünstigt und bezeugt ein Zerfließen in die Horizontale, in die formlose Masse.

Im Sinne der Ausgewogenheit zwischen senkrechten und waagerechten Strukturen ist ein differenzierendes geistiges Durchdringen unserer Lebenswelt dringend erforderlich: eine bewusste allgemeingültige Wertordnung, ein Weltethos, welches der Tübinger Theologe Hans Küng eindrücklich anfordert.

Das steigende Bedürfnis danach in unserer Gesellschaft ist eine entsprechende Reaktion. Es macht die Qualität individueller Lebendigkeit aus, inwieweit das Kreuz der Wirklichkeit als ein dynamisches und gleichgewichtiges Vierbalkenkreuz sinnlich wahrgenommen und bewusst gelebt wird.

„Wer aus dieser Erfahrung heraus blickt und handelt", so bekennt Romano Guardini, „dem wird seine Stellung zur Welt tief umgeformt. Er wächst aus der naiven Einbezogenheit in die Bedingtheiten seiner individuellen Umwelt hinaus und findet das ihm zugewiesene Maß organischer Universalität."[72]

9. Die menschliche Kreuzgestalt – eine Gebetshaltung

Die Körperhaltung mit ausgebreiteten Armen ist eine uralte menschliche Ehrfurchtsgebärde. Man findet sie abgebildet auf Felsbildern oder Felsritzungen von der Sahara bis zur Indusgegend, im gesamten antiken Mittelmeerraum, bei den Eskimos, bei den afrikanischen Massai, bei amerikanischen Sioux-Indianern wie bei den Ureinwohnern der Hawaii-Inseln.

In dieser Ausgewogenheit zwischen Längsachse und Querachse erscheint die menschliche Gestalt in besonderer Schönheit: Diese Geste enthält eine sowohl zentrierende wie zugleich lösende, befreiende Wirkung, aber – wie die Schönheit einer Blumenblüte – sie ist nicht von Dauer, sondern eine besondere Haltungs-Figur, die – in ihrer extremen Ausprägung – nicht auf lange Zeit durchzuhalten ist.

Der Mensch in dieser Kreuzform ist ein Ausgespannter. Er ist der Sogkraft der beiden Ur-Linien in einer einzigartig-extremen Weise ausgesetzt. Die Senkrechte droht ihn ins Absolute oder ins Abgründige hinweg zu reißen. In der Waagerechten vermag er quasi mit seinen ausgebreiteten Armen und Händen das Erdenrund zu umspannen: seine Finger berühren sich imaginativ beim Schließen des Kreises um die Erde.

Immer werden seine Vertikalerfahrungen nach oben oder nach unten durchkreuzt von den Realerfahrungen auf horizontaler Ebene; immer auch durchkreuzt geistiges Bewusstwerden

---

72 Vgl. Romano Guardini, Der Gegensatz, Grünewald-Verlag, 1925, S. 238.

den real-gegenwärtigen Zustand. Gibt er dem Sog der einsamen, egozentrischen Vertikalen nach, geht es nur auf Kosten der bodenständigen mitmenschlichen Gemeinschaft – augenblicklich wird so oder so sein Gleichgewicht gestört. Gerade das Gleichgewicht aber macht den Menschen ausgewogen, gelöst, schön und schenkt ihm Humor und inneren Frieden. Seismographisch reagieren Leibeshaltungen auf die seelische Verfassung und umgekehrt, so bezeugt es unsere alltägliche Erfahrung.

Die Haltung des großen Körperkreuzes war in allen frühen Kulturen dem religiösen Bereich zugeordnet. Erich Neumann[73] sagt dazu: „Die spezifische Aktivität der erhobenen Arme ist fraglos religiös, ob wir sie nun als betend, rufend oder als magisch-beschwörend verstehen. Primär ist aller Wahrscheinlichkeit nach die magische Bedeutung der Armhaltung, die später als die des Gebetes beibehalten wurde, wobei ja fast in jedem Gebet die ursprünglich magische Intention, welche die oberen Mächte in Bewegung setzen und beeinflussen soll, noch erhalten ist." – Ein eindrucksvolles Beispiel für solche magische Wirkung bietet die Moses-Geschichte. Im Ersten Testament wird erzählt, wie Moses in dieser Armhaltung gestützt werden musste, weil davon der Sieg über die Feinde abhing. „Solange Moses seine Hände erhoben hielt, war Israel stärker, sooft er aber die Hände sinken ließ, war Amalek stärker. Als dem Mose die Hände schwer wurden, stützten Aaron und Hur seine Arme, der eine rechts, der andere links, so dass seine Hände erhoben blieben, bis die Sonne unterging." (Ex 17,11-13)

Diese Armhaltung wurde mit der Zeit allgemein kurz als „Orante" bezeichnet, hergeleitet von lat. orare = beten.

Auch das ägyptische „KA-Symbol" ist ein Zeichen für das Wirken des Göttlichen in der Welt. Es wird abgebildet durch rechtwinklig erhobene, also im Ellbogen noch einmal abgewinkelte Arme. Das Ka-Symbol steht für unvergängliche, also göttliche Lebenskraft. Geeint mit seinem „KA" ist der Pharao-König der Sieger und unschlagbar – wie Moses. In Ägypten galt der Pharao als der „KA" seines

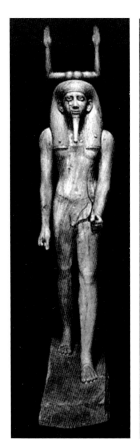 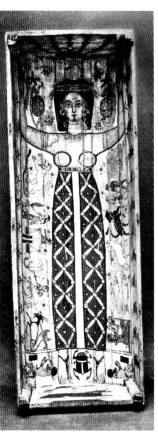

Abb. 14: „Ka"-Statue des Königs HOR, Ziegelpyramide von Daschur, um 1700 v. Chr.

Abb. 15: Die Göttin NUT Sarkophag innen, Ägypten

---

73 Erich Neumann, Die Große Mutter, Walter-Verlag Olten/Freiburg, 1978, S. 119ff.

Abb. 16: Ausschnitt aus dem jüngsten Gericht in der Basilika von Torcello-Venedig: Muttergottes als Fürbitterin

Landes. In der Haltung des „KA" präsentierte sich der Pharao als unschlagbarer Sieger und zugleich als sichtbare Erscheinung und Personifikation des Göttlichen. Die Orante-Geste bedeutet in der Antike weithin nicht nur Anrufung und Anbetung, sondern auch göttliche Epiphanie.

Somit ergeben sich für die Orante-Haltung drei Be-Deutungen:
– der magische Charakter des Beschwörens, der Feind-Abwehr, des Sieges-Zolls,
– der betende Charakter bei Menschen, die zu einer Gottheit in Beziehung treten,
– die Haltung der „Epiphanie", des Momentes also, in dem die Gottheit erscheint.

So sieht Erich Neumann z. B. das Bild der ägyptischen Himmelsgöttin Nut, die im Oranten-Gestus im Sargdeckel abgebildet bittend-betend die Unterwelt durchfährt, in einem magischen Beschwörungszusammenhang auch zugleich als sich präsentierende, ,erscheinende' Göttin.

Im zweiten Jahrhundert n. Chr., der Zeit der christlichen Katakombenmalerei, wird der Oranten-Gestus vor allem im Typus einer Frauengestalt, der Orantin, gezeigt. Insbesondere tritt Maria als Orantin ins Bild, und zwar als allzeit fürbittende Himmelsmutter, und, indem sie hoch in der Kirchenapsis erscheint, zugleich als Vertreterin der Göttlichen Weisheit.

Eine klare Ausgewogenheit zwischen Vertikale und Horizontale ermöglicht die einende Mitte. Die Mitte, wo Senkrechte und Waagerechte sich kreuzen, ist der geistige Ort, wo Ruhe und Stille herrschen, ein „göttlicher" Ort.

,Beten' bedeutet nicht, Worte oder Sätze zu machen, um sie Gott zu sagen, sondern: innezuwerden und still, bis vielleicht der Gott sich offenbart in unserer Mitte und in ein Schweigen hinein, das leer geworden ist und ganz aufnahmebereit.

10. Das ‚untere Kreuz‘, Kreuzbein und Steißbein

Im Bereich des Beckenkreuzes bin ich durch die Beschäftigung mit dem Kreuzsymbol zu neuen Erfahrungen und Erkenntnissen geführt worden. Um mich verständlich zu machen, muss ich allerdings den Knochenbau im Beckenbereich und die statischen und funktionalen Zusammenhänge vorher genauer offen legen.

Äußerlich ist die Kreuzform des Beckenkreuzes kaum zu erkennen. Wie schwach die Kreuzstruktur am Kreuzbein der Wirbelsäule selbst zum Ausdruck kommt, wird aus der Skelett-Abbildung deutlich. Nur der obere Rand des Kreuzbeines lässt eine leicht angedeutete Querachse erkennen (vgl. Abb. 5 und 18). Zudem ist der menschliche Beckenbereich mit kräftigen Muskelpaketen umgeben, die die Knochenstruktur fast völlig verdecken.

Das Becken ist, wie der Name sagt, eine große Schüssel, die von starken, z. T. flächigen Knochen gebildet wird. In dieser runden Schale ruht der Rumpf wie ein Ei im Eierbecher. Der obere, größere Beckenraum hält die Baucheingeweide zusammen und das untere, kleinere Becken birgt die Geschlechtsorgane. Der Beckenboden verschließt die Beckenhöhle nach unten und belässt Öffnungen für Darm, Harn und Geschlechtsorgane.

Die Rückenansicht des menschlichen Skeletts zeigt, wie die Wirbelsäule aus dem Becken wie aus einer verborgenen Tiefe heraus aufsteigt und eine vielgliedrige, harmonisch-schwingende Verbindungsleiter über Brustregion und Hals bis zum Kopf hin darstellt.

Die Stabilität ihrer Verankerung im Becken wird zwar von den sehr massiven Lendenwirbeln eindrücklich demonstriert, sie wird aber vor allem durch die fünf zu einer festen Platte zusammengewachsenen Wirbel des Kreuzbeines hergestellt. Das Kreuzbein ist mit den beiden angrenzenden Darmbeinen nahezu fest verbunden. Diese Nahezu-Anbindung, die nur eine geringe Verschiebung zulässt, nennt man das Kreuzbein-Darmbein-Gelenk oder Ilio-Sacral-Gelenk.

Der obere Kamm (Kante) der Darmbeine und des Kreuzbeines markiert die waagerechte Hüft-Gürtellinie. Ab dieser Stelle, etwa in der Höhe des 5. Lendenwirbels, tritt die Wirbelsäule aus dem knöchernen Verbund des Beckens heraus und in ihre kühne, solitäre Säulenstatur.

Die Wirbelsäule ist mit einem sich nach oben verjüngenden Lebensbaum vergleichbar. Sie befindet sich nicht mitten im Rumpf, sondern an dessen rückwärtigem Rand, also in exzentrischer Lage. Dadurch erscheinen die Dornfortsätze der einzelnen Wirbel deutlich als Mittellinie der Rückenlandschaft. Dies macht ihren Befund offensichtlich. (Oft ist er leider nicht ‚o. B.‘.)

Das Kreuzbein hat zwei Aufgaben zu erfüllen. Es muss aus einer exzentrischen Schüsselrandposition heraus das Becken in der

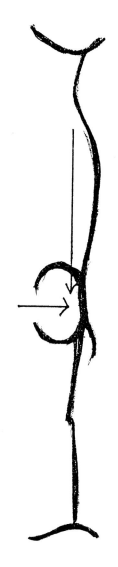

Abb. 17

67

Waage, in der Waagerechten, halten, damit nicht ihr Inhalt nach vorn hin auskippt. (Der berühmte Hängebauch!) Es muss aber auch nach oben hin der ebenfalls exzentrisch platzierten, langen und elastischen Wirbelsäule ihren Rückhalt geben.

Druck und Zug dieser komplizierten Kräftespannung, die rechtwinklig auf das Kreuzbein auftrifft als in ihrem Kreuzungspunkt, sind enorm. Das so genannte Hohlkreuz, eine übermäßige Ausbildung der normal vorhandenen Lendenlordose, beruht auf einer Schwäche gegenüber dieser Anforderung.

Wegen dieser doppelten, sowohl nach rechts und nach links, als auch nach vorn (Beckenschale) und nach hinten ausgelegten Kreuzstruktur ist der Bereich des Kreuzbeines als Angelpunkt der menschlichen Aufrichtung äußerst belastet, heikel und bedeutungsvoll. Wohl aus diesen Gründen wurde und wird er im medizinischen Sprachgebrauch als „regio sacralis" bezeichnet und das fünfgliedrige, starre Kreuzbein selbst als „os sacrum", als heiliger Knochen. Klingt hier an, dass wir es mit einem geheimnisvollen Quellbereich unserer Leiblichkeit, d. h. unserer menschlichen Existenz, zu tun haben? Wie schon erwähnt, sind psychisch hier die Bereiche sowohl der triebhaften wie auch der schöpferischen, der kollektiven (Familie, Sippe, Volk) und der generativen (Mütterlichkeit) Kräfte, Bezüge zu Autorität in Familie und Staat etc., des Unbewussten und Archetypischen angesiedelt.

Das untere, fest gefügte, schwere „sakrale" Beckenkreuz mit seinen dunklen, in die Urgründe lotenden Bezügen ist wie ein Erdpol gegenüber dem oberen Schulterkreuz, das sich in Weite, Offenheit, Beweglichkeit, Leichtigkeit, Freiheit, als Geistpol darstellt.

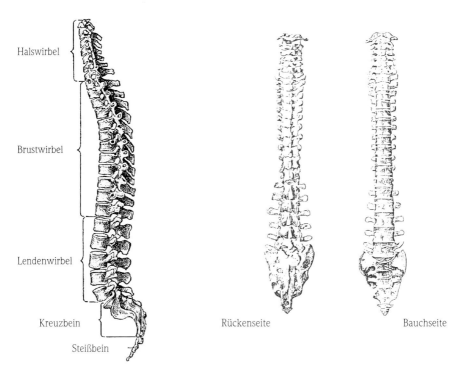

Halswirbel

Brustwirbel

Lendenwirbel

Kreuzbein

Steißbein

Rückenseite

Bauchseite

Abb. 18: Aus der Seitenansicht der Wirbelsäule läßt sich die Winzigkeit der Steißbein-Wirbelknöchelchen im Vergleich zu den starken Lendenwirbeln gut erkennen. Vom Atlas bis zum Steißbein gibt es 32–33 ‚Wirbel', d. h. gegeneinander bewegliche Knochenelemente

Das Kreuzbein hat die Form eines nach unten spitz zulaufenden Wasser-Dreiecks, an dessen unterer Spitze noch die vier oder fünf Knöchelchen des Steißbeines hängen. Obwohl es recht unscheinbar ist, so hat das Steißbein doch bedeutsame Funktionen. In ihm als unserem rudimentären Schwanz werden alle emotionalen Spannungen des Menschen ausgetragen. Die oft originelle Ausdruckskraft etwa eines Katzen- oder Hundeschwanzes für eine augenblickliche Stimmungslage mag als Hinweis genügen.

Deshalb ist es wichtig, das Steißbein locker und gelassen auf- und ab-, vor und rück „pendeln" zu lassen, in der Art etwa, wie an den Schwänzen glücklich grasender Kühe abzulesen ist. Im Bett liegend, kann man dies wunderbar imaginieren und einüben. Das Steißbein hat darüber hinaus auch noch die Funktion eines dritten Sitzbeines. Das untere Ende unserer starken Wirbelsäule „verkrümelt" sich materiell und statisch gesehen zu einigen Knochen-Pünktchen, denen höchstens mal ein begrenztes, mehr oder weniger lockeres Aus-Pendeln möglich wird. Die Erdung der menschlichen Gestalt findet durch das Becken hindurch somit in den Fußsohlen statt.

11. Zwei Beispiele der Kreuz-Meditation und das Geschenk der Mitte

Die Meditation des Kreuzes zielt auf die bewusste Wiedergewinnung der ,aufrechten' Haltung des Menschen, denn das Kreuz ist sein leibliches und, da sich der Geist im Leibe abbildet, auch sein geistiges Richtmaß. Die senkrechte Wirbelsäule wird durchkreuzt durch den Schultergürtel und ist verankert im Beckenkreuz bzw. in den Fußsohlen. Verbunden sind Schulter- und Beckenkreuz durch den schwingenden Bogen des Rückgrates.

Als Vorbereitung der Kreuzmeditation sind somit Körperarbeit und entsprechende Körperübungen sehr hilfreich, ja fast unerlässlich, um die Wirbelsäule zu lebendiger Empfindsamkeit zu erwecken und um auf- und abwärts einen auch vom Atem unterstützten Strömungsablauf zu ermöglichen. Somit wird auch einsichtig, dass eine aufrechte, gut ausbalancierte, beckengewichtige Sitzhaltung eine wesentliche Voraussetzung für längeres und intensiveres Meditieren darstellt, und weil sie auch von einseitig-mentaler Kopfkonzentration befreit.

Auch andere, westliche und östliche Richtungen des Meditierens erstreben das „rechte Zulassen des Unterleibes". So wird z. B. im Yoga, im Zen[74] und in der vom Zen inspirierten ‚Initiatischen Meditation' nach Graf Dürckheim dieses Ziel durch langes, oft stundenlanges schweigendes Sitzen ,im Hara', „Za-Zen" genannt, angestrebt. Beckengewichtiges Sitzen und Schweigen sind auch für die Kreuzmeditation von Alfons Rosenberg unverzichtbare Elemente.

Hier wird auf seine Kreuzmeditation vor allem deshalb näher eingegangen, weil es seine Entdeckung war, die Meditation des universalen Kreuzes der Wirklichkeit (s. Guardini) prinzipiell von den biologischen Realitäten des Menschen und seines Körpers her aufzubauen und diesen durch Sensibilisierung (mittels Eutonie) zur wirklichen Wahrnehmung und Erfahrung seiner Kreuzesstruktur zu befähigen. Deshalb konnte Alfons Rosenberg sagen: Meditation ist Haltung, Haltung ist Meditation.

---

74 Zen ist ein Abkömmling der buddhistischen Heilslehre, bereichert durch einige Thesen aus dem Taoismus. Za-Zen ist das Haupttherapeutikum der japanischen Mönche mit dem Ziel: Auflösung der Gegensätze, All-Einheit des Nirvana, ohne metaphysisch-personale Ausrichtung (Gott).

Diese Art, das Kreuz zu meditieren, ist für Christen wie auch für Nichtchristen gleicherweise zugänglich. Es ist eine allgemein einsichtige Alternative zu den aus dem Osten kommenden Meditationsformen.[75]

Es geht nämlich um nichts anderes, als das Ganze des gegebenen und aufgetragenen Menschseins in Elend und Größe anzunehmen, sich zu bekennen zu seiner eigenen Lebenswirklichkeit. Durch die bewusste körperliche Vergegenwärtigung seiner im Kreuz ansichtig werdenden Gegensatzstruktur gewinnt sich der Mensch gleichsam ein zweites Mal, weil er dadurch ein konkreteres Bewusstsein seiner selbst erlangt: seine physische und geistige Identität.

Indem der einzelne Mensch die Urform des Kreuzes in sich meditiert, ist er genötigt, einzig auf das Rechte, das Wahre, das Helle zu achten: er findet hier nur gerade Wege. Ohne Umschweife führen sie in die Weite und wieder zur Mitte. „Unausweichlich muss das Chaos dem Urzeichen aller göttlichen Ordnung, dem Kreuz, weichen."[76]

Durch meditative, körperlich-geistige Vergegenwärtigung des Kreuzsymbols wird der Mensch zum Kreuz und niemals dadurch, dass er irgendein Kreuz nachahmt! Vielmehr: es geht ihm seine Kreuzstruktur spürbar auf, er wird sich ihrer in seinen äußeren und inneren Wahrnehmungen mehr und mehr bewusst.[77]

Drei Kennzeichen des Kreuzes treten dabei auf und durchdringen einander:
1. Das Kreuz vereinigt die Urgegensätze von senkrecht und waagerecht in einer ausbalancierten Kreuzungs-Mitte.
2. Das Kreuz als Inbegriff einer symmetrischen Weltstruktur ist ein kosmisches Zeichen. Es bezeichnet das ausstrahlende Licht der Sonne und ihre Bewegung am Himmel: die vier Kreuzenden sind die vier Sonnwendpunkte, vergleichbar den vier Urströmen des Paradieses, die aus einer Mitten-Quelle in alle vier Himmelsrichtungen hinaus fließen. Es ist ein „Sich-am-Kreuz-in-die-Welt-hinein-Ausspannen".[78]
3. Diese vier symbolischen ‚Wasser'-Ströme haben die Tendenz, wieder zur Mitte zurückzukehren, so dass letztlich ein Kreislauf entsteht:
Sich durchkreuzen, sich ausweiten, sich vereinen.

In einem Bericht über religiöse Gebräuche und Riten nordamerikanischer Indianer habe ich eine solche gewissermaßen ‚dreistufige' Kreuzmeditation gefunden. Dort wird von einem festlichen Ritus im Stamm der Lakota erzählt:

Wer Gott um Erleuchtung bitten will, Weisheit und Verstehen sucht, der fastet und betet und geht die heiligen Pfade in der Form eines Kreuzes. Dazu werden fünf Pfähle gebraucht: einen Pfahl richtet man in der Mitte auf, die anderen weisen in die vier Himmelsrichtungen. Nach indianischen Überlieferungen ist Westen die Richtung des reinigenden Wassers, Norden die Richtung des läuternden Windes, Osten, wo die Sonne aufgeht und der Morgenstern

---

75 In dem von mehreren Autoren verfassten Buch „Türen nach innen, Wege zur Meditation" (1974/1981), gibt A. Rosenberg einen Überblick über die Meditationsmethoden in Ost und West. (Er selbst erlernte bei chinesischen Meistern die Zen-Meditation; er kannte sich folglich aus.) Im Abraten östlicher Meditationsformen für westlich-abendländisch geprägte Menschen war er sich mit C. G. Jung einig.
76 Vgl. A. Rosenberg, Christl. Bildmeditation, S. 67.
77 Gedacht wird hier an ein „Sich-am-eigenen-Kreuze-Aufrichten".
78 Vgl. A. Rosenberg, Kreuzmeditation, S. 20.

leuchtet, die Richtung von Weisheit und Erkenntnis, Süden die Richtung der Lebensführung, die alles Leben vom Ursprung zum Ziel bringt. –

In jeder Himmelsrichtung schickt der Betende einen Ruf zu Gott: „O Gott, großer Geist, erbarme dich meiner, dass mein Volk lebe." – Den ganzen Tag geht er die Pfade nach Westen und zur Mitte, nach Norden und zur Mitte, nach Osten und zur Mitte, nach Süden und zur Mitte zurück. So wird die Spur seiner Füße zu einem Kreuz. Wann immer er sich zurückwendet, kehrt er gleichsam um zu Gott, der Mitte der Welt. Ein weiser Mann aus dem Lakota-Stamm sagt: „Auch wenn wir meinen, wir gingen von ihm weg, früher oder später werden wir und alle Dinge doch zu ihm zurückkehren." –

Was sich bei der indianischen Kreuzmeditation ereignet als Bewegungszeremonie, vollzieht sich bei der von Alfons Rosenberg entwickelten Kreuzmeditation innerlich – als ein innerliches Einfühlen und Bewusstwerden des eigenen Körperkreuzes. Sie wird hier nur kurz in ihrem allgemeinen Ablauf vorgestellt[79], um ihre Grundkonzeption aufzuzeigen – als Muster für eine Hochform westlichen Meditierens:[80]

Die Vorbereitung: Der Körper ist von Kopf bis Fuß auf einen entspannten Tonus einzustellen, von den Gesichtsmuskeln angefangen, über den Schultergürtel, die Bauchmuskeln, bis zu den Hand- und Sprunggelenken und den Händen und Füßen. Als Körperhaltung ist das Sitzen auf einem harten Stuhl am besten geeignet.

Zum Beginn der Meditation lasse man den Schwerpunkt des Körpers sich im Becken einfinden, so dass das Körpergewicht spürbar auf der vorderen Sitzflächenkante lastet und sich die Wirbelsäule gerade aufzurichten vermag.

Wenn man sich gut in seinen Beckenraum eingefühlt hat und in ihm gleichsam heimisch geworden ist, wird man gewahren, wie sich dort Lebenskräfte sammeln.

Nun beginnt man damit, in der einfühlenden Vorstellung diesen Lebensstrom langsam an der Wirbelsäule entlang aufsteigen zu lassen, Wirbel um Wirbel spürend bis zur Schulterhöhe. Der Aufwärtswanderung folgt jeweils das ebenso hinhorchend-einfühlende Absteigen- und Absinken-Lassen des Lebensstromes an der Wirbelsäule entlang zurück ins Becken: er mündet wieder in den Urlebensraum der Beckenhöhle ein, um sich dort wieder neu zu sammeln und zu verstärken.

Diese Grundübung verträgt keinen Zeitdruck! Man muss dem ‚Lehrling Körper' seine Lern- und Lehrzeit gewähren.

Diese Einstiegsübung wird jeweils bei jeder Meditation mehrmals wiederholt: drei- bis zwölf-mal. Nach jedem Aufwärts- und Abwärtsweg bedenke man die Erfahrungen, die einem unterwegs zugekommen sind.

Wenn diese Grundübung gut eingeübt worden ist, kann/mag sich die Meditation erweitern und die Arme, d. h. die Waagerechte, einbeziehen: Nach dem Aufsteigen bis zur Schulterhöhe lässt man den Lebensstrom sich teilen, so dass er nach rechts und nach links bis hin zu den Schultergelenken und später auch bis in die ausgereckten Arme und Finger hineinströmen kann.

---

79 Zum gründlicheren Kennenlernen greife man zu Rosenbergs Buch „Kreuzmeditation".
80 Wer noch andere Meditationsformen und -techniken kennen lernen möchte, sei auf die Bücher „Türen nach innen" und „Meditatives Tanzen" verwiesen.

Schließlich können dann auch der Hals und der Kopf – dieser aber mit Vorsicht und nur mit besonderer Anleitung – mit einbezogen werden.

Anfangs spürt der Meditierende, wie sein Inneres noch von sich widerstrebenden Mächten, Gedanken und Gefühlen angefüllt ist. Hier muss man abwarten bis allmählich Geordnetheit und Ruhe einkehrt – und ein großer Atem das leer und weit gewordene Innere erfüllt. In diesem Frieden einfach verbleiben und sich atmend wahrnehmen – an diesem ‚Ort‘ der Vereinigung, der wortlosen Mitte. Diesen gewissermaßen heiligen Ort der Stille, die göttliche Mitte des Kreuzes in sich zu erlangen, ist das Ziel der Kreuzmeditation.[81] Denn: „Die Mitte ist das Geheimnis des Lebens" – erkannte Guardini am Ende seines langen Nachsinnens über die in Gegensätzen ausgespannte Lebenswirklichkeit des Menschen.[82]

Trotz der relativ knappen Vorstellung dieser beiden Kreuzmeditationsformen kann vielleicht doch ihre im Kern große Verwandtschaft erkennbar geworden sein. Beide brauchen ihre Zeit: Der Indianer geht einen ganzen Tag lang! Die Rosenberg-Meditation dauert je nach Einübungs-Kondition etwa eine halbe bis zu zwei Stunden jeweils; wobei sie täglich und ohne größere Umstände überall geübt werden kann.

Im Unterschied zu Bild- und Text-Meditationen haben wir es bei der Kreuz-Meditation von Alfons Rosenberg zu tun mit einer ‚integralen Meditation‘,[83] denn sie vereinigt die Kreuzsymbolik der menschlichen Gestalt mit der individuellen, sinnlichen Körperwahrnehmung und ihrer geistigen Bewusstwerdung auch als Weltenkreuz. Damit kennzeichnet sie sich als adäquate Meditationsform für unser integrales Zeitalter der vierten Dimension.[84]

Eine weitere Ausdeutung des Kreuz-Symbols erfolgt in Kapitel III, 15 unter dem Titel „Kreuz im Kreis: ein Doppelsymbol".

---

81 Dieser Satz bedarf einer speziellen Genauigkeit: die Stille ‚schenkt sich‘. Die Mitte des Kreuzes – für Augenblicke – zu erfahren, hat Geschenk-Charakter.

82 R. Guardini, Der Gegensatz, Versuche zu einer Philosophie des Lebendig-Konkreten, Der Werkkreis im M. Grünewald-Verlag, 1925, S. 252.

83 ‚integral‘ leitet sich her von lat. integrare = wiederherstellen, in ein größeres Ganzes einbeziehen.
Der Begriff ‚Meditation‘ wird vielfältig und unterschiedlich gebraucht. Für das Meditationsverständnis in dieser Arbeit ist die Herleitung aus dem lateinischen Wort ‚meditari‘ die zutreffende: meditari = zur Mitte gegangen werden, etwas messen – ermessen. Dieses lat. Verb hat grammatisch eine passive Form, besitzt aber aktive Bedeutung. Dieser Sachverhalt trifft genau die eutonische Weise der Rosenberg-Kreuzmeditation, die sowohl aktive, wache Wahrnehmung und zugleich ein passives Sich-in-der-Übung-Zulassen, ein Geschehen-Lassen, enthält.

84 Hier erinnere man sich an die Ausführungen dieser Arbeit zu Jean Gebser und an seinen Entwurf vom integralen Zeitalter.

III. Kapitel

Das Quadrat als Ursymbol

1. Das Quadrat als Ursymbol

Wie beim Kreuz verbinden sich auch im Quadrat die beiden Grundrichtungen des Senkrechten und des Waagerechten zu einer Einheit. Diese Einheit ist jedoch beim Kreuz spannungsvoller: denn das Quadrat mit seinen vier gleichen Seiten und seinen vier gleichen rechten Winkeln stellt eine geschlossene, ruhende, abgegrenzte und damit berechenbare Figur dar. Aufgrund dieser Verfasstheit wird das Quadrat zum Symbol gleichwertiger Verhältnisse, es repräsentiert die Vierteiligkeit irdischen Seins. „Die Sterblichen sind im Geviert, in dem sie wohnen", sagt Martin Heidegger.[85]

Einerseits ist das Quadrat begrenzt, es grenzt ein und es grenzt ab und kann eng sein wie ein Gefängnis, andererseits ist es offen überschaubar und konkret, längst nicht so geheimnisvoll ins Unendliche ausgreifend wie Kreuz und Kreis, aber doch in der Ebenmäßigkeit seiner Form von vollendeter Schönheit – ein Bild für das himmlische Jerusalem (Apk 21,15-17)).[86] Es lädt dazu ein, sich in ihm niederzulassen. Als Grundform, als Grundriss, als „archetypische Gestalt" (C. G. Jung) wird das Quadrat besonders häufig bei Tempeln, Altären, Städten, Gärten, Kreuzgängen, öffentlichen Plätzen, Feldern und Behausungen verwendet.[87] Mit seiner Vierer-Struktur taucht es in vielen Bereichen der irdischen Wirklichkeit auf, in den vier Himmelsrichtungen, den vier Elementen, den vier Jahreszeiten und in vielen Belangen des menschlichen Lebens wie in den vier Temperamenten, den vier Altersstufen oder den vier Funktionen des Geistes.[88] Auch in Bezug zum menschlichen Körper erscheint es und zwar: als *Rumpf-Quadrat.* Es ist daher nicht verwunderlich, dass es für den Menschen auch große existenzielle Bedeutung besitzt.

Schon in steinzeitlichen Felszeichnungen, z. B. in der Sahara, finden sich eindrucksvolle Beispiele, wo Menschen mit quadratischem Rumpf dargestellt sind.[89]

Verbindung von menschlicher Figur und Quadrat:
Jede der beiden ist ein besonderes Beispiel für eine „archetypische Gestalt", die nach C. G. Jung den archetypischen Strukturen des menschlichen Unbewussten entstammen. Diese konkretisieren sich seit den frühesten Zeiten, in denen sich menschliche Gestaltungen überhaupt nachweisen lassen, quer durch alle Kulturen der Erde.

---

85 S. Martin Heidegger, Vorträge und Aufsätze, Teil 2, Pfullingen 1967, S. 61–78.
86 Apk 21,15-17: „... und der Engel, der zu mir sprach, hatte einen goldenen Messstab, mit dem die Stadt, die Tore und ihre Mauer gemessen wurden. Die Stadt war viereckig angelegt und ebenso lang wie breit; ihre Länge, Breite und Höhe sind gleich ... Und er maß ihre Mauer ... nach Menschenmaß, das der Engel benutzt hatte."
87 Z. B. der Tempel Bakong in Angkor (Kambodscha): ein viereckiger, vierstöckiger Tempel, von dem vier Straßen in die vier Himmelsrichtungen ausgehen. Ein ähnlich bedeutsames Beispiel ist die „Grande Arche"-Architektur im neuen Stadtteil „La Défense" von Paris: Ein geöffnetes Fenster in eine unvorhersehbare Zukunft.
88 Vgl. Ingrid Riedel, Formen, das Quadrat, besonders S. 13–34.
89 Vgl. Striedter, Felsbilder der Sahara, Abb. 61 u. 62, 86,115, 143 u. 173.

Als Symbol für den Rumpf des Menschen bezeichnet dieses Quadrat das Zentrum des konkret erscheinenden Menschen.

Im alten China galt die Erde bzw. der ganze Kosmos als quadratisch. In der christlichen Kunst ist das Quadrat ein Symbol der Erde im Gegensatz zum Himmel. Dies spiegelt sich auch darin, dass z. B. die Heiligenscheine noch lebender Personen zuweilen quadratisch gestaltet wurden, um zu zeigen, dass diese Gestalten noch der Erde angehören.

Abb. 19 (links): Bild eines Jüngers aus einem irischen Steinkreuz, Moone, Irland/ Leinster

Abb. 20 (rechts): Schale aus Westnorwegen, 9. Jh. Histor Museum der Universität Bergen

Der Zusammenhang von Welt und Mensch, von Makrokosmos und Mikrokosmos steht unter dem Gesetz der Zahl Vier, er ist viergliedriger Natur: z. B. die Himmelsrichtungen, die Temperamente, die Jahreszeiten, die Elemente und die Winde. Hier geschieht somit keine äußere Naturbeschreibung, sondern es wird die Innenseite der Natur dargestellt und zugleich die Welthaftigkeit des Menschen betont. Die vier Elemente Feuer, Wasser, Luft und Erde sind die stofflichen Urqualitäten der Welt. Genauso lebt der Mensch aus den Urqualitäten der vier Säfte, die sich in den vier Temperamenten des feurigen Cholerikers, des wässrigen Phlegmatikers, des luftigen Sanguinikers und des erdigen Melancholikers niederschlagen.

Diese Vier-Temperamentenlehre stammt aus der griechisch-antiken Tradition. Sie wirkte über den Neuplatonismus und die Patristik auf das mittelalterliche Denken. Ohne sie ist jedenfalls die Geistesgeschichte des Abendlandes nicht denkbar.

2. Die körperlichen Aspekte des Rumpfquadrates

Wie verhält es sich mit den biologischen Realitäten in unserem Rumpf? Wir können unseren Rumpf betrachten als unsere leiblich-irdische Behausung. Wie in einem Wohnhaus verteilen sich die notwendigen Funktionen auf vier Felder oder Räume. Die beiden oberen sind die luftigeren, sie enthalten die Lunge und das Kraftwerk, das Herz, das mit seinen vier Kammern (2 + 2) noch einmal ein „Haus im Kleinen" darstellt. Die beiden unteren dunkleren, schwereren enthalten die Vorratsräume, die Räume für die Verarbeitung und Umwandlung, d. h. die Verdauungsorgane und die Geschlechtsorgane (Kinderstube) u. a. Das ganze Beziehungssystem eines funktionierenden Haushalts wirkt sich hier in diesem durch Brustkorb und Becken geschützten Rumpf-Geviert aus.

Das Rumpfquadrat stellt die mehr oder minder voluminöse Körpermitte des Menschen dar. Aus ihrer kompakten, eckigen Form wachsen die differenzierten Ausläufer von Kopf/Hals und den Armen und Beinen heraus. Dass das Rumpfquadrat des Menschen meistens mehr einem Rechteck ähnelt, darf festgestellt werden, spielt aber für die psychologische und symbolische Formanalyse und für das eigene Formempfinden keine große Rolle.

In dem quadratförmigen Rumpf lässt sich die Vierteilung der Lebensaspekte von Welt und Mensch adäquat abbilden. Da das Quadrat die messbare Materie und damit die konkrete Rea-

Abb. 21: Die Vierheit der Welt und des Menschen. Kapitell des Kreuzgangs von Estany (Prov. Barcelona) nach 1150 n. Chr.

lität anzeigt, vertritt es die Körperlichkeit des Menschen. Als körperlich-geistiges Symbol aber stellt das Rumpfquadrat gewissermaßen eine Aufforderung dar an den Menschen, seine vier Seiten gleichwertig auszuleben, auszubilden und zu gestalten: z. B. Kindheit, Jugend, Erwachsensein, Alter. Das beinhaltet konkret beispielsweise auch das Alt-Werden positiv zu akzeptieren, denn alle vier Aspekte bleiben ja in *einem* innerlichen Verbund zusammengeschlossen.

Die psychologischen Aspekte, die Ingrid Riedel zum Quadrat erarbeitet hat, unterstreichen das hier Gesagte: „Das Viereck bildet ein Symbol für die Tendenz des Selbst, sich im alltäglichen Leben gerade in und unter dessen Widerständen, Ecken und Kanten zu realisieren. Es geht um nichts Geringeres als um die Arbeit an der eigenen Vierheit und Ganzheit." „Auf hohem Niveau und differenziertem geistig-seelischem Niveau werden Quadrat und Würfel in ihrer klaren Struktur, die alle Seiten gleichmäßig zur Ausformung bringt, zu einem Symbol der Selbstverwirklichung, der Realisierung des Selbst."[90]

---

90 I. Riedel, Formen, S. 28. In ihrem Buch beschreibt die Psychotherapeutin Ingrid Riedel die symbolischen Grundformen als Einstellungen zum Leben als Ganzes und hinsichtlich dessen, was sie über das Verhältnis des Menschen zu sich selbst und zur Welt aussagen. Nicht aber behandelt sie den Grundgedanken dieser Arbeit, welche die Ursymbole ganzheitlich in der leiblichen und geistigen Gestalt des Menschen aufsucht, also von den körperlich-biologischen Gegebenheiten ausgehend die sichtbare und die unsichtbare Weltenexistenz des Menschen im Blick hat und aufeinander bezieht.

Im Quadrat stellt sich die Grundform dar, unter der der Mensch sein Bedürfnis nach Selbstverwirklichung unter den Bedingungen der Widerstandsfähigkeit seines Daseins begreifen, fassen und gestalten kann. Das Rumpfquadrat stellt somit eine konkrete Herausforderung an den Menschen dar, an der Verwirklichung seiner Ganzheit, seines Selbst, zu arbeiten.

Für die körperliche Sensibilisierung und Formerfahrung des Rumpfquadrats werden im Anhang eine Reihe von Körperübungen vorgestellt.

3. Das meditative Ausschreiten des Quadrates, das so genannte Kinhin der Zen-Meditation

Mit dieser Übung vollziehen wir – allerdings nur der inneren Vorstellung nach – das so genannte *Kinhin*, das meditative Ausschreiten eines Quadrats, das während der Zen-Meditation geübt wird. Dabei wird, sorgsam Fuß vor Fuß setzend, in konzentrierter Aufmerksamkeit das Quadrat des Meditationsraumes ausgeschritten. Hierbei erfährt man die sowohl eingrenzende wie befreiende Wirkung des Quadrats. Der wechselnde Blickpunkt beim Überschreiten der vier Ecken entspricht jeweils einem Perspektivenwechsel. Im Sinne der vier Himmelsrichtungen und ihrer Symbolik gewinnt das Leben immer wieder eine andere Ansicht, eine neue Perspektive. „Diese Erfahrung enthält zugleich eine psychologische Aussage: Gesundes Leben, unbehinderte Lebendigkeit lebt vom Perspektivenwechsel", erklärt I. Riedel.[91]

So enthält jedes physische oder jedes vorstellungsmäßig-wahrnehmende Abschreiten eines Quadrats einen mindestens vierfachen Perspektivenwechsel. Jede Seite verhält sich zu den drei anderen in speziellen, auch von der Symbolik beeinflussten Beziehungsverhältnissen, deren Dynamik wir im aufmerksamen Abschreiten mit vollziehen können.[92]

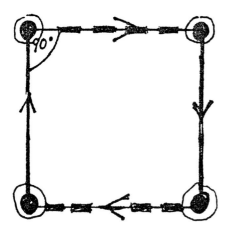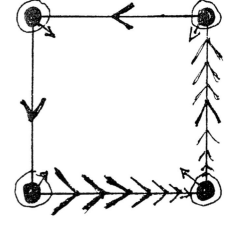

Abb. 22

---

91 A. a. O. S. 26.
92 Vgl. dazu Silvia Ostertag und ihre Beschreibung des Kin-Hin in ‚Einswerden mit sich selbst', S. 188–191.

4. Neue Aspekte für die Statik der menschlichen Gestalt aus dem Umgang mit dem Rumpfquadrat

Bei der Betrachtung des menschlichen Skeletts fallen die vier großen Kugelgelenke ins Auge. Sie markieren die vier Eckpunkte des Rumpfquadrats. Und – wie ein Omphalos – gibt der Bauch-Nabel dazu noch einen markanten Mittelpunkt.

Die umrahmenden senkrechten und waagerechten Linien verbinden die beiden oberen „luftigen" Schultergelenke mit den beiden stark eingebauten unteren Hüftgelenken. Die Wirbelsäule durchzieht dieses Rumpfquadrat von oben bis unten, sie trägt es und sie kann es sogar in seitlich gedrehte Verwindungen bringen. Dennoch verleiht die zumeist ruhende Quadratur des Rumpfes der menschlichen Gestalt eine gewisse Gesetztheit, Stabilität und materielle Repräsentanz.

Beim menschlichen Sitzen, welches auch Sesshaftigkeit und Würde ausstrahlt, liegt ein Großteil des Körpergewichtes auf der Basislinie zwischen den Hüftgelenken. Die vier spürbaren Stationen dieser Tragefunktion bilden die beiden Sitzhöcker und die Rollhügel der Hüftgelenke, wie die Abb. 24 veranschaulicht.

Die Abb. 42 auf der Seite 101 zeigt auf, wie diese Grundlinie für ein gutes Sitzen fundamental ist. Sie setzt sich rechtwinklig fort zu den Oberschenkeln und auch wieder rechtwinklig zu den Unterschenkeln, wodurch ein weiteres stabilisierendes Körperquadrat entsteht; allerdings nur in Umrissen.

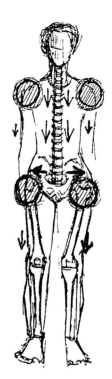

Abb. 23

Alle beteiligten Quadrate wirken sich aus auf die bewusst werdende Qualität der jeweiligen Körperhaltung und zwar kraft ihrer Symbolhaftigkeit.

Beim Stehen vollzieht sich eine bemerkenswerte Umpolung: Es verlagert sich das Gewicht des Kopfes und des Rumpfes *über die Hüftgelenke* auf die Beine und Füße. Indem wir uns diese statische „Schaltstelle" in den Hüftgelenken in unser Körperbewusstsein hereinholen, findet eine enorme Entlastung der Wirbelsäule statt: Die Hüftgelenke mit ihren kräftig ausgebildeten Gelenkpfannen, in die jeweils der Kopf des Oberschenkelknochens hineingleitet, übernehmen das Gewicht von Kopf und Rumpf und übertragen es über die Beine, Knie- und Sprunggelenke auf die Fußsohlen – wie es die Skizze 23 zu verdeutlichen versucht.

Durch die Gewichtsverlagerung auf die Eckpole der Hüftgelenke, wird die Mitte des Beckens entlastet. Vom Wirbelsäulenende, vor allem vom Kreuzbein her, überträgt sich diese Entlastung auf alle Wirbel, auf die Bandscheiben und Nervenbahnen der ganzen Wirbelsäule, vom Steißbein bis zu Kopf und Gehirn.

Indem ich das Rumpfquadrat in mir aktualisiere und bewusstseinsmäßig in meinem Körper lebendig habe, vollzieht sich diese Entlastung auch als Auflockerung der Wirbelsäule und damit der ganzen Beckenregion, insbesondere der Gesäßmuskulatur, wie von selbst, unmittelbar: Die Schultergelenke „wissen" ihr Gewicht senkrecht und gelockert herabzuloten auf die starken Hüftgelenke und auch in der Waagerechten beziehen sich die gegenüberliegenden Kugeln der

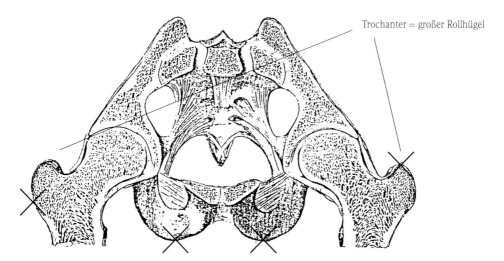

Abb. 24: Knochenstruktur von Becken und Hüftgelenk: Sitzbein und Rollhügel befinden sich beim Sitzen auf einer Ebene

Schulter- und Hüftgelenke aufeinander und geben sich gegenseitig Halt und Ausrichtung und somit Auflockerung - die so notwendige, auch für das Zwerchfell und das Sonnengeflecht.

Die konkreten biologischen Gegebenheiten unseres Körpers verdeutlichen uns den Weg unserer Selbstverwirklichung. Das einfühlende Anschauen des menschlichen Knochengerüstes, also seines Skelettbildes, bildet somit einen echten, eigenen Zugang. Dem geduldig nachspürenden Blick erschließen sich alsbald Einblicke in die geheimnisvollen Körperstrukturen und ihre Symbolik.

Das Rumpfquadrat ist unter dieser Hinsicht besonders klar und eindeutig. Dadurch fällt der Text in diesem Kapitel verhältnismäßig kurz aus; doch dafür werden im Anhang besonders viele Körperübungen angeboten.

5. Das auf die Spitze gestellte Quadrat – zwei Beispiele

Das auf die Spitze gestellte Quadrat ist das genaue Gegenteil des normalen, fest in seinen Grundlinien ruhenden Quadrates. Die Spitzen-Stellung ergibt ein äußerst labiles Gleichgewicht: da muss jedes Detail lotgerecht ‚stimmen‘, auf dass es nicht falle.

a) Unser Bild stellt eine Majestas Domini dar. Ein zweifacher Heiligenschein umgibt Christus, ein runder und ein großer eckiger. Der runden Aureole (lat. aureolus = golden) um seinen Kopf ist ein gleichschenkliges Kreuz eingezeichnet. Ihr entspricht die große rhombenförmige Aureole, die als Mandorla seine ganze gott-menschliche Gestalt umgibt. Dieses auf die Spitze gestellte Viereck symbolisiert die vier Enden der Erde, in die Christus sich eingelassen hat: „Alpha et Omega" (A bis Z) in der Senkrechten und „Initium e finis" (Anfang und Ende) in der Waagerechten.

Fast ebenso markant durch eine schwarze Umrandung hervorgehoben wie der Kopf und die Gestalt Christi, ist das quadratische Buch, welches Christus mit seiner linken Hand eindrucksvoll vor sich hinstellt, als wolle er sich mit ihm identifizieren und sagen: ICH BIN das Mensch gewordene Wort, der unendliche Sinn der Welt.

Abb. 26: Giogio Madia, Ballett des Opernhauses Zürich 1995

Abb. 25 (links)
Codex Vigilanus: Christus in der Glorie. Escorial (Madrid Bibliothek des Klosters San Lorenzo)

Der Kreis, das Kreuz im Kreis, das auf die Spitze gestellte Viereck und das ruhende Quadrat, alle diese Urformen schwingen in einem tief dunklen Schwarz. Es deutet hin, auf die Unergründlichkeit einer Balance zwischen Herrlichkeit, Schönheit und Heiligkeit, einer Balance, in der Gott Gott ist.

b) In der Tanzkunst entspricht besonders eine Tanzposition des klassischen Balletts der Einzigartigkeit dieses Anspruchs: die auf eine äußerste Zehenspitze gestellte menschliche Figur! Das andere Bein ist im rechten Winkel abgespreizt, ein Arm ist in die Senkrechte nach oben ausgestreckt, der andere Arm streckt sich in die Waagerechte. Auf diese Weise wird, unterstützt durch die langen Arm- und Beinknochen, ein auf die Spitze gestelltes Kreuz-Quadrat gebildet. Momenthaftes Gelingen einer Balance – in einer äußersten Ausweitung der menschlichen Gestalt im Raum.

6. Interpretation von zwei quadratischen Bildern – auf die Spitze gestellt

a) Pol Mara, La fille en œuf (1967)
b) Piet Mondrian, Victory Boogie-Woogie (1944)

Beide Bilder sind gleich groß und haben das gleiche Format: ein auf die Spitze gestelltes Quadrat.

a) Der belgische Künstler Pol Mara malt gegenständlich und abstrakt. Mitten in ein abstraktes Quadrat setzt er eine junge Frau. Sie kauert sich so eng zusammen, wie es enger nicht geht. Ihre Arme sind unter den Oberschenkeln verschlungen, und die Hände ziehen noch von den Ellenbogen her den Oberkörper fest zu den Knien herab. Um die wie fröstelnd zusammengepresste Figur bleibt nach allen Seiten hin im Bildquadrat noch viel leerer Raum, den der Maler mit groben Streifen unterlegt hat. Die Farbe der Strümpfe ist Lila, das von den frontal gezeigten Unterschenkeln der Frau her zur Bild bestimmenden Farbe wird.

Der Beschauer blickt wie von oben herab auf die ängstlich im Geviert hockende, sich selbst fesselnde, hohlwangig ins Abseits blickende ratlose Frau. Ihre Unterschenkel erscheinen dadurch noch länger und die aufs Engste verkürzte Gestalt noch trister und vereinsamt. Vielleicht ein Bild für die Angst des modernen Menschen vor dem Schrecklichen, das jeden Augenblick hereinbrechen kann?

Dem Mädchen in der Enge des Eies wünscht man unwillkürlich den baldigen Durchbruch in eine erlösende, Kraft spendende Form- und Sinn-Identität: eine im Gleichgewicht der Kräfte geborgene und befreite menschliche Gestalt.

Abb. 27 (links): Pol Mara: La fille en œuf, 1967
Abb. 28 (rechts): Piet Mondrian: Victory Boogie-Woogie, 19943/44 New York, Museum of Modern Art, Sammlung Emely Hall Termaine

Der Körper der Frau und die waagerechten Streifen stehen in einer Gegensatzspannung, die durch ein senkrecht hinter der Figur verlaufendes weißes Band und die halbseitige, waagerechte Entsprechung auf der Höhe der Hände noch verstärkt wird.

b) Victory Boogie-Woogie ist Piet Mondrians letztes Bild. Er hat es 1944 gemalt in New York in Erwartung und in Vorfreude auf das sich abzeichnende Ende des Krieges und all seiner Schrecken und Leiden. Mondrian war ein Visionär. Es ist bekannt, dass Mondrian monatelang an nur einem Bild arbeitete. Bei genauerem Hinsehen erkennt man, dass er sich fast ausschließlich beschäftigte mit der Formkraft des Quadrats gegenüber oder in Bezug zu Rechtecken. Er übermalte und schob die Formen und Farben solange, bis die Gesamt-Stimmung, das Gleichgewicht im Bild da war. Er reduzierte seine Farben auf die Primärfarben.

Indem er jeder Form je eine eigene Farbe zuerkannte, gelang ihm eine visuelle Verinnerlichung der einzelnen und der ganzheitlich verbundenen Bildelemente. Da Quadrat und Rechteck greifbare, messbare Formen sind, stehen sie für die Materie, die irdische Realität, die Erde – symbolisch gesehen. Mondrian übermittelt somit eine sensibel-aufgelichtete Vergeistigung der Materie.

Das hier wie tanzend auf die Spitze gestellte Bild erhält durch seine fröhlichen Farb- und Formklänge, die über den Bildrand hinauswirken, eine gelöste, befreiende, ins Kosmische geweitete Schwingung. Diese wird noch gesteigert durch das dynamische Gegeneinander der liegenden, quadratisch und rechteckigen Formen innerhalb des Bildes mit dem auf die Spitze gestellten Quadrat des äußeren Bildformats, also durch die tiefe Lebenswirklichkeit der Senkrecht-Waagerecht-Spannung und ihrer Balance.

7. Das Achteck – Oktogon – der Achtstern

Das Achteck ist eine Weiterentwicklung des Quadrats. Werden die beiden Quadrate, das liegende und das auf die Spitze gestellte, übereinander gelegt, so ergibt sich die Form eines Achtecks oder Oktogons. Dadurch erhält das einfache Quadrat eine bedeutungsvolle Aufwertung:

Das Achteck wird zum Symbol für überirdische Vollkommenheit.

Dabei dürften alte, pythagoreische Einflüsse noch im Spiele sein. In der altchristlichen und in der islamischen Architektur wurden bedeutungsvolle Orte, wie Baptisterien (Taufkapellen), Mausoleen (Grabkapellen), besondere Kult- oder Gebeträume wie Chorräume oder Gebetsnischen (Mihrabs), in Form eines Oktogons erbaut. Auch in geometrischen Fußboden-, Decken- und Wandmosaiken findet man häufig oktogonale Muster. In vielen Kirchtürmen verfeinert sich der quadratische Turmsockel zur Höhe hin in ein Oktogon, was beim Freiburger Münster besonders eindrucksvoll zu sehen ist. Es kommt zum irdischen Grundmuster gewissermaßen noch eine höhere Dimension hinzu, wie etwa bei der Taufe, beim Tod oder

beim Gebet. – Auch in der Musik tritt die Oktave als Überhöhung auf. Das Geheimnis der Achtzahl und des Achtsterns wird uns erst am Jüngsten Tag in reiner Schau in voller Wirklichkeit aufstrahlen; denn nicht selten bleibt das Oktogon noch an einer Seite offen, wie z. B. bei den islamischen Mihrabs oder bei christlichen Chorräumen.

Häufig entdeckt man noch alte achteckige Taufsteine in christlichen Kirchen. Sie sind in dieser Form – symbolisch gesehen – wie Vermittler zwischen dem Quadrat der Erde und dem Kreis einer jenseitigen Welt. In der Klein-Architektur eines Taufsteins weist die Achtform auf jene spirituelle Übergangsexistenz hin, um die fortan das Leben des Täuflings bereichert sein wird.

Abb. 29: Vielfarbiges Kuppel- Mosaik des Mihrab der Moschee von Cordoba: ein Juwel der arabischen Architektur in Spanien. Dort wurde der kostbare Koran aufbewahrt

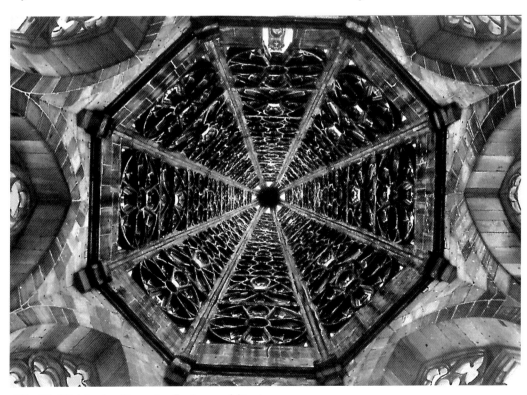

Abb. 30: Blick in den Turm des Freiburger Münsters

IV. Kapitel

Das Dreieck als Ursymbol

1. Zur Bedeutung der Urzahl Drei

Pythagoras, der große Zahlensymboliker der Antike, ließ sich von der Devise leiten: Es gibt keine schwerere, aber zugleich auch keine lohnendere Aufgabe als die Auffindung des Anfangs einer jeden Sache. Wer den Keim, die Idee einer Erscheinung gefunden hat, der vermag auch aus diesem die volle Gestalt, ihr Wesen und ihren Sinn zu entfalten.

Der Mensch partizipiert mit Leib und Seele an den archetypischen, geheimnisvollen Urzahlen und Urformen, denn sie sind der Schlüssel zur Wirklichkeit der Welt.

Bevor wir also auf die Urform des Dreiecks eingehen, werden wir uns zunächst der Urzahl Drei zuwenden.

Die Drei ist von tiefer Bedeutung. Erscheint in der Zwei das Urprinzip aller Vielheit, aller Gegensätzlichkeit und Polarität, so schließt sich in der Drei das in der Zwei Geschiedene wieder zusammen zu einer neuen Einheit. Entspricht die Zwei der Linie und der Zwiefältigkeit der Fläche, so die Drei dem körperhaft Bewegten in der Erstreckung von Länge, Breite und Höhe/Tiefe. Die Drei ist gewissermaßen die Überwindung, das ‚Kind‘ der Zwei und somit eine Form der Erfüllung. In der Drei wird eine spannungsüberwindende Vermittlung geleistet. Auf der Basis von These und Anti-These erhebt sich auf höherer Ebene über beiden die Syn-These – wie es G. W. F. Hegel in seiner dialektischen Philosophie durchdacht und zum System seines Denkens gemacht hat.

Im Gegensatz zur sonnenhaften, gelagerten und Flächen bildenden Vier, hat die Drei Mondcharakter, was kosmisch abzulesen ist an den drei Mondphasen Vollmond, Halbmond und Neu- oder Schwarzmond. Die Mond-Drei ist ein Zeitsymbol, ein Symbol der Bewegung, des miteinander Fortschreitens, der Fortschritte.

Drei ist auch Dreh. Der Walzer als Rundtanz und vor allem der langsame Walzer im Dreier-Rhythmus zeigen es. Drei ist ein Grundrhythmus in Natur und Kosmos. Die Drei gibt den Bewegungsverlauf von organischen Prozessen wieder: Knospe – Blüte – Frucht; Vater – Mutter – Kind; Gestern – Heute – Morgen; Morgen – Mittag – Abend; Vorwort – Hauptwort – Nachwort; Vorspiel – Ereignis – Nachspiel u. v. a. m. Eins – Zwei – Drei! ist ein vollendeter oder vollendender Bewegungsablauf. Nach drei Malen ‚geschieht es‘, tritt das Ereignis oder das Gelingen ein. In Mythen und Märchen wird dies vielfach geschildert und erläutert und ist auch in unserer heutigen Alltagswelt noch anzutreffen: Achtung – fertig – los! – ist ein allübliches Startwort, es gibt drei-

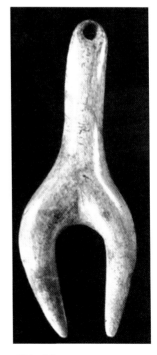

Abb. 31
Diese Figur identifizierten Fachleute als „abstrakte Frauenfigur"

stufige Tonsignale, Verkehrszeichen und Rangabzeichen. Der Prophet Jona blieb drei Tage im Walfischbauch, Jesus erstand am dritten Tag von den Toten. Pythagoras wiederum ließ verlauten (XXVIII,15), Apollon weissage vom Dreifuß aus, weil die Dreiheit als erste Zahl entstand. – Das ist insofern einleuchtend, weil im Dreieck erstmals eine Zahl, also eine abstrakte Größe, in einer geometrischen Figur sinnlich anschaubar wird.

Am Anfang war das Dreieck:
Anlässlich der Ausstellung ‚Die Anfänge der Kunst vor 30 000 Jahren‘, die 1987 in der Tübinger Kunsthalle gezeigt wurde, gab Professor Hansjürgen Müller-Beck, der diese Ausstellung konzipiert und aufgebaut hatte, bei einem Rundgang folgenden interessanten Beitrag: ‚Bei den Vorsokratikern heiße es (irgendwo), wenn an einem Gestade *ein Dreieck in den Sand* gezeichnet sei, lasse dies mit Sicherheit auf Menschen schließen; denn ein Dreieck bilden, das könne kein Tier! Hier beginne im Grunde die Kunst. Und, man sollte vielleicht noch hinzufügen, dass sich die frühen Künstler keineswegs irgendwelche Dreiecke zum Vorbild genommen, sondern sich vielmehr an der Vulva und an anderen weiblichen Geschlechtsteilen orientiert hätten.

2. Das Dreieck als Ursymbol – Form- und Wesensbestimmung

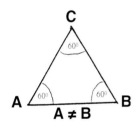

Das Dreieck wird von drei Komponenten bestimmt: von drei Eck-Punkten, von drei Seitenlinien und von drei Winkeln.

Dreiecke gibt es in zahllosen Varianten, die in ihrer Aussage und Wirkung sehr unterschiedlich sein können, je nachdem, ob die Winkel gleich, spitz oder stumpf ausfallen. In allen Dreiecken jedoch beträgt die Summe der Winkel konstant 180 Grad. Seine Vielfalt verdankt das Dreieck dem rhythmisch-bewegten Prinzip der Zahl Drei.

Die drei Pole eines Dreiecks suchen sich, sie erstellen einen Spannungsbezug und geben dieser ‚Quasi-Beziehung‘ eine charakterisierende Form. Am gleichschenkligen Dreieck lässt sich dies gut verdeutlichen: Über einer beliebig langen Basislinie (Hypotenuse), d. h. zwischen den Eckpolen A und B, wobei A nicht gleich B ist, streben zwei gleich lange Katheten-Schrägen (Schenkel) einander zu und treffen sich in der Höhe/Tiefe im Schnittpunkt C. Dieser Schnittpunkt kann viele Varianten haben. Die Giebel-Gestaltung in der abendländischen Baukunst liefert dazu instruktive Beispiele. Der flache Giebel der antiken Tempel repräsentiert eine griechisch-hellenistische Weltkultur, in der die Demokratie entstand. Die Giebel der Gotik hingegen laufen sehr spitz zu und zeugen von einer monarchistisch verfassten Kultur und von einer ins Jenseits strebenden, mystisch-religiösen, hoch gezäumten Geistigkeit, z. B. die Türme am Ulmer oder Freiburger oder Straßburger Münster; spätgotische Fachwerk-Hausgiebel u. a. m. Seit der Renaissance wird der Giebel entsprechend der auf die Antike zurückgreifenden Zeittendenz wieder flach. Das Barock bildet einen geschwungenen oder auch einen offenen Giebel aus.

Im Vergleich zur Rundheit des Kreises ist das Dreieck sperrig. Im Vergleich zum Quadrat und zur Vierheit überhaupt wirkt das Dreieck bescheidener, aber dafür ungleich dynamischer und wandlungsfähiger. Da es eine Vielfalt an Varianten zulässt, hat es auch eine breit gefächerte und damit eine eher menschengemäße Aussageform. Immer aber repräsentiert das Dreieck eine Spannungsbezogenheit, immer leistet es, wie aus geheimer Urkraft hergeleitet, eine Dreier-Balance!

In seiner regelmäßigsten Form als gleichseitiges Dreieck steigert es sich zu einer „Gestalt von im Grunde schon übermenschlichem Ebenmaß" – wie Ingrid Riedel formuliert –[93], und wird zum Symbol der Trinität Gottes. Das Ursymbol des gleichseitigen Dreiecks diente schon früh dazu, auf Gottes geheimnisvolles Innenleben hinzuweisen. So sah man ‚geistlich' in den drei Männern (Engeln), die Abraham bewirtete, den dreifaltigen Gott.

Dass menschliche Dreiecksbeziehungen oft aus ursprünglichen Zweierbeziehungen entstehen, wenn diese zu symbiotisch, zu eng geschlossen waren, darauf weist die Psychologin Riedel hin. Es gelte in diesem Fall, in den schmerzhaften und belastenden Dreieckskonstellationen das fruchtbare Moment zu erkennen und die Spannung bewusst auszutragen.[94]

Das Verwirklichen von Dreiecksbezügen in der eigenen Gestaltwahrnehmung schließlich bedeutet für den Menschen stets eine Klärung und Steigerung seiner Selbst-, Welt- und Gottbegegnung. Drei Wesensbestimmungen fassen das hier Gesagte zusammen:

1. Das Dreieck ist ein Bezogensein in Spannung.
2. Im Dreieck stehen heißt: in Beziehung stehen.
3. Allen Dreiecksfiguren eignet eine geheimnisvolle ‚Balance, in der sich Dynamik und
   Statik auf subtile Weise die Waage halten.'[95]

3. Das Dreieck als Strukturelement der menschlichen Bewegungen

Das Dreieck in den menschlichen Bewegungen und Haltungen wird uns in dieser Arbeit noch oft begegnen. Als Figur eines dynamischen Fortschreitens wird das Dreieck vor allem in der menschlichen Bewegung ansichtig und wirksam.[96]

Im Dreieck-Sein als Leiberfahrung heißt: auf einer Grundlinie basieren, während man sich geistig, d. h. im Kopf, zugleich ein Stück weit voraus ist, weil auf ein Ziel, eine Erkenntnis oder ein Ideal bezogen.

Durch die langen, geraden Knochen der Gliedmaßen und ihren Gelenkverbund ergeben sich unendlich viele Dreieckskonstellationen mit immer neuen Balancen und Spannungsbezogenheiten auf den verschiedenen Ebenen. Sie bewirken im Gesamtzusammenhang ein solch komplexes Prisma von Dreiecksbezügen, wie es nur unter dem Bilde des *Pentagon-Dodekaeders* annähernd anschaulich werden kann. Diese geometrisch-klare, kristalline Konstruktion aus Dreiecken und Tetraedern erscheint mir wie ein abstraktes Bild für diaphane Bewegungs*bewusstheit*. Wenn wir uns normal bewegen, wird ein irgendwie geartetes In-Beziehung-Stehen von Körperteilen und -kräften beinahe völlig ignoriert.

---

93 Vgl. Ingrid Riedel, Formen, Kreuz-Verlag, 1985, S. 83.
94 A. a. O. S. 78.
95 A. a. O. S. 69.
96 Im Bereich der Kunst treten z. B. in vielen Bildern von Paul Klee und auch bei Wasily Kandinsky Dreieckspfeile auf, die in
    dieser Richtung gedeutet werden könnten.

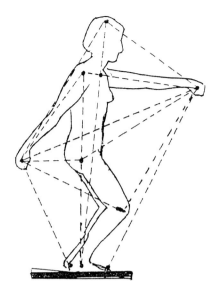

In der Tanzkunst indes wird jede Bewegung zu einer bewussten Figur stilisiert und wahrgenommen. „Wer tanzt, weiß, was vorgeht", sagt ein persischer Spruch. Die Delikatesse einer ins Bewusstsein gehobenen tänzerischen Bewegungsgestaltung besteht darin, die jeweiligen Dreiecksfiguren als Beziehungen von Gelenkpolen, Körperseiten und -winkeln in ihren je eigenen Wertigkeiten mit allen Sinnen verkosten zu können, die immer neuen Varianten hellwach als anders geartet zu empfinden, dieses zum Ausdruck zu bringen, und sie schließlich innerhalb der übergeordneten Dreierbeziehung von Körper, Raum und Zeit erstrahlen zu lassen. Jede Dreiecksbeziehung ist gewissermaßen ein Bewegungszentrum. Die Anzahl der bewusst wahrgenommenen und gestalteten Bewegungszentren wird das Qualitätsniveau eines Tänzers bestimmen. Je intensiver eine Dreiecksspannung realisiert werden kann, um so stärker wirkt auch die innewohnende dynamische Kraft.

Abb. 32: Diese Zeichnung versucht, einige Dreieckskonstellationen mit ihren Spannungsbezogenheiten im körperlichen Bewegungsgeschehen anzudeuten. Diese Skizze korrespondiert mit der Abbildung des Pentagondodekaeders. Das Pentagondodekaeder übersetzt die gleiche Aussage in eine abstrakte Form.

Am einfachen Beispiel des Gehens soll ein solches Dreiecksgefüge konkret erklärt werden: Die beiden Beine bilden im dynamischen Wechsel des Voranschreitens jeweils Dreiecke miteinander. Beim harmonischen Gehen kommt zum Wechsel-Dreieck der Beine noch das rhythmische Pendel-Dreieck der Arme im Gegenschwung dazu. Beide unterstützen und bekräftigen sich

gegenseitig – beinahe wie zu einem Perpetuum mobile. (Man kann sich dadurch selbst ganz erstaunlich in neuen Schwung bringen.) Und dazu: *Ich* gehe mit meinem *Körper,* durch meine *Welt,* in meiner *Zeit.*

Über solche Leiberfahrungen lernt der Mensch auch im kognitiven Bereich, die Qualität seines Lebens als ein „Sich-verstehen-in-Beziehungen" wahrzunehmen und einzuüben. Eine reine Funktionsgymnastik bleibt da um Dimensionen zurück, ohne dieser ihren Wert absprechen zu wollen.

Abb. 33: Fußbodenmosaik eines Pentagondodekaeders, aus dem Markus-Dom von Venedig. Ein Meisterbeispiel für abstrakte Kunst, einfangend den ungeheuren Facettenreichtum des Lebens

4. Das Tetraeder und seine wieder zu entdeckende Bedeutung

Wie die Vier mit Quadrat und Würfel, so gehören die Drei, Dreieck und Tetraeder zusammen. Das Tetraeder ist der dem Dreieck zugeordnete geometrische Raumkörper, denn es ist aus vier Dreiecken zusammengesetzt, wobei eines davon die Basis bildet. Das regelmäßige Tetraeder wird aus vier gleichseitigen Dreiecken gebildet. Es gehört zu den fünf ‚platonischen Körpern‘, wie ebenso das von acht Dreiecken begrenzte Oktaeder und das phantastische Gebilde des Pentagondodekaeders. Letzteres ist wohl die Krönung der Dreiecksidee:

jeweils fünf zusammengefügte Tetraeder in zwölf Bündeln = 5 x 12 = 60 Tetraeder! (oder anders ausgedrückt: 5 x 4 x 3 = 60 Tetraeder; oder 4 Tetraederdreiecke x 5 x 12 Bündel ergibt 4 x 5 x 12 = 240 Dreiecke usw.)

Ein amerikanischer Ingenieur[97] vertritt die These, von der Mikrostufe des Atoms bis zur Makrostufe der Galaxien sei das physische Universum vierflächig gebaut, und die Basis dafür liege in der Beziehung zwischen Tetraeder und Kugel.

Aus der Chemie wissen wir, dass das Kohlenstoffatom ein regelmäßiges, mikrokristallines Tetraeder darstellt und dass Kohlenstoff der grundlegende Baustein aller lebenden Organismen ist. Kohlenstoff vermag als einziges Element mit sich selbst durch Ein- und Mehrfachbindungen Ringe und Ketten von fast beliebiger Länge und Anordnung zu bilden. Kohlenstoff kommt vor als Diamant und als Graphit, als Kohlendioxid kommt er im Wasser vor und in der Atmosphäre. Ingenieure und Architekten, die sich mit den Bauwerken alter Kulturen beschäftigten, vermuten, dass die genialen Erbauer solcher aus magisch-mythologischen Frühzeiten Ägyptens oder Mittelamerikas stammenden Zeremonialbauten ihre unglaublich präzisen geodätisch-kosmologischen Erkenntnisse aus der Tetraeder- oder Vierflächen-Geometrie, d. h. aus der Anwendung solcher symbolischer Proportionalstrukturen gewannen, die sie in ihren Sonnen-, Mond- und anderen Götter-Pyramiden zur Darstellung brachten. Eine Pyramide besteht aus vier gleichen Tetraedern. Sie stellt ein Idealmodell vor für harmonisch-ausbalancierte, kosmisch-bezogene Architektur. Die Pyramide ist aber auch ein Idealmodell für die menschlichen Haltungen des Sitzens und Stehens.

Was soll dieser Ausflug in die Mikro-Chemie und Mikro-Biologie und zu den alten Pyramiden?

Da das Dreieck das Strukturmuster für menschliche Bewegung darstellt, und das Tetraeder-Dreieck sowohl der Struktur des Kohlenstoffatoms als auch der Pyramiden-Architektur zugrunde liegt, trifft sich hier Verwandtes.

Ein bewegungsbewusstes Lebensgefühl entspricht der biologischen Realität des Menschen. Das Bewusstsein, sich zu verhalten, etwas zu tun,

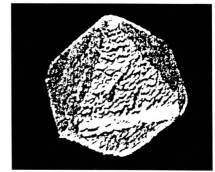

Abb. 34: Diamant in rohem Zustand

---

97 Richard Buckminster Fuller u. a., Cheops – Die Geheimnisse der großen Pyramide, u. ders., Die Wiege der Sonne, Geheimnisse der mexikan. Pyramiden, Knaur Tb 3 591 und Tb 1280.

was der inneren Seinswirklichkeit entspricht, macht das Tun stärker, verstärkt insgesamt die vitale und geistige Identität.

Die Pyramide hat die Form eines Feuerdreiecks. Wasserdreieck und Feuerdreieck sind die deutlichsten und herausragenden Dreiecksfiguren. Sie besitzen eine eindeutige Symbolhaftigkeit, was schon durch ihre Benennung zum Ausdruck kommt. Ihre Bedeutung für die Strukturierung und Analyse der menschlichen Gestalt und ihrer Beweglichkeit soll nun unter verschiedenen Aspekten aufgelichtet werden.

5. Das Wasserdreieck, seine Erfahrung, seine Einübung und seine Meditation – zur Symbolik des Wassers

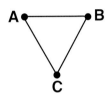

Das Wasserdreieck gehört zu den wichtigen Gestalt bildenden Körpererfahrungen des Menschen. „Wasser"-Dreieck heißt es, weil seine Form dem Weg des Wassers nachgebildet ist. Es hat seine Ausgangslinie oben und seine Spitze unten.

Die oberen Eckpole werden im menschlichen Körper von den beiden Schulter-Kugelgelenken repräsentiert, die untere Spitze lässt sich nicht so genau festlegen, sei es im Zwerchfell, im Kreuzbein, im Steißbein, im Beckengrund, in den Fußsohlen oder in der Erde – je nachdem. Im Spannungsfeld dieser drei Eckpunkte und ihrer Verbindungslinien und Winkel wird das Wasserdreieck verwirklicht.

Wasser, als Urelement, gilt in vielen Religionen und auch in den Ursprüngen der griechischen Philosophie als Anfang der Wirklichkeit des Lebens. Oftmals in den Mythologien der Völker bewirkt die zerstörerische Kraft des Wassers das Ende des Kosmos. Daher liegt allen religiösen Reinigungs- und Läuterungsriten der Menschen (z. B. Taufen – etwa auch einer Morgenwäsche?) die Idee der Formauflösung und Neuschöpfung durch Wasser zugrunde. In der Bibel heißt es: „Der Geist Gottes schwebt über den Wassern." (Gen 1,2). Diese Wasser waren noch die Gewässer des Chaos. Gott aber bannte die dunkle Urflut durch seinen Geist, d. h. durch den kosmogonischen Akt der Formgebung bzw. der Formwerdung. Das Wasser des Lebens ist klar wie Kristall! (Offb 22,1) – Schneekristalle weisen hin auf diese Idealform des Wassers.

Im chinesischen Weisheitsbuch, dem I-Ging, heißt es (S. 477): „Die Bewegung des Wassers geht von oben nach unten. Das Wasser stammt von der Erde, befindet sich aber am Himmel, daher seine Tendenz, nach unten zurückzukehren ... Wasser fließt und häuft sich nirgends an, es geht durch gefährliche Stellen und verliert nicht seine Zuverlässigkeit ... Der Mensch befindet sich in der Gefahr wie das Wasser inmitten des Abgrundes. Da zeigt das Wasser, wie man sich zu benehmen hat: es fließt und häuft sich nirgends an, auch an den gefährlichen Stellen verliert es nicht seine zuverlässige[98] Art. Auf diese Weise wird die Gefahr überwunden: Das Wasser fließt ununterbrochen und kommt ans Ziel."

„Im tiefsten Tale sammeln sich die Flüsse", sagt Laotse. Das Herabfließen des Wassers ist ein Naturereignis, das vor allem in den Bergen erlebt werden kann. Das innere Erleben des Wasserdreiecks ist ebenso eine Sammlungsbewegung von der Weite oben zur Enge hin in

---

98 Zuverlässig = ausdauernd, beständig, demütig.

der Tiefe. „Tiefe ist", nach Paul Tillich,[99] „eine Dimension des Raumes, doch zugleich ist sie ein Symbol für eine geistige Wirklichkeit."

Um das Wasserdreieck körperlich erfahren zu können, ist es nötig, die jeweiligen Pole und Seiten und Winkel in unser Körperbewusstsein hineinzuholen. Das Sitzen ist dazu eine angemessene Körperhaltung, weil der Schultergürtel die obere, weite Ausgangsebene darstellt und die Füße dabei auf der Erde stehen. Die Schulterblätter weisen ebenfalls die Formen eines Wasserdreiecks auf. Auch das Brustbein zeigt mit seiner Spitze nach unten. Wir brauchen eigentlich nur unsere Knochenformen abzulesen, ihre Signale aufzunehmen und zu befolgen: nach unten! In die Tiefe! Dem Weg des Wassers nach!

Die Meditation des Wasserdreiecks ist darauf gerichtet, mich herabloten zu lassen in meine Tiefe, um dort mit meinen Wurzeln Wasser, Lebenswasser, Fruchtwasser zu suchen. Indem sich die Meditierenden ganz auf dieses Wasserdreieck konzentrieren, werden sie erfahren, dass sich aus den drei Polen und Seiten mit der Zeit eine Dreiecksfigur zusammenfindet in einem Balance-Dreiklang. In diesem Moment stellt sich ein großer, ruhiger Atemrhythmus ein, und die vom Dreieck umschlossene Körpermitte (Herz, Lunge, Zwerchfell und Sonnengeflecht) entspannt sich unwillkürlich in demselben Maße, wie das Wasserdreieck seine Kontur gefunden hat.

Als immer zu wiederholender Leitvers für die Meditation hat sich Laotses Wort bewährt: „Im tiefsten Tale sammeln sich die Wasser."

Während der Meditation achte man darauf, das Dreieck weit und geräumig zu gestalten, offen und gelöst zu bleiben für alles, was an inneren Erfahrungen kommen will und sich anzeigt. „Wer gesammelt in der Tiefe lebt, der sieht auch die kleinen Dinge in großen Zusammenhängen." (Edith Stein)

PS.: Bei normalen Voraussetzungen wird die Meditation zwischen 25 und 30 Minuten beanspruchen.

Meine Erfahrung ist, dass eine Meditation des Wassers auf der Basis des vom Körper her meditierten Wasserdreiecks erfolgen sollte. Dadurch wird sie real geortet, existentiell geordnet und jederzeit ansprechbar. Nur so kann sie nachhaltig und heilsam wirken. Für ein Leben in einer Asphalt-Welt ist es ungeheuer wichtig, sich den Weg zu den Ur-Wassergründen zu erschließen und offen zu halten.

6. Das Feuerdreieck, seine Erfahrung, seine Einübung und seine Meditation – zur Symbolik des Feuers

Das Feuerdreieck ist die entsprechende Gegenfigur zum Wasserdreieck und gehört ebenfalls zu den wichtigen, Gestalt bildenden Körpererfahrungen des Menschen. „Feuer"-Dreieck heißt es, weil seine Form dem Feuer nachgebildet ist: seine Grundlinie (Hypotenuse) ist unten und seine Spitze oben.

99 Paul Tillich, Von der Tiefe, in ‚Lust an der Erkenntnis'-Theologie des 20. Jahrhunderts, Serie Piper 646, S. 37.

Drei charakteristische Formen des Feuerdreiecks bezüglich ihrer körperlichen Repräsentanz und Bewusstwerdung sollen hier besonders erörtert werden. Ihr Unterschied ergibt sich durch die jeweilige Bestimmung der Hypotenusen-Basis:

1. Das Schulter-Scheitel-Dreieck; seine Basis ist die Linie des Schultergürtels.
2. Das Pyramiden-Sitz-Dreieck. Seine Basis ist ein Quadrat. Dieses Sitzquadrat wird beschrieben durch seine vier Eckpole, nämlich den zwei Kniegelenken und den zwei Hüftgelenken (s. Abb. 42).
3. Das Obelisken-Steh-Dreieck. Seine Basis ist das Sockel-Quadrat (Würfel) um die Fußsohlen herum (s. Abb. 48).

Das Quadrat versteht sich auch hier als Bild für die Erde. Bei den zwei ersten Varianten ist das herrschende Bild eine Pyramide. Diese wurde bereits als „Treppe zum Himmel" erwähnt, wobei der Wechselprozess zwischen senkrecht und waagerecht beim Treppensteigen im Mittelpunkt stand. Nun aber wird das Bild der Pyramide als Treppe integriert in die umfassendere Symbolfigur eines Feuerdreiecks.

„O könnt ich das Schicksal besitzen der Wesen,
die auf der Spitze der himmlischen Treppe verweilen!"

– so lautet ein ägyptischer Pyramidenspruch.[100] Hier kommt zur Symbolik der Treppe auch die des lebendig-lodernden Feuers hinzu und zu seiner Erschließung soll auch wiederum das I-Ging zu Worte kommen: (s. S. 69, S. 137, S. 186 u. S. 206).

„Die Natur des Feuers ist es, emporzulodern zum Himmel. – Feuer stellt die Sonne dar. Die Sonne steigt über der Erde empor: das Bild des Fortschritts. Je höher aber die Sonne steigt, desto mehr kommt sie aus den trüben Dünsten heraus und strahlt in umso weiterem Umfang in ihrer ursprünglichen Reinheit. So ist auch das wahre Wesen des Menschen: es bedarf der Läuterung, damit es in seiner ihm ursprünglich zukommenden Klarheit leuchten kann. So macht der Edle selbst seine Anlagen klar und hell.

Auf dem Berg ist das Feuer: Bild des Wanderers. Dem Wanderer ist Beharrlichkeit von Heil: er hat seinen Besitz bei sich. – Alles Sichtbare muss sich steigern und fortsetzen ins Unsichtbare hinein. Dadurch bekommt es die rechte Weihe und Klarheit und wurzelt in den Weltzusammenhängen fest."

Das zuerst genannte Schulter-Scheitel-Dreieck ist ein besonders klares Feuerdreieck. Als beinahe gleichseitiges Dreieck nimmt es die Spitze der menschlichen Gestalt ein und hat insofern eine überragende Bedeutung.

Es spannt sich von den beiden Eckpolen der Schultergelenke hin zur Höhe im Scheitelpunkt. Der waagerechte Schultergürtel bildet die Grundlinie (Hypotenuse) und die beiden Schenkel treffen sich im Scheitelpunkt. Der Scheitelpunkt bezeichnet den höchsten Punkt des Körpers, er gilt als sein ‚heiligster' Punkt. Er ist identisch mit der Fontanella, wörtlich der ‚kleinen Quelle', jener frühkindlichen Öffnung in der Schädeldecke, die einen Austausch, eine Verbindung mit der ‚oberen' Herkunftswelt des Menschen andeutet. Bei den Indern ist er der Ort der 1000-blättrigen Lotosblüte.

---

100 Zitiert aus dem ägyptischen Totenbuch Kap. XXII.

Dieses Schulter-Scheitel-Dreieck steht im menschlichen Körper richtig, wenn sich die Ohren genau senkrecht über den Schultern befinden. Dies ist die entscheidende Haltungsanweisung. Indem der Schultergürtel sich als Ausgangsbasis des Schulter-Scheitel-Dreiecks begreift, findet er automatisch seine ideale Lage, nämlich das gelassene Aufruhen auf dem Brustkorb. Damit streckt sich indirekt der Hals, die Halslordose verringert

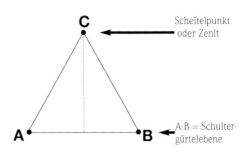

sich, der Schultergürtel senkt und erweitert sich und das Gewicht des Kopfes legt sich lotgerecht auf die Wirbelsäule. Letzteres bedeutet vor allem: Die Halsmuskeln können sich entspannen, der Hals wird freigesetzt, er steht frei in der lotgerechten Balance. „Nur wenn wir den Hals freimachen, können wir liebend der Welt begegnen." (A. Rosenberg)[101]

Das Schulter-Scheitel-Dreieck ist einfach zu üben: im Sitzen, im Stehen und auch in der Rückenlage, also jederzeit und allerorten.

Während der Meditation lässt sich der/die Übende wie aus dem Rumpf herausziehen: der Mensch fühlt sich als ein

im Zenit vom Feuer, von der Sonne Empor- und Herausgezogener.

7. Der Schultergürtel als Gelenkscheide zwischen Wasser- und Feuerdreieck

Seinem Namen gemäß besitzt der Schultergürtel Gürtelfunktion, er stellt eine wichtige Übergangs- und Trennungslinie im menschlichen Körper dar.

Die gegensätzlichen Strukturen, die wir als Wasser- und Feuerdreieck bezeichnet haben, beziehen sich beide auf den Schultergürtel als auf ihre Ausgangsbasis, entgegengesetzt ist nur die Richtungstendenz zu ihrer jeweiligen Dreiecksspitze.

Weithin unbekannt und ungenutzt ist die erstaunliche Beweglichkeit des Schultergürtels in sich und gegenüber dem Brustkorb. Der Schultergürtel besteht aus einem gelenkigen Knochenverbund von zwei Schulterblättern, zwei Schlüsselbeinen und zwei Kugelgelenken – wie aus der Abbildung abzulesen –, und mit diesem Gewicht liegt er ponchoartig oder wie ein Dach auf dem Brustkorb auf. Er ist dort nicht fest verankert, sondern hat ungeahnt viel Bewegungsspielraum. Wir können z. B. die Schultern unabhängig vom Brustkorb heben und senken, vor- und zurückziehen. Aufgrund der großen Beweglichkeit seiner Gelenke vermag der Schultergürtel auch, sich ‚satt' aufruhen zu lassen auf dem Brustkorb, anstatt sich ängstlich in sich selbst festzuhalten oder zu verkrampfen, wie wir es bei uns selbst und bei anderen Menschen oft feststellen können. Unsere Schultern widerspiegeln, auf welche Weise wir die Verantwortung für unser Leben auf uns nehmen. Wie ein Joch liegt hier die Last des Lebens auf. Bei vielen Menschen sieht man an ihren vorgeneigten oder hochgezogenen Schultern, wie sie von ihrer Lebenslast gebeugt und niedergedrückt werden oder wie sie sich gegen sie sperren und verkrampfen.

---

101 Vortragsnotiz.

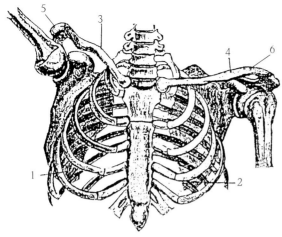

1 u. 2 – r. u. l. unterer Schulterblattwinkel
3 u. 4 – r. u. l. Schlüsselbein
5 u. 6 – r. u. l. Schulterhöhe

Abb. 35: Der Schultergürtel und seine vom Brustkorb unabhängige Beweglichkeit

Je mehr die Schultergürtellinie von Lockerheit, Luftigkeit und Weite erfüllt ist, um so freier können sich Hals und Kopf aus dem Rumpf erheben, kann sich die Lebenslast bewegen, verändern und verwandeln, und um so mehr Raum eröffnet sich für den Atem und das Herz. Das gelöste, lockere Sinken-Lassen des Schultergürtels ist eine sofort wirkende Haltungskorrektur bei auftretenden Herzschmerzen.

Für das Wasserdreieck kann man sich den Schultergürtel z. B. als obere Kante eines großen Wasserfalls vorstellen und für das Feuerdreieck als eine weite Feuerstelle.

In jedem Fall ist eine gelöste Beweglichkeit im Schultergürtel ein Gewinn, sei es für die Erfahrungen von Wasser- oder Feuer-Dreieck, sei es zur Sensibilisierung und zur Bewusstwerdung der Übergangsregion zwischen Rumpf und Kopf, zwischen Herz und Verstand. Unbedingt die Übung „Die Schlüsselbein-Wippe", die Übung 28 dazunehmen!

Exkurs: EROS – Eine Annäherung an ein mythisches Bild von Paul Klee

Wenn ein so bedeutender Maler wie Paul Klee ein Bild malt, das einzig und allein der Darstellung von Dreiecken gewidmet ist, und wenn er diesem Bild einen so gewaltigen Titel gibt: *Eros,* dann darf man nicht achtlos vorübergehen, wenn das Thema Dreieck der Gegenstand der Bemühung ist.

Die Griechen verehrten den Liebesgott Eros in zweierlei Gestalt: als die alles verbindende Weltliebe, die am Anfang der Dinge aus dem Chaos hervorging, und als den Gott der sinnlichen Liebe. Als solcher tritt er auf als schöner, geflügelter Knabe, der sich mit Rosen bekränzt und Liebespfeile entsendet, welche die Herzen der Getroffenen entflammen und verwunden: ein ‚Sohn' aus der Verbindung von Ares und Aphrodite!

Wir aufgeklärten, modernen Menschen haben den ‚Gott' Eros aus dem Blick verloren. Neuerdings wird er wieder in der Psychoanalyse hervorgeholt, wo er als Gegenspieler des Todestriebes Thanatos gesehen wird.

Vielleicht hilft uns Paul Klee weiter: Paul Klee malt farblich reich differenzierte Dreiecke und dynamisiert diese noch durch zwei starke, schwarze Aufwärts-Pfeile. Er weist mit ihnen ins Innere, d. h. auf eine innere Wirklichkeit. Mehr und mehr erfüllt und durchlichtet kristallinblaue Klarheit die Mitte seines großen Feuerdreiecks. Wie gleichzeitig sinkt aus der Höhe ein kleineres, dunkleres, türkis-grünes Wasserdreieck herab, den Pfeilen entgegen. Die gegeneinander gerichteten Dreiecke überlappen und durchdringen sich. Soll etwa die spannungsvolle Beziehung der beiden Dreiecke – formgeklärt und in ätherischen Farben, d. h. auf hohem ästhetischen Niveau – den im Dreieck enthaltenen Liebes-Impuls des Eros ansichtig machen? Will P. Klee hier die dialektische Spannung des Eros aufzeigen, in der Noch-Getrenntes, getroffen vom Pfeil des Eros, zu schöner Harmonie zueinander findet?

Der jugendliche Gott Eros war und bleibt für immer eine in allem Sinnlich-Schönen aufscheinende göttlich-kosmische Urgewalt: Er verkörpert mythisch-gestalthaft die sinnenfrohe Liebesbeziehung zwischen Menschen und zu der Schönheit in der Welt. Der sexuelle Trieb greift direkt zu und befriedigt egozentrisch, die erotische Beziehung aber erneuert sich stets aus Faszination und Begeisterung am wahrgenommenen Gegenüber.[102]

Im Bild von Paul Klee zeigt der obere Pfeil auf

Abb. 36: Paul Klee, EROS 1923, Aquarell auf Papier (33,3 x 24,5 cm) Kunstmuseum Bern

ein kleines, gleichseitig-harmonisches, blutrot-glühendes Wasserdreieck. Man wird schließlich gewahr, dass sich das grüne Wasserdreieck und das kristall-blaue Feuerdreieck in diesem kleinen, liebes-roten Wasserdreieck synthetisch und geheimnisvoll miteinander vereinigen und durchtönen als Sinnbild einer erotischen Lebenskultur.

---

102 Dazu nur einige Gedanken aus dem Buch: Walter Schubart, Religion und Eros, C. H. Beck, München 1966: „… der orgiastische Akt der erlösenden Geschlechterliebe ist auch eine kosmische Versöhnung im Kleinen … es schließt sich der Riss zwischen Mensch, Welt … und Gott". (S. 171) „Die Kräfte der Liebe kehren zur Welt zurück: sie weiten sich zur Nächstenliebe, zur All- und Gottesliebe." (S. 171) „Also ist der Eros der große Befreier des Menschen, und nur weil er befreit, kann er so tief beglücken." (S. 277) „Der Eros endet in Gott." (S. 272) „Echte Geschlechterliebe ist daran zu erkennen, dass sie zu Gott hinführt." (S. 275) „Das Wesen der erotischen Freiheit ist ein beglückendes Hinauswachsen über das Zeitlich-Persönliche, ein Freiwerden durch Liebe"; denn „der Liebende ist der Schöpferische". (S. 285)

8. Die Pyramide – eine stufenförmige Dreiecksarchitektur und ihre symbolische Bedeutung

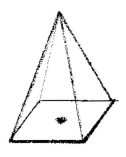

Abb. 37

Die regelmäßige Pyramide basiert auf einer quadratischen Grundfläche. Von jeder Seitenlinie aus führen vier Dreiecke mit ihren Spitzen zu einer gemeinsamen Spitze; räumlich gesehen treffen vier Tetraeder oben in einem Punkt zusammen. Schwer mit ihrer Basis auf der Erde ruhend und in strenger Tendenz zur Höhe aufsteigend, drückt die Pyramide die Himmelsbezogenheit alles Irdischen aus.

Nicht nur in Ägypten, sondern auch im voreuropäischen Mittelamerika wurden etwa zu gleicher Zeit riesige Steinpyramiden erbaut. Ihre faszinierende Wirkung beruht auf dem harmonischen Miteinander von Quadrat und Dreieck und auf der Baustruktur einer Monumentaltreppe.

Für die alten Kulturen waren Zahlen und Urformen eine exakte Sprache, mit der man geistig-ideelle Erfahrungen und Erkenntnisse in sachlich-realen, geometrischen Formen auszudrücken suchte. So sind denn diese alten Grab- und Sakralbauten zu lesen im Hinblick auf den menschlichen Erfahrungshorizont, der sich den gewaltigen „göttlichen" Vorgängen am Himmel gegenübersah. Womit sonst hätten sich diese frühen Menschen messen und vergleichen können als mit dem unendlich vielfältig gestirnten Himmel über ihnen? Folglich wurden die ägyptischen Pyramiden z. B. von Giseh, wie auch die mittelamerikanische Sonnenpyramide von Teotihuacán, das sog. Castello von Chichén Itzá, die Pyramiden von Uxmal und Palenke, wie ebenfalls die griechischen Gräber von Mykene unter astronomischen Aspekten erbaut. Ihre Maße und Verzierungen dienten als Markierungen für die Aufgänge, Höhepunkte, Durchgänge und Untergänge der Himmelskörper. Die irdische Architektur wurde der himmlischen nachempfunden. Es sollten Bauten für die Ewigkeit sein. Sie sollten das Leben des Pharao überdauern und verewigen. Deshalb musste auch statisch alles genau stimmen. Das strukturelle Konzept aller Pyramiden war eine Stufenarchitektur.

Die ägyptischen Pyramiden von Giseh waren ursprünglich unbesteigbar, denn sie waren außen glatt poliert. Man kann sich ausmalen, wie ihre Dreiecksflächen aus gelbem Kalkstein in der Sonne wie Riesenspiegel aufleuchteten und wie nachts die Sterne in diesen ‚goldenen' Dreieckswänden widerschienen und sie selbst zu Bildern des gestirnten Alls wurden – weithin in der Wüste sichtbar.

Die älteste von Giseh, die Cheops-Pyramide, zählte zu den ‚Sieben Wundern' der antiken Welt und ihre Geheimnisse sind bis heute nicht vollends entschlüsselt. Ihre Erbauer haben z. B. bereits die geheimnisvolle Zahl Pi, die eine genaue Berechnung des Kreises ermöglicht, sehr genau gekannt.

Jede der großen ägyptischen und mittelamerikanischen Pyramiden wurde aus einer speziellen Idee heraus erbaut. Hier jedoch kann nur auf einige solcher staunenswerten Besonderheiten hingewiesen werden, um dann nachfolgend auch ihre Entsprechung im menschlichen Bereich, vor allem im menschlichen Bewegungsgeschehen, aufzuzeigen. Da gerade unser heutiges Sitzen und Stehen als Dauerhaltungen so sehr verkommen sind im Gefolge unseres zivilisierten Lebensstiles, lohnt es in überraschender Weise, sie von ihrem Grunde her anzudenken und neu zu deuten.

Doch zunächst wollen wir den Blick richten auf die *Symbolik der Pyramidenform* im allgemeinen. Die Pyramide ist die geometrische Form eines Berges. Als Stufen-Pyramide geometrisiert und stilisiert sie den Aufstieg zum Gipfel durch treppenartige Abschnitte. Ich muss etwas hinter und unter mir verlassen, um eine Stufe weiter und höher zu kommen. Jede neue Stufe ist von der Basis weiter entfernt und zugleich dem Ziel um diese Stufe näher. Stufe um Stufe aber engt und dynamisiert sich die Treppe auf das Ziel hin.

Jede Stufe kostet Zeit und Kraft. Jeder gerade, also ebene Stufenabschnitt lädt ein zu einer Verschnaufpause, um neue Muskel- und Atemkraft zu sammeln und neue Orientierung zu gewinnen. Von Stufe zu Stufe erschließt sich ein erweitertes Blickfeld und ein vertieftes Bewusstsein. Erst aus der Höhe wird Tiefe einsichtig. Je mehr ich mich der Gipfel-Spitze nähere, dem archaischen Ort der Opferungen = Altar, um so mehr „entrückt" die Erde; doch durch die Stufung bleiben Erde und Himmel verbunden. Es bleibt klar zu erkennen, woher ich gekommen bin, aber es ist auch vorauszusehen, wozu ich aufgebrochen bin. Aus einer breiten Vielfalt, dem Chaos, aus der Dimension des Todes, leiten die Treppen zum Himmel, zum Haus Gottes, zur heiligen Tempelberghöhe.

Die Verwandlung der Vierheit des Basisquadrats über das Aufstiegs-Dreieck zur Einheit in einer glühenden Spitze vollzieht sich über einen gestuften Weg. Dieser Weg kommt erst auf dem Gipfel zu seinem Ende. Der Berg ist eine Ganzheit. Der zeitlich sichtbare Aufstieg weitet sich ins quasi Ortlose des Gipfels.

Im Durchatmen des solcherweise eroberten Pyramidenberges werden wir seiner auch innerlich gewahr: Das dynamische Wehen des Atems zwischen Grundquadrat und Scheitel-spitze ortet und ordnet sich im Entlanggleiten des Atems über die „heiligen" Dreiecksseiten, -kanten und -punkte zu einer *Atemraum-Pyramide.* In dieser beatmeten Dreiecksspannung vollzieht sich im Menschen ein Austausch wie zwischen ‚Erde' und ‚Himmel'. Alle Dreiecks-linien zur Spitze herauf und von ihr herab zur Basis können im und mit dem Atem vollzogen und so als geistige Beziehung geschaut und wahrgenommen werden.

Das Feuerdreieck der Pyramide ist ein Ausdruck dafür, dass der Mensch an einer Stelle „bren-nen" muss, um ganz zu werden, um das ‚Werk seines Lebens' stufenweise zu vollbringen.

9. Beispiele von ägyptischen und mittelamerikanischen Pyramiden. Ihre kosmisch[103] inspirierten Bauideen als Inspirationen für menschliches Sitzen (und Stehen[104])

Dazu sollen nun einige Pyramiden-Ideen vorgestellt werden.

a) Ägyptische Pyramiden:
Die sechs-stufige Mastaba von Sakkara ist das älteste Steinbauwerk überhaupt und ist noch heute zu besichtigen. Sie ist auf den Polarstern gerichtet; ihr Eingang liegt im Norden. Mit dem Blick demonstrativ auf diesen ‚Stern' geheftet, sitzt die Statue des Pharaos Djoser

---

103 Kosmos: griech.= ‚Kosmein' = Vollendung, tanzende Ordnung, Glanz, Atem der Schönheit.
104 Für das Stehen ergeben sich analoge Leitbilder, die etwas später besprochen werden.

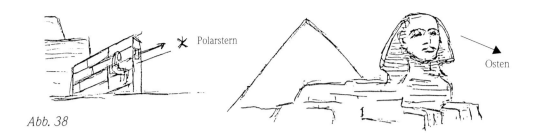

Polarstern

Osten

Abb. 38

(3. Dyn. um 2778–2723 v. Chr.) neben seiner Grab-Pyramide und schaut durch ein Guckloch im Winkel von 28 Grad genau auf den Polarstern, als auf den ewig ruhenden Pol im kosmischen Wandel aller Gestirne.

Die Cheops-Pyramide, die älteste von Giseh, betont das Grundquadrat, und sie ist auf die Sonne hin konzipiert. Der sakrale Prozessionsweg wurde um die vier Seiten der Pyramide herum in 1460 Maßschritten begangen, was einer Feier des Sonnenjahres gleichkam: 4 x 365 = 1460. Er stellte also gewissermaßen ein geodätisches ‚Kin-Hin‘ dar, das vier Jahre zu je 365 Tagen abbildete. Das besagt: Im Gehen wird Maß genommen. Die Gehbewegungen haben das gleiche Maß wie die Gedankenschritte!

Die mittlere Pyramide von Giseh wurde von König *Chefren* erbaut. Er blickt mit seinem Sphinx-Kopf auf dem Löwenleib (Löwe = Sonnentier) strikt nach Osten zur aufgehenden Sonne, um auszudrücken, dass er im Zenit des Sonnenlaufes, also durch die Spitze seiner Pyramide aufzufahren wünschte.

Dem Pharao Chephren (4. Dyn. um 2650 v. Chr.) ging es offensichtlich bei seiner Pyramide um die Idee des „Göttlichen Dreiecks" 3 : 4 : 5 oder 3 + 4 + 5 = 12. Es ist der Schlüssel für die Gesamtkonzeption der Chephren-Pyramide.

Dieses rechtwinklige „Ägyptische Dreieck" wurde heilig gehalten, so heilig, dass man die einzelnen Seiten des Dreiecks der Göttertrias Isis-Osiris-Horus weihte. Der griechische Philosoph Plutarch (46–125 n. Chr.) nahm darauf Bezug und kommentierte: „Man kann die Senkrechte (4 = Osiris) als das zeugende Prinzip, die Basis (3 = Isis) als aufnehmendes Prinzip und den Horus (5) als das vollendete Erzeugnis betrachten."

Die Ägypter haben ihr „göttliches" rechtwinkliges Dreieck als die Figur entdeckt, welche die irdische Geometrie, das Irdische schlechthin, ins Kosmische und ins Göttliche zu verlängern und zu transponieren vermag. Sie vollzogen dies auf der Basis der Proportionalität 3 : 4 : 5 und erstellten darauf ein umfassendes Weltbild. Sie kamen auf diese Weise zu bis heute staunenswert exakten naturwissenschaftlichen Erkenntnissen. Vor allem aber, die Göttin Maat mit der Feder der Wahrheit und dem Lebenszeichen Anch sitzt dort, wo sie für die Ägypter hingehört: auf dem Sockel der Weltordnung! Der schräge Anschnitt dieses Sockels hat einen Winkel von 60°, und 6 x 60 = 360, was bedeutet: Die Maat sitzt auf der Isis-Achse im Mittelpunkt der Weltordnung, im „Kosmischen Auge", in einem Hexagramm. Jeder Pharao musste bei Regierungsantritt das Bild der Maat den Göttern darbringen, zum Zeichen, dass er für ihre Ordnung einstehen wolle. Und der König wurde von Horus ermahnt: „Ich, Horus, gebe dir die Maat ins Herz, um sie zu üben gegen alle Götter – und damit du von ihr lebst, dich mit ihr verbindest und dein Herz sich freue."

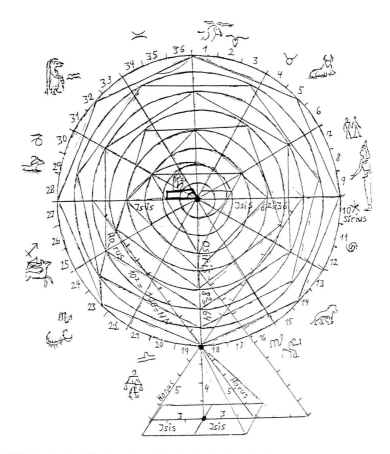

Abb. 39: Profil-Dreieck der Chefren-Pyramide 3: 4: 5   3 x 4 x 5= 60.
Darüber das Kosmische Dreieck 6²: 8²: 10²; 36+ 64= 100 (beide im Dekan-Tierkreis nach Firmitius)

Im oben gezeigten ‚Kosmischen Dreieck' lassen sich ein gleichseitiges Dreieck, ein auf die Spitze gestelltes Quadrat, ein Fünfeck, ein Sechseck und ein Oktogon sowie Kreis und Spirale entdecken.

Das Dreieck als Strukturelement der menschlichen Bewegung und als Strukturidee für die menschlichen Dauerhaltungen des Sitzens und Stehens hat eine lange Geschichte und einen tief reichenden Begründungshorizont.

Auch die mittelamerikanischen Pyramidenbauten liefern für unser Thema staunenswerte Aspekte.

b) Mittelamerikanische Pyramiden:

Das Volk der Maya hatte schon vor Beginn der europäischen Zeitrechnung erkannt, dass die tägliche Drehung der Erde um ihre eigene Achse und ihre jährliche Bahn um die Sonne (!) die Grundsteine der Chronologie, der Zeitrechnung, bilden.

Die Sonnen-Pyramiden von Teotihuacán und von Chichén Itzá dienten dem ganzen Volk als geodätische Uhr. Denn wenn die Sonne in Teotihuacán ihren jährlichen Zenit erreicht hat, wird die unterste Stufe der vierten Pyramidenseite, die morgens im Schatten liegt, plötzlich mittags hell beleuchtet. Die ganze Erscheinung dauert 66,6 Sekunden! Ein Phänomen, das

Abb. 40: El Castillo, das Schloß von Chinchén Itzá Mexico, Yucatán

die Sonnenpyramide zu einer ewigen Uhr macht, die ihre exakte Botschaft jedes Jahr einmal aussendet.

Ebenfalls wurde in der Sonnenpyramide von Teotihuacán ein Dreieck entdeckt, das mit einem Winkel von 19,69° eingebaut wurde. Wenn die Sonne zur Zeit der Tag- und Nachtgleiche die Pyramide überquert, treffen ihre Strahlen die Nordseite im Winkel von 19,69° zur Senkrechten, und dieser Winkel beschreibt genau die geographische Länge von Teotihuacán. Also eine eingebaute Ortsbestimmung.

Ein anderes Beispiel für eine geodätische Uhr sind die Treppenstufen des herrlichen Castillo von Chichén Itzá. Diese wurden so raffiniert geplant und gebaut, dass die Sonnenstrahlen den Lichtschatten der Großen Schlange, deren Kopf am unteren Ende der Stufen eingemeißelt ist, nur an zwei Tagen im Jahr die Treppe hoch- oder nieder gleiten lassen: zur Sonnenwende des Frühlings rutscht die Schlange nach oben und zur Wintersonnenwende windet sie sich nach unten.[105]

In diesem „Schauspiel" entdecke ich genau das Erleben wieder des Streck- oder Transport-Reflexes, dem Gerda Alexander in ihrer eutonischen Körperarbeit an der Wirbelsäule so große Bedeutung beimisst und der für unser menschliches Sitzen einen belebenden Impuls darstellt, dann nämlich, wenn die Sitzhaltung „stimmt"! Dann gleitet auch an den ‚Stufen' unserer Wirbelsäule entlang, von der Sitzhöcker- und Hüftgelenkbasis ausgehend, von Wirbel zu Wirbel sich fortsetzend, ein Energie-Impuls, ein zündender Funke bis in die Kopfregion hinein und wieder herab.[106]

Die vorkolumbianische Stadtanlage von Teotihuacán war einst eine gigantische Hauptstadt für ca. 200 000 Einwohner. Nicht nur ihre geometrische Architektur, sondern auch ihr riesiges Kultzentrum mit Sonnen- und Mond-Pyramide weisen sie aus als ein Erde und Himmel integrierendes System, das von der Stellung der Planeten her erbaut wurde. Man muss davon ausgehen, dass die Planer und Erbauer solcher geodätischer Kultmonumente aus einem höheren Bewusstsein heraus arbeiteten und eine kosmische und deshalb eine weit einfachere Mathematik kannten, mit deren Hilfe sie die Relationen und Proportionen beinahe intuitiv spürten. Bis in die Namensgebung wirkte sich dieser Anspruch aus: der „Ort, wo man zum Gott wird: Teotihuacán!"

Auch beim Bau der mittelalterlichen *Kathedrale von Chartres* war das Maß nicht beliebig: es war der kosmischen Konstellation mit ihren Leitfiguren, den Planeten, entnommen. Ihre

105 Vgl. Peter Tompkin, Die Wiege der Sonne, Geheimnisse der mexikan. Pyramiden.
106 Vgl. Gerda Alexander, Eutonie, S. 51 und S. 69.

geheimnisvolle Maßeinheit war das ‚Seil‘ oder die ‚Elle von Chartres‘ mit 0,738 Metern. Die „Geometrische Tonleiter“ im Chor von Chartres mit ihren kleinen und großen Terzen, Quinten, Sexten und Oktaven ist ins Sichtbare projizierte Sphärenmusik, deren Rhythmen das Weltgesetz widerspiegeln. Dabei konnten selbstverständlich kleine Ungenauigkeiten und Messfehler entstehen, jedoch keine Proportionsfehler!

„Die Kathedrale erklärt sich nicht durch Zahlen, sondern durch Figuren“.[107]

Bildersprache ist Ganzheitssprache:
Besitzt vielleicht der Mensch – wie einst schon Pythagoras und Platon vermuteten – ein eingebautes Organ, das ihm ermöglicht, die Geometrie des Kosmos wahrnehmen zu können und damit auch die Rolle, die er selbst im Ganzen spielt?

Bei der nachdenklichen Beschäftigung mit antiken Baudenkmalen beeindruckt vor allem, auf welche Weise diese Menschen ihrem Bedürfnis nach Transzendenz, nach Erweiterung ihrer geistigen Energien, Gestalt gegeben haben. Welch ein genialer Einfall, z. B. das „göttliche Dreieck“ in der Stein-Pyramide zu verlängern, zu transponieren in das Universum hinein, das bereits als Kosmos erkannt wurde, und dabei die geistige Idee der Analogie zwischen Mikro- und Makrokosmos geometrisch und logisch so verständlich und einleuchtend auszudrücken! Welch eine überwältigende Erfahrung muss es gewesen sein, mit dieser geistigen Vorstellung die Spitze einer Pyramide oder eines anderen heiligen Berges zu ersteigen! Damit wurde sie wahrlich zu einer ‚glühenden‘ Spitze:

> „O könnt ich das Schicksal besitzen der Wesen,
> die auf der Spitze der himmlischen Treppe verweilen!“

Dieser ägyptische Pyramidenspruch drückt genau die Verfassung aus eines Menschen, der einmal von einer Transzendenzerfahrung überwältigt wurde.

Rufen nicht z. B. solche Erfahrungen und Erkenntnisse aus früheren Menschheitskulturen auch in uns lang Vergessenes wieder wach? Ist vielleicht die heutige Zeit reif geworden dazu, diese Botschaften nicht nur historisch oder naturwissenschaftlich interessant zu finden, sondern sie symbolisch-existentiell verstehen zu lernen? Ihre größere Nähe zum ganzheitlich-archetypischen Grund alles geschaffenen Lebens könnte uns ‚späten‘ Heutigen zu einer wirklichen, vitalen Bereicherung werden. „Gratia supponit naturam“ – lautet eine fast vergessene Weisheit der mittelalterlichen Scholastik[108], d. h.: Die Gnade setzt die Natur voraus, die Gnade knüpft an die Natur an. Das könnte z. B. auch hinsichtlich der Vorläuferschaft der griechischen Götterfigur des Eros gelten auf Christus und seine pfingstliche Geistsendung – siebenpfeilig = siebenfältig! – hin.[109]

---

107 Vgl. Louis Charpentier, Die Geheimnisse der Kathedrale von Chartres, S. 83 und S. 128.
108 Scholastik ist die Sammelbezeichnung für die philosophische und theologische Wissenschaft des lateinischen Mittelalters, ca. 9. bis 14. Jh.
109 Hugo Rahner, Griechische Mythen in christlicher Deutung, Herder, Basel 1984.
   H. Rahner berichtet von den griech. Mythen als einer vorchristlichen Geistform. Er sieht nach dem Vorbild der antiken Christen im Mythos eine verhüllte Voraussage des Mysteriums Jesu Christi (s. Vorwort von Alfons Rosenberg).

10. Die Pyramide als Vorbild für menschliches Sitzen

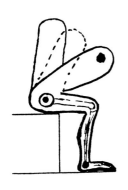

Abb. 41: Der Drehpunkt sei in den Hüftgelenken

a) Aufbau einer körpergerecht guten Sitzhaltung

Für ein Sitzen als Dauerhaltung, etwa bei der Berufsarbeit, am Schreibtisch oder beim Meditieren, hat eine gute Sitzhaltung beträchtliche Auswirkungen auf das Wohlbefinden des Körpers, auf seine Ökonomie und auf die Tiefenentspannung etwa bei der Meditation. Die negativen Aspekte des Sitzens werden später noch eigens zur Sprache kommen. Hier seien zunächst einige Richtlinien für gutes Sitzen aufgeführt:

1. Wichtig ist es, *auf dem Sitzquadrat zu sitzen*. Wie das sorgsame Bereiten eines Fundamentes entscheidet über die Qualität eines Bauwerks, so auch über das menschliche Sitzen. Bei allem Sitzen ist die Hüftgelenk-Sitzbein-Steißbein-Basis, also der Beckenbereich, in jeder Hinsicht ‚grundlegend': das „Der-Sitzfläche-Widerstand-Geben!" Durch den Körperknick zwischen Rumpf und Oberschenkel kommen die Hüftgelenke auf die gleiche Höhe wie die beiden Sitzbeine und das Steißbeinende, so dass die Basisebene konkret eine fünffache (2 + 2 + 1) Auflage hat (s. Abb. 24, S. 78).

Man setze sich mit dieser Basislinie auf die äußerste vordere Stuhlkante, wobei die Stuhlhöhe einen 90°-Winkel zwischen Oberschenkeln und Unterschenkeln ermögliche und die Fußsohlen ganz und fest auf der Erde aufruhen können. Die beiden Fußsohlen und die Kniegelenke seien beckenbreit voneinander entfernt.

Das Sitzquadrat wird erstellt und wahrgenommen von seinen vier Eckpunkten her, vom rechten und linken Hüftgelenk und vom rechten und linken Kniegelenk: 2 + 2 = 4 . Nun möge man in der geistigen Vorstellung, also imaginativ, das durch die vier Eckpunkte umgrenzte Sitzquadrat **umwandern** – geduldig und aufmerksam und mehrmals und auch in umgekehrter Richtung etc. Ein solches *Kin-Hin* bewirkt, dass man sich nachhaltig in diese Sitzbasis einzufühlen vermag. Das Sitz-Basis-Quadrat bzw. der Sitz-Würfel-Sockel symbolisiert die Erdenwirklichkeit, die Erdung, wobei natürlich die Fußsohlen den konkreten Kontakt herstellen.

2. Auf dieser Basis erfolgt nun *das Aufrichten des Rumpfes* mit Hilfe der Pyramiden- oder Dreiecksvorstellung und auch des Schulter-Scheitel-Dreiecks dazu. Bei allem Sitzen sollten diese Dreiecksstrukturen innerlich-imaginativ ‚gewusst' werden. Dadurch wird auch bewirkt, dass das Bewegen des Rumpfes immer von den Hüftgelenken ausgeht und das schädliche Abknicken im Lendenbereich der Wirbelsäule vermieden wird.

Die Skizze (Abb. 41) verdeutliche und unterstütze noch einmal die gerade beschriebene Anweisung:

3. *Der Kopf sollte sich von den Halswirbeln tragen lassen.* Damit längt sich zugleich der Hals aus dem Rumpf heraus, so dass die entspannten Schultergelenke und der Schultergürtel gelöst auf dem Brustkorb aufruhen und die Ohren über die Schultern zu liegen kommen. Dazu ist noch eine überaus unterstützende Weiterführung zu empfehlen: Das Locker- und Durchlässig-werden-Lassen der Handgelenke, der Fuß-Sprunggelenke und der Kiefergelenke im Kopf.

4. Nun kann der *Atem durchströmen* bis zur Sitzbasis im Becken und womöglich bis zu den ganz aufliegenden Fußsohlen: Die Körperspannungen können abfließen in die Erde. Die Erde wird gleichsam zum ‚kosmischen' Stuhl, auf dem wir sitzen. *Das Sitzen ist also ein Verbinden von Vierheit und Dreiheit* und der Kontakt zwischen beiden vollzieht sich im und mit dem Atem. Dieses Innewerden und Wirken-Lassen der Dreiecks- und Pyramiden-Inspirationen im Körperbewusstsein, im Atem und im Lot überwindet den hemmenden Körperknick und lässt das Sitzen zu einer ganzheitlich-durchströmten Haltung werden.

In Erinnerung an das, was bereits erarbeitet wurde über die Symbole von Quadrat, Dreieck und Pyramiden-Berg und was nun hier einströmt als versammelte Wirkkraft, daraus lässt sich menschliches Sitzen – als Hochform – definieren als: *Ausruhendes Gewahrwerden der eigenen existentiellen Werdewirklichkeit – ‚im Angesicht der Götter'.* Diese Definition leitet sich her aus der ägyptischen Bilderwelt, wo nur der Pharao, der König, sitzen durfte im Umgang mit den Göttern: d. h. *Königliches Sitzen als ein Wohnen mit den Göttern.* Alle anderen mussten in Bereitschaft stehen oder knien.

Werden die Pyramide oder das rechtwinklige Dreieck in ihrer Beziehung zum Basis-Sitzquadrat in die Sitzgestaltung einbezogen, korrigiert sich die ganze Sitzhaltung augenblicklich wie von selbst. Verquetschungen des Bauches oder Verkrampfungen im Rücken, in Schultergürtel und Gliedmaßen lösen sich auf, weil die umfassenden Aspekte der beteiligten Ursymbole und ihre Wirkkräfte sich entfalten können.[110]

b) Schematische Charakterisierung der gebräuchlichsten Sitzstellungen
Nur die beiden ersten sind körpergerecht.

1. Dreiecks(Pyramiden)-Imagination

Der **Pyramiden**-Sitz schont die Wirbelsäule am meisten, weil das Rumpf- und Kopfgewicht auf die Hüftgelenke *und* die Kniegelenke und damit auf vier Träger fast gleichmäßig verteilt wird. Es entsteht ein gleichseitiges Dreieck über der Grundlinie. Die Wirbelsäule wird zur Kathete und dadurch deutlich spürbar entlastet. Die entspannt-durchlässigen Handgelenke und Hände liegen in ihrem Eigengewicht locker auf den Oberschenkeln.

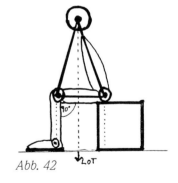

Abb. 42

2. Im Sitzquadrat ergeben Erdkontakt und Lot miteinander ein ökonomisch gutes Sitzen.

Der **rechtwinklige Sitz** bürdet der Wirbelsäule das Rumpf- und Kopfgewicht vollständig auf. Umso wichtiger ist es daher, das Becken sorgsam von den Hüftgelenken her aufzurichten, um damit ein Hohlkreuz oder ein ebenso schädliches Vorfallen des Bauches zu vermeiden. Das kräftig gebaute Becken sollte als Auffangschale für den Rumpf mit seinen Eingeweiden voll in Anspruch genommen werden. Die Bauchdecke spüre zur Wirbelsäule hin! (Das Lot als Haltungskomponente wird noch speziell besprochen im Zusammenhang mit dem Atem

---

110 Gerda Alexander hat in Stockholm die Sitzarbeitsplätze eines großen Betriebes unter körpergerechten Gesichtspunkten individuell für die dort Arbeitenden eingerichtet: Es gab wesentlich weniger Krankmeldungen und körperliche Beschwerden bei gesteigerter Arbeitsleistung. G. Alexander hat zu ihrer Zeit noch nicht mit Ursymbolen gearbeitet oder sie irgendwie angesprochen. Haltungsgestaltung mit Hilfe der Ursymbole ist m. W. Neuland.

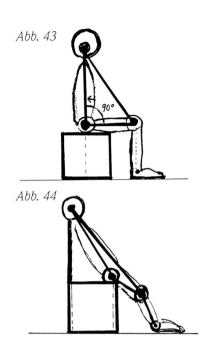

Abb. 43

90°

Abb. 44

und mit dem Stehen.) Aus solcher Dreiecks-, Quadrat- und Loterfahrung stellt sich augenblicklich ein tiefer, gelöster Atem ein – als Erweis des richtigen Weges. Geduldiges Herantasten.

3. Der **angelehnte, müde Sitz** sollte immer noch die Dreiecksstruktur im Sinn haben, weil nur dadurch sich die Wirbelsäule gerade halten kann und andererseits das schädliche Absinken, Abwinkeln im Lendenbereich oder gar ein Ausweichen ins Hohlkreuz vermieden werden kann. Der Körperschwerpunkt sollte unbedingt ins Becken und in die Hüftgelenke herabgelegt werden und dort verbleiben, um eine gänzlich formlose Haltung noch aufzufangen.

Wir sind der Stuhl, der uns nie verlässt, wenn wir *ihn* nicht verlassen!

11. Atem und Lot in ihrer Bedeutung für die menschliche Haltung

Der Atem fließt, wenn seine Wege frei und entspannt sind. Befindet sich der Mensch ‚im Lot', d. h. befindet er sich mit seinen Knochen in der Schwerkraft-Balance, braucht er seine Muskulatur nicht anzuspannen, um sich aufrecht zu halten. Das besagt: er kann tief durchatmen. Diese Erfahrung kann jeder Mensch jederzeit mit sich machen. Jede Korrektur in Richtung auf eine lotgerechte Haltung bewirkt eine vertiefte und ausgeweitete Atmung.

Das Lot zeigt die Schwerkraftrichtung an. Es steht immer genau senkrecht zur absoluten Waagerechten (Wasserwaage!). Damit steht es im kosmischen Bezug. Diese Weite befreit von allen verkrampfenden Fixierungen – etwa auf bestimmte Abschnitte der Wirbelsäule. „Halt dich gerade! Mach keinen Buckel! Zieh den Bauch ein!" etc. heißen die üblichen Befehle. Durch die Ausrichtung auf eine lotgerechte Haltung indes wird die Wirbelsäule als Ganzheit angesprochen und damit indirekt entlastet. Dieses bewirkt unmittelbar ihre durchgängige Lockerung: sie wird zum Vermittlungsglied zwischen Kopf, Becken und Fuß, sei es im Sitzen oder Stehen. Lot und durchgängiger Atem bedingen sich gegenseitig!

Das Lot besitzt vor allem für das menschliche Stehen größte Bedeutung. Hier lässt es sich auch besonders gut darstellen. Im menschlichen Sitzen ist das Lot bekanntlich schwieriger zu finden, wie überhaupt das Sitzen eine sehr differenzierte und ambivalente Angelegenheit ist.

Die menschliche Gestalt vom Lot und vom Atemgeschehen her zu verstehen, setzt ein klares Form- und Körperbewusstsein voraus. Meiner Erfahrung nach ist es am besten über die innere Aneignung der Quadrat-Dreieck-Geometrie und ihrer Symbolik zu erreichen.

Verständlicher wird diese Ansicht durch einen nun folgenden kurzen Überblick über die Geschichte des menschlichen Sitzens.

Anschließend soll dann auch das menschliche Stehen als ein Dreiecksgeschehen erörtert werden.

12. Zur Geschichte des Sitzens – Zwischen Himmelsthron und Schleudersitz

Zu diesem Kapitel wurde ich angeregt durch das 1991 vorgelegte Buch „Himmelsthron und Schaukelstuhl" von Hajo Eickhoff[111]. Hajo Eickhoffs Interesse an der Geschichte des Sitzens, der als Kunstgeschichtler, Philosoph und Möbeldesigner das Thema ansieht, geht vom Stuhl aus. Es liegt im Sinne dieser Arbeit, die von Eickhoff gesammelten Fakten hier unter dem Gesichtspunkt der menschlichen Sitzhaltung einzubauen und zu bewerten.

Nomadentum und Sesshaftwerdung

Nomaden, deren Heimat das Unterwegssein ist, sitzen nicht, wenn sie ruhen, sondern liegen, hocken, knien oder kauern, auch heute noch. „Nomadische Wanderungen sind Grenzgänge in der Stille der Zeit und der Leere des Raumes. Sie fordern ein Höchstmaß an Orientiertheit und werden in der nötigen Ordnung, also als Kultur, vollzogen, oder sie scheitern ... Ihr Leben rollt sich auf der Fußsohle ab. Es ist der Rhythmus von Tag und Nacht, von Wetter und Landschaft, der sich in den Organismus eingräbt und den Nomadenkörper erzeugt, der die Erde als Widerstand und die Wege als Zwischenräume erlebt. Das geistige Fundament des Nomadentums kreist um das eigene Laufen, um Abläufe und Zwischenräume. Nomaden kennen keine individuelle Planung, kein Warten und keine Ungewissheit. Es ist der wesentliche Gegensatz zwischen Nomaden und Sesshaften, dass die Nomaden alle Formen des Sitzens, ob Besitztum oder Unbeweglichkeit, als Beschädigung auffassen, während die Sesshaften darin ihr Heil sehen." (a.a.O., S.19 u.20) Es gibt auch heute noch Kulturen, die ohne Stühle leben.

Mit der Sesshaftwerdung, der ersten Abkehr vom Nomadischen, erlangt der Mensch auch eine neue Stufe seiner inneren Ökologie. Aus einer ungebundenen Zuteilung des Weidelandes wird ein Besetzen und Besitzen von Weiden und Neuland, also „eine Aneignungsform, die auch die inneren Weiden, die Eingeweide, mit einbezieht." „Sesshaftwerdung heißt Domestizierung", Bindung an ein Haus. Aber indem der Mensch sesshaft wird, „reduziert er das Maß seiner inneren Ruhelosigkeit und seiner Liebe zum Horizont". (S. 20)

„Der Mythos von Kain und Abel bezeichnet die Grenze, an der der Begriff des Nomaden entsteht. Den Nomaden gilt der Boden als heilig und darf nicht mit Werkzeugen verletzt werden. Wer ihm nimmt, was er nicht von sich aus gibt, verstößt gegen Gottes Gebot ... Jede Behausung, die Einzäunung eines Bezirks, ist ein Verdichten von Wegen, in dem sich die langen und schnellen Pfade des Außen brechen und zum Wohnen komprimieren. Wohnen ist das eingezäunte und angehaltene Laufen. An den Mauern des Hauses bricht sich der Lauf des Menschen. Sesshaftwerdung bringt eine Neigung und eine erste Voraussetzung zum Sitzen zum Ausdruck." (S. 21) Aus dem Kontrast zum Nomadentum wird Sitzhaltung erst verstehbar. Irgendwann einmal war das streifende Nomadisieren zu Ende. (Vielleicht beginnt heute eine neue Variante?) Erst ließ der Mensch sich nieder, später machte er das Sitzen, die gegenüber dem aufrechten Gang zweifach abgewinkelte Körperhaltung, zu seiner zweiten Natur, ja, fast zum Normalfall seiner Gattung.

---

111 Hajo Eickhoff, Himmelsthron und Schaukelstuhl, Carl Hanser Verlag, München-Wien 1993.
     Die Zitate aus diesem Buch werden mit der Seitenzahl direkt im Text angegeben. Eickhoffs Buch wurde im Fernsehen vorgestellt und in Radiosendungen. Von April 1997 bis Januar 1998 installierte und betreute H. Eickhoff auch die Ausstellung „Sitzen" des Deutschen Hygiene Museums Dresden. Empfehlenswert die Zeitschrift der Ausstellung: Vernissage Nr. 3/1997 D 12804 E / DM 8,–.

Abb. 45: Die Statuette der gebärenden Göttin von CATAL HÜYÜK ca. 5750 v. Chr.

„Die Geschichte der Menschheit ist vielleicht zwei Millionen Jahre alt, die des Sitzens weniger als fünftausend." (S. 26)

Erste weibliche Sitzbilder

Figürliche Darstellungen aus der Steinzeit sind fast ausschließlich weibliche Gottheiten, die entweder stehend oder hockend dargestellt werden.

Aus der Zeit um 5750 v. Chr. hat man im südanatolischen Catal Hüyük Tonfiguren weiblicher Gottheiten gefunden, „die in ihrer hockenden Haltung das Verhältnis von Fruchtbarkeit und Kosmos zum Ausdruck bringen. Sie weisen eine Gestaltung auf, die an spätere Throne denken lässt. Die ausgeprägte Becken- und Gesäßpartie neben den Riesenbrüsten betonen die fruchtbare Leibesmitte, es sind Bilder der Fruchtbarkeit und der Neuschöpfung des Kosmos. Die scheinbar erhöht Sitzende hockt eigentlich im Gebärvorgang auf dem Boden. Diese Darstellung einer gebärenden Göttin ist das Urbild des Thrones und des thronenden Sitzens." (S. 27)

So zeigt sich, dass das Thronen seine wesentliche Qualität in der zeitlichen Erhebung findet, in der ein Neues in die Zeit entlassen wird.

Die hockend kniende Figur kreist in sich, sie ruht im Zentrum, im Schoß ihrer selbst. Abstrahiert zum Symbol stellt sie Weltachse und Tempel dar, verweist auf den späteren Thron des Königs und ragt wie eine Pyramide aus der Erde, der sie entspringt und in deren Schoß sie mit dem eigenen Schoß ruht.

Dieses Urbild des Sitzens spielt an auf das Verhältnis von Thron zu Berg und von Höhle zu Höhe, womit sich das thronende Sitzen vom weiblich-kosmischen Schöpfen und Gebären ableitet. *„Es handelt sich um eine Hochzeit, in der sich Gottheit und Kosmos im Urhügel sympathetisch berühren."* (S. 30)

Es gibt zwar der Göttin zu Ehren viele Kulte, aber keinen Thronkult. Kulte um den Thron hält man männlichen Göttern zu Ehren ab.

Der König als Thron-Sitzer

Indem der König den Thron besitzt, besetzt er den kosmischen Schoß.

Ein männlicher Herrscher besitzt nun die Mitte: dem Chaos, dem Raum unter dem Thronsitz, wird eine Ordnung abgerungen. Der König setzt sich ins Zentrum, er verschließt die ursprüngliche Mitte und gibt ihr im Thron eine neue Form.

Ein wahrer König jedoch *hat* diesen Schoß, denn er ist der einzige, der sich auf geweihten Boden begibt, ohne zerstört zu werden; er wird selbst Teil der geweihten Mitte. Von hier wird er mit Kräften des Heiligen und Mächtigen ausgestattet und er wird damit grundsätzlich opferfähig gemacht. (S. 31)

Im thronenden, königlichen Sitzen hat der Kosmos ein neues Bild für die Kräfte seiner schöpferischen Mitte erhalten: Es ist zum kulturellen Ort kosmischer Beruhigtheit geworden. Es macht den Sitzenden zum Behältnis, das Geistiges sammeln, in sich bewahren und jederzeit abrufen lassen kann. (S. 37–39)

Wer über das richtige Maß an innerer Beruhigung verfügt, wird siegen. Dies schildert die Ilias, wo nur der planende Odysseus besteht aufgrund seiner Weitsicht und der Fähigkeit, Emotionen bis zum geeigneten Zeitpunkt innen zu halten. Wie der vom Sitz auf dem Olymp her regierende Zeus mit der Geburt der Göttin Athene aus seinem Kopf, so demonstriert auch Odysseus eine Fruchtbarkeit aus dem Kopf. Leiblich-vitale Schöpfungskräfte weichen den Formen geistigen Schaffens: Im königlichen Sitzen findet also eine innere Erhöhung und Beruhigung statt, ein Paradigmenwechsel vom Schoß zum Haupt, wenn die geweihte Mitte erhalten bleibt. – Das Thronsitzen des Königs ist das Vorbild alles späteren Sitzens, z. B. auch des „Auf-dem-Thron-Sitzens" des Kleinkindes.

Die Profanierung des Sitzens

Das Mittelalter kannte zwar für Bischöfe und Mönche (Chorgestühle seit dem 11. Jh.), nicht aber für das Volk der Laien Stühle oder Bänke in der Kirche. Die mittelalterlichen Darstellungen von Maria als Gottesgebärerin und von Gottvater auf dem Gnadenstuhl sind noch ein letztes Zeichen für den Zusammenhang von mütterlichem ‚Schoß' Gottes und thronendem Sitzen und Kreuz (s. Abb. 46 und 47).

Abb. 46 (links): Elfenbeintafel: Maria als Gottesgebärerin, 6. Jh. (Ausschnitt)

Abb. 47 (rechts): Gnadenstuhl, Bertholdsakramentar, Weingarten um 1217

Im Umbruch zur Neuzeit und zur Aufklärung wird der Himmels- und Götter-Thron säkularisiert zum Gebrauchsgegenstand und zum Sitzmöbel für fürstliches, gesellschaftliches und bürgerliches Sitzen. Dies bringt die Aufhebung des theozentrischen Weltbildes drastisch zum Ausdruck. Das irdische Leben orientiert sich nun dezentral auf die sitzenden Bürger; ihr Gott wurde ihr Bauch, wie Paulus Phil 3,19 bemerkt. Von der Französischen Revolution an durfte jeder sitzen. Durch den Aufstieg des Bürgertums sind Thron und Thronen demokratisiert worden.

Die Sitzhaltung wird zum Bild des Zerfalls: einerseits in eine überhöhte Geistigkeit und andererseits in einen festgehaltenen, bloß ausgedehnten Körper. Die Extreme erhöhter Geistigkeit und tiefer Gebrochenheit im Vitalen treffen sich im Sitzen. (S. 200) Sitzen fördert zwar Erkenntnis, sperrt aber das Verständnis[112]. (S. 181) Sitzen hemmt gewisse Leibfunktionen, kann dadurch aber Prozesse des Geistes weiten. Die Sitzhaltung und der damit verbundene rechtwinklige Körperknick machen das Sitzen quasi zu einem Schlupf-‚Winkel‘. Friedrich Nietzsche meint: „Das Sitzfleisch, die eigentliche Sünde gegen den Heiligen Geist."[113]

Im Anspruch, die Welt sitzend zu bewältigen, distanziert sich der Bürger vom mittelalterlichen Menschen. Die Einstrahlung aus dem Transzendenten, das Aussenden welterhaltender Impulse durch thronende Götter oder Herrschaften wandelt sich zu einem bürgerlichen Sendungsbewusstsein. Sitzend sendet der Bürger nun Kuriere und Armeen aus, um demokratische Prinzipien zu verkünden oder durchzusetzen. Diplomatie und Bürokratie werden zu Schaltstellen der Macht. Erst im 19. Jh. gewöhnt sich auch das einfache Bürgertum an das Stuhlsitzen, es nimmt endgültig Platz. Mit dem Sitzen der Masse realisiert sich die Sesshaftigkeit. Erst das 19. Jh. ist die Epoche, in der sich der Mensch setzt. Sitzend wird der Bürger zur humanen Form des Menschen. (S. 180)

Die Möbelfirma Thonet in Wien erfand den Wiener Caféhausstuhl und machte ihn schnell zu einem Massenprodukt. Von 1850 bis 1870 produzierte sie nahezu vier Millionen dieser leicht beweglichen Stühle und exportierte sie in alle, aber vornehmlich in die europäische Welt. Diese Caféhausstühle werden bis heute weiter gefertigt – als Boten einer neuen Zeit und eines neuen Menschentyps: des *homo sedens*, des sitzenden Menschen. (S. 191)

Das Sitzen geriet also über die äußere Haltung hinaus zu einer inneren, psychologischen Prägung des Menschen. Von den vielen Kulturen der Menschheitsgeschichte hat vor allem die europäische das alltägliche Sitzen auf Stühlen ausgebildet. Aber das Sitzen ‚diszipliniert‘ den schon Sesshaften noch ein zweites Mal:

Es auferlegt ihm ein zusätzliches Maß an Hemmungen durch die bürgerlich-demokratischen Formen des Handelns (Bürokratie) und des Verkehrs (Auto, Omnibus, Airbus). In der Zunahme der Hemmungen infolge des Sitzens, das zunächst ein Ausdruck von Mündigkeit war, entwickelt sich der Mensch zur Unmündigkeit zurück.

„Ironie und Paradoxie ist, dass sich der Mensch gerade im Sitzen nicht besitzen kann." (S. 167) Wer sitzt, der sitzt! Aus Stühlen wurden Polstersessel. Die vielen Menschen, die heute stundenlang auf gepolsterten Auto- und Flugzeugsitzen ausharren müssen, sind besonders von dieser Sitzkrise betroffen. Durch tiefe, gepolsterte Sitzhöhlen wird geradezu Unbeweg-

---

112 In solchen Formulierungen Eickhoffs wird erhellt, dass für ihn alles Sitzen negativ besetzt ist, und dass er das Stehen der Fußsohlen auf der Erde als eine wichtige Bedingung für gutes Sitzen wohl nicht zu kennen scheint.
113 Vgl. Friedrich Nietzsche, Ecce homo, Stuttgart 1978, S. 38.

lichkeit angestrebt, unterstützt durch Haltegurte, die man im Irrenhaus Tranquilizer nennt. „Der Autofahrer gleicht einem Wahnsinnigen, den man in einen Zwangsstuhl gespannt hat. So zeigt sich der Fortschritt in der Behandlung rasender Patienten!" (S. 138)

Der „Schleuder"-Sitz ist eine noch fester gezurrte Sessel-Sitz-Konstruktion in Flugzeugen zur Rettung bei Absturzgefahr. Er ermöglicht, dass Menschen, mit diesem Gestell in die Luft katapultiert, sitzend dort herumfliegen und wieder auf den sicheren Erdboden zurückkommen können.

Die negativen Aspekte des Sitzens

So positiv Hajo Eickhoff die Anfänge des Sitzens aufgedeckt hat, um so flächendeckender redet er in der zweiten Hälfte seines Buches von den negativen Aspekten. Er analysiert ausführlich Samuel Becketts Roman „Murphy" und sein Theaterstück „Warten auf Godot". Er arbeitet dort kapitellang den depressiven Charakter des Sitzens heraus. Bezeichnend sind die Kapitelüberschriften „Ressentiment und Sitzen" und „Unbewegtheit als Ordnung des Sitzens". Hier sollen nun seine Negativposten des Sitzens aufgelistet werden:

1. Sitzen hält das Zwerchfell fest, forciert einen flachen Atem und damit eine kurze Atmung.
2. Sitzen verspannt die Muskulatur bis hin zur Erzeugung von chronischen Verkrampfungen von Skelettmuskeln und am Ende gar zu Veränderungen am Knochenbau (Buckel, Hängebauch, Lendenlordose u. a. m.)
3. Sitzen schränkt die der Willkür unterstellten Bewegungsabläufe ein. Es vermindert den gestischen und mimischen Bewegungsausdruck des Menschen, denn Sitzen hält Lusterfüllung, Emotionen und Affekte zurück – manchmal allerdings zugunsten einer höheren, geistigen Perspektive.
4. Sitzen hält zwar die integrale Person und Identität zusammen, kann aber durch die Affektsperre auch zur bürgerlichen Form der Melancholie und sogar zu andauernder Apathie führen, wie z. B. in „Warten auf Godot".
5. Sitzen kennzeichnet eine Haltung bürokratischer Bürgerlichkeit und selbstlähmender Sesshaftigkeit: der Mensch wird passivisch beruhigt!
6. Sitzen verkleinert den Horizont und die Wertmaße des Menschen: Kosmos – Thron – Haus – Stuhl – Polstersessel – ja, im Schleudersitz verliert er allen Boden unter sich – wie ein Staubkorn! (Diese letzte Steigerung geht über H. E. hinaus.)
7. Sitzen verbreitert das menschliche Phlegma und die unkämpferische, willensschwache Haltung des modernen westlichen Menschen. Die abgewinkelte Haltung und die weichen Polster machen das Sitzen zu einem klettenartigen Schlupfwinkel. Das lange, bequeme Sitzen macht schlapp und träge. „Das moderne Individuum muss sich paradoxerweise setzen, um dem von der Gesellschaft und der Zivilisation auferlegten Leiden durch das Sitzen zu entgehen." (S. 211)

H. Eickhoffs Negativ-Liste gipfelt in folgenden Sätzen: „Die unterschiedlichen äußeren und inneren Fassungen von Neurotikern, Parkinsonkranken und Schizophrenen zeigen Züge, die den inneren und leiblichen Ausdrucksformen des im Stuhl Sitzenden gleichen … Diese verschiedenen Zustände und Formen lassen sich mit dem Begriff der Depersonalisation zusammenführen … Die Depersonalisation gilt als eines der Symptome fehlender Identität:

die fehlende Eigenwahrnehmung von Regionen des Leibes. Der Lebensvollzug im Sitzen ist karg, asketisch, eine Form des Sterbens." (S. 161)

Die Ambivalenz des Sitzens

Man kann Hajo Eickhoff und seiner auf hohem Niveau geführten negativen Beurteilung des allgemeinen (unbewussten) ‚bürgerlichen' Sitzens weithin zustimmen.

In der orthopädischen Analyse des Sitzens unterscheidet er zwei Sitzhaltungen: Die Ruhe-haltung und das Aufrechtsitzen. Die laxe, ungeformte Ausruhposition ist gekennzeichnet durch eine relativ entspannte Rückenmuskulatur, wobei aber u. a. Wirbelsäule und Band-scheiben extrem negativ belastet werden. Das Aufrechtsitzen hingegen ist aus Eickhoffs Sicht „Schwerarbeit". (S. 132 und 156)

Im Dilemma von ausruhendem und aufrechtem Sitzen, von Aufrichten und Sitzen-Bleiben liegt für ihn die Widersprüchlichkeit des menschlichen Sitzens.

Durch den modernen Lebensstil sticht ihm diese Ambivalenz besonders deutlich ins Auge: Zwar habe das Sitzen den schon sesshaften Menschen ein zweites Mal diszipliniert und ihm ein noch zusätzliches Maß an Hemmungen auferlegt, doch die Fortschritte der abend-ländischen Kultur seien kaum zu verstehen ohne die körperliche und geistige Disziplinierung durch den Akt des Sitzens.

In der Zunahme der Hemmungen infolge des vermehrten Sitzens entwickele sich der mündig gewordene Mensch zur Unmündigkeit zurück. In der Dialektik von demokratischer Mündigkeit und körperlicher Hemmung, von Produktivität und Sedierung liege die Ambi-valenz des Sitzens. (S. 156)

Zusammengefasst: Das Sitzen kann ein königlich-gesammeltes aufmerksames Ruhen, Innewerden und Überschauen beinhalten oder ein nur phlegmatisches Sitzen-Bleiben, ein Versessen-Sein im doppelten Wortsinn darstellen; dazwischen natürlich liegen die unzählig vielen Varianten des konkret Alltäglichen.

Würdigung und Ausblick

Dieser Überblick über die Geschichte des Sitzens beleuchtet das lange und komplexe Pro-blemfeld des menschlichen Sitzens als Körperhaltung und innerer Befindlichkeit: zwischen Himmelsthron und Schleudersitz, zwischen Depersonalisation und gelassenem Gewahr-werden der eigenen existentiellen Werdewirklichkeit (Identität).

Von den Gefahren und Chancen dieser alltäglichen Körperhaltung zu wissen, sollte in heutiger Zeit ein Muss sein für alle Lehrenden – vom Kindergarten bis zur Universität – und für alle Therapeuten.

Vor dem bedrückenden Hintergrund der Eickhoffschen Analysen („Sitzen ist eine Form des Sterbens") – sie geben den gegenwärtigen Kenntnisstand in philosophisch-psychologisch-orthopädischer Hinsicht wieder – verdeutlicht sich das in dieser Arbeit entfaltete Dreieck-Pyramiden-Sitzmodell als positive Alternative und quasi als allgegenwärtiger Rettungsanker.

Die großen östlichen Traditionen von Zen und Yoga haben eine hohe Sitzkultur entwickelt und geschult. Auch die christliche Kultur des Westens kennt und übt Sitzmeditationen und Stehmeditationen von Anfang an. Sie alle sind in Bezug zur körperlich-geistig-seelischen Bewusstwerdung eine große Bereicherung.

Viele Menschen in unserer gehetzten und zerstreuenden, bilderüberschwemmten Gegenwartszivilisation greifen auf diese Angebote zur inneren, spirituellen Identitätsfindung zurück und üben sich in der Sitzmeditation.

Wer aber weder die Möglichkeit noch die Zeit hat zu stiller, meditativer Einkehr zu sich selbst, was bleibt ihm?

Die Korrektur unseres alltäglichen Sitzens über das Dreieck-Pyramiden-Modell ist eine positive Entgegnung und Alternative sowohl auf die Eickhoffsche „Schwerarbeit" als auch auf die verengende Laxheit und Versessenheit des Sitzens. Die vom Symbol des Dreiecks ausgehenden Wirkkräfte unterstützen *jederzeit* und *jedenorts* eine bewusste Gestaltung der Körperhaltung des Sitzens. Damit wird dieses hier erarbeitete Modell ein quasi ‚lebensrettendes', körperlich-geistiges Heilmittel. Die motivische Besinnung auf die Dreiecksgestalt des Sitzens ist jederzeit für jeden Menschen möglich, wobei natürlich die Hochform des Sitzens nicht ohne geduldiges, konzentriertes Einüben zu haben ist.

Bei den tief greifenden Wirkungen, die das Sitzen als überwiegende Körperhaltung[114] auf die Menschen ausübt, rechtfertigt sich diese intensive Analyse.

Für den Stuhldesigner Hajo Eickhoff bleibt die aufgeworfene Frage nach dem idealen Sitzmöbel unbeantwortet und ungelöst. Aus den Darlegungen dieses Kapitels über die Symbole des Dreiecks und der Pyramide ergibt sich:

Das ideale Sitzmöbel ist der einfache, hölzerne Würfel-Hocker! Der viereckige Hocker als Symbol der Erde und der darauf im pyramidalen Dreieck sitzende Mensch: innerlich und äußerlich geortet und geordnet.

Wo das Symbol stimmt, beantworten sich die Fragen.

13. Der Obelisk, ein Symbol für aufrechtes Stehen – in Ägypten und in den Kabbala-Richtlinien

Beides, Sitzen und Stehen, sind so alltägliche menschliche Körperhaltungen, dass kaum jemand daran denkt, sie sich bewusst zu machen. Lediglich die gehäuft beim modernen Menschen auftretenden Haltungsprobleme erzwingen geradezu eine intensivere Beschäftigung mit ihnen.

Ebenso wie die Pyramide für das Sitzen, so führt auch das Symbol des Obelisken für das Stehen zu überraschenden Einsichten und Wirkungen.

Der symbolfähige und symbolschauende Mensch steht in schöpferischen Wandlungsprozessen, denn immer korrespondiert in ihm die sinnenhaft erlebte Wirklichkeit auch mit geistigen Wirklichkeiten.

Nun ist das Stehen, also die vollzogene Aufrichtung des menschlichen Körpers in den aufrechten Stand, in stärkerem Maße wesensbestimmend als das

---

114 Das Wortfeld von ‚Sitzen' ist entsprechend außergewöhnlich reichhaltig und aufschlussreich. Deshalb können hier auch nur einige Beispiele angeführt werden: Man beraumt Sitzungen an, verabschiedet Satzungen, trifft Festsetzungen oder sitzt Probleme aus. Man ist starr vor Entsetzen, ist besessen oder auf etwas versessen. Philosophen setzen das Ich, Richter sitzen zu Gericht, Vorsitzer haben Beisitzer; Schüler müssen nachsitzen, Missetäter sitzen ein, es gibt Besatzungen, ‚Sitz und Stimme haben' als ehrendes Privileg.
Vor allem aber: die Menschen sind sesshaft, sittsam und haben Besitz. – Sprache macht hellhörig.

Sitzen, so dass man sagen kann, der Mensch als Aufrechtstehender ist geradezu ein Mythos. Das Wort Mythos besagt hier: dies ist eine ewige Wahrheitsaussage. **Der Aufrechte ist** *die* **Zentralfigur des Menschen!**

Der Mensch steht mit seiner Leibeslänge im rechten Winkel (90°) zur Erdoberfläche, d. h. er steht aufgrund der waagerechten Erdoberfläche im kosmischen Lot, das sich auf die Erdmitte bezieht. Somit ver*steht* eigentlich nur der aufgerichtete Mensch die Erde. Er „versteht" sie, weil sich in seinem aufrechten Stehen die Gegensätze des Lebendigen, die Senkrechte und die Waagerechte, treffen und er diese in seiner Körpergestalt sinnenhaft und dann auch geistig bewusst wahrnehmen kann.

Der steinerne Obelisk und die lebendige Menschengestalt

Der Obelisk wurde im dritten Jahrtausend v. Chr. im alten Ägypten als Zeichen und Kultsymbol des Sonnengottes RE (RA) entwickelt. Als ein schmaler, sich nach oben verjüngender Granitpfeiler mit quadratischer Sockelbasis sieht der Obelisk aus wie eine in extreme Höhe hochgezogene Pyramide.

So ist z. B. der Obelisk der Königin Hatschepsut (1490–1468 v. Chr.) im Tempel von Karnak 29,50 m hoch und 325 Tonnen schwer, wobei der quadratische Sockel ca. 2,50 bis 3 m Seitenlänge hat. Die vier sehr steilen Dreiecksseiten sind mit einer eingravierten Bilderschrift

(Hieroglyphen) bedeckt. Nur das gleichseitige Pyramidendreieck der Spitze ist glatt poliert und glänzt golden auf, vor allem im rötlichen Früh- und Abendlicht der Sonne.

Die phallisch-aufragenden Sonnenpfeile der Obelisken inmitten der ägyptischen Tempel spiegelten sich in der glänzenden, absolut waagerechten Fläche eines „heiligen Sees". Sie repräsentierten als eine Art Gedenkmal den toten Pharao im Zeichen des schöpferischen Sonnengottes RE, in dem dieser wiedergeboren zu werden wünschte.

In dem Glänzen der Spitze sahen die Ägypter das göttliche „BA" desjenigen Pharao aufscheinen, dem der Obelisk geweiht war. Mit dem „BA" verband sich die Vorstellung eines geflügelten Wesens, eine Art Seelenvogel, der den Menschen im Augenblick des Todes verlässt und der später die Mumie des Toten besucht und auf der Spitze des Obelisken seinen Standort bezieht.[115]

Jeder Obelisk besteht aus nur einem einzigen Granitfelsstück. Wenn dieses bricht, ist es wertlos geworden. Man vergegenwärtige sich, wie sorgsam ein solch langer Granitpfeiler aus dem Felsgestein herausgeschlagen, transportiert und dann aufgerichtet werden musste. Wahrscheinlich ist es neben der ausgewogenen

Abb. 48

---

115 Das ägyptische ‚BA' ist ein primär-numinoser Begriff. Es bezeichnet bald ‚Seele', bald ‚Macht', bald auch ‚göttliches Wesen' oder ‚Vorfahren'. Später wurde das BA, indem es fast menschliche Gestalt annahm, zum Engel. Das BA der Ägypter ist also eine bedeutsame Station in der Geschichte der Phänomene Seele und Geist. Das BA wie das KA sind eine Art Schutzgeister, Licht- und Lebensgenien, die als das ‚geistige Ich', als Doppelgänger des Menschen z. T. über ihm schwebend, dargestellt wurden. In den Pyramidentexten besitzt der tote und darum umso mächtigere König bis zu 14 KAS; es gibt z. B. Namenseelen, Blut-, Atem- und Schattenseelen u. a. m. Der erste wirklich fassbare Seelenbegriff ist die griechische Psyche.

Balance auch dem gewaltigen Gewicht der Granitmasse zu verdanken, dass manche Obelisken bis heute nicht umgefallen sind.

Auch für unser menschliches Stehen ist es überlebenswichtig, dass wir unser Körpergewicht, stellen wir uns getrost einmal Hunderte von Tonnen vor, völlig den Füßen und damit der uns tragenden Erde anvertrauen und überlassen. Wegen der extremen Spitzwinkligkeit des Stehdreiecks liegt auch beim Menschen das entscheidende Moment in der lotgerechten Balance. Die Härte und Ganzheit des Granitpfeilers wird allerdings bei der Menschengestalt ersetzt durch elastische Durchlässigkeit und ausgleichende Beweglichkeit in den Gelenken, vor allem in den Fuß- und Sprunggelenken und in den Knien. Die relativ kleine Fläche der Fußsohlen, die allerdings beckenbreit und exakt parallel zueinander stehen sollten, repräsentieren das Grundquadrat, den Sockel. Ohne sich selbst in diesem langen und beweglichen Knochen- und Spannungsaufbau bewusst-aktiv wahrzunehmen, bleibt das normale menschliche Stehen gewissermaßen „bewusstlos" – und das kann man ja nur zu häufig sehen, leider.

Stehen-Lernen ist ein lebenslanger Prozess: Ein aufmerksames Arbeiten an der ganzheitlichen Durchlässigkeit des eigenen Körpers: vom Scheitel bis zur Sohle und von der Sohle bis zum Scheitel! Die vom Atem her durchwehte und in der Lot-Balance schwingende menschliche Gestalt bedeutet *die Befreiung aus alter, unerlöster Versteinerung.* Die individuelle Beschaffenheit des menschlichen Körpers ist zu vergleichen mit den beschrifteten Seitenwänden der alten Obelisken: beides sind ablesbare Darstellungen von Lebens(ver)läufen. Stehend repräsentiert und konfrontiert sich der Mensch mit seiner ganzen Existenz, mit seiner – mehr oder weniger – „befreiten Körperlichkeit" (F. Weinreb). Unterstützt von einer vom Scheitel bis zur Sohle durchlässig gewordenen Körperlichkeit fällt es dem Menschen leichter, seine versteinernde Egozentrik zu durchbrechen, um kosmische und geistige Dimensionen gewahren zu können.

Gutes Stehen ist *die* menschliche Gebetshaltung (= ‚Orante').

Gedanken aus der Welt der jüdischen Mystik (Kabbala) zur aufrechten Menschengestalt[116]

„Eine Säule geht von der Erde bis zum Himmel und ‚Gerechter' ist ihr Name." „Auf einer Säule steht die Welt und ihr Name ist Gerechter, denn es heißt: Der Gerechte ist der Grund der Welt": „Das Symbol des Gerechten, der Aufgerichtete, ist eine im ganzen Kosmos wirkende Schöpfungspotenz."

„Das Wesen des Gerechten besteht in der Herstellung der Harmonie oder des Friedens, verstanden als ein Zustand der Vollständigkeit oder Integrität, in dem sich etwas befindet; denn der gerade, der gerichtete Mensch verbindet die Eigenschaft des Gerechten mit der Gerechtigkeit, und so werden Himmel und Erde durch den Menschen geeinigt. Gerecht ist der, der alles in der Welt auf seinen richtigen Platz setzt."

„Und deswegen heißt der Gerechte das All, weil er Himmel und Erde zugehört. Darum heißt es, dass um eines Gerechten willen die Welt besteht." –

Indes: „Auf dem Geheimnis des Falles beruht die menschliche Gemeinschaft. Der Gerechte, wie das Bibelwort (Sprichwörter 24,16) sagt, ‚fällt siebenmal und erhebt sich'. Der Fall des Gerechten ist das große Abenteuer, ohne das er seine Sendung nicht erfüllen kann.

---

116 Diese Texte sind entnommen dem Buch von Gershom Scholem, Von der mystischen Gestalt der Gottheit, S. 90, 105, 108, 131.

‚Ohne Fall kein Aufstieg', wie die klassisch gewordene Formel lautet. Dies ist die unabding-
bare Aufgabe, der der Gerechte sich zu unterziehen hat, will er sich selber treu sein.

Der Gerechte ist der Lebendige, derjenige, in dem nichts abgestorben oder veraltet ist,
sondern der in immer erneuter Vereinigung mit dem Quell des Lebens den Ausgleich und
die Harmonie, den wahren Frieden, herstellt.

In diesem Sinne ist er der sich ständig Wandelnde und der, dessen Wesen Ursprung ist.
Weil er die Quellen öffnet, aus denen der Lebensstrom bricht, ist er die Figur des eigentlich
originellen Menschen und in Nachahmung seines Weges führt er auch andere an jene Quellen heran und lässt sie an seiner eigenen Originalität teilhaben. Jeder Gerechte findet seinen
eigenen Weg und wandelt sich selbst in einen Weg, auf dem die Lebenskraft von oben nach
unten und von unten nach oben strömt."

Richtlinien für körpergerechtes Stehen

Stehen als Langzeithaltung ist ein „Stehen in den Knochen". Dieses Stehen benötigt keine
Muskelanspannung, ist also höchst ökonomisch, weil es auf der stabilen Substanz der Kno-
chen und ihrer lotgerechten Statik aufbaut und weil es sich innerlich an dem Obelisken-
Dreieck-Symbol ausrichten kann.

Ein sensibles Verstehen und Einfühlen in die realen, biologischen Gegebenheiten vom
Knochen- und Gelenkaufbau sind dazu sehr förderlich (s. Skelett-Abb.!).

Es geht um die Koordinierung von drei Körperebenen mit den Fußsohlen und der Erd-
Ebene:

a) Der runde Kopf lasse sich von den Halswirbeln tragen. Die Ohren liegen über den
   Schultern.
b) Die Schultergelenke und die Hüftgelenke liegen übereinander und korrespondieren miteinander, wie es beim Rumpfquadrat gezeigt wurde.

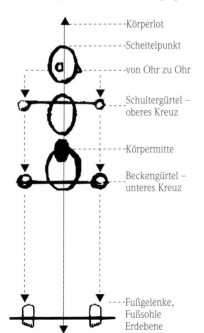

Körperlot
Scheitelpunkt
von Ohr zu Ohr
Schultergürtel –
oberes Kreuz
Körpermitte
Beckengürtel –
unteres Kreuz
Fußgelenke,
Fußsohle
Erdebene

c) Das gesamte Körpergewicht (Kopf und Rumpf) balanciert auf den Sprunggelenken und auf den Fußsohlen,
genauer auf den Fersen und den Zehenballen, und
lässt sich von der Erde tragen.

Das Stehen-Lernen beinhaltet ein Kennenlernen und
Aufspüren der eigenen körperlichen Befindlichkeit. Jeder Mensch bringt in sein Stehen seine momentanen
leib-seelischen Bedingungen mit ein, die sich in mehr
oder minder hartnäckigen Verspannungen oder Blockierungen bemerkbar machen und die auf Durchlässigkeit
hin zu korrigieren wären. Die Blockierungen der Kör-
perdurchlässigkeit setzen sich besonders gern fest in
den Gelenk-Schaltstellen des Schultergürtels und des
Beckenbereiches und in den Sprunggelenken der Füße.

Aus der nebenstehenden Skizze wird erkennbar,
dass beim Durchlässig-werden-Lassen der Körper-Lot-
Geraden auch eine Freisetzung der Kreuzstruktur der
menschlichen Gestalt ‚im Spiel' ist.

14. Hexagramm und Hexagon, je eine Vertiefung des gleichseitigen „göttlichen" Dreiecks

Zum Symbol des Dreiecks zählen auch die beiden geometrischen Figuren der Sechs: das Hexagramm und das Hexagon. In den meisten Abhandlungen über Symbole wird zwischen diesen beiden keine Trennung vorgenommen, obwohl sie sich recht deutlich unterscheiden.

Zur Symbolik der Zahl Sechs in Kürze einige Angaben:

Die Sechs ist eine Verdoppelung der Drei. Die Drei als Zeichen eines Fortschreitens weist innerhalb der Zahlenreihe erstmals in die Raumtiefe: sie ist eine erste Drehung, und sie deutet bereits einen Ablauf an. Die Sechs nimmt insofern eine besondere Stellung ein, als sie aus den Urzahlen sowohl durch Addition wie auch durch Multiplikation gebildet werden kann:

1 + 2 + 3 = 6 und 1 x 2 x 3 = 6 und 6 x 4 = 24 = 1 Kalendertag!

Die Sechszahl gehört also zu den Weltzeit-Zahlen.

In der Sechs als einer Verdoppelung und Vertiefung der Drei wird das Prinzip der Zeit und der Zahl zur Vollendung geführt: $2 \times 6 = 12$; $6^2 = 36$ (360° hat der Kreis!) $6^2 = 3 \times 12$; $12^2 = 144$. „144 000" ist in der Apokalypse (Offb 7,4ff.) die Anzahl der Vollendeten, der Auserwählten. In sechs Tagen vollbrachte Gott das Schöpfungswerk. Hexagramm und Hexagon sind von auffallender Gesetzmäßigkeit. Sie vermitteln den Eindruck einer ausgeglichenen Ordnung – auch im Sinne einer besonderen *An*ordnung.

Das Hexagramm

Das Hexagramm wird aus zwei ineinander geschobenen, gleichseitigen Dreiecken gebildet, deren eine Spitze als loderndes Feuersymbol aufwärts, deren andere als strömendes Wassersymbol abwärts weist. Im Orient war das Hexagramm bekannt als „Davids- Schild" und als „Siegel Salomons". Der

Schild gehörte damals zur Rüstung und diente als Schmuckstück. Im Alten Testament wird die Schildvorstellung sehr häufig auf Gott-Jahwe übertragen: Er ist der Schild der Frommen. Das Siegel diente im ganzen vorderen Orient als Unterschrift von Urkunden. Es war etwas sehr Persönliches, denn das Siegel trug ein persönliches Emblem. Salomon, der Sohn Davids, genoss den Ruf, mit außerordentlicher Weisheit begabt zu sein. Sein Siegel ist somit ein Sinnbild für und von tiefer Weisheit.

Im Judentum zur Zeit Jesu war man der Meinung, dass der erwartete Retter, der Messias, ein Nachkomme (‚Sohn') Davids sein werde. Der Messias wurde als Erfüllung des Ganzen, als der Punkt in der Mitte angesehen.

Erst seit dem 19. Jh. gilt der Davids-Stern als religiöses Symbol des Judentums und als Emblem der jüdischen Schwesterorganisation des Roten Kreuzes „Roter Davidsstern".

Im Hexagramm durchdringen und vereinigen sich zwei Kräfte: himmlische und irdische, Leben und Tod. Als Einigung von Männlichem und Weiblichem wurde es zum Sinnbild der

Ehe und auch zum Zeichen der Gottheit, die sich der Welt vermählt hat: Es ist darum gewiss nicht zufällig, dass auf der Hochzeit von Kana sechs Wasserkrüge waren, die Irdisches (Wasser) und Himmlisches (Wein) enthielten.

Das Hexagramm wird für den Menschen höchst bedeutsam im Atemgeschehen: Im Auf- und Abwehen des Zwerchfells schwingen Wasser- und Feuerdreieck dynamisch so ineinander, dass diese Bewegungs-Choreographie ein Hexagramm ergibt. Das schwingende Hexagramm des Zwerchfells ist das Zeichen für eine ausgewogene Atembewegung und für ein frei schlagendes Herz. Indem sich der Einatem von der Schulterebene herabsinken lässt an der Wirbelsäule entlang bis in die Tiefe des Beckens und u. U. bis zu den Füßen, stößt sich im Feuerdreieck der Ausatem wieder von den Füßen und vom Beckenboden ab bis hinauf zum Schultergürtel und zur Zenit-Höhe im Scheitelpunkt. Wie ein großes Segeltuch wird das Zwerchfell vom Atem auf- und abgeschlagen. Es bildet eine „lebendige Grenze" (Guardini) mitten zwischen den hellen, luftigen Kräften des Brustraums und den dunklen, schweren Kräften des Beckenraumes. Erfolgt aber hier, in der Mitte der lebendigen Atembewegung, ein Starrmachen, ein Starrwerden, so wird sich das Herz ziellos bewegen, werden die Nervenbahnen unterbrochen, der Körper wird quasi halbiert, und ein Ersticken des Herzens ist zu befürchten.

Dem „Dialog" von Feuer- und Wasserdreieck im Hexagramm soll nun mit Gedanken aus dem I-Ging, dem Buch der Wandlungen, weiter nachgesonnen werden:

„Wie die beiden Elemente Feuer und Wasser, auch wenn sie beisammen sind, sich nie vermischen, sondern ihre eigene Natur behalten, so darf man die Einheit nicht erzwingen wollen. Hier gilt es, die Gegensätze einfach dulden. Man kann ein Pferd (hier der Atem), wenn es das unsrige ist, ruhig laufen lassen, es kommt von selber wieder.

Die Gegensätze zwischen Himmel und Erde, Geist und Natur bewirken durch ihren Ausgleich die Schöpfung und Fortpflanzung des Lebens. Der Gegensatz ermöglicht eine Sonderung der Arten, durch die Ordnung in die Welt kommt." (S. 147) „Die Aufgabe ist groß und verantwortungsvoll. Es handelt sich um nichts Geringeres, als die Welt aus der Verirrung in die Ordnung zurückzuführen." (S. 233) „Wenn das Feuer, das ohnehin nach oben dringt, oben und das Wasser, dessen Bewegung abwärts geht, unten ist, so gehen ihre Wirkungen auseinander und bleiben ohne Beziehung. Um aber die Kräfte richtig handhaben zu können, ist es vor allem nötig, dass man selbst den richtigen Standpunkt einnimmt, denn nur von der Mitte aus kann man richtig wirken." (S. 234)

„Der Umschlag, die Wandlung, geschieht in jedem Ende. In jedem Ende liegt ein neuer Anfang – Zeichen der Wandlung." (S. 233)

> „Und so lang du das nicht hast,
> Dieses: Stirb und werde!
> Bist du nur ein trüber Gast
> Auf der dunklen Erde."
> *(Goethe, West-Östlicher Diwan)*

In den ostkirchlichen Ikonen von der Taufe und von der Auferstehung Christi wird dieser Austausch von Abstieg (in Wassertiefe) und Aufstieg (in feurig-lebendiges Licht) als heilsgeschichtlicher, religiöser und tänzerischer Urrhythmus ins Bild gesetzt.

Das Hexagon

Schon in der Jungsteinzeit tritt neben das vierteilige Rad das sechsteilige. Das Sechseck ist die regelmäßigste Figur, die einem Kreis eingeschrieben werden kann. Es entsteht, indem der Kreis-Radius auf dem Kreis-Umfang abgetragen wird, und dies ist exakt ‚6 x' möglich. Die Seitenlänge dieses Sechsecks ist also gleich dem Radius seines Umkreises, so dass sechs gleichseitige (= göttliche) Dreiecke zusammen einen Sechsstern bilden. Jeder der drei Winkel eines jeden Dreiecks beträgt 60°, so dass in der Mitte sechs Winkel von je 60° zusammentreffen: 6 x 60° = 360°. Das Sechseck besitzt also in seiner Mitte Kreis-‚Format'. Indem sechs gleichseitige Dreiecke in je einem ihrer Eckpunkte übereinstimmen, wird dieser Punkt zu einer bedeutsamen, gewichtigen Mitte: zur inneren Spitze eines ausstrahlenden

Abb. 50: Sechseckkapelle, Großcomburg; (um 1080) Grundriß und Nordansicht

Sechs-Sterns! *Das Hexagon* ist ein Sechseck, *das eigentlich ein Siebeneck ist.* Wie das 6-Tagewerk der Schöpfung im 7., im Ruhetag, so wird das irdisch-demokratisch-ruhende Sechseck im Siebeneck zu einer inneren Mitte und zu einer es überhöhenden Einheit geführt.

Der Gedanke, auf dieser Symbolik einen Kirchenbau zu errichten, ist auf der Comburg bei Schwäbisch Hall verwirklicht worden.

Hier wird in einem steinernen Bauwerk eine Struktur ansichtig, in der sich der Mensch mit seiner Gestalt körperlich und spirituell wiederfinden kann. Im Aufriss der Fassade ist zu entdecken das gleichseitige, pyramidale Dreieck der Spitze als ein Schulter-Scheitel-Feuerdreieck, das Rumpfquadrat und das in die Tiefe ableitende Wasserdreieck, das Sechseck und der Kreis.

Die im Siebeneck angelegten, vierfachen Beziehungsmöglichkeiten:
6 + 1; 3 + 4; 3 + 3 + 1 und 2 + 5 sind der Anlass zu folgender Bewertung: „Die Sechs verhütet den fruchtlosen Krebsgang des Kreislaufes, indem sie seine Wandung sprengt. Die Sieben ist die Seele der immer reiner und heiliger werdenden Bewegung durch die Zeit." (Hugo Kükelhaus)

Mit dem Siebeneck, dem Stern im Weltenrund, und seinen zahlreichen Beziehungsmöglichkeiten begegnen wir auch wieder dem Sephiroth-Baum und zwar in der auf den Menschen bezogenen Form der sieben unteren Sephiroth.

Der vollkommenen Ausgeglichenheit der sechs heiligen Dreiecke und ihrer gemeinsamen, geheimnisvollen wie faszinierenden Mitte ist es wohl zu verdanken, dass das Siebeneck auf unser Körperbewusstsein eine wohltuende, ordnende, entspannende und konzentrierende Wirkung ausübt.

115

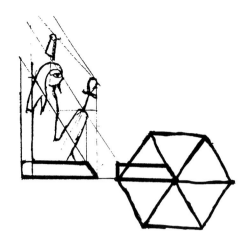

Abb. 51: Die Göttin Maat mit der Feder der Wahrheit und dem Lebenszeichen Anch auf dem Sockel der Weltordnung sitzend (Ausschnitt aus der ägypt. Dreiecks-Kosmos-Projektion, **s. Abb. 39, Kap. IV, S. 97**)

Vielleicht aber wusste eine tiefere Erklärung dafür bereits das alte Ägypten mit der Darstellung seiner Göttin *Maat*, der Weltordnungsgöttin? Was bedeutet ihr seltsamer Sockel, auf dem sitzend sie immer dargestellt wird? Die Spitze ihres Sitzsockels besitzt einen Winkel von 60°, es kann also nur ein Winkel eines gleichseitigen Dreiecks aus einem Sechseck-Kreis sein, der – stellvertretend – die Ganzheit des Kosmos-Kreises abbildet und andeutet.

Ihre Sockelspitze trifft in die Mitte des kosmischen Universums. Die Göttin ‚sitzt' auf ihrem Sockel (= Grundquadrat!) mit der Feder der Wahrheit auf ihrem Scheitelpunkt und mit dem Lebenszeichen Anch auf ihren Knien/Füßen. Ihre Haltung bezeichnet eine klare Dreiecksfigur mit ihren drei Eckpolen: Kopf – Becken – Füße. Der Sechseck-Winkelausschnitt ihres Sitzsockels steht – pars pro toto – für die ganze, universale Weltordnung, die hier mit der Fußspitze berührt und gefühlt wird.

Wer in die Mitte gelangt, ist an einen entscheidenden Ort gekommen!

In diesem ägyptischen Bildmotiv (auch Osiris wird manchmal ‚auf dem Weltordnungssockel stehend' dargestellt) wird für alles körpergerechte menschliche Sitzen und Stehen etwas Ungeheures sichtbar gemacht, nämlich die Möglichkeit der konkret-existentiellen Erfahrung, dass Mensch und Kosmos über die sensible menschliche Fußspitze Kontakt finden; allerdings unter der Bedingung, dass die Fußspitze bewusst wahrgenommen wird als Eckpol einer Dreiecksfigur – sei es im Sitz-Dreieck oder im Obelisken-Stand. Das geordnet strömende Kraftfeld des Dreieckssymbols berührt im Kontaktpunkt der Fußspitze das Zentrum der kosmischen Welt. Schon Pythagoras und auch Platon philosophierten bereits über harmonikale Kosmosbahnen, gaben dazu aber eine quasi strikte Anweisung:

> (Sei dir bewusst!) „Beachte es wohl, das Wunder deiner Sterne,
> der Mittelpunkt bist du, Mensch auf der Erde,
> um dich nur kreiset das gestirnte All." *(Platon, Timaios)*

15. Lyrische und gesellschaftliche Gedanken zum Verhältnis von Ursymbolen und Architektur

‚Nach Euklid' – Gedichte von Eugéne Guillevic[117] (1967)

Aufmerksam wurde ich auf diesen französischen Dichter durch seine Gedichtfolge ‚Nach Euklid'.

---

117 Eugéne Guillevic, Gedichte, Klett-Cotta 1991, franz. und deutsch, Auswahl und Übertragung von Monika Fahrenbach-Wachendorff, Euklid war ein griechischer Mathematiker um 300 v. Chr.

Gerade	Gleichschenkliges Dreieck	Gleichseitiges Dreieck	Raute

Wenigstens für dich
Kein Problem.

Du glaubst, dich aus dir
selbst hervor-
zubringen
An jeder Stelle,
die zu dir gehört,

Auf die Gefahr hin
zu vergessen,
Daß du Vergangenheit
hast,
Wahrscheinlich an der gleichen Stelle.

Weißt nicht einmal,
Daß du zwei gleiche
Teile machst
Aus dem,
was du durchquerst,

Du gehst ohne zu lernen
Und ohne iemals zu geben.

Es ist mir gelungen,
Ein wenig Ordnung in mich
zu bringen.

Ich fange an
mir zu gefallen.

Ich bin zu weit gegangen
Mit meiner Sorge
um Ordnung.

Nichts kann mehr
kommen.

Ein müdes Viereck,
Das sich hat auseinander-
ziehen lassen.

Von seinen beiden Lieb-
lingsecken, Schwer von
Geheimnissen.

Raute jetzt,
Wird es nicht mehr fertig
damit,
Seine Ecken auseinanderzu-
messen.

– Wenn es die alte
Vorliebe bedauerte?

Die Lyrik Guillevics zeichnet sich aus durch eine äußerste Zurückhaltung, welche einem schweigenden Gewahrwerden seinen Ort einräumt. In seiner Weltvergewisserung befragt Guillevic die Wirklichkeit auf ihre Urformen, auf ihre Anfänge hin. Er bringt die Unendlichkeiten des Universums in die Nähe der Sprache, in den Raum des ,dich-terischen Wohnens'. Abbruchartige äußere Kürze wird aufgehoben von einem inneren, existentiellen Fortfragen: Ob nicht in den ge-heimnisvollen Urformen bereits die Weltord-nung, der Sinn des Weltganzen, innewohnt und zu früh vielleicht durch ideologische oder rationalistische, u. U. auch durch religi-öse Festlegungen verdeckt wird?

Naturwurzeln sind Schöpfungswurzeln (s. Abb. 1).
Gott als Architekt des Universums legt den Sextant-Radius an den Weltenkreis an: *er schafft eine kosmologische Architektur!*

Abb. 52: Nachzeichnung von einer Miniatur aus einer franz. Bible moralisé des 13. Jh.

Architektur ist der Weg der Schöpfung, denn durch sie wird die ursprüngliche Unordnung der Dinge zum Kosmos, zur Wohlordnung. Der göttliche Architekt, der theos tektonikos, bringt die Dinge aus dem Dunkel des Chaos heraus in die sichtbare Struktur symmetrischer, proportionaler und analoger Formen.

Die Dinge der Welt sind Geheimnisse Gottes, aber sie sind sichtbar und damit Orte eines Aufstiegs zur Erkenntnis. In ihrem Erkennen partizipieren die Menschen am Göttlichen.

Das Weltgefühl einer Zeit manifestiert sich in ihren Bauwerken. Bezogen auf eine Stadt offenbart das jeweilige Stadtbild mit seinem alltäglichen Leben den Geist ihrer Bewohner.

Vor etwa 20 bis 30 Jahren beherrschten noch riesige Wohnblöcke die Neubautenszene: isolierte Fremdkörper, beziehungslos zur Stadtlandschaft und ihrer kulturellen Vergangenheit.

Die heutigen Stadtarchitekten fühlen sich nun hart konfrontiert mit dem Chaos unserer Städte und der Zerstörung der menschlichen Lebenswelt in ihnen. Sie haben aus dieser Katastrophe gelernt und bauen deshalb heute wieder Wohnungen und Städte bewusst in ein Beziehungsgefüge zur gewachsenen Natur- und Kulturlandschaft. Das heißt konkret erstens: aufeinander klar und sensibel bezogene Stadtteile, z. B. Wohnviertel und Industriezonen, zweitens: erkennbare Perspektiven, z. B. Umgrenzungen, Tore, Achsen, quadratische oder kreisrunde Plätze mit Ruhepolen, Orientierungsakzenten, Denkmalen, „Die Kirche im Dorf" u. ä. (ein altes Vorbild wäre z. B. der Karolinen Platz in München). Architektur, in der Menschen wieder Bilder ihrer Existenz erkennen können.

Das Verstehen der Wirklichkeit ereignet sich in der Zwiesprache mit der Welt. Menschen sind deutende Wesen. So könnte auf diesem wiederentdeckten Wege die symbolische Transparenz der Welt auch in einer modernen Stadt wieder belebt und eine alltägliche Erfahrung werden.

Die meditative Auseinandersetzung zwischen Mensch und Welt bringt auch das Gespräch zwischen Mensch und Mensch und zwischen Mensch und Gott wieder in Gang. Das symbolische Deuten der Welt übersteigt die Welt.

V. Kapitel

Der Kreis als Ursymbol
Kreis und Kopf – Kreis und Mitte – Kreuz im Kreis

Die Bedeutung der Welt des Runden für die äußere und innere Gestalt des Menschen gipfelt in der Kreis-Kugel-Form seines Kopfes. Wenn vom Ursymbol des Kreises hier gesprochen wird, ist in der Regel auch seine dreidimensionale Figur als Kugel mitgemeint.

Angesichts des allgemein diffusen Körperbewusstseins der Menschen kann die Beziehung des Menschen zu seinem Kopf geradezu als ‚kopflos‘ bezeichnet werden.

Einschränkend sei angemerkt, dass auch in diesem Kapitel nur spezifisch ausgewählte Aspekte zur Sprache kommen können; es ist eine subjektive Auswahl und damit zugleich eine Einladung zu eigenem Nachgehen und Erweitern dieser Spur.

Bei den vorausgegangenen Darstellungen von Pyramide und Obelisk als Modellfiguren für menschliches Sitzen und Stehen bildete der Kopf die ‚Spitze‘. Unter dem Symbolaspekt seiner einzigartigen Kreis-Kugel-Form jedoch ‚erwacht‘ der runde Kopf geradezu zu einem qualitativen Höhepunkt und zur strahlenden „Haupt“-Sache der menschlichen Gestalt:

Der Kopf repräsentiert das Göttliche im Menschen.

Das in Gelöstheit und in Gelassenheit bewusst gemachte und vollzogene Balancieren der Kopfkugel über der Wirbelsäule und dem Rumpfquadrat stellt die Krönung der menschlichen Gestalt dar.

Wie aber kann dieser runde Kopf, welcher wichtige Sinnesorgane, die Konzentration des Nervensystems und das denkerische Bewusstsein beherbergt, in Kontakt kommen mit den Füßen und durch sie hindurch mit der runden Erde, d. h. mit seinem irdischen Gegenpol? Die *Durchlässigkeit vom Kopf bis zu den Füßen* und von den Fußsohlen zurück bis hin zum Scheitelpunkt – das Kardinalproblem der lebendigen menschlichen Gestalt – wird durch *das Lot* vermittelt und durch das Herz. Die absolute Senkrechte des Lots schafft innerhalb der überwiegend waagerechten Fortbewegungsrichtung des Menschen eine Gegensatz- und eine Ganzheitserfahrung. Im Lot und in der Kraft seines ausschauenden und pulsierenden Herzens überwächst der Mensch seine begrenzte, äußere Gestalt in eine Ganzheit hinein. Die Deutung von ‚Kreis und Mitte‘ im Rad-Symbol und der ‚Kreuz-im-Kreis‘-Figur wird auch mittels besonderer Körperübungen die differenzierteren Aspekte einsichtig machen.

1. Der Kreis als Ursymbol: die Aspekte im Überblick

a) Ein Kreis ist ein ausgedehnter Punkt, d. h. er ist eine Figur, die aus einem Minimum an Raum sich auszubreiten vermag bis zu maximaler Größe. Der Kreis ist die einzige Grundform, die man ohne Richtungsänderung zeichnen kann. Kreis ist rund, das Runde schlechthin, ein Rundes und Ganzes.

In einem Werk aus der Frühzeit der buddhistischen Zen-Bewegung heißt es:

„Der Kreis ist gleich der großen Leere, nichts fehlt, nichts ist überflüssig."

Als symbolisches Zeichen taucht der Kreis bereits in den Steinritzungen der frühen Steinzeit auf. Platon deutete den Kreis als Symbol des Unveränderlichen und In-sich-selbst-Einigen, weil die Bewegung des Kreises von sich selber ausgeht und wieder in sich mündet: ohne Anfang und ohne Ende, zeitlos-ewig in unendlicher Wiederholung und durchaus vollkommen.

b) Der Kreis ist konstitutiv in sich geschlossen, er ist Abbild einer Ganzheit und Einheit: eine Urzelle. Daher ist es so schwer, ihn zu begreifen, ihm beizukommen, ihn zu deuten. Ring, Krone, Kranz, Reigentanz, Bannkreis, der Ball, aber auch Rundbauten, Kuppeln und Bögen sind Varianten der Kreisthematik.

c) Anfang und Ende gehen im Kreis so nahtlos ineinander über wie Leben und Tod. Das Vorwärtsgehen im Zeichen der ersten Kreishälfte wird zur Rückwärtsbewegung in der zweiten Kreishälfte. Damit deutet sich die dem Kreis – wie jedem Symbol – innewohnende Zweideutigkeit oder Ambivalenz an. Da der Kreis in sich ungegliedert und undifferenziert ist, bleiben die Übergänge unscharf.

d) Im Kreis-Sein heißt Umfangen-Sein und zwar unter zwei Ausprägungen; einmal als Geborgenheit (außerhalb des Kreises sein, heißt ausgegrenzt, draußen sein) und andererseits als Gefangenschaft.

e) Die Erde, der bunte Planet, für uns Menschen Heimstatt und Wohnort, korrespondiert als Erd-Ball mit den anderen runden Planeten Sonne und Mond. Die Sonne, das faszinierendste Rund-Gestirn, wurde in den Mythen der antiken Völker mit göttlicher Hoheit ausgestattet und in Kult-Riten gefeiert; galt sie doch als Abbild der kosmischen Harmonie und als Garant unendlicher Wiederkehr allen Lebens. Der Sonnenkreis wurde zum Abbild des Ewigen und Göttlichen, z. B. Horus-, Isis- und Helios-Kulte, der ‚Sol invictus'-Kult. Im frühen Christentum wurde dann Christus als personifizierte, ‚unvergängliche' Sonne, als ‚lux mundi' = ‚Licht der Welt' gefeiert und verehrt.

f) Innerpsychisch wird die menschliche Seele als ‚rund' gesehen. Die runde Welt des menschlichen Selbst in seiner Identität korrespondiert mit Erde, Sonne, Universum und Ewigkeit.

g) Philosophisch wird die Kreiskugel zum Strukturprinzip für die Ganzheit des Seins, zur „Kugel des Seins" (Rilke, Heidegger). Die an sich dreidimensionale Kugel vermag als durchsichtige, transpa-

Abb. 53: Das Theater von Epidauros, um 350 v. Chr. Griechenland, Peleponnes Durchmesser der Orchestra ca. 20M

rente Kugel die vierte Dimension zu repräsentieren, womit diese neue Qualität des Seins geistig vorstellbar und somit angedacht werden kann. Am Symbol des Eherings kann diese vierte Dimension verdeutlicht werden: Der Ehering, den Liebende einander schenken und empfangen, symbolisiert die Ganzheit jeder Person und zugleich die kosmische Ganzheit, in der beide wohnen. Das Geschenk des Ringes feiert die umfassende Liebe, die größer ist als diese beiden, denn die Liebe nimmt das Dasein als Ganzes an, einschließlich des Todes als einer metaphysischen Wirklichkeit.

h) Die negativen Aspekte des Kreises, der magische Bannkreis, das ständig wie blind in sich selbst kreisende Rund, sind faszinierend und Schwindel erregend gegenwärtig beispielsweise im Karussell unserer Jahrmärkte, in den vielfältigen Drehmaschinen der Fabriken oder in egozentrisch-psychotischen Krankheiten. In Tanzformen, etwa in manchen rituellen Tänzen, kommen die positiven wie die negativen Aspekte vor.

i) Aufgehoben im Sinne von Erlösung wird das magisch-blinde Kreisen durch das Sich-Weiten oder Sich-Verengen in konzentrischen Kreisen, aber auch durch die Kraft des ‚Kreuz-im-Kreis‘-Symbols oder durch die Spirale. Durch die im Kreis zirkulierende Lebensenergie erweitert oder verengt sich dynamisch der Kreis oder aber er drückt aus der waagerechten Fläche heraus in die Höhe oder in die Tiefe, d. h. er integriert die Vertikale und gewinnt die dritte Dimension des Räumlich-Runden in dynamisch-spiralartigen Windungen oder Strudeln.

j) Das rationale ‚Bewusstwerden‘ des Kreises in seiner Mitte erfolgt durch den von Pascal beschworenen „geometrischen Geist des Menschen“.

Indem der Mensch das Kreuz mit seiner exakten Mitte in die Mitte des Kreises hineinprojiziert, macht er punktgenau auch die Kreis/Kugel-Mitte errechenbar und darstellbar. Durch eine klar bestimmte Mitte wird der Kreis zum Rad (Zirkel).

„Kreis und seine Mitte“ bilden ein schier unerschöpfliches Thema: in der Geometrie, im Sport, im Tanz, in der Medizin und in der Psychologie, in der Astrologie und Astronomie u. a., besonders markant aber in der Architektur, in der Bau-Kunst. Imposant z. B., wie der runde Tempel der Athene pronaea in Delphi oder die runde Theater-Bühne von Epidauros/Peloponnes in die griechische Landschaft gestellt sind (s. Abb. 53). Die großartige Rund-Kirche Santo Stefano Rotondo in Rom bildet in drei konzentrischen Säulenkreisen das endzeitliche Jerusalem ab, die Stadt Gottes: das Wohnzelt Gottes unter den Menschen (s. Abb. 75, S. 141). Die großen Rosenfenster der gotischen Kathedralen als Ausdruck der mittelalterlichen, anspruchsvollen, lichtmystischen Spiritualität gehören ebenso zu diesem Thema.

k) Durch die von der Kreuzmitte her geklärte Kreisgeometrie gewinnt jeder Punkt der Kreisperipherie seinen genau definierbaren Ort und seine spezielle Bedeutung, was am Weltenrad und am Uhrenziffernblatt einsichtig wird.

Die durch die Kreuzstruktur eingeteilte und unterteilte Kreis/Kugel-Gestalt der Erde ist ein immer wieder faszinierendes Symbol für die konkreten und abstrakten universalen Wirklichkeiten von Raum und Zeit (Sonnenuhr, die Längen-, Breiten- und Tiefen-Grade des Globus etc.).

l) Spirale und Labyrinth sind dynamische Wege zur Mitte: Zwischen Mitte und Peripherie, zwischen Konzentration und Expansion (Expression!), zwischen Außen und Innen vollzieht sich der Wandlungsweg: die Ver‚wand‘lung und Reifung des menschlichen Lebens.

2. Die konzentrischen Kreise als Wachstumssymbol

Konzentrische Kreise verdeutlichen die ursprüngliche Einheit und Verwandtschaft aller Kreise. Konzentrische Kreise sind Abbild der immermöglichen Ver,wand'lung und Transmutation des Irdischen zum Himmlischen, des Zeitlichen zum Ewigen und ihr Verbundensein in einem großen Ganzen.

Die Bilder von konzentrischen Kreisen sind immer wieder faszinierend. Ihr Urmuster sind die sich ausbreitenden Ringe eines in ruhiges Wasser geworfenen Steines. Wir finden konzentrische Kreise in vielen Variationen in der Natur, zum Beispiel beim Baum, und in der Kunst, sowohl figurativ als auch farbig und akustisch.

Die in Stein gehauenen „konzentrischen Kreise mit Händen" an der Tübinger Stiftskirche, wahrscheinlich aus vorchristlicher Zeit, übermitteln eine fast magische Dynamik, die von einem engen, höhlenartigen Mittenkreis ausgeht, und die lichter wird im Sich-Ausweiten der Kreise.

Die drei Kreise werden eingerahmt von zwei im Erscheinungsgestus nach oben gerichteten Armen und Händen, wodurch die Kreise eindeutig auf den runden Kopf eines Menschen hin interpretiert werden können. Diese konzen-

Abb. 54 (unten): Konzentrische Kreise mit Händen, vorrom., Tübingen, Spitalkirche

Abb. 55 (links): Weltbild des Nikolaus von Kues (1401–1464) Holzschnitt eines anonymen Meisters um 1530

trischen Kreise könnten aussagen, dass sich das geistige Wachsen des Menschen in Kreisen vollziehe. „Ich lebe mein Leben in wachsenden Ringen …", sagt Rilke in seinem Stundenbuch. Sie erinnern aber auch daran, dass die Kreise der menschlichen Existenz miteinander korrespondieren und einander transzendieren, z. B. Mikrokosmos auf Makrokosmos oder Geburtshöhle auf menschliches Weltbild hin, wie es auch das Weltbild des N. v. Kues andeutet.

„Alles ist weit – und nirgends schließt sich der Kreis".

(Rilke, Duines. Elegien 2. T. XX)

3. Der Kreis als weibliches Symbol

Auf den ersten Blick möchte man den menschlichen Kopf als männlich charakterisieren, ist er doch der Sitz des Intellekts, der Ratio, des messenden, urteilenden Verstandes, der bei Männern besonders geschätzt und bevorzugt eingesetzt wird im Gegensatz zur Einfühlungsbegabung und Herzenswärme der Frauen. Doch das Ei, die Geburtshöhle und die Seele sind in jeder Hinsicht frühe Bekundungen für einen weiblichen Charakter des Runden und des Kreises. F. Weinreb sagt einmal: „Heilig ist diese Gebärmutter …

heilig die Frau,

heilig die Welt."

Unter Heiligkeit versteht Weinreb die Würde eines in sich selbst ruhenden, verborgenen Seienden, und er verbindet mit Heiligkeit eine Unberührbarkeit „für die Finger eines messenden Intellekts."[118] Und in der Tat widersteht der ungegliederte Kreis jeder messenden Berührung allein schon durch die ungreifbare Zahl Pi und erst recht durch seine gewissermaßen ,rollende' Statik.

Der umfangende Kreis spiegelt den seelischen Prozess der inneren Ganz- und Selbstwerdung wider, der ein Prozess der Abrundung und Einordnung ist von oft recht divergierenden, auseinanderstrebenden, ererbten und erworbenen Anlagen und Eigenschaften des Menschen.

Vom Kreis repräsentiert wird auch das Vertrauen in eine ganzheitliche Ordnung der Wirklichkeit. Nur eine Mutter kann ihrem verschreckten oder angsterfüllten Kinde glaubhaft sagen: Hab keine Angst! Alles ist in Ordnung! Alles wird wieder gut!, indem sie es zugleich mit ihren Armen und mit ihrem Herzen liebevoll umfängt. Da wird dann alles wieder ganz, rund und richtig.

Der magische Bannkreis etwa der Hexe aus dem Märchen ,Hänsel und Gretel' veranschaulicht die dunkle, numinose Seite des Weiblichen, die als sogenannter ,Klammer-Aspekt der Großen Mutter' (E. Neumann) den Gegenpol bildet zur ebenfalls oft unbegreiflichen Selbstlosigkeit mütterlichen Einsatzes.

So versinnbildlicht der Kreis positiv eine Macht, eine Potenz, die das Chaos im Menschen und in der Welt zu bannen vermag und zwar aufgrund seiner weiblichen Aspekte.

Kugelförmig entfaltet sich in der Geburtshöhle das Ei und dann der Embryo: das Rund ist also das erste Gestaltschema des Menschen. Die Kreis-Kugel ist aber auch eine letzte, innerlich-geistige Form des Menschen. Wegen ihres einzigartig-schimmernden Glanzes und ihrer Kugelform gilt die Perle als Symbol von Schönheit und Vollkommenheit. Aus frühchristlicher

---

118 Fr. Weinreb, Wege ins Wort, S. 271.

Zeit wurde ein Perlenlied überliefert; es ist ein Hymnus von der menschlichen Seele.[119] Die Menschenseele wird als Perle gesehen. Perlen hielt man nicht nur wegen ihrer Seltenheit und Schönheit für kostbar, man vermutete in ihnen auch geheimnisvolle Heilkräfte und dass von ihnen Lebensenergie ausgehe. Das Perlenlied erzählt in einer symbolisch zu deutenden Geschichte, wie die ‚Seelenperle' aus dem Abgrund des Meeres heraufgeholt wird und wie sie aus der Gewalt eines Drachen befreit werden muss.

Der Kreis als Bild des Ewig-Weiblichen gipfelt in der Gestalt der Sophia, der göttlichen Weisheit. Sie sagt von sich, dass sie bei der Erschaffung der Welt anwesend war: „Ich war dabei, als Er den Himmel erstellte, einen Kreis in die Fläche der Urflut (= Chaos) zeichnete." (Sprüche 8,27)

Die dem Kreis innewohnende, einende, umfangende, ordnende und chaosbannende Kraft beginnt zu wirken je im Maße der einzelne Mensch seine Rundheitsqualitäten zu entwickeln, zu aktualisieren und zu integrieren vermag.

Indem ich den Kreis für mich und in mir bewusst erwecke, ist der Weg zu meiner Seele, zum Leben mit meiner Seele gebahnt – dies ist mir eine all-tägliche Erfahrung geworden.

4. Zur Kreis-Kugel-Symbolik in den Ballspielen und im Tanz

Unsere verschiedenartigen Ballspiele unter ihrem symbolischen Aspekt zu sehen, ist zwar eine ungewöhnliche, aber höchst anregende Sichtweise. Da wird im Ball das Abbild der runden Sonne gesehen, die im ständigen Kampf mit der Finsternis liegt: ein wogendes Hin- und

Abb. 56 (links): Der Hindu-Gott Shiva, der Herr des kosmischen Tanzes.

Abb. 57 (rechts): afrikanischer Tänzer aus Senegal, Westafrika (eig. Foto 1995)

119 Otto Betz/Tim Schramm, Perlenlied und Thomas-Evangelium, Benziger, 1985.

Her zwischen Aufstieg und Untergang, zwischen Gewinnen und Verlieren, zwischen Leben und Tod. Wo sonst nur ein nervenaufreibendes Gerangel um Punkte und Plätze anzutreffen ist, kommt nun vor allem durch den Spiel-Ball kosmische Weite und manchmal sogar eine numinose Betroffenheit mit ‚ins Spiel'. (z. B. Tor – Torkreis; Abseits, Abseits-‚falle' etc.)

Nicht das Spiel, sondern der B-ALL ist das Drama!

Bei antiken Olympiaden wurde in Sportarten gekämpft, wie *Kugel*-Stoßen, *Diskus*-Werfen und Bogenschießen auf runde Zielscheiben. Das Jonglieren mit Bällen, Tellerscheiben oder Ringen gehört ebenso in die Sonnenball-Symbolik hinein wie das ‚abgründige', raffinierte Billard-Spiel, das Glücksrad- und das Roulette-Spiel. Letztlich leben alle unsere Spiele von ihrer hintergründigen Ball-Symbolik mit ihrem Hin und Her, Auf-und Ab, Freud und Leid.

Als Krönung gewissermaßen allen spielerischen Jonglierens mit dem Ball ist das Tanzen anzusehen: das Lebensgespräch zwischen beseeltem menschlichen Körper und Erdball und Universum. Dafür gibt es ein großartiges Bild:

Der Tanz des Gottes Shiva! Unter hoch differenziertem Einsatz seiner vielen Gliedmaßen (alles verschiedene Aspekte), mit nur einer Fußsohle auf dem Erdball stehend, bringt der göttliche Tänzer in den wechselnden Figuren seiner Menschengestalt den ganzen Umkreis des Menschlichen zur Darstellung.

„Ein Gott ist der Mensch, wenn er tanzt" und

„Wer nicht tanzt, weiß nicht, was vorgeht."[120] – in diesen beiden Sentenzen ist alles enthalten, was Tanzen ausmacht.

Die Andeutungen der vielen Arme und Beine in der Tanzfigur des indischen Gottes Shiva kann vielleicht auf dem Hintergrund eines modernen Verstehensmusters (von Jean Gebser!) als Ausdruck einer mehrdimensionalen Existenz-Wahrnehmung gedeutet werden, als eine alle Seinsschichten integrierende, a-perspektivische und a-rationale Gegenwarts-Bewusstheit.

Shiva und Jussuf . Tänzer aus verschiedenen Welten!

Doch wie ähnlich sind die beiden Unähnlichen in ihrer Tanzfigur.

Zuerst fallen die gleichen Beugungen in den Gelenken je ihrer beiden Beine auf; dann das gleiche lockere Absinken-Lassen des Rumpfgewichtes ins Becken, welches nun lotgerecht durch die Fußsohlen hindurch mit der Erde, dem großen Mutterschoß, kontaktet und die oberen Gliedmaßen leicht werden lässt. Aus dieser Durchlässigkeit zur Erde hin ergibt sich für beide Tänzer Weichheit und Freiheit oben im Schultergürtel und über die nun wie schwebenden Arme hin bis zu den Handgelenken und in die Fingerspitzen hinein. Beiden Tänzern gelingt auf ihre spezifische Art ein ganzheitlich-stimmiger Körperausdruck:

Mensch und Kosmos sind integriert und ‚sinnen' miteinander.

Tanz in Hochform ist eine schöpferisch-göttliche Aktion – dies verkündet Shiva. *Im Tanz geschieht Welterschaffung.* In der Rgveda, dem alt-indischen Weisheitsbuch, heißt es: „... als heilige Füße vollkommener Tänzer

Staub aufwirbelten

wurde die Erde ..." (Rgveda 10.72.6)[121]

---

120 Der erste Satz ist eine persische Spruchweisheit, der zweite Satz steht in den apokryphen Johannes- und Thomas-Akten (Verborgene Worte Jesu, Herderbücherei Band 857) S. 70.
121 S. Angelika Sriram, Lotosblüten öffnen sich, Kösel-Verlag, 1989, S. 45.

Die Bibel Israels, das Erste Testament, ebenso alt wie die Rgveda, enthält gleiche Gedanken. Dort tanzt die heilige Weisheit (Sophia) und Gott lässt sich bei seinem Werk der Erschaffung des Weltalls durch die Figuren ihres Tanzes inspirieren. Die Weisheit spricht von sich selbst:

> „Als er den Himmel baute, war ich dabei,
> als er den Erdkreis abmaß über den Wassern,
> als er die Fundamente der Erde abmaß,
> da war ich als geliebtes Kind bei ihm.
> Ich war seine Freude Tag für Tag und
> *spielte* vor Ihm allezeit …
> *tanzte auf seinem Erdenrund* und
> meine Freude war es, bei den Menschen zu sein." (Sprüche 8,27-31)

Der griechische Dichter Pindar (um 500 v. Chr.) sagte vom Tanz, dass er „der Anfang der Heiterkeit" sei. In den antiken Tragödien tanzte der Chorus auf ‚Versfüßen' über die Bühne, d. h. auf Stelzen, und verkündete ‚in Versform' letzte Einsichten. Hier stellen sich die beiden Wesenskriterien des Tanzens vor: dass der Mensch tanzt, wenn er sich leicht und heiter fühlt, und dass „wer tanzt, weiß, was vorgeht". Im Tanzen sind wir verbunden mit, ja, in der Weisheit.

Aller großen Tanzkunst, sei es religiöser Tempeltanz, künstlerischer Ausdruckstanz, spanischer Flamenco oder Afrodance, um nur einige Tanzkulturen stellvertretend zu nennen, liegen früheste, d. h. ursymbolische, Formelemente zugrunde, z. B. Choreographien aus Linien-, Kreuz-, Quadrat-, Dreiecks-, Kreis- oder Spiralformen, ebenso Gegensatzpaare wie Beugen und Strecken, Stampfen und Tasten, Spannen und Lösen, oben und unten, Osten und Westen, laut und leise, hart und weich u. a. m.

Gegenwärtig wird weltweit und auf vielen Ebenen wieder viel getanzt. Erinnert sei auch an die vielen folkloristischen Reigentänze. Das Interesse, unterschiedliche Tanzkulturen miteinander ins Gespräch zu bringen und an ihnen zu partizipieren, das Wesen des Tanzes zu analysieren, ist lebhaft.

Das 20. Jahrhundert – ein Jahrhundert des Tanzes – trotz Völkerkriegen, Wirtschaftskrisen und politisch-moralischer Verunsicherungen?

Alle Tanzkunst wird sich daran messen lassen müssen, ob es dem/den tanzenden Menschen gelingt, in Bewegungsgestaltungen kreatürliches Menschsein und kosmische Weltwirklichkeit zusammenzubringen und in ein ‚Gespräch' zu verwickeln. In solchen getanzten Dialogen werden auch heute noch ‚letzte Einsichten' mittels symbolischer Strukturformen ‚verkündet'.

Wenn eine Tänzerin oder ein Tänzer z. B. einen Kreis tanzt oder ihn mit den Armen gestisch auszeichnet und dabei nicht tief in sich selbst die in diesem Ur-Zeichen verborgene Göttlichkeit dieses Zeichens mitverspürt, wird ihre Bewegung nicht ausstrahlen und nicht ‚überkommen' können; sie wird floskelhaft bleiben. Denn: Sichtbares und Unsichtbares, Vergängliches und Zeitloses gewinnen *nur* über das *Symbolon* ihre existentielle Klammer und damit eine für alle Menschen gültige und faszinierende Verbindlichkeit und Aussage.

5. Der menschliche Kopf als Kreis-Kugel – Biologische Fakten und symbolische Bedeutungen

Die Gestalt des Menschen im Vergleich zum Tier

Als einziges unter den höheren Lebewesen besitzt der Mensch einen runden, kugelförmigen Knochen: seinen Schädel. Im Laufe seiner phylogenetischen Entwicklung vollzog der Mensch die Aufrichtung seiner Gestalt aus der Vierbeinigkeit, so dass der menschliche Kopf seine Rundheit gewinnen konnte. Die dem Menschen verwandten Wirbeltiere nehmen ihre Nahrung direkt von der Erde und mit einem erdnahen Maul auf, was sich in der Längung ihrer Schädel auch formal auswirkte. Der Mensch hingegen kann aufgrund seiner durch die Aufrichtung freigesetzten vorderen und nunmehr oberen Extremitäten (Arme und Hände) sich seine Nahrung mittels der freigewordenen Arme und Hände zum Munde führen. So ist denn die aufrecht stehende Menschengestalt mit ihrem über Rumpf und Wirbelsäule frei und beinahe schwebend im Lot getragenen Kopf das gestalthafte Wesens- und Gütezeichen des Menschen schlechthin.

Dank der Fähigkeit, seinen Kopf drehen und wenden und sich ‚umschauen' zu können, ist der Mensch imstande, die Welt in immer neuen Zusammenhängen zu sehen und schließlich als ein komplexes Gebilde zu begreifen. Das Tier hingegen lebt nur in einem begrenzten Ausschnitt der Welt und nur in jenem, auf den seine leiblichen Organe abgestimmt sind. Für alles, was außerhalb liegt, ist es ohne Organ. Sein instinktives und artbegrenztes Erkennen geht gleich in artbedingtes Verhalten über, es gibt für das Tier kein Erkennen der Dinge an sich. Infolgedessen steht das Tier den Situationen, in denen es sich zwar irgendwie sinnvoll benimmt, dennoch ohne Einsicht gegenüber.

Allein der leibliche Drang treibt Tiere zum Tun an, nicht nur in Bezug auf Nahrung und Vermehrung, sondern in allen ihren Verrichtungen. Menschliches Handeln aber zeichnet sich gerade durch souveränes Regulieren und Auswählen der aus den leiblichen Organen erwachsenden Lustgefühle und Begierden aus. Der Mensch gewahrt und erkennt, dann erst schickt er sich zum Handeln an. Zwischen Erkennen und Handeln liegt bei ihm ein ‚weltweiter' Übergang: das selbstbewusste Ich. Die Zweiheit von Erkennen und Handeln, von Wahrnehmen und Wahrmachen ist etwas Nur-Menschliches. In seinem selbstbewussten Ich besitzt der Mensch einen Brücken- oder Schwellenwächter. Ein Tier kann z. B. nicht fasten, keine Askese vollziehen, sich nicht distanzieren, kann sich keiner Glücks- oder Schuldgefühle bewusst werden. Es fehlt dem Tier ein Zentrum, von dem aus es die Funktionen seines Sehens, Hörens und Riechens auf einen identischen Realitätskern zu beziehen vermöchte.

Der menschliche Kopf in seiner kugelförmigen Rundheit ist ein Symbol für die Geist-Natur des Menschen.

Das Tier hat keine eigene Mitte. Es ist in seine Artnatur eingebettet, es ist fertig, wenn es seine Art biologisch erhalten kann. Bei Ausbeutung oder Not ist es unfähig, sich erfolgreich zu wehren; es reagiert darauf, indem es einfach verendet. Der Mensch ist das Tier, das weiß, dass es sterben muss.

Der Mensch kann – als Frucht seiner aufrechten, bewussten Kopfhaltung – nach oben wachsen, d. h., er kann erwachsen werden, ethisch entscheiden und handeln, sich wandeln und reif werden. Man kann sagen:

Je stärker seine Selbstfindung ausfällt, um so näher ist er dem Engel;
je schwächer, um so näher ist er dem Tier.

In dem Maße die Kopfkugel im Lot getragen wird und in einer bewussten Aufrecht-Haltung integriert ist, funktioniert die Durchlässigkeit, d. h. hat der ganze Mensch Anschluss an den großen Zusammenhang von Mikrokosmos und Makrokosmos.

Das besagt, die leib-geistige Gestalt des Menschen ist eine Frucht seiner Kopfhaltung und seines Kopfbewusstseins im Kontakt zur Erde.

In Bezug auf eine im Lot ausgerichtete menschliche Kopfhaltung – gleichwohl im Sitzen oder Stehen oder Gehen – werden uns wohlbekannte Bilder von ägyptischen oder afrikanischen Wasserträgerinnen erneut wertvoll. Ihre wie selbstverständlich aufrechte, würdevolle Haltung erwächst einzig und allein aus der intuitiven Ausrichtung auf das Lot und auf die ‚Wasserwaage‘. Eine sensible Orientierung am Lot erschafft die ökonomischsten und schönsten Körperhaltungen. Das hat das Dichter-Auge Rilkes gesehen:

> „Die Erwachsene" seines Gedichts:[122]
> „… Und sie trug es; trug bis obenhin …
> gelassen wie die Wasserträgerin
> den vollen Krug …"

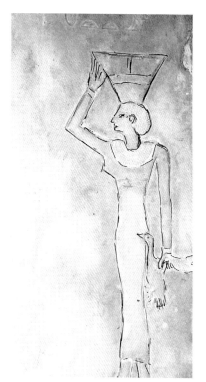

Abb. 58: aus dem ägypt. Museum, Berlin

Exkurs: Das Gehirn als Hologramm

Eine spezifische Fortführung und Überhöhung der vorausgegangenen Gedanken zum runden Kopf des Menschen hat sich durch die neuere Gehirnforschung ergeben: Der Gehirnforscher Karl Pribam hat eine Theorie vom Gehirn als Hologramm entwickelt. Dieses Projekt enthält derart interessante Aspekte für unser Thema, dass hier wenigstens einige Gedanken zu Wort kommen sollen.

Ein Hologramm ist eine mit Hilfe von Laser-Licht angefertigte Fotografie, auf der nicht nur eine bestimmte Ansicht eines abgebildeten Objekts (wie bei der Fotografie), sondern das ganze Objekt zu sehen ist, also ein 3D-Bild.

Ein Hologramm enthält die ganze Information und diese auch noch in jedem seiner Teile. Wenn das Gehirn als ein solches Hologramm gesehen wird, so ist damit gemeint, dass jeder Teil des Gehirns, selbst jede einzelne Zelle, die Vorgänge im gesamten Gehirn widerspiegelt.

Somit könnte das Gehirn ein Hologramm unseres gesamten Erdplaneten sein.

In diesem Falle könnte man das Gehirn als ein Stück von dieser Erde betrachten, das ein Bild vom Ablauf

---

122 R. M. Rilke, Die Gedichte, Insel, S. 460.

ihres gesamten Lebenssystems enthält. Somit wäre das Gehirn vielleicht ein unendlich verkleinertes Abbild der lebendigen Erde, nur ziemlich unscharf an den Rändern und noch der Klärung bedürftig.

Ein Kind muss sein Wissen von der Welt selbst aufbauen, es fängt praktisch bei Null an. Es wird mit einem Gehirn geboren, das vielleicht ein Hologramm der ganzen Erde ist, aber dieser Teil ist eben nur das stammesgeschichtlich ältere Gehirn, und der neuere Teil, sein späterer Computer, ist wie ein weißes Blatt Papier. Wären wir allein auf unser ältestes Gehirnsystem angewiesen, so wären wir reine Instinktwesen wie die Tiere. Die Ausformung bestimmter Einzelheiten geschieht erst durch geistige Auseinandersetzung mit der Welt.

Je offener die Intelligenz, desto umfassender und deutlicher das Bild von der Erde, das ein Hologramm wiedergeben kann.[123]

Was sich in der Kombination der offenen Intelligenz mit der flexiblen Logik abzeichnet, ist die Möglichkeit, die Grenzen des Erdhologramms überschreiten zu können. Mit der Intelligenz des selbstbewussten Menschen hat das Leben einen Weg geschaffen, Hologramme zu relativieren.

Der Gehirnforscher Sir John C. Eccles vertritt die Ansicht, dass das auf den letzten Stufen der menschlichen Entwicklung aufgetretene Selbstbewusstsein in der gängigen Darstellung der Evolution nicht berücksichtigt worden sei. Er habe versucht, diese „schwerwiegende Unterlassung" wieder gutzumachen.[124]

6. Die Innenwelt der Schädelkugel und ihre Sinnes-Löcher

Der menschliche Kopf hat eine Innenwelt: die Schädelhöhle. In ihr ruht das Gehirn. Man kann sagen, weil das Gehirn sich im Kopf befindet, ist dieser so unverhältnismäßig schwer und damit im menschlichen Leib ein ‚Schwer'punkt. Das Gehirn enthält das zentrale Steuerungssystem für den ganzen leib-seelischen und geistigen Organismus und dies ist mit Recht eine ‚Haupt'sache.

Die Schädelkugel des Menschen ist mitnichten dunkel und verschlossen: sie hat Öffnungen. Ihre Innenwelt wird durch Sinnes- wie durch Geisteskräfte erhellt. Augen, Ohren, Nase und Mund sind wie Einfallstore der umgebenden Welt. Vor allem durch die Augen wird die Kraft unaufhörlicher geistiger Strahlung zwischen dem Außen und Innen transportiert, ja sogar sichtbar.

Das Lichtauge des Menschen stellt die höchste und kostbarste Verkörperung und Verlebendigung des Kreissymbols dar. Im menschlichen Auge fallen die objektiven und die subjektiv-einmaligen Kräfte des Kreises und die immaterielle Lichtwirklichkeit zu *einem* Ausdruck zusammen. Zu diesem wichtigen Aspekt sollen in einem eigenen Kapitel einige biologische Fakten und daraus sich ergebende meditative Reflexionen beigesteuert werden.

---

123 Vgl. Joseph Chilton Pearce, Die eigene Welt des Kindes, Rororo 7370, 1980. S. 16ff.
124 Letztere Notiz stammt aus einem Artikel (dpa) zum 90. Geburtstag des Forschers am 27. 1. 1993.

7. Die konzentrischen Kreise des Auges: Die Konzentrierung des Menschlichen

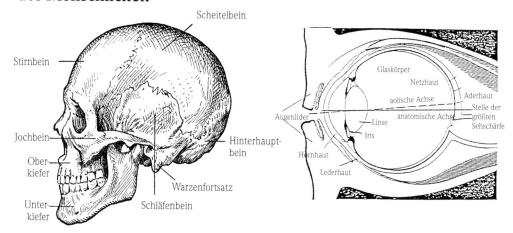

Abb. 59 (links): Der menschliche Schädelknochen – hemisphärisch

Abb. 60 (rechts): Querschnitt durch den menschlichen Augapfel

Die biologischen Fakten untermauern das geistig-symbolische Bedeuten. Dazu einige Aspekte: Das empfindliche runde Augen-Gesichts-Organ liegt wie eingebettet in einer starken knöchernen Augenhöhle. Der Glaskörper des Auges wird durch eine ihn umgebende Hornhaut nochmals geschützt. Die hinter der Hornhaut liegende Regenbogenhaut, die Iris, gibt dem Auge die Farbe. Durch ein kleines rundes Loch in der Iris, die Pupille, fallen die eindringenden Lichtstrahlen auf die innen hinter der Pupille befindliche Linse, welche ein Teil des Glaskörpers ist, und durch sie hindurch dann auf die empfindliche Netzhaut (s. Abb. 60). Durch Irisblende und Veränderung der Linsenkrümmung sorgt dieser vorgeschaltete optische Apparat für eine scharfe Abbildung der Sehdinge auf der **Netzhaut**. Sie ist das eigentliche Sinnesepithel des Auges. Sie kleidet den ganzen Augenhintergrund aus. Ihre eingelagerten Nervenelemente verknüpfen und ver**netz**en Außen- und Innenwelt des Menschen: Sie wandeln aufgenommene Lichtstrahlen in Erregung um und leiten diese weiter zum Gehirn. Dort erst deuten sich die verschiedenen Wellenlängen des Lichts als Farben.

Der runde Schädel ist zwar in sich blind, doch im Auge bekennt er sich. Im Auge offenbart der Mensch, was und wie sein Innerstes ist. Das Auge ist ein zugleich sinnliches und geistiges Organ. Es strahlt die Temperatur des ganzen Leibes aus. Es ist das Organ, das am meisten glänzt. Sein Glanz verkündet Leben und Lebendigkeit, seine Trübung geistige Verkümmerung oder Tod. Das Auge ist der Spiegel der Seele. In ihm tritt unmittelbar Inneres nach außen und zwar als farbiger Glanz. Dies gilt aber auch umgekehrt: wir fassen die bunte Welt ‚ins Auge'. Das Auge wird zum eigentlichen, zentralen Prüfstein, zur Kennkarte des Menschen. Im Blick tritt hervor, was im Menschen ist. Der ‚Augenblick' täuscht nicht: er ist wie ein Gericht. Das trifft auch zu hinsichtlich der medizinischen Augendiagnose, der Iridologie.[125]

---

125 Iridologie ist die Wissenschaft von der Bestimmung akuter, chronischer und destruktiver Stadien eines erkrankten Körperorgans durch die entsprechenden Felder in der Iris. Arzneimittelrückstände, angeborene Schwächen und Lebensgewohnheiten des Patienten können ebenfalls aus der Iris des Auges erschlossen werden. Hier zeigen sich manchmal Krankheiten

Das Sehen ist an das Licht gebunden. Im Maße wie unser Auge an unsere Atmung ange-schlossen ist, geschieht Einatmung und Ausatmung der Welt durch das Auge und im Auge – soweit eben Licht in uns ist.

Liebe entsteht nicht aus dem Wollen oder Begehren, sondern aus dem Anschauen und Angeschaut-Werden; Liebe kommt vom Sehen. Das lichte Auge verändert die Welt um uns herum. Der Mensch verinnerlicht das Licht zur Einsicht, zur Aufnahme von Wirklichkeit und Wahrheit: er erkennt! „Adam erkannte Eva."(Gen 4,1)

Im Schauen, im Tiefensehen, vollendet der Mensch gewissermaßen Halbbögen zum Kreis. Solches Tiefensehen will allerdings gelernt sein: dann erst wird man zum Bürger zweier Welten. Im Besonderen entwickeln blinde Menschen diese Sensibilität.

Sobald wir unser Auge bewusst in die Rundheit des Kopfes einzubetten vermögen, ge-schieht, dass es aus dieser Mitte heraus das Universum als seine größere Entsprechung spür-bar zu erreichen vermag. Ein Kreis strahlt. Im Maße unser Auge Lichtauge wird, begegnen wir dem Kreis. Das Auge beginnt von einer Mitte her zu strahlen und sich auszudehnen in konzentrischen Kreisen. Mit geistigen Augen wird der Mensch fähig, das Universum, die unfassliche Einheit eines Ganzen, eine Ganzheit, zu ‚schauen'.

Der innerste, tiefste und größte aller Kreise:

„Der Kreis ist das Lichtauge Gottes."[126] (A. Rosenberg)

Mutigeres und Existentielleres kann wohl über Kreis und Auge nicht gesagt werden.

Das Auge ist ein Fenster: es vermittelt Licht, physisches und geistiges, ins Innere, aber ebenso nach außen. Wir können uns in einem späteren Gedankengang von den frühmittel-alterlichen runden Kirchenfenstern, den Oculi, und von den zu schönster Pracht entfalteten gotischen Rosenfenstern anregen lassen, auch unsere eigenen Augen als bunte, große Fenster zwischen den Welten wahrzunehmen und zu entfalten – im Prozess der spirituellen Vertie-fung und Ganzwerdung unseres körperlichen Daseins.

8. Vorschlag für eine Körpermeditation zur Rundheit des Kopfes, zum Gesicht und zu den Augen

Vorbemerkung: Im Sinne dieser Arbeit kann und darf das Vermitteln von Einsichten nicht eine rein rationale Angelegenheit sein, sondern es muss auch sinnliche Wahrnehmungen und Erfahrungen über Bilder (Formen und Farben) und den ganzen Körper mit einbeziehen. Deshalb wird zunächst eine Körpermeditation angeboten und danach einige aufschlussreiche Bildinterpretationen.

Die nun folgende *Körper*-Meditation ist natürlich auch eine körperliche Übung. Es wird deshalb selbstverständlich auch im Anhang bei den Körperübungen auf diese Stelle hin-gewiesen unter Übung 27, S. 239.

Bequeme Rückenlage; die Arme liegen locker neben dem Rumpf und die Augen sind geschlossen.

27

---

früher an als sie ausbrechen.
126 Wesentliche Gedanken dieses Kapitels verdanke ich Alfons Rosenberg (Vortragsnotizen).

Ich nehme zunächst die Schwere im Beckenbereich wahr und versuche geduldig vom Becken und von den Hüftgelenken her in die Beine hineinzuspüren, nehme ihre Auflage auf dem Boden wahr, vor allem in den Waden und in der Ferse.

Ich spüre über Ferse, Unterschenkel, Knie und Oberschenkel zurück ins Becken hinein und von dort an der Wirbelsäule entlang nach oben in den Brustkorb und zum Schultergürtel. Die Schulterblätter liegen möglichst breit und flach auf.

Den Hals lang machen und den Kopf von der Erde tragen lassen! Vom Schädelknochen ausgehend durch die Kopfhaut und die Haare hindurch zur tragenden Erde hinspüren und den Kopf in seiner Rundheit wahrnehmen. Vom Schädelknochen ausgehend die Kopfhaut, die Stirne und die Schläfen entspannen, dann die Wangen, die Ohren, die Nasenflügel, die Ober- und Unterkiefer-Gelenke einbeziehen und lösen und schließlich auch die Lippen, das Kinn und die Zunge, d. h. diese in der Mundhöhle gänzlich ausruhen lassen und entspannen. Auch den Rachen und das Zäpfchen locker machen.

Das ganze Gesicht einer ruhigen Gelöstheit überlassen.

Dann auch die Halsmuskeln und nochmals die Kiefergelenke freigeben und lösen. Dieses alles in großer Ruhe und mit Achtsamkeit vollziehen.

Einem tiefen, ruhigen und durchgehendem Atem Raum geben. –

Nun sich auf die Augen konzentrieren.

Die Augenlider von allen feinen Verspannungen lösen und die Augenkugeln in ihrer Höhle und in ihrem Kammerwasser schwimmen lassen.

Die Augen bis zur hinteren Schädelbasis absinken lassen (in der Vorstellung).

Nach einer guten Zeit stillen Verweilens – anfangs etwa 15 Min., später mehr – diese Körpermeditation mit Entschiedenheit beenden:

Langsam beginnend nun versuchen, im ganzen Körper von innen her die Knochen und Gelenke gegen die Haut zu bewegen. Die Gliedmaßen aus dem Rumpf heraus dehnen und weit ausstrecken.

Dann aufstehen und den Körper durch Wippen auf den Zehen lockern von Kopf bis Fuß und ihn wieder ganz wach machen. Nochmals recken und dehnen bis sich schließlich ein großes Gähnen einstellt – als ein gutes Zeichen.

Durch Entspannungsübungen dieser Art ist es möglich, den sog. Körperbewusstseinspanzer aufzubrechen, der immer dann entsteht, wenn sich psychische Verspannungen oder Gefühlsverbergungen in den Gesichtsmuskeln einfrieren. Unser Gesicht gestaltet sich entsprechend unserem tatsächlichen Zustand und unseren tatsächlichen Gefühlen: es ist das Ergebnis dessen, was wir zu sein und zu fühlen vorgeben. Wenn aber unser wahres und unser vorgespieltes Wesen miteinander im Konflikt sind, setzt sich dieser Konflikt in unseren Gesichtsmuskeln häufig als Verspannung fest. Jeder Teil meines Gesichts weiß etwas über mein Leben und meine persönliche Geschichte zu erzählen.[127]

„Das menschliche Gesicht ist bedeutsamer als das ganze Universum", sagt Meister Eckhart. Auch für den Maler Alexej Jawlensky offenbarte sich im Gesicht der ganze Kosmos des Menschlichen. Er malte am Ende seines Lebens fast ausschließlich Gesichter, und er

---

127 Die Physiognomik, eine diagnostische Wissenschaft, versucht, die komplexen psychischen, sozialen und medizinischen Phänomene des Gesichtes zu bewerten.

nannte diese Bilder „Urformen" oder „Meditationen". So erklärt sich auch das Titelbild dieses Buches besser.

9. Die runde Kniescheibe und die vier Kugelgelenke des Rumpfes: ihre Teilhabe an der Symbolkraft von Kreis und Kugel

Abb. 61: Vorgeschichtl. Ägypt. Tonfigur, Brooklyn Museum, New York

Wir haben die Kniescheibe (Patella) bereits als einen Orientierungspol für das Sitzen und allgemein für die menschliche Haltung kennen gelernt. In der Malerei und in der Graphik wird sie oft als ein ausstrahlendes Zentrum dargestellt. Aus gutem Grund, ist sie doch ein überaus markanter, exponierter, kleiner Solitär-Knochen und ein wahrer Angelpunkt! Mit der runden Kniescheibe hebt sich das ganze Bein zur „Sonne" hin. Indem der Bewegungsimpuls von der Kniescheibe ausgeht, erfahren das Gehen, das Laufen und das Treppensteigen eine spezifische innere Muskelinnovation und Ökonomie: Das bewusste Wechselspiel von Heben und Senken, von Beugen und Strecken der Ober- und Unterschenkelknochen im Kniegelenk entlastet enorm die Bauchmuskulatur. Durch die bewusste Intention des Sich-anziehen-Lassens in der runden Patella von der großen ‚Scheibe' der Sonne kommt die besondere Kraft des Kreissymbols mit ins Spiel.[128]

Die vier *Kugelgelenke* an den Ecken des Rumpfquadrates erlauben eine runde Beweglichkeit der menschlichen Gliedmaßen (Arme und Beine) nach fast allen Seiten hin, während die vielen Scharniergelenke des Körpers nur vergleichsweise zweidimensional zu bewegen sind. Die gestreckten Arme können aufgrund der sehr frei angelegten Schultergelenke einen Kreis um den Kopf herum zeichnen, d. h., sie nehmen die Kreisform des Kopfes auf und setzen sie in Bewegung um.

Es ist ein beliebtes Vergnügen, auf dem Bauch oder auf dem Rücken liegend mit den Armen und Händen einen durchgehenden Kreis in den sommerlichen Sandstrand zu zeichnen. Die Beine sind diesbezüglich nicht ganz so ‚tüchtig', dafür aber sind sie wesentlich stabiler in ihrer Gelenkhöhle verankert.

10. Der menschliche Kopf in der modernen Kunst als Zeugnis des Einzelmenschen und des Zeitgeistes

Da der Kopf und das Auge Zeugnisse sind für den geistigen Ort eines Menschen, sollen fünf ausgesuchte Bilder gewissermaßen eine Anleitung dafür abgeben, Bild-Zeichen und die ‚Zeichen der Zeit' zu lernen, d. h. symbolisch sehen zu lernen.

---

128 Zur Erinnerung: Das Sitzen im Dreieck findet zwischen den runden Eckpolen Kopf – Becken – Kniescheibe statt. Sobald ich mich im Sitz- oder Steh-Dreieck wahrnehme, vergeht die mental-gedankliche Kopflastigkeit.

Abb. 62: *Die roten Dächer, 1953*
Öl auf Papier, auf Leinwand aufgezogen, Sammlung des Künstlers,
230 x 213cm

a) Marc Chagall, Die roten Dächer, 1953
b) Wilhelm Lehmbruck, Der Gestürzte, 1915/16
c) Pablo Picasso, Weinende Frau, 1937
d) Francis Bacon, mittlere der drei Studien zu Figuren am Fuße einer Kreuzigung, 1944
e) Paul Klee, Dämonie, 1939.

Marc Chagall nimmt unter diesen fünf Künstlern eine Sonderstellung ein. Chagall hebt die Statik auf. Er macht so den Bildraum offen für „eine vierte oder fünfte Dimension" und „neue, ungewohnte Wahrnehmungen dringen ins Auge des Betrachters" (aus Chagalls Tagebuchnotizen).

Indem Chagall auch spirituelle Wirklichkeiten in seinen Bildern mit aufzeigen will, ist er nicht Surrealist, sondern ganz und gar Realist. Mit seinen oft frei im Raum schwebenden Kreisen und Köpfen kommen psychische und metaphysische Realitäten ins Bild: die runde Ganzheit z. B. in der Liebe

Abb. 63: *Der Gestürzte von Wilhelm Lehmbruck (1881–1919),*
Bronze, Berlin

oder als Androgynität. Liebe ist für Chagall das Schlüsselwort für die höhere Existenz.

In Lehmbrucks hingestürzter Kriegerfigur verbleiben die menschliche Gestalt und ihre Kopfform mit ihren Dimensionen noch innerhalb natürlicher Gegebenheiten. Hingegen werden diese nur zwanzig Jahre später bei Picasso, Bacon und Klee in schockierender Weise verformt. Diese brutalen De-formierungen verdeutlichen, was im seelischen Bereich mit einhergeht:

geistige Des-orientierung und geistiges Des-interesse und seelische De-pression als Verunstaltungen des Menschlichen.

Wie kaum ein anderer Maler wusste Marc Chagall um die geheimnisvollen Zusammenhänge zwischen Kreis, Kopf und Auge.

Bei Chagall ist der Kreis ein Symbol Gottes. Seine Bilder auf dieser Spur zu betrachten, ist wie ein Schlüssel zu seinem Werk.

Abb. 64 (links): Weinende Frau von Pablo Picasso 1937

Abb. 65 (rechts): Francis Bacon, Figur am Fuße einer Kreuzigung, 1944

Diese Plastik Lehmbrucks von 1915/16, die auch „Sterbender Krieger" heißt, ist zum Symbol einer sinnlos hin geopferten Weltkriegs-Generation geworden.

In Verzweiflung und Ratlosigkeit bohrt sich der Kopf in die Erde ein, als suche er Deckung vor der Tod speienden Gegenwart.

Abb. 66: Dämonie von Paul Klee, 1939, 897 (WW 17)

Wer kann sich verschließen vor Picassos „Weinender Frau" angesichts sinnlos-mörderischer Kriege, Ver‚nicht‘ungen und massenhafter Tode – und das noch im 20. Jahrhundert!?

Sind dies alles nicht phallusartige Angriffe gegen das Heile – Ganze, Behütende, Wehrlose, das Runde-Weibliche? Vergewaltigungen en masse?! Nicht erst seit dem Kindermord von Bethlehem. Ein Frauen-Ge‚sicht‘, das zeitlos das Lebensleid von Frauen und Müttern in einem umfassend wahrgebenden Sinne ausdrückt.

Dieses Schock-Bild von F. Bacon (1909–92) stellt ein Äußerstes an „Kopfverlorenheit" dar, das allem, was Mensch-Sein heißt, hohnbleckt. Hier regiert das Unter-Menschliche: der Kopf und das Gesicht sind reduziert auf die ‚Fresse‘. Der Kopf steht nicht über dem Rumpf, sondern hängt ‚daneben‘ und darunter, nicht vorausgerichtet, sondern ‚hinterrücks‘.

„Kunst macht sichtbar" (Klee). – Angesichts solcher Deformierung des Menschlichen und an welchem **Ort**!, müssen wir uns befragen lassen.

P. Klees Figuration eines kopflosen Menschen, ohne Stirn, ohne Hals, ohne Mund, wirkt wie das Schreckbild eines grässlich "entarteten" Menschen.

Klee macht hier über alle Zeitläufe hinweg menschliche Abgründe sichtbar. Die undifferenziert gefühllosen Augen starren aus höhlenartiger Schwärze und versetzen in Angst und Schrecken wie vor einer unheimlichen Macht oder wie vor tierhafter Unberechenbarkeit: Dämonie gewissenloser Gewalt- und Mordherrschaft der Nazis und überall sonst, gestern und heute.

11. Synoptische Skizze von den Formen und Bedeutungen des Runden nach J. Gebser

Punkt	eindimensional	raumlos zeitlos	magisch	Einheit	Emotion Gefühl
Kreis Kreislauf	zweidimensional	natur- zeithaft	mythisch	Polarität	Imagination
Kugel	dreidimensional	raumhaft und zeithaft	perspektivisch	Dualität	Abstraktion
durchsichtige Kugel	vierdimensional	raumfrei zeitfrei	integrativ ganzheitlich transparent	Diaphanität Durchsichtig- keit	Wahr-nehmung Wahr-gebung Ge-wahren/ Konkretion

Abb. 67

Der Kulturphilosoph Jean Gebser charakterisiert in dieser Tabelle die Perioden der geistesgeschichtlichen Entwicklung des Menschen am ‚Bilde' der Entfaltung des Runden, des Kreissymbols, vom Punkt bis zur durchsichtigen Kugel; und zwar vom Standort des vierdimensionalen Weltbildes der Gegenwart. Nach dem Verfall der ägyptischen Kulturwelt, die deshalb so interessant ist, weil sich hier der Übergang von *magischer zu mythischer* Weltbegegnung des Menschen bilderreich manifestiert, entsteht in Griechenland eine weitere antike Hochkultur. Diese ist gekennzeichnet durch unzählige Göttergeschichten und -mythen, die aus vorrationalen Erfahrungen hervorgingen.

Die zweidimensionale, *mythische* Weltvorstellung und eine in Bildern verschlüsselte Lebensweisheit wird abgelöst durch das Aufkommen von philosophisch-rationalen Denkweisen (Vorsokratiker, Sokrates, Platon, Aristoteles). Sokrates wurde zum Tode verurteilt, weil er die Jugend vom Götterglauben abbrachte und zu kritischem Denken anleitete.

Die *mental-rationale, perspektivisch*-dreidimensionale Struktur der Weltbegegnung erreicht in der europäischen Renaissance und Aufklärung einen ersten Höhepunkt. In der Individualentwicklung beginnt diese Periode etwa mit der Schulreife. Im Kopf vollzieht sich eine Verlagerung wichtiger Prozesse vom Großhirn in die Hirnrinde. Nicht nur die Ausbildung des im Schädelinneren gelagerten Gehirns, sondern auch die äußere Kopfform verändert sich unter diesen Entwicklungen. (s. Abb. 68)

Indem sich der Mensch seiner eigenen, aufgerichteten Gestalt bewusst wird, tritt die individuelle, geistige Ausstrahlung seines Kopfes und seiner Augen als das Kriterium für die Verfasstheit des aufgeklärten Einzelnen bzw. eines aufgeklärten Zeitalters in Erscheinung.

Quasi unter unseren Augen vollzieht sich im 20. Jahrhundert die Umwandlung von der dreidimensionalen *Denk*welt mit ihrer Sucht nach immer höheren Intelligenzquotienten hin zu einer vierdimensionalen, integralen Weltsicht. ‚Integrativ‘ bedeutet, dass sich der Mensch als Glied eines Ganzen, eines Sinngefüges begreift, und es bedeutet auch, dass er sich mit seiner ganzen Person als mitverantwortlich für das Ganze fühlt und entsprechend handelt.[129]

Das aber heißt, die körperlich-geistige Vitalität des Menschen ist dabei, sich zu verändern:

weg von egozentrischer Konzentration durch abstrakt-perspektivisches Denken und *hin* zu einem ganzheitlich wahrnehmenden und wahr gebenden Welt-Bürgertum mit ‚communitarischem‘ Ethos.[130]

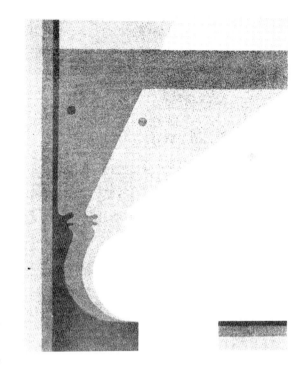

Abb. 68: Köpfe von Oskar Schlemmer, 1923

Dieses Bild sieht zunächst wie eine Studienskizze aus, in der ein menschlicher Kopf in verschiedenen Situationen dargestellt wird. Aus unserem Zusammenhang aber lässt sich daraus eine Interpretation der Evolution des menschlichen Bewusstseins anhand der Stirnregion erkennen und ablesen: vom kindlichen Naiven bis zum strengen Bewussten.

Die Konsequenz aus Jean Gebsers Zeitanalyse könnte lauten: Wer nicht in dieser vierdimensional-integrativen Ausrichtung zu leben versucht, veraltet, ist nicht auf der Höhe, sondern hinkt seiner Zeit hinterher.

Das Nebeneinander dieser beiden Bilder, einer Maske aus mythischer Zeit und das individuelle Foto-Porträt eines heutigen, konkreten Menschen, verdeutlicht einen ‚Weit‘-Sprung im evolutiven Bewusstwerdungs-Prozess des Menschen.

---

129 In seinen vielen Skizzen zur menschlichen Gestalt vertritt Oskar Schlemmer (1888–1943) ein anatomisch-metaphysisches Menschenbild. Durch formelhafte und durchsichtige Fixierungen gewinnen seine Kopfbilder wie auch seine Menschenfiguren (besonders z. B. in seinem Triadischen Ballett) tiefsinnige, mystische Verschlüsselungen. Das Menschenbild wird in eine transzendente Sphäre hinüber,gerettet‘. Auch Schlemmer stellt die reine Form, z. B. des Kreises, eindringlich in den Dienst der Idee – als Rettung vor dem Chaos, s. S. 189.

130 In Amerika gibt es seit einigen Jahren eine Bewegung, deren Mitglieder sich ‚communitarians‘ nennen, Gemeinschaftler. Sie wollen durch Partizipation das Verantwortungsgefühl der Bürger für die Gemeinschaft neu beleben. Sie treten für das Subsidiaritätsprinzip ein und hoffen, dass die Bürger das Gemeinwesen als „ihren“ Staat anerkennen und sich in ihm wieder erkennen. (Aus einem Artikel von Marion Gräfin Dönhoff, Die Zeit, Nr.28, 5. 7. 96: „Wo bleibt das Ethos?“)

In mythischer Zeit war das sprachlose Staunen über die unfassliche Welt vorherrschend. Die Welt wurde über die Augen, die Schau von Bildern, und über die Ohren, das Hören, aufgenommen, d. h. Stirn- und Mundpartien waren noch relativ unentdeckt und unentwickelt. – In dem Gesicht der Nonne hingegen drückt sich eine bewusste, moderne Weltbegegnung aus. Das alle Sinne integrierende, individuell durch- und ausgebildete Gesicht kristallisiert sich in einem sich selbst offenbarenden und sich selbst hinterfragend-gegenwärtigenden Augen-Blick, der auch noch mögliche Beschauer oder Adressaten integriert.

Abb. 69 (links): Maske einer reich geschmückten Frau, Nordmesopotamien, Höhe 11,8 cm, Mittelassyrisch, 14.–13. Jh v. Chr.

Abb. 70 (rechts): Portrait einer Nonne

12. Kreis und Mitte – Mensch und Rad

Durch einen fest markierten Mittelpunkt wird ein Kreis zum Rad. Somit gilt ein geometrisch exakter Kreis im strengen Sinn als ein Rad. Radmitte und Radumfang stehen in einem spannungsvollen Bezug. So kann z. B. das Rad eines gewöhnlichen Fahrrades – als reine Form – ähnlich faszinieren wie das Riesenrad eines Jahrmarktes oder das buntgläserne Radfenster einer gotischen Kathedrale. Vielleicht ist die Idee, dass sich das Innere des Menschen als Radnabe, als Kraftzentrum, und das Äußere als Radumfang, als Peripherie des Menschen, verstehen lässt, das zündend Verbindende.

Jedes Mal gehen von einer Mitte strahlenförmig die Speichen in alle Richtungen aus und hin zur Peripherie, die diese Speichen alle wieder umfängt und verbindet. Alle Punkte der Peripherie sind gleichweit vom Zentrum entfernt, also gleichwertig, und doch können – über den Punkt in der Mitte bezogen – die unzählbar vielen Peripheriepunkte untereinander unterschiedlich gefärbte Beziehungen haben, wie dies die Zeigerstellungen eines Uhrenziffernblattes veranschaulichen.

Faszination Rad! Marcel Duchamps ‚Bicycle Wheel‘ wurde berühmt durch seine bahnbrechende Wirkung für die gegenständliche Kunst der Moderne. Durch seine Wandlung zum Rad erhält der Kreis einen Aspekt des Zeitlichen, des Aufteilbaren und deshalb Unvollkommenen.

Die Rotation eines Rades erzeugt Zyklen, eine Auf- und Ab-Bewegung, ein Vor- und Zurück-Drehen: eine Annäherung also an Menschliches.

Ein Mensch wird rücklings über ein sechsteiliges Rad gelegt, das als ein Schicksalsrad zwischen Leben und Tod gekennzeichnet ist durch die Seitengestalten mit ihren Stäben. Der Mensch fasst mit den Händen seine Füße, wodurch er mit seinem Leib zu einem Rad zusammengeschlossen wird. Der aufrechte, d. h. in einem eckigen Winkel zur Erde stehende, Mensch wird ein ‚Gerädeter‘! Und er selbst ist das Rad. Ein ähnliches Radmensch-Relief, allerdings auf einem achtspeichigen Rad, befindet sich außen an der gotischen Stiftskirche in Tübingen. In beiden Fällen handelt es sich um Erlösungssymbolik: Die Anpassung des eckigen Menschen an das Runde als Sinnbild des Identischen, des Ewigen und Vollkommenen.

Das Bild vom Radmenschen kann aber auch dahin verstanden werden, dass sich menschliche Ganzheitserfahrung psychisch von einer starken Mitte her aufbaut. Schon der römische Philosoph Boethius (geb. 480), Ratgeber des Theoderich, mahnte in seinem viel gelesenen „Trostbuch der Philosophie“:

Abb. 71: Bicycle Wheel (1913) von Marcel Duchamp

„Mit fester Kraft besetzt die Mitte!“ Diese Weisung kann gerade von der Radvorstellung gut verstanden werden. In heutiger Sprache würde sie etwa lauten: Sucht eure Mitte und findet euch in euch selbst, findet eure Identität! Wer in seiner Mitte ist, ist frei; denn er kann von dort in jede Richtung gehen.

Exkurs: Das Radtier – der Pfau

Das Radtier schlechthin ist unangefochten der Pfau mit seinem Pracht-Radgefieder. Er erscheint im frühen Orient, in der ägyptischen und dann auch in der christlichen Ikonographie als Unsterblichkeitssymbol, weil das Wiedergewinnen seines Gewandes im Frühling so auffallend war, dass es zu den bezeichnendsten Merkmalen des Frühjahrs gehörte und darum der Pfau zu einem besonderen Frühlings- und Schönheitssymbol wurde.

In Indien und im Buddhismus diente er zur Verkörperung der göttlich-verehrten

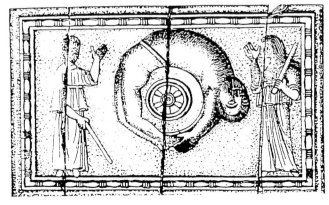

Abb. 72: Der Radmensch Relief, Palermo, 9. Jh.

Sonne. Buddha selbst erscheint in der Kunst als Pfauenkönig, auf dem Rücken des Vogels reitend und von den Federn des Rades aureolenartig umrahmt.

Die Sonne als goldbeschwingter Vogel und ihr immer wiederkehrender Jahresrundlauf als Unsterblichkeitssymbol fanden im Pfau und seinem Radgefieder einen adäquaten Ausdruck. Dies war symbolisches Gemeingut der ganzen Antike.

In der frühchristlichen Kunst gilt der Pfau als Paradiesesvogel: Er steht als Teil für das Ganze, um ewigen Frühling und künftige Herrlichkeit anzudeuten. In Taufkapellen symbolisiert er geistige Erneuerung und innere Freiheit. Der Pfau ist m. W. das einzige Tier mit einer differenziert ausgebildeten Kopf-Krone. Vielleicht kommt daher sein feierlich stolzierender Gang?

13. Rundkirchen: die Metaphysik des Rades

Vorweg ein Blick auf die beiden berühmtesten Kuppelbauten der europäischen Architektur:

a) das römisch-heidnische Pantheon in Rom (erbaut 118–128 n. Chr.) und

b) die Hagia Sophia (Heilige Weisheit) in Istanbul, deren riesige, lichtstrahlende Kuppel wie eine schwebende, radartige, flache Schüssel wirkt. Sie wurde zum Vorbild für spätere Kuppel-Moscheen und für christliche Kirchenkuppeln, in besonderer Weise für den Markus-Dom in Venedig.

Eine Kuppel repräsentiert stets die himmlische Hemisphäre. Wenn man im Kirchenraum mitten unter ihr steht, empfindet man sich als einen winzigen, aber zentralen Punkt im kosmischen All.

Die christlichen Kirchen mit einem runden Grundriss sind etwas Besonderes. Sie sind meistens klein und bescheiden und liegen etwas abseits. In Nordeuropa gibt es viele runde Dorfkirchen, z. T. ursprünglich Wehrkirchen.

Hier sollen drei christliche Rundkirchen herausgestellt werden, weil sie je einen bestimmten, besonderen Aspekt der Radsymbolik verkörpern:

a) das Mausoleum Santa Constanza in Rom, erbaut 338 bis 353,

b) die Basilika Santo Stefano Rotondo in Rom, erbaut 468 bis 483 und

c) die Michaels-Kapelle in Fulda, erbaut 820.

Die Grundrisse dieser drei frühchristlichen Kirchen gleichen sich darin, dass sie sich von einer zentralen Mitte her in größer werdenden Kreisen aufbauen, wobei freistehende Säulen den Bau radförmig unterteilen und tragen.

a) Santa Constanza blieb als Grabstätte der Constantia, einer Tochter Kaiser Konstantins, bis heute erhalten.

Die schlitzartigen Fenster lassen das Licht wie Radspeichen von außen nach innen strahlen. Expansion und Introversion sind lichtdynamisch ‚eingebaut'. Der dreistufig gegliederte Bau ist ein Hinweis auf die Hl. Dreifaltigkeit.

b) Ideal-Skizze vom Innenraum der Kirche Santo Stefano Rotondo. Diese Basilika ist wegen ihrer reich aspektierten Symbolik einmalig (Dreiecke, Quadrate, Acht-Stern, gleicharmiges Kreuz: Stadt Gottes, Himmlisches Jerusalem etc.) Das sich aus einem zentralen Lichtkreis weitende, dreifache Rund der Säulen und Räume steht hier für das Wohnzelt Gottes. Dem Rad-Kreis aber als dem Wohnzelt Gottes unter den Menschen gilt für immer die Verheißung Gottes, die der Prophet Ezechiel (37,26) überbringt:

„Ich werde mitten unter ihnen für immer mein Heiligtum errichten und bei ihnen wird meine Wohnung sein." Das will sagen: Sein Heiligtum wird sich *in ihrer Mitte* befinden.

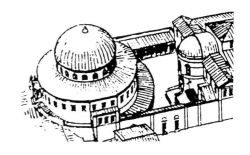

Abb. 73: Heilig-Grab-Kirche von Jerusalem. Modellvorlage für alle christlichen Rad-Kreis-Kirchen ist die ‚Heilig-Grab-Kirche' von Jerusalem, begonnen um 326 n. Chr. Hier eine Rekonstruktions-Skizze.

c) Die dritte Rundkirche, die Michaels-Kapelle von Fulda, zählt zu den ältesten, noch erhaltenen sakralen Bauwerken Deutschlands. Sie besteht aus einer altehrwürdigen Krypta aus dem Jahre 820 und einer darüber liegenden Rotunde. Der ganze Bau wird von einer kurzen, kräftigen Krypta-Mittelsäule getragen, welche mit einem schlichten, ionischen Spiralkapitell geschmückt ist. Die kleine Kapelle diente den Mönchen für ihre Todes- und Begräbnis-Liturgien.[131]

Abb. 74: Mauloleum der Constantia: Santa Constantia in Rom

Abb. 75: Santo Stefano Rotondo, Rom

---

131 Michael führt die menschliche Seele über die Todesschwelle, er hält die Seelenwaage in seinen Händen. So wird er oft dargestellt.

Abb. 76: Rotunde im Hauptgeschoss der Michels-Kapelle und der Grundriss der Krypta

Der Grundriss zeigt eine klare, doppelringige Radkonstruktion. Bedeutungsvoll geht alles aus von der einen ‚heiligen' Mittelsäule (Christus) und ruht auf ihr. Die Säule wiederum ist fest in einen quadratischen Sockel (die Welt) eingebettet. In der Mitte der darüber liegenden Rotunde des Hauptgeschosses steht der Altar. Dieser wird umrahmt von acht Säulen. Darüber gibt es noch ein Obergeschoss mit vier Doppelarkaden, über denen sich ein Rotundenzylinder erhebt. Wie in dem Spiral-Kapitell der Krypta-Säule angedeutet, gibt es in dieser radförmigen Kapelle nicht nur ein Sich-Ausweiten und ein Sich-Verengen von außen nach innen, sondern auch von unten nach oben und von oben nach unten, also eine Spiralbewegung.

Zusammenfassend lässt sich die spirituelle Idee solcher radförmig gebauten Kirchen dahin deuten, dass das Zentrum als die göttliche Quelle allen Seins betrachtet wird, während der umgebende Außenkreis, die Peripherie, die profane Welt versinnbildet. Durch die Radspeichen, die gewissermaßen einen transparenten Bereich andeuten, werden Gott und Welt, der ewige Gott und der vergängliche Mensch, Unsichtbares und Sichtbares miteinander verbunden: sprungartig. Möglicherweise ist noch eine andere Version symbolisch ablesbar: dass nämlich in der Mitte die menschliche Seele ruht, während draußen herum der Leib und die vergänglichen Dinge der irdischen Welt und des Kosmos sich karussellhaft drehen.

In beiden Versionen korrespondieren von einer gemeinsamen Mitte aus Mikrokosmos und Makrokosmos miteinander. Von Mitte zu Peripherie besteht ein Verhältnis wie von Anruf und Antwort: Der Mensch kommt und ruft aus der Not seines Lebens und Gott antwortet innen oder umgekehrt, Gottes Anruf kommt von außen und die Seele antwortet innen.

Abb. 77: Mittelsäule der Krypta

Die Rad-Rund-Kirchen aus frühchristlicher Zeit wurden meistens als Totengedenkstätten gebaut, weil man mit dem Kreis der Unsterblichkeitshoffnung nachhaltig Ausdruck geben wollte. Diesen Charakter vertritt Santo Stefano Rotondo als Märtyrerkirche ebenfalls. Die radförmige Baustruktur mit ihren sich weitenden, expandierenden und konzentrierenden Kreisen sollte also den Glauben widerspiegeln, dass menschliches Leben durch den Tod nicht abbricht oder

erlöscht, sondern sich wandelt, sowohl in ein umfassenderes, lichtvolleres Dasein und zugleich in die einende, heilige und heilende Tiefe Gottes hinein.

Bei der Deutung der ‚Rundkirche als Rad' auf der
Subjektstufe, also vom Aspekt unserer eigenen Seele,
könnte man sagen:

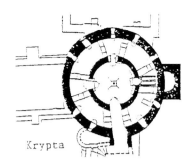

Jeder wirkliche Christ ist eine Rundkirche und
jede ‚Rundkirche' ist ein Christ.

14. Rad und Rosenfenster

Eine überwältigende
Verherrlichung des
Rades geschah durch
die riesigen Rosen-
fenster der gotischen
Baukunst.

Die Urform war der
Oculus, das einfache,
runde ‚Augen'-Fen-
ster ohne Verglasung.
Die Ausweitung der
Oculi führte aus
praktischen und äs-
thetischen Gründen
notwendig zum Rad-
fenster. Je mehr die
Größe zunahm, um
so mehr Licht kam
herein, aber auch um

*Abb. 78: Reichverzierter Oculus der Westfassade von Saint-Gabriel, Taras-
con, um 1180. Die Symbole der vier Evangelisten unterteilen die runde
Öffnung. Sie sind zugleich die Sonnenwendpunkte des Jahresverlaufes.*

so mehr stützendes Maßwerk wurde gebraucht. Die Materie der steinern-festen Wände brach
auf und wurde quasi besiegt. Die Entwicklung ging vom Oculus zum Rad, vom Rad zur Rosette,
von der Rosette zum bunt verglasten Rosenfenster. Durch das farbige Licht dieser Glasfenster
entstand im Innern der Kirche eine feierlich-mystische Atmosphäre, welche das Fluidum bereit-
stellte für die Übermittlung des Heilsmysteriums: EGO SUM LUX MUNDI – Ich bin das Licht
der Welt. Dieses Motiv erschien in vielen romanischen Chor-Apsiden. In den gotischen Westfas-
sadenfenstern aber wurde es zu einer konkret-sinnlichen Offenbarung: Gottes Heil teilt sich mit
im universalen Lichtkreis der Sonne: „Der Kreis: das Lichtauge Gottes".

Entsprechend setzte an diesem Punkt eine ungemein phantasievolle Symbolik der Zahlen,
geometrischen Formen und natürlich der Ausdeutung der Radmitte ein.

In der Kunst wird eben nichts um seiner selbst willen geschaffen. Jede architektonische
Gestaltung des Radmotivs musste durch eine inhaltlich-symbolische Bedeutung bestätigt wer-

Abb. 79: Westfenster der Oberkirche von San Francesco, Assisi, um 1250
Es ist ein Rad im Rad! Der Mittenkreis erweitert sich in drei weiteren Kreisen, wobei sich die Speichenzahl vermehrt. Die Speichen sind als spiralig-gedrehte Säulchen ausgebildet. Auch die runde Umfassung des Fensters weist ein Spiralmuster auf. Wie Kreis und Rad mit der Spirale zusammenhängen, davon wird im nächsten Kapitel die Rede sein.– Die Symbole der vier Evangelisten sind in die Zwickel versetzt worden, wie es etwa seit 1200 üblich geworden ist.

den. So symbolisiert das vierspeichige Rad das Weltenrad, die natürliche Ordnung der Welt, und seine Doppelung (der Achtstern) oder seine Verdreifachung (der Zwölfstern) die äonische Ordnung, also einen Vollkommenheits-Aspekt. Das große Fassadenrad von Assisi (s. Abb. 79) erweckt bei längerem Betrachten die Empfindung einer bewegten Durchlässigkeit: als ob sich zwischen dem kleinen Mittenkreis und dem großen Säulenrad ein dynamisches Zusammenziehen und Ausweiten wie von Einatem und Ausatem abspielen würde.

In der späten Gotik trat dann noch eine Metamorphose ein: das vielspeichige Rad wurde zu einer Blume, zu einer Rose. Dadurch wurde die Aufmerksamkeit noch mehr von der Einfassung weg auf die innere, geistige Aussage der Fensteröffnung verlegt: Ein hinreißender Weg vom Oculus zur mystischen Rose! Für das schauende Auge eines Menschen glüht hier im goldenen Abendlicht der Sonne das mystische Geheimnis einer heiligen Mitte in der Radblüte einer Rose auf.

Die vielfältig gestalteten Rosenfenster in Italien, England, Frankreich und Deutschland sind geradezu ein Triumph der symbolischen Geometrie: Quadrat, Kreuz, Dreieck und Kreis sind in ihnen zusammenkomponiert zu einem ornamental-transparenten *Lichtkosmos*.

Rad und Tierkreis

In vielen Radfenstern wird der Kreis der zwölf astrologischen Tierkreis-Sternbilder (= Zodiakus) aufgeführt. Der Tierkreis ist als ein ganzheitliches Lebens- und Energiemuster anzusehen. Fast immer befindet sich Christus in seinem Mittelpunkt, das will heißen, er ist der Herrscher und Lenker auch der kosmischen Sternenwelt. Die vier Wendepunkte des kosmischen Tierkreises werden in der christlichen Ikonographie umgedeutet zu den vier Evangelistensymbolen: Stier, Löwe, Adler/Skorpion und Wassermann. Sie werden zu Thron-Assistenten oder zu Trägern der göttlichen Majestät im Zentrum des Alls. Personifiziert zu

Lukas, Markus, Johannes und Matthäus (= Tetramorph) repräsentieren sie die vier Möglichkeiten des Schriftsinnes, den vierfachen Weg des Offenbarungswortes in die Weltoffenheit. Damit wird eine große Synthese anvisiert: die Vereinigung des höchsten, göttlichen Bewusstseins mit den Kräften der natürlichen Welt und des Unbewussten. Mit seiner Gegenwart heiligt Christus die Zyklen der Natur in Gestalt des Tier-*kreises,* den die Sonne im Lauf des Jahres durchwandert.

Der Tierkreis stellt den natürlichen Zusammenhang von Raum und Zeit vor Augen. Doch Christus als Pantokrator verändert den naturhaft-immerwährenden, blinden Kreislauf: Das flüchtige Jahr steht still in der ewigen Gegenwart der göttlichen, unvergänglichen Sonne: Christus.

Die Psychoanalyse nach C. G. Jung versteht das zwölffache kosmische Kreismuster der Tierwesen als eine Entsprechung zu den zwölf menschlichen Typen und als Bild für die zwölf verschiedenen Wege des Menschen, um zu seiner Mitte zu kommen. Da jedes Wesen ein solitäres Energiemuster hat, das es unter Ausschluss anderer verwirklicht, besteht für den einzelnen bewussten Menschen eine wichtige Aufgabe darin, auch der elf anderen gewahr zu werden, um ein voll aspektierter Mensch sein zu können.

15. ‚Kreuz-im-Kreis': ein Doppelsymbol

Alles bereits über das Kreuz und den Kreis Gesagte fließt in dieses Doppelsymbol ein. Eine quasi historische Ehe zwischen Kreuz und Kreis gab es im frühen Mittelalter, und zwar in den Reichsinsignien der karolingisch-ottonischen Kaiser: Reichskrone und Reichsapfel. Die Krone bestand aus einem achteckig-runden Goldreifen, der mit einem darüber aufragenden Kreuz signiert war.

Der Reichsapfel, den Erdkreis symbolisierend, diente ebenfalls als Sockel für das darüber angebrachte freistehende Kreuz. Aus einer formalen Addition von Kreuz und Kreis erwuchs ideell eine Integration, das Einswerden der beiden Zeichen.

Die Reichsinsignien spiegelten die mittelalterliche Reichsidee und ihr Weltverständnis wider. Sie wurden sorgfältig aufbewahrt, denn wer sie besaß und trug, war der Herrscher, der Kaiser.

Alle Menschen, die diese Insignien der Macht anschauten, erachteten sie als Heiligtümer für ihren Leib und ihre Seele; wurde ihnen doch in diesen Zeichen die Ordnung ihrer Welt sichtbar vorgestellt. Das angeschaute Wissen von der Ordnung ihrer sozialen und politischen Wirklichkeit deckte sich mit der inneren Ordnung der einzelnen Menschen: eine heile Welt.

Erinnert sei noch einmal an das Bild vom Kosmosmenschen der Hildegard von Bingen, der bedeutendsten Frau des deutschen Mittelalters. Die Ordnungen der geschaffenen Welt entsprachen bei ihr den Ordnungen des menschlichen Körpers und seiner Funktionen und beide entsprachen der Heilsordnung Gottes. Hildegards frühe Ganzheitsschau können wir in ihrer Kühnheit heute nur bestaunen, denn sie entspricht wieder heutigen modernsten Erkenntnissen der Heilkunde. Ihr Kosmosmensch ist wahrscheinlich die konkreteste Darstellung und Ausdeutung des Kreuz-im-Kreis-Symbols. Menschen am Ende des 20. Jahrhunderts werden dieses Doppelsymbol notwendig mit anderen Augen sehen und entsprechend wird es eine andere, erweiterte und vertiefte Bedeutung aufweisen. Kreis und Kreuz haben neue Aspekte dazu gewonnen. Der Kreis als Prototyp der Erde erhält eine veränderte Bedeutung, wenn sich das menschliche Verhältnis zur Erde wandelt.

a) Die meditativ-existentielle Erschließung des Kreuz-im-Kreis-Symbols auf der aktuellen Ebene des Zeitalters der vierten Dimension

a) Mit der Mondbegehung haben wir Menschen uns real als kosmische Wesen ausgewiesen. Der Mensch hat sich gewissermaßen in die kosmische Planetensphäre eingepflanzt und integriert. Es ist ihm mittels Raketen gelungen, die Anziehungskraft der Erde wie einen magischen Bannkreis zu überwinden.

Die vierdimensionale Wirklichkeit, in der wir leben, beginnt erst langsam in unser Lebensgefühl einzugehen und eine weltoffene, dynamische Spiritualität hervorzurufen.

b) Innerhalb dieser neuen, integralen Weltsicht könnte eine Meditation der Erde beispielsweise so angelegt sein:

Ich lasse das Bild der Erde vor meinen Augen und Sinnen entstehen.

Ich sehe den Erdball vor mir, wie er sich im Weltraum bewegt.

Ich sehe und spüre die Erde in ihrer Schönheit und in ihrem Leiden.

Ich teile ihr meine Liebe und Sorge mit.

Ich frage die Erde, was ich für sie tun soll.

In solcher oder ähnlicher Art von Schicksalsverbundenheit von Mensch, Erde und Universum leuchtet eine Durchlässigkeit auf, wie sie das Zeitalter der vierten Dimension kennzeichnet (s. J. Gebser).

c) Das Kreuz, die andere Hälfte unseres Symbols, setzt sich mit seiner klaren Kontur der Gefahr eines Sich-Auflösens des Menschen in naturhaften Weltprozessen kraftvoll entgegen. In der strikten Gegensätzlichkeit von senkrecht und waagerecht im Kreuz äußert sich das Gesetz der Nicht-Verschmelzung; denn hier kommt die Gegensatzspannung bildhaft zur Darstellung und teilt sich fast physisch dem Meditierenden mit. Um dieses Lebensgesetz muss heute jeder wissen, um fähig zu werden, die Chancen der Begegnung und der Vereinigung zwischen unterschiedlichen Formen, wie auch zwischen Menschen, Rassen, Völkern und Religionen fruchtbar gestalten zu können.

d) Das Kreuz im Kreis besagt – im Bild –: So viel Vereinigung, so viel Leiden. Diese Gleichheitsrelation ist ein Lebensgesetz. Täglich geht es um das – oft leidvolle – Aushalten von Gegensatzspannungen (jung und alt, gesund-krank, einsam-

Abb. 80: Die Reichsinsignien, 11. -12. Jh. Kunsthistorisches Museum, Wien

gemeinsam, gerecht-ungerecht, Gewinn-Verlust, Freude-Leid, Leben-Tod): um ein „Leben in ausgehaltener Spannung".[132]

Das wissende Aushalten und Austragen der Lebensgegensätze widersetzt sich allen Verschmelzungstendenzen und Vereinigungsparolen, es führt vielmehr zu einer Stärkung der eigenen Identität.

e) ‚Lebendige Mitte' (Kreuz) und ‚lebendige Grenze' (Kreis) zu sein, ist die Botschaft, die aus der Baustruktur des Doppelsymbols Kreuz-im-Kreis ablesbar ist: Selbststand und Hingabe.

Durch die zentrierende wie lösende Wirkung der Kreuz-im-Kreis-Lebenserfahrung wird der Mensch von seiner diffusen Ich-Befangenheit erlöst.

f) In der konzentrischen Einheit des Doppelsymbols von ‚Kreuz-im-Kreis' werden die Gegensätze von horizontal und vertikal, von rechts und links, von Himmel und Erde, von Leben und Tod aufgehoben. Die dramatische Weltspannung löst sich – gestaltvisionär – auf: Der ewige, himmlische Kreis integriert das irdische Kreuz.

g) Wie die Meditation des Doppelsymbols ‚Kreuz-im-Kreis', so bewirkt insgesamt die Meditation der Ursymbole, dass der Mensch in seiner Tiefe angesprochen und geöffnet wird, so dass er in der Begegnung mit der Welt und mit sich selbst auf die tiefste aller Begegnungen, die mit seinem Gott, vorbereitet und hingeführt wird.

h) Die Menschen werden erst dann wirklich ‚erwachsen' und ‚volljährig' geworden sein, wenn sie die Unermesslichkeit des Universums und die Enge ihres irdischen Wohnraums ‚ermessen' haben. Im symbolischen Zeichen von ‚Kreuz-im-Kreis' werden die großen Konturen menschlicher Wirklichkeit ahnungsvoll sichtbar.

i) Durch das Kreuz fand sich der Mensch schon seit frühesten Zeiten in der Welt zurecht; das Kreuz diente ihm zur Orientierung ‚am Himmel wie auf Erden'. Doch eines der Geheimnisse des Kreuzes, und wohl sein innerstes und verborgenstes, blieb während Jahrtausenden noch verhüllt: Das Kreuz ist der Mensch! Der Mensch hat seiner Körperstruktur und seinem Wesen nach Kreuz-Gestalt! Dass dieses Geheimnis so lange im Dämmer verblieb, hat seine Ursache im sich nur allmählich bildenden menschlichen Bewusstsein seiner Geist-Seele und seines Körpers.

Es führte zu einem neuen Höhepunkt des Kreuzverständnisses, als der Mensch erfuhr: er ist kreuzgestaltig infolge seiner Erschaffung „als Bild" der Gottheit, die sich im Symbol des „Kreuzes-im-Sonnenrad" offenbart und – am Ende – für alle sichtbar – offenbaren wird (Apg 1,11). Symbole leiten dazu an, die ‚Bilder' zu Ende zu sehen.

b) Drei Bildinterpretationen zum Doppelsymbol ‚Kreuz-im-Kreis':

1. Das hoch aufgerichtete irische Steinkreuz (Abb. 81) stellt einen Baum dar, einen Lebensbaum und einen Weltenbaum, einen Lebenskosmos. In der massiven Steinsäule wird der Baumstamm zur Weltachse und die Baumkrone zum Weltenkreis. Christus, der viergeteilte Mensch vor dem viergeteilten Erdkreis, repräsentiert Baum (Natur), Mensch und Welt, den menschlichen Mikrokosmos und den kosmischen Makrokosmos. Sein Kopf, „das Haupt voll Blut und Wunden", ist das gemeinsame Zentrum: Der zum Tode Erniedrigte ist auch der Auf-

---

132 Unter diesem Titel stellte die Philosophin Hanna-Barbara Gerl-Falkovitz einen Vortrag. In ihrem Buch „Nach dem Jahrhundert der Wölfe – Werte im Aufbruch" nimmt sie die geistig-seelische Spannungssituation des heutigen Menschen genau in den Blick: „Geistigkeit ist Selbststand und Hingabe." s. ebd. S. 141–151.

Abb. 81: Irisches Hochkreuz
(Grabkreuz?) in Kilfenora, Irland,
vorroman.

erstandene, der irdische Mensch Jesus ist auch der jen-seitig-himmlische Gott. Im nachwandernden Aufblicken der Menschen zum viergeteilten Kreuzesmenschen im Weltenkreis kommen ihre dunklen, zerkreuzten, eckigen und in Stein gemeißelten Schicksalswege ‚zur Sprache‘ und der erhöhte Bruder hebt sie aus der Todesschlinge hinaus und nimmt sie mit hinein in den still-erhabenen Wohnkreis seines unendlichen Lichtes.

2. Das Christusmonogramm von Albenga (Abb. 82b), 5. Jh., ist ein Meisterwerk!

Drei voneinander abgesetzte, konzentrische Kreise deuten hin auf die trinitarische Potenz Gottes. Sie wer-den von einem sechsspeichigen Rad unterteilt. Bei inten-sivem Hinschauen fasziniert zunächst die Dynamik der Ausstrahlung und Ausbreitung, dann aber ebenso stark auch die Zentrierung und Verinnerlichung auf eine deut-liche Mitte hin.

Als sich im 5. Jh. n. Chr. das griechische, gleich-schenklige Weltenkreuz als Zeichen Christi und der Christen konsolidierte, war es ein Anliegen, dieses Kreuz auch noch in das bisherige sechsspeichige X + P (Chi + Rho) – Christus-Monogramm-Rad (s. Abb. 82a) hineinzukomponieren. Also wurde noch eine waage-rechte Linie eingefügt und zwar dergestalt, dass der erste und der letzte Buchstabe des griechischen Alphabets, A und Ω, Alpha und Omega, in jeden der drei Kreise eingeschrieben wurde.

Abb. 82 a (links): Christlicher Grab-stein aus dem alten Rom

Abb. 82 b (rechts): Christus-Mosaik aus den Baptisterium von Albenga, der lingurischen Küstenstadt am Golf von Genua

Das Christus-Monogramm von Albenga (Abb. 82b) enthält somit ein aufrechtes und ein diagonales Kreuz-im-Kreis. Das Miteinander dieser beiden Kreuze ermöglicht nunmehr für unser Auge eine dreidimensionale Vorstellung eines aus einem kosmischen Raumgrund aufscheinenden Kreuzes. In diesem achtstrahligen Rad widerspiegelt sich nun das All in vollkommener Rundung als durchlichteter Kosmos des Seins. Die zwölf ‚Tierkreis'-Tauben oder Seelenvögel bzw. Monats- oder Apostel-Embleme und die vier Sterne in den Ecken unterstützen diese Bedeutung.

Abb. 83: Fresko aus Predet, Katalonien, frühroman., Diözesanmuseum Solsona

Das Symbol ‚Kreuz-im-Kreis' wurde schon seit frühester Zeit und weltweit verstanden als Zeichen der Einheit und von Ganzheit. Als archetypische Urform ist es dem Kosmos eingeprägt bis tief in die innerste Struktur des menschlichen Wesens. Für das christliche Symbolverständnis bedeutet die wunderbare Vermählung von Kreuz und Kreis ein *Welt-* und *Heils*-Bild: die Heimholung des gefallenen, zerteilten Menschen und seiner in ihren Gegensätzen auszuhaltenden Welt in das eine göttliche Leben und zwar durch das tötende und Tod überwindende Kreuz. Das bedeutet ferner, dass Christen den Mittelpunkt ihres ‚Daseins in der Welt' zurück- und vor- und hineinverlegen in Jesus Christus.

Dieses mag der symbolhaft verschlüsselte Sinn sein des Weltenkreuzes von Albenga als Christus-Monogramm.

3. Diese frühromanische Kreuz-im-Kreis-Gestalt (siehe Abb. 83) verkörpert einen integrierten Menschen:

mit beiden Beinen und Fußsohlen in der Erde wurzelnd, gelassen auf der Erde und zugleich in seinem Selbst stehend, aufrecht in eine universale Weite und Rundheit hineinwachsend, mit bis in die Fingerspitzen sensibel und hingebend ausgebreiteten Armen der Mitmenschlichkeit, in tänzerischer Freiheit und körperlich-seelisch-geistiger Präsenz zwischen Himmel und Erde sich wahrnehmend und wahr gebend:

Das Bild eines in einem transparenten Horizont beheimateten, ganzheitlich-‚runden' Menschen.

16. Leonardo da Vincis Proportional-Studie und das Kreuz-im-Kreis-Symbol – eine geistesgeschichtliche Würdigung

Diese bekannte Silberstiftzeichnung ist ein wichtiges Bild, was auch durch die Umschriftung durch Leonardo bestätigt wird. Dargestellt ist ein nackter Mann in zwei Körperpositionen, umrahmt von zwei symbolischen Räumen: Kreis und Quadrat. Unterschiedlich ist nur die Stellung der Arme und Beine. Dieser Mensch ist in den Kreis postiert mit einer diagonalen Kreuz-Stellung, aber in das Quadrat mit einer exakt senkrecht-waagerechten Kreuz-Haltung.

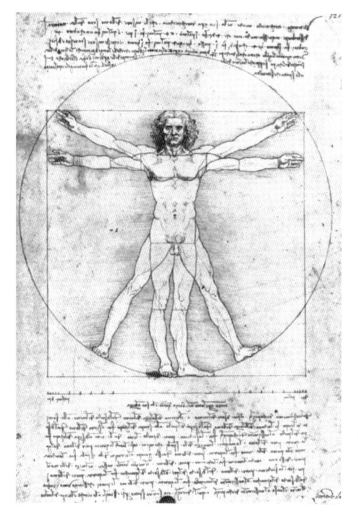

Die beiden Umrahmungen der Gestalt, Kreis und Quadrat, sind in ihren Raum-Inhalten ungleich groß, auch haben sie nicht denselben Mittelpunkt. Somit ergeben sich zwei verschiedene Bilder, die zwar auf den gleichen menschlichen Körper bezogen sind, aber der dargestellte Mensch ist entweder ‚Mensch-im-Kreis‘ oder ‚Mensch-im-Quadrat‘. Seine Zeitgenossen hat damals Leonardo durch sein anatomisches Wissen und seine präzise Darstellung fasziniert; mit diesem Bild aber wollte er wahrscheinlich als Renaissance-Mensch dokumentieren, dass nunmehr *der Mensch das Maß aller Dinge* sei.

Leonardos Bild läutet einen gravierenden Wandlungsprozess ein. Nicht mehr das Heilige, sondern das Natur-Schöne wird nun eigentliches Ziel der künstlerischen Darstellung (z. B. Botticellis „Frühling" oder seine „Geburt der Venus"). Die Natur suchte sich auf eigene Füße

Abb. 84: Leonardo da Vinci (1452–1519), Proportional-Studie eines Menschen nach der Art von Vitruvius, Venedig, Accademia

zu stellen. Der Zerfall der mittelalterlichen Welt und ihrer religiösen Symbolschau löste in der politischen Entwicklung den Reichsgedanken auf, brachte mit sich die Entfaltung der Städte und Stände, den Aufstand der Bauern und Bürger etc. Der Universalismus des Mittelalters wurde von einem neuzeitlichen Pluralismus abgelöst. Die spätmittelalterliche kirchliche Verwirrung rief schließlich die Aufklärung und die Reformation hervor.

In der Renaissance-Kunst nun erhob man eine menschenzentrierte Proportionslehre zur Richtschnur. Die exakt ausgemessenen Proportionen des menschlichen Körpers sollten maßgeblich sein. Daraus ergab sich eine Konzentration auf den Menschen, die einer Selbstbespiegelung glich. In allen Schöpfungen der Kunst sollte sich der Mensch widerspiegeln. Schönheit war, wenn die geometrisch-mathematischen und künstlerischen Anordnungen den Proportionen des menschlichen Körpers entsprachen. Somit war es der vollkommene Mensch mit vollkommenen Maßen, der die Kunst und die Architektur vollkommen machte. Gleichsam wie ein Gott definierte der Renaissance-Künstler die Welt ‚nach Maß und Zahl'.[133]

In der Barockzeit fanden die Erkenntnisse der durch Galileo Galilei (1564 bis 1642) und Isaac Newton (1643–1727) begründeten klassischen, naturwissenschaftlichen Physik (Gravitationsgesetz, Himmelsmechanik, Lichtbrechung u. a.) ihren Ausdruck in der Kunst. Die theoretische Eröffnung des unendlichen Raumes spiegelt sich wider in offenen Giebeln, in den mit ‚Laternen' geschmückten Kuppeldächern, in den durchsichtigen, perspektivisch-aspektierten Türen und schmiedeeisernen Chorschranken und nicht zuletzt in den Kuppelfresken und Chorfassaden-Fenstern, welche aufzubrechen scheinen in unendliche, theologisch-religiös-gedeutete Lichträume hinein (z. B. Hl. Geist-Fenster). Die Barockperiode erspürte in Philosophie, Theologie und Kunst die Transzendenz aller Dinge und fand in der Transparenz, in dreifacher Raumperspektive (Schatten etc.) das Ausdrucksmittel für eine transzendierende Lebenswirklichkeit.

Durch die theoretische Eröffnung des unendlichen Raumes geriet allerdings die profane neuzeitliche Lebenswelt in einen offenen Prozess der Orientierungslosigkeit, der Zerstückelung (Atomisierung) und in vieler Hinsicht in labyrinthische Verwirrungen, denn es gab bei dem sich ausbreitenden Fortschrittsglauben keine festen Anhaltspunkte mehr.

Heute, an der Wende zum dritten Jahrtausend, deuten viele Anzeichen darauf hin, dass die Menschheit dabei ist, sich wiederum neu zu orientieren und neue Horizonte wahrzunehmen. In den Blick gekommen ist ein Weltbild, das wieder Menschen und Kosmos und ein entsprechendes Verantwortungsbewusstsein umfasst: Stichworte dafür sind: Weltwirtschaftsordnung, eine UN-Organisation, eine Versöhnung von Ökonomie und Ökologie, die Begegnung der Religionen u. a. m.

Das UNO-Emblem stellt – dementsprechend – eine durchsichtige, kristalline Weltkugel dar.

Der sich gegenwärtig anbahnende Übergang in die Vierdimensionalität kann als eine Überhöhung der zu eng gewordenen zweck- und verstandesorientierten und egozentrischen Dreidimensionalität verstanden werden. Schallgrenzen werden durchbrochen. Auch die intensiven politisch-diplomatischen und wirtschaftlichen Weltkontakte sind ein Teil dieser modernen, transparenteren Sicht der Wirklichkeit. Fortschreitend verbreitet sich die moderne Kontaktnahme durch kontinental-vernetzte, unsichtbare elektrische Energieströme. Auch die Sternenwelt ist in diese Vernetzung einbezogen (Funksatelliten etc.).[134]

In dieses vierdimensionale System sind die dreidimensional-rational-perspektivischen Kräfte ebenso integriert wie die mythischen und magischen Kräfte, was Jean Gebser durch den Titel seines Buches „Ursprung und Gegenwart" wohl ausdrücken wollte. Mir scheint,

Abb. 85

---

133 Vitruvius, geb. um 84 v. Chr., war ein röm. Architektur-Theoretiker. Er erfand eine Proportionslehre des menschl. Körpers, die in der Renaissance große Beachtung fand.

134 Gedacht wird hier an Medien wie Telefon, Fax, Radio, Film, Fernsehen, Computer, Cyber-Space etc. Es ist begründet, sie in der Tat Welt verändernd zu nennen; dabei stehen wir erst am Beginn ihrer unabsehbaren Auswirkungen auf den Einzelnen und auf die Gesellschaft. Gebrauch und Missbrauch wird mehr und mehr weltpolitisch bedeutsam.

das Eingehen auf den Wandel von der zweidimensionalen mittelalterlichen Welt zur von der technisch-naturwissenschaftlichen Entwicklung bestimmten, perspektivisch-dreidimensionalen Neuzeit am Beispiel Leonardo da Vincis kann uns eine Hilfe sein, den sicher nicht minder aufregenden Übergang von der dritten in die vierte Dimension besser zu verstehen.

In diesem Zusammenhang können nun auch die Gedanken des Naturwissenschaftlers und Theologen Pierre Teilhard de Chardin (1881–1955) ihr spezifisches Verständnis finden. Nach der religiösen Dürrezeit des 18. und 19. Jahrhunderts entwickelte er als Paläontologe und Jesuit im Verbinden von Wissenschaft und Glauben ein faszinierendes Weltbild, eine die reale Welt und die menschliche leib-geistige Geschichte umfassende Weltanschauung, die diesen Namen verdient.

Eine zentrale Erkenntnis Teilhards lautet: Welt und Mensch stimmen überein! Beide treffen sich in der Kreuzgestalt. Die vier Balken sind die ‚heiligen‘ Koordinaten einer ‚Ganzheit über Gegensätzen‘, die sich am Ende als eine Ganzheit von Gott, Welt und Mensch erschließt und zwar mit einem **Herzen** (und nicht mit einem geometrischen Punkt) in der Mitte.

„Das Herz der Welt ist ja das Menschenherz Gottes.“

Teilhards Kreuzestheologie mündet in eine Herzenstheologie.

Das Herz ist das Organ der Ganzheit. Es verbindet und vernetzt das Innen und das Außen, das Oben und das Unten im Körper. Es schlägt pochend, mehr oder minder rhythmisch, unentwegt mitten im Innern des Menschen als Zeichen seiner Lebendigkeit. Doch zu voll wirkender Kraft gelangt das Herz erst, wenn der Mensch es auch als seine belebende Mitte **wahrnimmt**. Dazu bedarf es einer geduldigen Aufmerksamkeit und der horchenden Stille der Meditation.

Wenn der Mensch bewusst aus der Kraft seines Herzens heraus wirkt, verbinden sich in ihm Endliches und Unendliches, Körper-Seele und Geist, Quadrat, Kreis-Kugel und Kreuz. Es mehren sich die Anzeichen dafür, dass die vom Kopf repräsentierte Vorherrschaft der männlichen Rationalität, die eine hierarchische Tendenz verkörpert, abgelöst wird von einer ganzheitlicheren Geistigkeit, die aus dem menschlichen Mitte-Reich des Herzens gespeist wird. Aus diesem ‚Bild‘ erschließt sich das Postulat des gleichen Lebensrechtes und der gleichen Würde für alle Menschen und Kulturen auf der gemeinsamen Erdkugel mit gemeinschaftsbezogenem Ethos. Das bewusst – und ‚sehend‘ – gewordene Herz, – es könnte als **das** Symbol geschaut werden für eine menschlich-individuelle, für eine menschlich-menschheitliche und für eine universelle Lebens-Energie.

Somit stünde als Ergebnis einer langen Bemühung um die Ursymbole Kreis/Kugel und Kreuz-im-Kreis die Entdeckung des Herzens als der Mitte einer lebendigen Welt. Das Herz des Menschen, es steht zeichenhaft für eine mitfühlende, ausstrahlende, sich hingebende Kraft: die Liebe!

Die mystische Theologie Teilhard de Chardins wird noch durch folgende Aussagen verdeutlicht:

„Christus ist das organische Zentrum des ganzen Universums.“

„Dieses Universum nimmt die Gestalt Jesu an. O Wunder: Der sich enthüllt, ist der gekreuzigte Jesus.“[135]

---

135 Alle Zitate vgl. Teilhard de Chardin, Der göttliche Bereich, Tientsin Nov. 1926 – März 1927, Walter-Verlag, 1962, S. 152 – 157.

So steht am Ende – wegweisend –

das geöffnete Gottes- und Menschenherz:
die gläserne Kugel des Universums

als Symbol für die diaphane Wesensstruktur des Zeitalters der vierten Dimension, das wir uns anschicken, betreten und bestehen zu müssen. –

Abschließend soll noch einmal Teilhard de Chardin – Herz betend – zu Wort kommen:

„Wenn es erlaubt ist, ein geheiligtes Wort leicht abzuändern, dann würden wir sagen, dass nicht das Erscheinen, sondern das Durchscheinen Gottes im Universum das große Geheimnis des Christentums sei.

O ja, Herr, nicht der Strahl, der streift, sondern der Strahl, der durchdringt. Nicht Deine Epiphanie, Jesus, sondern Deine Diaphanie."

VI. Kapitel

Die Spirale als Ursymbol

1. Die Spirale, ihr Vorkommen und ihr Erscheinungsbild

Die Spirale zählt zu den ältesten Symbolen der Menschheit. Sie ist vielfach in der Natur aufzufinden: in Pflanzenformen, in Schneckenhäusern oder in Muscheln, am eindrucksvollsten aber wohl im Ammonshorn. Ammoniten sind aufgerollte Kalkgehäuse fossiler Kopffüßler, die in vier bis zwölf Windungen auftreten, bei einem Durchmesser zwischen 1 cm und zwei Metern!

Der Name Ammonshorn kommt vermutlich von Jupiter Ammon, dem mächtigsten und gewaltigsten der römischen Götter und höchstem Garant und Erhalter der kosmischen und sittlich-sozialen Ordnung. Er wurde an den Ohren mit spiralartigen Stierhörnern abgebildet, nach dem Vorbild des ägyptischen widderköpfigen Sonnengottes Amun. Die Schönheit und die Ebenmäßigkeit in der Spiral-Stufung kündete von der Macht einer großen Ordnung in der verwirrenden Vielfalt der Welt und der Dinge. Unsere frühen Vorfahren haben um die Kraft

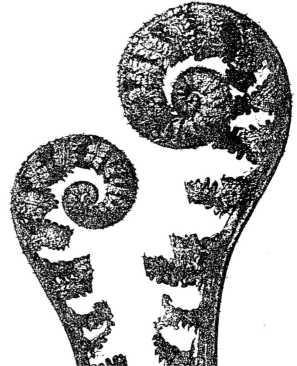

Abb. 86 (links): Ammonit

Abb. 87 (rechts): Wurmfarn, junge, gerollte Blätter, 2-fach vergrößert?

der Spiralform irgend-
wie ‚gewusst', denn
sie verwendeten sie
zu Kultzwecken und
als Amulette.

Mit der Zeit verlor
sich die Festlegung
der Spiralform auf das
Ammonshorn und
die Spirale wurde zu
einem Wachstums-
zeichen, zum Sinn-
bild für lebendiges
Wachsen im Ganzen
der Welt: denn Le-
ben heißt Wachsen
und Sich-Wandeln!

Abb. 88: Bodenzeichnung in Form einer Spirale und einer Zickzacklinie, Nazca, Peru, 300 v. Chr.–700 n. Chr. Eine Nadel- und Faden-Figur von fast 100 Meter Länge

Das Ursymbol der Spirale taucht entlang der ganzen Menschheitsgeschichte auf und mit ihm ein inneres Ahnen der Menschen um die Unsterblichkeit des Lebens. Was sich in der Sprache der Philosophie nur schwer ausdrücken lässt, dieser Aspekt des Seins, der auch den Tod umfasst, er hat immer wieder nach einem bildhaften Ausdruck gesucht und ihn wohl am eindrucksvollsten in der Spirale gefunden. An ihrer Linie entlang spult sich das Leben ab, aus dem Unendlichen kommend, sich Kreis um Kreis einrundend bis zum End- und Todespunkt in der Mitte. Nach der Wende im Zentrum der Spirale entfaltet sich das Leben erneut, Kreis um Kreis sich überrundend und strebt jenen Weiten zu, die Anaximander, der vorsokratische grie-chische Naturphilosoph, als das „Unbegrenzte", das unfassliche „Apeiron" bezeichnet hat. Das Sich-Vorstellen solcher quasi unendlicher Spiralwindungen ist wie ein schmaler Grat zwischen zuviel Hinschauen und zuwenig, d. h. blind oder schwindelig, werden. Die Spirale lebt aus der Spannungseinheit von Kreis und Pfeil. In ihr verbinden sich zyklisches und lineares Zeit-verständnis. Die anstehende, eigentliche Frage lautet: Was bedeutete letztlich dem Menschen des Altertums die zyklische Bewegung von Sonne und Mond und ihre Spiegelung in der Natur, etwa bei einer Schlange oder einer Schnecke, bei Pflanzen, Bäumen oder im strudelnden Was-ser? Im Gegensatz zum Kreis führen die Windungen der Spirale zu einem innersten oder zu einem höchsten Endpunkt und wieder zurück. Als zentrale Punkte der Lebenswelt konnten beide Pole verstanden werden: der Tod (s. Grabanlagen) und der Gipfel-Punkt (s. der Spiralauf-stieg auf einen Berg). Die Spirale als Unendlichkeitsschleife? Im Symbol deutet und erfasst sich Unfassbares. Das Symbol schwebt über dem Geheimnis.

Die oben abgebildete Zickzacklinie ist die flächige Darstellung einer runden Spirale und eines pfeilartigen Serpentinenweges, die in dieser erstaunlichen Steinritzung zusammenge-bunden wurden. Sie könnten die Aufsicht- und die Seitenperspektive eines spiralig empfun-denen, rechts- und linksläufig begehbaren Lebensweges darstellen. In der Mitte fallen zwei fast gleich große gleichschenklige, pfeilartige Dreiecke (Wasser/Feuer) auf. Dieser künst-

lerisch angelegte Spiral- und Serpentinenweg (serpent = Schlange) aus dem Kulturerbe des für geometrische Formgestaltung hochbegabten mittelamerikanischen Nazca-Volkes ist zugleich ein Labyrinth-Weg. Beim Durchlaufen dieser Strecke konnte der Läufer ein spirituelles ‚Wissen‘ vom Lauf des Lebens aufnehmen und verinnerlichen.

Dieser altperuanische Krieger (Abb. 89) hat seinen Körper mit Spiralen bedeckt. Zwei große, runde, ein- und auslaufende Spiralwirbel auf jeder Brustseite und zwei kleinere der gleichen Art auf seinem Kopf zieren diese ausdrucksbewusste Kämpfergestalt. Alle Spiralenpaare sind in sich und körperhälftig miteinander als Doppelspiralen verbunden. Auch sein waagerechter Gürtel besteht aus einem eckig-geformten Mäanderband in der Form einer ein- und auslaufenden Spirale.

Abb. 89: Mochica-Krieger, Tonplastik, Peru, 4.–5. Jh.

Vielleicht deutet sich mit diesem Körperschmuck an, dass dieser Krieger weiß um den nötigen Austausch von Yin- und Yangkräften in Atem und Denken, in Körper und Geist, um seine vitale Wehrfähigkeit jederzeit sowohl beherrschen als auch wirksam und ausdauernd einsetzen zu können?

2. Spirale und Schlange

Die abstrakte Figur der Spirale vergegenständlicht und verlebendigt sich im Bild einer eingerollt liegenden Schlange. Als ein Ur-Bild, ein Ursymbol, kommt die Schlange in Träumen, Legenden, Märchen und Mythen in allen Menschheitskulturen vor. Als auffallend bezeichnen Psychotherapeuten die Häufigkeit von Schlangenträumen bei heutigen Jugendlichen. C. G. Jung sah in der Schlange ein archetypisches Symbol, welches das tiefe Gespür des Menschen von der Lebensenergie der Natur zum Ausdruck bringt.

Die Schlangensymbolik ist reich und kompliziert, sie weist die grellsten Kontraste auf: deshalb gehört die Schlange zu den interessantesten Tieren. Aspekte der Schlange sind z. B. das Täuschen, das heimtückische Sich-Verstecken und Auflauern, die Versuchung, das Sexuelle, das Heilen (Äsculapstab) oder das sich aus eigener Kraft von der Erde Aufrichten- Können. Es gibt den giftigen Aspekt, der tötet, und den, der heilt. Typisch für Spirale und Schlange ist der ständige Wechsel von Licht- und Schattenseiten. Als amphibisches Ungeheuer, als Giftschleuder und als im Erdloch wohnend, gilt die Schlange als eine Ballung des Negativen. Sie ist verbunden mit dem unterirdischen Bereich. Ihr starrer, bannender Blick, den sie auf ihre Opfer richtet, wird aber auch als Zeichen durchdringenden Wissens gedeutet.

Die erstaunliche und charakteristische Fähigkeit der Schlange, viele Körperhaltungen einnehmen zu können und besonders, sich ohne Unterstützung von Gliedmaßen blitzschnell vorwärts zu „schlängeln“ und auch aufrichten zu können, symbolisiert spiralförmige Lebenskraft aus der Tiefe. Die Aufrichtungskraft der Schlange besagt hinsichtlich des Menschen, dass der Energiequell zur Gestaltaufrichtung im Vorrationalen, im Unterbewussten, im Unsichtbaren beheimatet ist: er ist allen Menschen als Reflex eingeboren![136]

Das bekannte Bild einer Schlange, die sich selbst in den Schwanz beißt, der Uroborus, zeigt an, wie die Lebenskraft in der Natur aus sich selbst zu leben scheint und sich selbst regeneriert, d. h. ‚sich wiederholt' – wie Kreis und Spirale.

Eine Schlange häutet sich jedes Jahr. Durch das Abstreifen ihrer alten Haut kehrt sie aus dem Alter zur Jugend zurück und gewinnt neue Kraft und bleibt doch dieselbe. Sie ist somit *das* Wandlungs- und Ablösungs-Symbol. Bezeichnend ist, dass die großen Schlangen Mittelamerikas in Natur und Kunst Zickzack-Spiralmuster auf ihren Häuten haben. Die gefiederte Schlange Quetzalcoatl war die populärste Kult-Gottheit in ganz Zentralamerika. Die Schlange enthüllt Urmenschliches: Das plötzliche Sich-Aufrichten aus der waagerechten Einrollung in die ausgerollte Senkrechte ist letztlich ein Geburts-, ein Auferstehungs-, ein Erlösungsmodell. Der biblische Typus der „ehernen Schlange" (Num 21,4-9), die Moses in der Wüste aufrichtete, fand seine Erfüllung in der Erhöhung Christi am Kreuzesstamm (Joh 3,14ff.).

3. Die Spirale – ein Bild des bewegten, ‚lebendigen' Wassers

Aufgrund von vielen antiken Funden ist anzunehmen, dass schon in frühgeschichtlicher Zeit vor allem den Küstenbewohnern die tiefe Beziehung zwischen der Wasserbewegung und dem Spiralmuster als dem Grundmuster für alles Lebendige aufgefallen und bewusst geworden ist. Es liegt nahe, dass die Spirale auch in dem unaufhörlich wiederkehrenden Anschlagen und Umschlagen der Meereswellen an das Ufer erkannt wurde und dann, in einem künstlerischen Umsetzungsprozess, in ein unendlich sich fortsetzendes Bandmuster abstrahiert wurde: lebendige Wasserbewegung = „Laufender Hund" – im Gegensatz zum tot-trüb-stinkenden Tümpel.

Abb. 90: Knossos, Appartment der Königin (1800–1500 v. Chr.) Kreta, Versuch einer Rekonstruktion

So findet sich das Spiralmuster als Schmuckelement vor allem in Keramikverzierungen, also an Wasserbehältnissen (Krüge, Rhitone, Pithone, Amphoren, Pyxen-Dosen, Fruchtschalen etc.), an Schmuckstücken, die aus flüssigen Metallen hergestellt wurden (Ringe, Amulette, Ketten, Schnallen, Fibeln, Siegel, Münzen etc. aus Gold oder Bronze), und auch in der Fresken-Malerei an Wänden und Decken, wie z. B. im minoischen Palast von Knossos auf der Insel Kreta.

In vielfältigen Varianten treten Doppelspiralen auf. Sie zeigen die zwei Hälften eines umfassenden Wirbelgeschehens an, das zugleich Anfang und Ende enthält. Sie bezeugen damit wohl den Zusammenhang von Polaritäten wie z. B. von Involution und Evolution, zwi-

---

136 Alle unsere Kraftquellen sind unsichtbar: Gas, Elektrizität, Strahlenenergie, wie auch Geduld, Wachsamkeit, Wahrheit, Begeisterung etc.

Abb. 91: Schnabelkrug mit Spiral-motiven, Kamares-Stil, aus Phaistos, Kreta, um 1800 v. Chr.

Abb. 92: Rhiton aus Zakros, Kreta, um 1700 v. Chr.

schen Einrollung und Ausrollung, zwischen Einatmung und Ausatmung, zwischen Kontraktion und Expansion: Die bildhafte Darstellung einer Welt-Lebens-Polarität in Reihung und Gegenüberstellung von Spiralen.

Die Bezeichnung ‚Mäander' für ein Spiralschmuckband leitet sich her von dem vielfältig gewundenen Flussbett des kleinasiatischen Flusses Maiandros. Flussmäander entstehen durch die erodisierende Tätigkeit des fließenden Wassers.

Die griechisch-antike Kunst ist voll von spiralig-runden wie auch rechtwinklig-gebrochenen Mäander-Ornamenten, die uns dann später auch zahlreich in der keltischen, westgotischen und frühromanischen christlichen Kunst erfreuen, z. B. das plastisch-wirkende bunte Fresken-Schmuckband in der St. Georgskirche auf der Insel Reichenau.

Die geheimnisvollen Kultzeichen der Minoer: Stierhörner, Spirale und Doppelaxt wurden oft vereint dargestellt. Könnte es nicht sein, dass die Ausgewogenheit und die Balance zwischen der Rechtsläufigkeit und der Linksläufigkeit der Stierhörner und der Spiralen auf das große, weithin sichtbare, klar konturierte Doppelaxtzeichen übertragen wurde, etwa bei kultischen Prozessionen? So würden alle drei Symbole miteinander und jedes für sich eine sichtbare Verkündigung abgeben für das göttlich-verehrte Geheimnis der Lebenskraft und Lebensweisheit – besonders in der minoischen Königs-, Priester- und Palastkultur auf der Insel Kreta.

Die ragende Doppelaxt, wie sie im Museum von Hieraklion eindrucksvoll in leuchtendem Metall gezeigt wird, sieht aus wie ein kosmisches Flügelwesen! Ist nicht die menschliche Gestalt mit ihrer Möglichkeit, die Arme nach rechts und nach links gleichermaßen auszustrecken und kreisförmig zu bewegen, diesem antiken Doppelaxt-Zeichen und damit auch der Doppelspirale vergleichbar? Der menschliche Körper erfährt unter dieser Vorstellung eine wie aus der Vergessenheit neu ausgegrabene, ungeahnte Perspektive:

Physisch und psychisch beheimatet zu sein zwischen und inmitten der großen Lebens- und Wandlungskräfte und die Balance zwischen ihnen auswiegen und aushalten zu können.

Ornamental, kunstvoll und beziehungsreich miteinander verbundene Spiralen sind auch die berühmten ‚Keltischen Quirle'. Sie sind überliefert und glücklicherweise erhalten in den iro-keltischen Dokumenten, dem ‚Book of Durrow' und dem ‚Book of Kells' (8. Jh.). Diese keltischen Quirle stellen die fortwährende Schöpfung in Vernichtung und Wiedergeburt der Welt dar. Bei ihrer Arbeit auf den Felseninseln waren die irischen Mönche völlig von Meeresgewoge, Wolken und wechselndem Wetter umgeben, was sie unablässig an das ewige Fließen und Wirbeln des Kosmos erinnerte. Solche Ornamentseiten dienten zur meditativen Einstimmung auf die anschließende Lesung der Worte Gottes in den Evangelien.

Abb. 93 (links): Pithon mit Doppeläxten, Kreta, um 1450–1400 v. Chr. Museum von Hieraklion

Abb. 94 (rechts): Keltische Quirle aus dem Book of Durrow, Irland, 7 Jh. n. Chr.

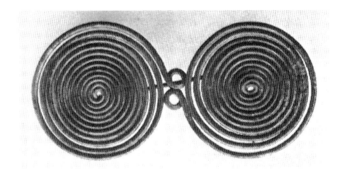

Abb. 95: Bronzedraht-Fibel, griech., 10 Jh. v. Chr., New York, Metropolitan Museum of Art

4. Rechtsläufigkeit und Linksläufigkeit der Spirale

Wie die gerade Linie, so ist die in die Fläche gezeichnete Spirallinie wie ein unendlicher Faden und ein nie abgeschlossenes Gebilde, das sich unendlich fortzusetzen vermag in die innere Tiefe und in die äußere Unermesslichkeit des Universums. Durch die Wende in der Mitte ist jede Spirale schon eine Doppelspirale, weil sie sich von außen nach innen als Zeichen der Introversion und auch von innen nach außen als Zeichen der Extraversion zeichnen und lesen lässt.

Die der Spirale innewohnende, zweifache Richtung wird in der Doppelspirale sowohl aneinander gebunden als auch auseinander geteilt und somit als eine polare Struktur offen gelegt. In Dolmen und Hünengräbern, also in Steingräbern aus Megalithkulturen, wo bereits Einzelbestattungen vorgenommen wurden, sind uns in Steinblöcke geschlagene Spiralen überkommen und zwar als Doppelspiralen, so vor allem in Irland und auf der Insel Malta.

Diese Bilder zeigen jeweils die Doppelspirale am Eingang zum „Allerheiligsten".

Abb. 96: Schwellstein am Eingang zum Tumulus von New Grange, Irland, 3. oder 4. Jh. v. Chr.

Abb. 97: Tempeleingang von Al Taxien, Malta, 2400–2300 v. Chr.

In dieses Reich der Unsterblichkeit gelangt man durch ein Wegsterben aus der vergänglichen Welt und eine Wiedergeburt im Land der Toten, dem Jenseits. Das Überschreiten einer Spiralschwelle scheint, wie der Gang durchs Labyrinth, notwendig gewesen zu sein. Dieses Thema findet sich in der ganzen megalithischen Welt, in Europa wie in Mexiko, in China und in Ägypten. Solche Spiralmuster veranschaulichen den evolutiven Charakter der unternommenen Reise.

Manchmal treten auch nur zwei beherrschende Spiralen auf, wie die spiralförmigen „Oculi" am Eingang des maltesischen Tempels. Sie deuten den Ausgleich der gegensätzlichen Wirbelenergien an, wodurch der Zustand der Ganzheit oder der Erleuchtung erreicht wird. Beim Durchgang zwischen den beiden Säulen, welche den Lebensbaum und die Vertikalachse repräsentieren, wird die Seele durch den langen Schwellstein auch mit der ruhenden Horizontalachse in Berührung gebracht.

In der Zusammenbindung von Rechtsläufigkeit und Linksläufigkeit im Totenkult wird die Doppelspirale zum Zeichen für die Polarität von Leben und Tod. Auf diese Symbolik verweisen auch die schönen gusseisernen Grabkreuze in der europäischen Alpenregion und in Weinbaugebieten.

Bei allen Völkern der Erde galt Rechtsläufigkeit, am Gang der Sonne abgelesen, als die Heil bringende Lebensrichtung, als Weg des steigenden Lichts und zum Licht, während Linksläufigkeit den Abstieg, den Weg des sinkenden Lichts abbildete, die Todesrichtung, den Gang ins Totenreich.

Vor allem aber der Mond wurde mit der Doppelspirale in Verbindung gebracht. So wie der Mond in seinem Zyklus von Aufgehen und Abnehmen und der dunklen Übergangsphase des Neumonds im monatlichen kosmischen Wechsel stirbt und in veränderter Windung neu wieder erscheint – Menstruation heißt wörtlich übersetzt: Mondwechsel –, so repräsentiert die Spirale in ihrer Rechts- und Linksläufigkeit diesen lunaren Wandlungsweg von Tod und Wiedergeburt als allgemeines Gesetz und Symbol fortwährenden Lebens: wie am Himmel so auf Erden. Ebenso wurden die Stierhörner wegen ihrer Sichel- und Spiralform zum Symbol kosmischer und zeugender Urkraft und Fruchtbarkeit. In allen frühen Kulturgebieten (Babylonien, Assyrien, Phönizien, Ägypten und der Minoer auf Kreta) lässt sich die Idee und Darstellung von Natur- und Wettergöttern in Stiergestalt nachweisen. Der Stier steht zu Sonne und Mond in Beziehung, die Kuh zum Mond allein. Die beiden antiken Stierkulte, der kretische Theseus-Minotaurus-Mythos und die indoiranisch-römische Mithras-Verehrung, verwenden das Spiral-Symbol als Regenerations-Symbol.

Die rechtsdrehende Spirale ist Symbol für alle Vorgänge und Prozesse der Entfaltung, der Erweiterung, der Entwicklung, für die zyklische Kontinuität im Fortschreiten, für alles schöpferische Umkreisen zentraler geistiger Entwürfe.

Der rechtsläufige Weg strebt zur Verwirklichung und Gestaltung der innerlichen, schöpferischen Impulse, zum Durchdringen und Vollbringen der Zukunft mit Taten und Liebeskräften.

Linksläufigkeit hingegen führt zu einem Abstand-Nehmen von der Welt der äußeren Gestaltungen und Taten. Sie hat mit Einrollung, Konzentration, mit Rückzug in einigende Innerlichkeit zu tun, mit Rückbesinnung und Wieder-eins-Werden alles Getrennten in einer dunkel-tiefen Einheitsquelle.

Im Beobachten von Weltklasse-Sportlern der Leichtathletik ist mir – als einst aktiver Sportlerin – aufgefallen, wie sehr z. B. die Techniken des Kugelstoßens, des Diskus- und des Hammerwerfens auf die Ausnutzung der Spiralbewegung zurückgreifen: Das Herausschnellen des Körpers aus der Verwindung oder der Einrollung in die vehement-explosive Streckung hinein (vgl. Schlange!). Auch hier also erscheint die Spirale als ein Aufrichtungs- und Lösungsmodell. Im genau abgestimmten Nacheinander-Auflösen der verschiedenen Körperverwindungen ergibt sich der explosive, effektvolle Abstoß oder Abwurf von Kugel oder Wurfscheibe. Die Dynamik der Bewegung geht aus von den Füßen, genauer von den Zehen, und endet in den Fingerspitzen. Bei allen drei Disziplinen ist das Übungsgerät rund und der Bewegungsablauf vollzieht sich innerhalb eines Kreises. Es entspricht der Symbolik der Spirale als eines über sich hinauswachsenden Kreises, dass die Übung ungültig wird, wenn auch nur ein Fuß über den Wurfkreis hinaustritt, d. h. wenn die Spiralform zerstört wird.

Eine Spiral-Delikatesse besonderer Art bietet das Diskuswerfen. Hier kommt nämlich die Doppelspirale ins Spiel: Die Schwung holende Körperdrehung des Werfenden verläuft einrollend-linksläufig, während die Diskus-Scheibe im Moment des Abwurfs von den Fingern in die ausrollende Rechtsrotierung der Flugphase umdirigiert wird.[137]

---

137 Der ,Diskos von Phaistos', Kreta, auf 1600 v. Chr. datiert und gefunden 1908 im Palast von Phaistos, eine kreisrunde Tonscheibe, zeigt auf jeder Seite etwa 120 stempelartige Eingravierungen in spiraliger Anordnung.

5. Die dreidimensionale Spirale

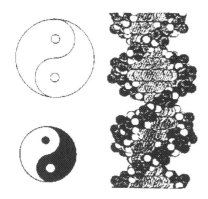

Die Spiralbewegung umfasst nicht nur die rechts- und linksläufigen Windungen, sondern auch das sich gegensätzlich bedingende Spiel zwischen Weite und Länge, zwischen dynamischem Weitwerden und Sich-Verkürzen einerseits, und Schmaler-Werden und Sich-Verlängern andererseits im dreidimensionalen Raum-Kegel. Das naheliegendste Beispiel dafür ist der menschliche Brustkorb in der Atembewegung. Die Wasser- und Wolkenspirale sowie die Spiralnebel der Sternenwelt gehören zu den natürlichen dreidimensionalen Spiralbildern.

Abb. 98: I-Ging-Symbol/DNS Doppelhelix

Abb. 99: Minarett der Moschee von Samarra, Irak, 9. Jh.

Im Einklang mit der Welt entwächst auch der menschliche Embryo dem Mutterleib auf einem Spiralweg. In der hebräischen Überlieferung heißt es: „Der Hochheilige hat die Welt erschaffen wie einen Embryo. Ganz wie der Embryo vom Nabel aus wächst, so hat Gott die Welt beim Nabel zu erschaffen begonnen, und von dort hat sie sich nach allen Richtungen ausgedehnt."

So wie jeder Teil des Universums analog zum Ganzen ist und wie jede Keimzelle des menschlichen Körpers das Ganze repräsentiert, so entsprechen sich der Welt-Code des I-Ging und der menschliche Lebenscode der DNS in Form der Doppelhelix. Der im Zentralnervensystem wirkende Doppelwedel des Gen-Kodex besteht aus zwei spiralig angeordneten Ketten. Entsprechend sind in dem bekannten Spiralzeichen Tai-Gi das weibliche Yin mit dem männlichen Yang zu *einem* Zeichen verbunden. In ihrer Spiralstruktur stimmen der genetische Code des Menschen und das I-Ging oder Tai-Gi-Symbol überein. Im I-Ging-Modell liegt uns also eine in ein archaisches Gewand gekleidete, exakte, frühe Naturwissenschaft vor. Der DNS-Code ist nur als dreidimensionale Doppelspirale vorstellbar und der ganze Mensch nur als androgyn (Vater-Mutter-Kind). So kann man sagen, dass die Zweipoligkeiten der DNS-Doppelhelix und des I-Ging-Symbols eingebettet sind in einer dreidimensionalen Spiralstruktur.[138]

In fast allen Kulturen der Menschheit kennt man den einsam zu gehenden Spiralweg nach oben als Pfad der seelischen Läuterung, der inneren Reinigung und Erlösung aus Erdverhaftetheit, aus Lebensenge, Sorgen, Ängsten oder aus dem Stress des Alltags. Das klassische literarische Beispiel dafür ist Dantes „Göttliche Komödie", worin er den

---

138 Der Autor Martin Schönberger widmet sein Buch: Verborgener Schlüssel zum Leben – Weltformel I-Ging im genetischen Code, der ,Inbeziehungsetzung urtümlicher Weisheit und moderner Wissenschaft', a.a. O., S. 8.

menschlichen Pilgerweg aus dem höllischen Inferno hin zum Läuterungsberg schildert, um – nach Dantes eigenen Worten – „die Lebendigen in diesem Leben aus dem Zustande des Elends heraus und zu dem Zustand der Glückseligkeit empor zu führen" (Dante Alighieri 1265–1321).

Der Spiralaufstieg auf einen heiligen Berg ist ein Symbol für die Evolution des Bewusstseins. Wie der Pilger zu Gott wandert, so kommt ihm in seiner Empfänglichkeit für Göttliches von oben die Abwärtsspirale im Wehen des Geistes entgegen. Da Minarette Stätten des Gebetsrufes sind, ist es, als triebe die Spiraldynamik das Wort auf Luftwirbeln der Gottheit zu, während quasi im gleichen Atemzug göttliche Befreiung von oben in die Seele des Rufers einkehrt.

Abb. 100: dreidimensionale Doppelspirale

Am spiralen Läuterungsweg wird klar, dass die Spirale ein Zeitsymbol ist, genauer gesagt, dass sie ein Symbol für die Zeitlichkeit, für die Abläufigkeit des Lebens ist. Leben ist kein sich ständig wiederholendes Drehen im Kreise, eine ständige Wiederkehr des Gleichen. Im Bild der Spirale wird deutlich, wie sich die Spur des Lebens aus dem Kreis in der Horizontalen in eine neue Dimension erhebt oder niedersinkt. Die Spirale ist wie ein Spiel zwischen horizontalen und vertikalen Kräften, zwischen Kreis und Senkrecht-Geradem: hellen Höhen und dunklen Tiefen, zwischen Vordergrund-Hintergrund und Zentrifugale.

Der Mensch lebt auch nicht nur in der erscheinenden Windung heller, feststehender Gegenwärtigkeit, die wie ein überschaubarer Umkreis aussieht, aber keiner ist, sondern er sinkt herab oder erhebt sich in jeder Minute auf seinem Lebensspiralweg. Es gibt im menschlichen Leben weder zeitliche noch räumliche Wiederholungen, Dubletten eines Augenblicks. Jede nächste Sekunde hat neue, einmalige Bedingungen. Aber es gibt Verwandtschaften, Ähnlichkeiten, Transponierungen, die sich aus den wiederkehrenden Windungen ergeben, die dann aber auf höheren oder tieferen Ebenen verlaufen. In der nächsten Windung ist die Beziehung zu allem eine ganz andere, wie vergleichbar-unvergleichlich verändert.

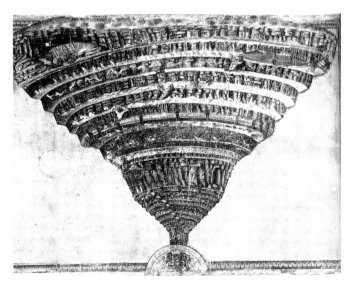

Die Spirale als Lebensspur lehrt auch, dass man nur die sichtbare, die im Hellen liegende Seite der Windung

Abb. 101: Der negative Wirbel. Illustartion zu Dantes Inferno durch Sandro Botticelli, Italien, 16. Jh.: Ein nach unten führender Höllenschlund – spiralförmig!

sieht und erfährt. Überall und in jeder Situation gibt es auch noch die andere, die Gegenseite, die im Dunklen liegt.

Dies bedeutet u. a. für den Menschen, „sich im Wissen zu bescheiden, zu spüren, wie auch das Gebiet sich ausdehnt."[139]

Die Spirale als Urtypus des Lebens und der Welt ist auch der Grund dafür, dass wir hören können, d. h. Welt vernehmen können. Wir können hören, weil wir eine Spirale, ein Schneckenhaus, im Ohr haben. Und wir Menschen stehen aufrecht, weil dieses Schneckenhaus im Ohr richtig funktioniert. Wir stehen aufrecht, weil in unserem Nichtbewussten Klarheit darüber herrscht, dass wir zwar hier konkret nur die eine Windung erleben, dass aber die anderen Windungen alle anwesend sind, sowie sie im Schneckenhaus unseres Gleichgewichtsorgans im Ohr vorhanden sind. Nur der Mensch unter allen Lebewesen ist fähig, dieses spiralige Fließen allen Lebens und der Welt als urtypisch im Ganzen des Spiralsymbols zu überblicken und auch für sich persönlich einzusehen.

Die Figur der Spirale indes verströmt nicht ins Uferlose, sie schwingt im Wechselrhythmus ihrer polaren Kräfte: Sie vereinigt die Grundkräfte des Kreisend-Horizontal-Weiblichen mit dem Linear-Progressiv-Männlichen. Das Linear-Männliche treibt das Kreisend-Weibliche entweder hinauf zu immer neuen Bewusstseinsschichten oder aber lässt es in dumpf-unbewusste Animalität absinken.

Noch einmal: Die Spirale macht sichtbar, wie männliche und weibliche Anteile im Raum frei schwingend und dynamisch sich entfalten und zugleich integrieren. Die Spirale erweitert die Polaritäten des Lebens in die dritte Dimension des Räumlichen hinein, macht sie dadurch transparent und zeitdynamisch und geistig bewusst. Damit ist die Spirale das heute wohl aktuellste Symbol: sie ist das Symbol unserer heutigen, vierdimensionalen Wirklichkeit.

6. Vom Geheimzeichen zur Arabeske – Acht Interpretationen von Spiralen in der Kunst

1.) Die Spirale als Wassersymbol tritt in ambivalenten Formen in Erscheinung. Als Gegensatz zum verschlingenden Wasserstrudel gibt es auch die nach oben aufspringende Wasserfontäne. Diese findet ein adäquates steinernes Abbild z. B. in den nach oben hin sich verjüngenden ionischen Säulen mit ihren klaren, schlichten Spiralvoluten, wie sie am Niketempel der Akropolis in Athen zu bewundern sind.

Die späteren korinthischen Säulenkapitelle (lat. capitellum = ‚Köpfchen') mit ihren Akanthus-Blättern sowie die römischen Kompositkapitelle und auch die gotischen und barocken Kapitelle behalten zwar die Spiralen bei, doch das florale Akanthus-Schmuck-Beiwerk schwächt die frühe ionische, klare Spirale und ihre eindeutige Symbolik. Hier offenbart sich wieder einmal, dass in der größten Einfachheit auch die größte Vollendung und Wirkung zu finden ist.

---

139 Friedrich Weinreb (1910–1988) übermittelt und schenkt in seinem kostbar ausgestatteten Büchlein „Vom Geheimnis der mystischen Rose", 1983, zugleich eine feinsinnige Aufschlüsselung des Spiral-Symbols. a. a. O., S. 48.

2.) Im Vergleich zu den Spiralkapitellen der schlanken, hohen Säulen des griechisch-ionischen Nike-Tempels, deren Aufwärtstrend durch die senkrecht eingezogenen Kanneluren verstärkt und der in den Spiralvoluten schließlich aufgefangen wird, erscheint diese deutsch-germanische Säule von Fulda wie ein grobes Gegenstück: niedrig, massiv, kompakt. Vor dieser Säule entsteht beim Betrachter keinerlei Assoziation an eine leicht in die Höhe aufspringende Wasserfontäne,

Abakus

Eck-Volunten

Akanthus-Blätter

Abb. 102 a (links): Niketempel in Athen, Akropolis, um 420 v. Chr. Vollendet

Abb. 102 b (rechts): Korinthisches Kapitell

vielmehr: diese Säule hat eine andere Konzeption. Sie ist der Inbegriff von Stärke und Standhaftigkeit! Trägt sie doch – allein – vom Tief-Innen der Krypta her einen ganzen Kirchenbau. Sie symbolisiert das Ur-Eine, aus dem sich alles ‚Spätere' *entwickelt*. Diese Säule ist Weltenbaum *und* Ursprungsquell und die Spiralen beschreiben, wie sich diese Kraft aus der Tiefe in die Höhe und in die Weite entwickelt: nämlich *polar*.

Es gibt auch noch einen anderen Aspekt: Das Emporwachsen der Säule wird durch die wuchtige Last von oben gebremst und weicht aus in die Beugung und Windung der zwei Spiralen.

Die beiden Spiralen versinnbildlichen die Hälften des Lebens: Tag und Nacht, Sonne und Mond, Sommer und Winter, Evolution und Involution.

Zwischen der ur-einen, in sich geschlossenen Säule und dem sich in die Vierheit ausbreitenden (Welt)-Gewölbe erscheinen die Spiralen als lebendig-quirlende, schöpferische Wachstums- und Wandlungsquellen.

Diese Säule mit ihren Spiralvoluten vermag im symbolischen Bild Schwierigstes ganz einfach kundzugeben: Alle irdischen Wirklichkeiten sind polar, doch sie sind beheimatet in einem Ersten-Einen, in der Einheit eines absoluten Ursprungs-Seins, im ens absolutum. Und das besagt: Alle Polarität ist etwas Zweites und kann darum niemals ursprünglich sein.

3.) Dieses große Kapitell von Estany (Abb. 104) hat nur ein Thema: die Doppelspirale. Kunstfertig in Stein gehauen, füllen die beiden Spiralen mit ihren Windungen die ganze Bildfläche aus. Bei näherer Betrachtung allerdings fällt auf, dass die rechte, im Schatten liegende Spirale aus neun Windungen besteht, während die linke nur sechs aufweist. (Vermutlich wurde die linke Spirale restauriert.)

Das Bedeutsamste aber an diesem Spiral-Kapitell ist die Über-Eck-Stellung. Sie verdeutlicht, was sonst so leicht übersehen wird, dass nämlich die Doppelspirale über die zwei zentralen Umkehrpunkte hinaus noch einen *dritten* Wandlungsimpuls aufweist. Dieser ist genau dort

Abb. 103: Frühromanische Säule in der Krypta der Michaelskapelle, Fulda, um 820. n. Chr.

Abb. 104: Kapitell der Klosterkirche Santa Maria, Estany, Provinz Barcelona, frühes 12. Jh.

angesiedelt, wo der Auslaufschwung der einen, ersten, Spirale umkippt und umschaltet in den Einwärts-Drall der anderen, zweiten, Spirale – oder umgekehrt.

Dieser dritte Wende- oder Wandlungspunkt befindet sich auf der Kantenfalte des Kapitells. Er liegt auf der gleichen Höhe wie die beiden Zentralpunkte der Spiralen und auch genau in der Mitte zwischen beiden. Er ist ein Kreuzungspunkt besonderer Art.

In der Kante treffen zwei verschiedene Himmelsrichtungen und damit zwei Raumperspektiven, zwei Charaktere, zwei Welten aufeinander, setzen sich gegeneinander ab und gehen eine beide um- und übergreifende Verbindung ein. Konzentrierter als in dieser „Doppelspirale-über-Eck" lässt sich die dynamische trialogische Wegspur der Spirale wohl kaum darstellen.

Diese Über-Eck-Spirale mit ihrer Trennkante und mit ihren drei Wandlungspunkten vermag überdies im Bild auszudrücken und damit zu erklären, wie das Leben sich in Schwung hält, und dass wir entsprechend in unserem Leben nicht im Entweder-Oder stecken bleiben, sondern das verbindende Dritte suchen und wahrnehmen müssen. An dieser Doppelspirale ist einfach und klar abzulesen: Da gibt es das Eine, und dort gibt es das Andere, und zwischen beiden gibt es das Dritte: eine hin und her fließende, lebendige Dynamik. Dieses geheimnisvolle Dritte hält beides zusammen und hebt den Unterschied zwischen beiden nicht nur nicht auf, sondern belebt ihn sogar: Diese umfassende Dynamik würgt nichts ab, lässt jedem das Seine, bringt die Unterschiede klar zur Geltung und hält das Ganze in einer übergreifenden Idee für die Zukunft offen.

Die Über-Eck-Spirale könnte, indem sie die Überwindung der Dialektik zugunsten einer Trialektik[140] im Symbol anschaulich macht, zur Humanisierung des Lebens und der menschlichen Beziehungen weltweit beitragen, aber: Wir müssten alle miteinander die Sprache der Symbole wieder neu erlernen! – wie es Erich Fromm längst eindringlich angemahnt hat.[141]

---

140 Französische Philosophen fordern dies, z. B. Alain Dunand. Die Wirklichkeit folge einer „ternären Logik", sagt B. Besret (entnommen dem Aufsatz „Einübung in den Dreischritt" von Anton Rotzetter in der Zeitschrift „Christ in der Gegenwart", 46. Jahrg. Nr. 22, 1994).

141 Der Psychoanalytiker Erich Fromm (1900–1980) hielt die Symbolsprache für die einzige Fremdsprache, die jeder Mensch erlernen kann und sollte, da nämlich ihre Grammatik und ihre Syntax der ganzen Menschheit gemeinsam sei. Gegenüber

Die Über-Eck-Spirale reiht sich damit würdig ein unter die Spuren und Zeichen, die der dreifaltige Gott von sich der Schöpfung eingeprägt hat. Wir können annehmen, dass der frühromanische Entwerfer und Erbauer dieses Kapitells in seinem schauenden Geist und in seinem Körper dieses geahnt und verspürt hat.

In dieser Doppelspirale ist auch das Modell eines ,Perpetuum mobile' noch zu entdecken, das bereits in der einfachen Form einer liegenden Lemniskate, einer waagerechten 8, bekannt ist.

4.) Diese außergewöhnlich lebendig gestaltete Christusfigur mit ihren übergroßen, pfingstlich weit ausgebreiteten, freigebenden und aussendenden Armen und Händen ist auch mit zwei auffallend schönen Spiralen ausgestattet.

Das Ungewohnte an der Christusgestalt ist die ,Rechts'wendung in den Hüften und Knien; die Füße stehen dann wieder frontal

Abb. 105: Christusbild im Tympanon des Mittelportals der inneren Vorhalle. Romanische Abteikirche von Vezelay (Burgund)

und lotgerecht im Bodenkontakt, d. h. das Kreuz aus Händen, Kopf und Füßen und der ,Kreis' der Mandorla[142] um seine Gestalt bleiben bildkompositorisch erhalten. Die beiden Spiralen scheinen die Auslöser dieser ungemein lebhaften Körperwendung zur aufgehenden Sonne hin zu sein, was auch durch den großzügig weit schwingenden Faltenwurf des Gewandes bestätigt wird.

Der Gesamteindruck legt die Deutung nahe, dass diese Spiralen Atemspiralen sind, und somit körperlich-geistige Energiezentren.

Diese Spiralen sagen aus, dass dieser Christus durchdrungen ist von einem ,Großen' Atem, der den Körper bis in den Beckenbereich und bis in die Knie und damit bis in die Fußsohlen ganz und gar durchströmt. Ein solcherweise zugelassener und entfalteter ,Großer' Atem aber ist ein stimmiges Symptom für körperliche und geistige Vitalität und für die Durchlässigkeit zwischen beiden. Sind doch in der Beckenhöhle die organischen Wandlungsprozesse der Verdauung und der Fortpflanzung beheimatet, und wird doch in den Kniescheiben der Kontakt zur Erde und zur Sonne und damit zu kosmischen Kraftreservoiren vermittelt.

Hinzukommend wird ansichtig, wie von den Schultern der Christusgestalt sein Mantel rechts und links in spiraligen Falten herab fällt und sich in der linksseitigen Herzgegend ein-

der Wechselhaftigkeit des empirischen Geschehens vertreten die Symbole die Konstanz einer Sinnwelt und einer Seinstiefe, welche diesseits und jenseits aller Religion erfragt sein will.

142 Die Mandorla ist gewissermaßen eine „Verschleierung" des vollen göttlichen Lichtkreises als Symbol der Gegenwart Gottes; vom Zeichen her also ein modifizierter Kreis. Der Bezug auf die Mandel hat unter diesem Aspekt allegorischen Charakter.

Abb. 106

birgt. Der Atem und der etwas schnellere Pulsschlag des Herzens beleben mit ihren differenzierten Rhythmen sowohl Körper als auch Geist.

Die Vital-Rhythmen von Vezelay weisen eindrucksvoll hin auf eine volle Menschlichkeit des auferstandenen Christus, der die menschliche Körperlichkeit unverlierbar und ewigkeitsfähig in sich verbindet.

In seiner Nachfolge gilt es, den großen kosmisch-universalen Lebensumtausch zu erlernen, der wiederum eine Voraussetzung und ein Symbol ist für den spirituellen Lebensaustausch im Gesamt der Schöpfung und zwischen Gott und der menschlichen Seele: das Ein- und Ausatem des pfingstgeistlichen „Sonnen"-Lichtes – was die Architektur von Vezelay ja ausdrücken und vermitteln will.

Damit wird das Symbol der Spirale mit seinem tripolaren Austausch und seinem Wandlungsrhythmus von Ein- und Ausrollung zum Bild für alle verborgenen und geheimnisvollen Wandlungsvorgänge, Schwellenübergänge und Durchgänge, zu denen leib-seelisches menschliches Leben angelegt und fähig ist.

5.) In diesem weiteren Bild ist es gelungen, durch das Verbinden von kleinen weißen und schwarzen Umrandungssteinen zu einem Zickzack-Muster mit Licht- und Schattenwirkung eine dreidimensionale Spirale in eine Fläche zu transponieren. Die Spiral-Räder in den Ecken unterstreichen diese Deutung. Das Spiralmuster mit seinem eckigen Hell-Dunkel-Wechsel steht in Kontrast zu dem großen Speichenrad, das unbeweglich in sich selbst zu stehen scheint, oder – je nach Blickfocus – sich rasant um die feste Mitte dreht und nur durch das starke, schwarze Band in der Form gehalten wird.

6.) Der Umkreis dieses Schicksalsrades (Abb. 108) besteht aus einer Spirale, die durch einen Schwarz-Weiß-Wechsel ausgedrückt wird. Somit ist dieses Glücks‚rad' in Wirklichkeit eine in die Fläche projizierte Glücks‚spirale'.

Der ewige Gott, der Souverän des Spiralkreises, sitzt auf dem Thronsessel und hält die Gegensätze der Welt, d. h. die dem Wechsel von Licht und Schatten, von Glück und Unglück, von Gewinn und Verlust, von Rechts- und Linksläufigkeit unterworfenen Schicksalsfäden der Menschen im runden Bogen und mit langem Atem dynamisch-locker und ‚elastisch' zusammen.

Abb. 107: Fußboden-Mosaik in der Kathedrale von Siena, der Kaiser-Adler im großen Rad-Kreis, 14. Jh.

Abb. 108: Ausschnitt aus einem Fußbodenmosaik der Kathedrale von Siena, „Glücksrad", von Domenicó di Nicoló, 14. Jh.

7.) In den Bildern des Wiener Jugendstil-Künstlers *Gustav Klimt* wird die Spirale als Symbol für Lebens-Entwicklung und Lebens-Verwicklung verwendet. Klimts „Lebensbaum" – ganz in Goldtönen gemalt – setzt sich aus vielen, klar geformten, großen und kleinen rechts- und linksläufigen Spiralen zu einem ästhetischen, aber eigenartig verschlossenen Baum-Gebilde zusammen.

Dieser Lebensbaum ist gewissermaßen Sinnbild eines goldenen Zeitalters, das aber von einem schwarzen Vogel, einem Symbol des Todes, in Frage gestellt wird.

In vielen von Klimts Bildern kommen haufenweise Spiralen vor. Sie dienen dazu, den Kampf zwischen und das Miteinander von Eros und Thanatos (= Tod), von Sexualität und Tod (z B. die Judith-Bilder) sichtbar zu machen.

Klimts Weltsicht stimmt darin mit der von Freud und Schopenhauer überein, dass er die Welt als blinde Kraft in einem endlosen Kreisen von Gebären, Liebe und Tod versteht. Es ist ein Kreisen in reiner Diesseitigkeit; die Spiralen bleiben denn auch zweidimensional und weithin dekorativ. Es gibt keine Polarität zwischen links- und rechtsläufigen Spiralen und keinen Wandlungsumschlag zwischen beiden.

Die Motive des Jugendstils weisen zwar insgesamt eine Liebe zur Welt des Wassers auf, also zu einer Ursprungssituation des Spiralsymbols, aber die Spiralen werden weithin nur in allegorischen Zusammenhängen und Bildern verwendet. So sind z. B. Venusmuscheln und Wasserschlangen häufige Bild-Zeichen, die gerade auf die weiblichen Aspekte der Spirale aufmerksam machen. Die Fischfrauen und Nixen Klimts stellen ihre humide, erdhafte Sinnlichkeit ohne Umschweife zur Schau. Sie geben sich in den schlängelnden Linien des Jugendstils lasziv und provozierend den Umarmungen des nassen Elements hin: Haare mischen sich mit Algen oder Frauen tragen wasserfarbig-durchsichtige Gewänder.

Klimt ist von der Machtlosigkeit der Menschen gegenüber den Mächten des Schicksals überzeugt. Eros und Tod sind unberechenbar miteinander verwoben. Sie können deshalb nicht

Abb. 109: „Lebensbaum" von Gustav Klimt (1862–1918), aus dem Stoclet-Fries, 1905/09, Österr. Museum für angewandte Kunst, Wien

gegensätzliche Polaritäten vertreten – wie Leben und Tod in der Doppelspirale. Eros und Tod verweisen vielmehr in ihrem diffusen Verwobensein auf die Doppeldeutigkeit (Ambivalenz) der menschlichen Sexualität, welcher zwischen Strafe (Paradies-Austreibung) und Erfüllung (Liebesakt) nur eine flüchtig-schillernde Verwirklichung beschieden ist.

Wohl deshalb kann die Spirale in der Jugendstilkunst eines Gustav Klimt nur in den Formen des Allegorischen und Ornamenthaften in Erscheinung treten.

8.) *Friedensreich Hundertwasser* (1928), auch ein Wiener Künstler, hat in seinem Werk ebenfalls das Spiralsymbol aufgegriffen. Er löst die strenge, runde Spiralform auf und verwendet Spiralen und Kurven als organisch-vegetative Muster für die Lebensweg-Symbolik in seinen Bildern; z. B. „Der große Weg".

„Für mich ist die Spirale ein Symbol des Lebens … Meine Spirale ist keine geometrische Spirale, sie ist eine biologische Spirale … Sie hat Ausbuchtungen, Widerstände und Partikel in der Mitte und an den Rändern. Meine Spirale ist vegetativ." „Mit der Spirale kann man spielen." Diese Zitate Hundertwassers belegen und begründen sein neues, unorthodoxes Verständnis der Spirale. Er löste sie damit aus ihrer strengen Form, die Gustav Klimt noch respektiert hatte, zwar heraus, aber um welchen Preis!: Locker, bunt und in phantasievollen Variationen kommt sie gefällig motivierend oder rein dekorativ in seinen Werken daher.

7. Die Spirale als bogenförmiger Um-Weg

Die links- oder rechtsläufige Rotation der Spirale beschreibt eine Wegspur, die im Gegensatz steht zu jedem geraden Weg. Eine Kurve bedeutet, dass man sich dem Ziel nicht direkt und unmittelbar, sondern gewissermaßen auf Umwegen nähert. Das spiralförmige Einer-Mitte-Zustreben ist Ausdruck eines langsameren, sensiblen und sich intensivierenden Annäherns. Es ist eine aufmerksame, beinahe respektvolle, kultivierte „Umgangsart".

Für den technisch-funktionellen Bereich unserer Wirklichkeit ist hingegen der direkte Weg zweckgemäß: das punktgenaue Anpeilen oder Ankoppeln, die logistische Planung, die ‚linea directissima', also der Direktweg der Radspeichen.

Der Mensch besitzt aber nicht nur einen logischen, messenden Verstand, sondern auch eine atmende Seele. ‚Seele' und ‚Spirale' stehen für die ‚umweghafte', geistig-personale, innere Seite der menschlichen Wirklichkeit. Zu ihr gehören Spiel, Kunst, Feier und Muße und: *personale Begegnung!* Nicht die eigene Raschheit oder der straffe Zugriff sind hier gefragt, sondern die geduldig gedehnte achtsame, spiralig umgängige Annäherung und An-Reise. „Seele des Menschen, wie gleichst du dem Wasser!" In dieser Goetheschen Einsicht wird noch einmal aufgehellt, wie die frei atmende menschliche Seele und das in ständiger Wellung, Wallung und Wandlung befindliche offene Wasser miteinander korrespondieren, und zwar in der bogenförmigen Umwegspur der Spirale.

Der heutige Mensch lebt in beiden Wirklichkeitsbereichen, Technik und personales Wesen. Sein Problem ist es, ihren unterschiedlichen Ansprüchen gerecht zu werden, sie nicht zu vermischen, sondern sich deutlich ihrer Andersartigkeit bewusst zu werden und sich auch entsprechend zu verhalten. Der klare Unterschied im Symbolbild von der Geraden und der Spiralen-Kurve kann dabei eine große Hilfe sein.

Das Leben verläuft spiralförmig, wie es alte Menschenweisheit (I-Ging) und moderne Wissenschaft (DNS-Doppel-Helix) bezeugen. Doch heute überwiegt eindeutig die technisch-rationale Verhaltensweise, wenn wir auf die rücksichtslose Vernutzung und Verzweckung von Menschen, Dingen und der Erde schauen. Verbreitet ist hemmungsloses Konsumieren ohne die Fähigkeit, nachdenklich-asketisch Abstand halten und abwarten zu können. Durch die plumpe, undifferenzierende Direktheit hat die moderne Einstellung zum Leben weithin den Charakter einer jägerhaften, beutemacherischen Aneignung bekommen. Allerorten eine faule Unmittelbarkeit: Fertigprodukte, Television, Cyber-Space, Verfügbarmachen durch Geld, anstatt eigenes Bemühen, Schweiß und geduldiges, sorgsames Heranreifen-Lassen.

Also: der generelle Triumph der schnellen Geraden?

Es ist an der Zeit, das Lob der Spirale neu aufleben zu lassen.

„Wehe den Geradlinigen, wenn die Kurven kommen!"

Dieser Satz von Stanislav Jerzy Lec, dem polnischen Lyriker (1909–1966), trifft den Nagel auf den Kopf.

8. Tanz und Spirale

Die Nähe von Tanz und Spirale liegt auf der Hand.

Die Spirale als Urbild von Lebendigkeit ist in sich schon wirbelnder Tanz, und bestimmte Tanzschritte können als Wellenbewegung des Wassers gedeutet und empfunden werden. Leben choreographiert sich in dynamisch wachsenden und sich verengenden Kreisen, in Wellenbewegungen und Schlängelwegen und in bogenförmigen Umkreisungen und Spiralwirbeln.

Unter den verschiedenen Tanzformen einer Polonaise gibt es eine ganze Anzahl, mit denen wir uns Spiralwege rhythmisch einverleiben: z. B. die Tanzschlange durch mehrere Tore, die von Mittanzenden gebildet werden und durch die man sich hindurchschlängeln muss: ein Sich-Bücken und Wiederaufrichten = Stirb und Werde; die Tore sind eine Schwelle zwischen Leben und Tod – oder: das Ein- und Ausdrehen einer langen Schlangenlinie von Tanzenden (wie im Geranos-Tanz), dasselbe auch in Kettenform u. a. m.

Spiralförmige Tanzformen sind getanzte Lebensbilder, kosmische Reigen- und Pilgertänze, z. B. im Eiskunsttanz.

Zwei besondere Beispiele, in denen Tanz und Spirale jeweils eine einmalige Verbindung eingegangen sind, sollen hier vorgestellt werden:

a) Der Tanz der Derwische des Mevlevi-Ordens und

b) ‚Das Triadische Ballett' von Oskar Schlemmer.

a) Tanzende Derwische des Mevlevi-Ordens, Konya, Türkei

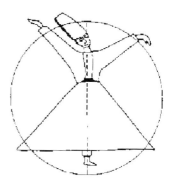

Abb. 110

Die tanzenden Derwische (persisch: Bettler) drehen sich mit ihren weit schwingenden Gewändern in spiralförmigen Drehbewegungen um ihre eigene Achse und zugleich in einem großen Kreis – wie sich Planeten um sich selbst und um die Sonne bewegen. Sie vereinigen sich in mystischer Versunkenheit mit den planetarischen Wirbeln des Universums. Ihre rechte Hand empfängt die kosmischen, himmlischen Inspirationen, und ihre linke Hand entlässt und gibt sie weiter an die Erde. Der Tänzer dreht seine Spiralen der Sonne entgegen, denn er tanzt einen Auferstehungstanz. Seine Kopfbedeckung symbolisiert den Grabstein.

Wie der Atem sich ausdehnt und sich wieder zu seinem Zentrum zurückholt, so expandiert der Geist des Tänzers einerseits in den Kosmos hinauf, und er schraubt sich andererseits hin zu seinem göttlichen Ursprung in der Tiefe.

Von einem tanzenden Derwisch, der ein Eingeweihter, ein Mystiker, ein Sufi ist, wird gesagt, dass er jemand ist, dessen Gedanken mit seinem Fuß Schritt halten. Er wird unter seinen Spiralwirbeln nicht schwindelig, sondern er bleibt meditativ anwesend-gegenwärtig.

b) Spiralen und ihre abstrakte Projektion auf den Körper: die Gestalt des Menschen in den Figurinen des „Triadischen Balletts"[143] (1920ff.) von Oskar Schlemmer (1888–1943)

Nach den Deformationen, Zergliederungen und Auflösungen des Menschenbildes in den Kunstrevolten des Expressionismus und Kubismus bestand das Bedürfnis, allmählich wieder zu einer harmonisch-ganzheitlichen Menschendarstellung zurückzufinden. Oskar Schlemmer erachtete die menschliche Gestalt als „höchste Aufgabe für den Künstler". Er ging aus von der Synthese von Figur und Architektur.

---

143 Der Name ‚triadisch', abgeleitet von der griech. Bezeichnung für Gleichklang, steht für das Ordnungsprinzip, nach dem das Ballett aufgebaut ist: eine „Apotheose der Dreiheit". Drei Akteure (1 Tänzerin u. 2 Tänzer) tanzen in 18 Kostümen 12 Tänze (allein, zu zweit oder zu dritt), die sich über die drei Abteilungen des Balletts verteilen.

Die Figuren seiner Graphiken und vor allem der des Triadischen Balletts wollte er verstanden wissen als lebendige Menschenarchitektur. Mit ihnen versuchte er das zugrunde liegende Wesen, die Urform eines anatomisch-metaphysischen Menschenbildes zu erfassen. Er wollte also nicht ein bestimmtes Individuum porträtieren, sondern den Prototyp, ein gewissermaßen zeitloses Menschenbild. Schlemmer teilte diese geistige Zielvorstellung mit anderen Künstlern seiner Zeit, so etwa mit Franz Marc, der nicht mehr nur anschauen, sondern durchschauen wollte, um im Weltbilde die mystisch-innerliche Konstruktion aufzudecken, oder mit Paul Klee, der sich vom Vorbildlichen zum Urbildlichen durchtastete.

Aufgrund dieser Idee, hinter die Dinge zu blicken, Unsichtbares sichtbar zu machen, eine zweite

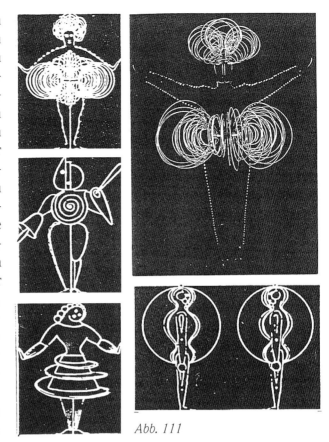

Abb. 111

Welt aufleuchten zu lassen, eine Transzendenz aufzutun, schuf Schlemmer sowohl seine Fensterbilder als auch Rundplastiken aus Draht, vor allem aber seine viel bewunderten mobilen Figurinen des Triadischen Balletts. Er verwandelte also Flächenzeichnung in Raumkunst. Er materialisierte seine Graphiken und entmaterialisierte sie zugleich; denn Draht eignet sich in besonderer Weise dazu – bei einem Minimum an Masse und Gewicht –, Stabilität und Präzision mit gespannter Elastizität und Durchsichtigkeit zu verbinden und: das Licht mit einzubeziehen. Die durchbrochene, schwerelose, Schatten werfende Drahtplastik, in der die Figuren durchsichtig und durchleuchtet gemacht werden, zeugen davon, wie Oskar Schlemmer, gerade zu dem Zeitpunkt, als die Diffamierung seiner Person und seiner Kunst durch die Nazis einsetzt, das Menschenbild in eine transzendente Sphäre hinüberrettet.

Schlemmer fand zu seinen symbolischen Raumbildern durch das Erlebnis des Malers, der zum Tänzer wurde und dann zum Tanzschöpfer, bei dem das sensibilisierte neue Körper- und Raumempfinden plastische Gestalt annahm. Ursprünge seiner Idee sind auch im primitiven Maskentanz zu suchen, wobei man als Maske immer eine den ganzen Körper bedeckende Maske verstehen muss. Andere seiner Kostüme heißen z. B.: Goldkugel, Gliederpuppe, Kugelrock, Kugelhände oder Scheibentänzer. Die hier vorgestellten ,Spiral'-Masken stellen also gewissermaßen Solostimmen aus einem Chor von Figurationen einer lebendigen Menschenarchitektur dar. Mit der Figur der Spirale gelingt es Schlemmer z. B., die Serpentinentänze einer legendären amerikanischen Tänzerin in die feste Form eines Bühnenkostüms zu übersetzen. So werden denn im ‚Tanz der Spirale‘ weit ausholende Wege zurückgelegt, und am Ende neigt sich die Tänzerin nach vorne, wodurch Draufsicht auf die Breite der Spirale möglich wird. Lichtreflexe auf dem glasartigen Material sorgen für eine zusätzliche Wirkung des Kostüms.

Indem Schlemmer seine bildnerischen Visionen in Bewegung umsetzt und in einem theatralischen Kostümtanz zur Aufführung bringt, schafft er ein Gesamtkunstwerk mit einer Gesamtwirkung aus menschlicher Körperarchitektur, abstraktem Maskenkostüm, Raum, Tanz, Mystik und Licht und damit ein Zeitdokument von ungeheurer Aktualität.[144] Er demonstriert die Tendenz hin zu einer umfassenden Vitalisierung des Menschenbildes in der Kunst. Er verknüpft die konkrete Bühnengestalt über die symbolische Abstraktion letztlich mit dem Makrokosmos, mit dem Universum.

Schlemmer schreibt zwei Jahre vor seinem Tod in sein Tagebuch:

„Ich werde immer eine Abstraktion erstreben, die Symbolwerte zu schaffen sucht … Ich glaube, dass letzte und neue Dinge überhaupt nur mit den Mitteln reiner Abstraktion darstellbar sind … Ich glaube aber auch immer noch an die Notwendigkeit oder zwangsläufige Verbundenheit mit der Figur, der menschlichen, als dem ‚Maß aller Dinge‘, als dem Bindeglied zu einer Verständigung überhaupt."

Max Bill, Schlemmers einstiger Schüler, urteilt in seinem Nachruf:

„Oskar Schlemmer war nicht nur einer der bedeutendsten Maler Deutschlands, er war vielmehr die Verkörperung des künstlerischen Menschen des 20. Jahrhunderts in einer umfassenden Form, wie sie nur ganz wenigen gegeben sein kann."[145]

9. Verwirklichungen der spiralen Lebensstruktur: der Große Atemrhythmus und die pulsierende Blutwelle

In der menschlichen Atmung lassen sich drei unterschiedliche Atemräume und somit drei Arten von Atmung feststellen.

Da gibt es zunächst die <u>kleine Atmung</u>, innerhalb des Brustkorbs. Hier stellt das Zwerchfell die untere Begrenzung des Atemraumes dar.

Die <u>mittlere Atmung</u> umfasst den ganzen Rumpf, sie reicht bis ins Becken und in die Flanken hinein. Der Beckengrund bildet hier die untere Begrenzung. Das Zwerchfell schwingt in diesem Fall in der Mitte zwischen der Brusthöhle und der Beckenhöhle, d. h., der ganze Rumpf ist Atemraum.

---

144 Leider kam zwischen 1922 und 1932 keine erfolgreiche oder gelungene Aufführung des Triadischen Balletts zustande. Es gab entweder organisatorische Pannen, Fehlbesetzungen bei den Tänzern, unangemessene Rahmenbedingungen und schließlich blieb auch das Problem der musikalischen Begleitung weithin ungelöst. Besondere Beachtung fand die Aufführung bei den Donaueschinger Musiktagen 1926 durch die Komposition der Begleitmusik durch Paul Hindemith. Doch der Stil der Musik war nicht dem des Balletts angemessen. Bei allen Aufführungen aber gab es bewundernden Beifall für die ungewöhnlichen, phantastisch-farbenprächtigen Kostüme und Bühnenbilder. Seit 1976/77 arbeiten der Choreograph Gerhard Bohner und Hans Joachim Hespos, ein Komponist der zeitgenössischen Avantgarde, wieder an einer Neufassung. (Weitere Informationen siehe: O. Schlemmer – Das Triadische Ballett, Akademie der Künste, Dokumentation 5, Berlin 1977.) Diese wurde zwischen 1977 und 1989 in stark besuchten Aufführungen rund um die Welt vorgestellt. Urheberrechtliche Schwierigkeiten brachten dann alles wieder zum Erliegen.
145 Erschienen in der Neuen Zürcher Zeitung am 4. Mai 1943 (vgl. Ausstellungskatalog Staatsgalerie Stuttgart, 1977, S. 285).

Die <u>Große Atmung</u> umfasst den ganzen Körper und die ganze Haut, sie bewegt sich innerhalb der gesamten Körperwände. Sie bezieht durch die Haut den umgebenden Luftraum und durch die Fußsohlen sogar die Erde mit ein. Die Erde und die umhüllende Atmosphäre werden als unendliches Atemreservoir wahrgenommen. Diese Große oder Kosmische Atmung wird möglich für Menschen, die sich ein

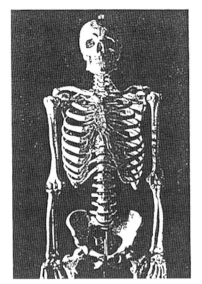

Abb. 112: Diese gut fotografierten Skelettbilder lassen eindrucksvoll die bewegliche Anordnung der Rippen und auch die ‚luftige‘ Durchlässigkeit der Brustkorb-Spiral-Komposition erkennen.

differenziertes Körperempfinden, eine lotbewusste Haltung und Aufmerksamkeit für ihren atmenden Leib erhalten oder erworben haben. Der Große Atem bezieht die Kräfte der Erde und des Himmels mit ein, er findet sein Zentrum jedoch im Mittenraum des Körpers, d. h. im Zwerchfellbereich und in der Kraft des elastisch pulsierenden Herzens.

Die Entwicklung des Atemvermögens zu der Qualität des Großen Atems ist Ziel und ein Geschenk auf dem Weg der Selbsterfahrung.

Obwohl Prof. Ilse Middendorf[146], die für unsere Zeit maßgebende Atemtherapeutin, die Spiralstruktur des Atemvorgangs wörtlich nicht erwähnt, so passen doch ihre Erkenntnisse in erstaunlicher und erfreulicher Weise genau in das hier vorgestellte Konzept. Das Kommen-Lassen, das Zulassen und das Wieder-Abgeben des Atems und dann der Übergang vom Ausatem über die ‚goldene Schwelle‘ wieder hin zum neuen Einatem, also Involution und Evolution, Einrollung und Ausrollung, bestimmen den Rhythmus der Atembewegung. Die Dehnungsausmaße des individuellen Atmungsprozesses hängen zusammen mit der Arbeitsleistung des durch seine Rippenbögen spiralig geformten Brustkorbs. Er beherbergt Lunge und Herz!, und beide charakterisieren die Vitalität der jeweiligen menschlichen Persönlichkeit. „Der Atem und die ihm innewohnende Bewegung werden zum Ausdruck des Einmaligen und des Schöpferischen im Menschen.“ (S. 46) Ilse Middendorf spricht sogar von der „Ich-Behauptung im vitalen Atem“ (S. 46).

Im Großen Atem gibt es nicht nur den Aufbau von unten nach oben, ein Emporwachsen gen Himmel, sondern auch die Rückbindung nach unten in die Tiefe[147], das Sich-Verbinden und

---

146 Ihr Buch „Der erfahrbare Atem – Eine Atemlehre“, Jungfermann-Verlag 1984, bietet nicht nur eine Atemtheorie, sondern auch viele praktikable Atemübungen. Zitate aus diesem Buch werden hier jeweils mit der Seitenzahl angegeben.
147 Hier sei erinnert an das Wasser-Dreieck und das Feuer-Dreieck: ihre Gegensätzlichkeit und Verbindung im „schwingenden Hexagramm“ der Atmung im Kapitel über das Hexagramm: IV, 14.

Sich-Austauschen mit dynamischen, universalen Kräften. Natürlich werden auch geistige und spirituell-religiöse Bezüge mit angesprochen. „Atmend bin ich im Großen Raum." (S. 40)

Jetzt wird deutlich, dass es menschliche Atem-Kraft ist, welche die Lebensspur aus dem horizontal sich gleichförmig drehenden Kreis von Leben-Tod-Leben heraustreibt in die größere, geistig-schöpferische Entwicklungsbewegung der Spirale. „Bewegung entsteht aus dem Atem." (S. 46)

Durch das wache Vollziehen des Großen Atems „entsteht eine tiefe und klare Beziehung zum Raum, der uns umgibt." (S. 111) Diese Aussage von Ilse Middendorf ist bedeutsam: Die im Einatmen und Ausatmen sich bildende individuelle Beziehung zum umgebenden Raum bewirkt ein Sich-selbst-gewahr-Werden in der Urform der Spirale als der Struktur und dem Symbol eigenen Lebendigseins. Gemeinsam ist beiden, Atem und Spirale, das Prinzip der Durchlässigkeit, der Transparenz.

Für Menschen, die durch therapeutische Atemarbeit, durch Einübung in Eutonie oder durch Körpermeditationen, also letztlich durch Erfahrung von Stille im Leib, die Empfindungsfähigkeit und die Sensibilisierung ihres Körpers entwickeln und verfeinern konnten, ist es möglich, das Anschlagen der Atemwelle in Einatem und Ausatem bis zu den Knochen hin zu spüren. Es wurde schon darauf hingewiesen, dass gerade in der Eutonie das Erspüren des eigenen Knochen-Skeletts und das Spüren-an-den-Knochen-Entlang intensiv geübt wird. Gewissermaßen unterhalb vom großen Rhythmus der Atemwelle ist es dann sogar möglich, selbst das Anschlagen der pulsierenden Blutwelle an das feste ‚Ufer' der Knochen zu spüren, zumindest erst einmal sich vorzustellen und dann nach und nach auch eigens wahrzunehmen. Unter dem geduldigen und schweigenden inneren Ertasten und Spüren der tiefen Wege von Atem und Blut taucht der Mensch ein in seine inneren Ordnungen und er kommt an – unvermutet, plötzlich – im Raum seiner inneren Stille. Hier lösen sich erstaunlich viele Verspannungen auf. Der übliche Körperpanzer aus Haut, Muskeln und Muskelspannungen bricht auf, wird durchlässig und sensibel. Angespannte Muskeln können nicht fühlen.

Eine innere, alles einschließende Lebendigkeit beginnt den ganzen Leib zu durchpulsen. Wie von selbst ergibt sich ein Miteinander der nun frei fließenden, unterschiedlichen, aber friedlich versöhnten Lebenswellen von Blut und Atem. Alles ist erfüllt von einem sich ein- und ausrollenden Lebensstrom. Zu fühlen, wie die Atem- und Blutwellen an das ‚Ufer der Knochen' anschlagen, ist eine persönlich-existentielle Spiralerfahrung. Es ist wie das Wahrnehmen einer mitlaufenden spiralen Lebenslinie als eines Lebens- und Wandlungsmusters zwischen Einrollung und Ausrollung, zwischen Involution und Evolution, zwischen Sterben und Auferstehen. *Das ist Körpermeditation auf schöpfungsbiologischer Grundlage!*

Im Bild der Spirale zeigt sich das Leben als ein Zusammenspiel von polaren Kräften. Allgemein: Je klarer der Mensch auch seine polaren Lebensstrukturen sinnlich wahrzunehmen vermag, um so gelöster und gelassener vermag er seine leiblichen und geistigen Kräfte und Wesensanteile in einem ganzheitlichen Leben entwickeln und in sich spüren.

Das Bild vom Anschlagen der Atem- und der Blutwellen an das Ufer der Knochen kann noch ergänzt werden durch weitere Deutungsmöglichkeiten, z. B., dass nämlich diese Lebenswellen auch an den eigenen ‚Kontinent Mensch' anschlagen. Aufgrund von neueren naturwissenschaftlichen Erkenntnissen könnten dabei auch die Lichtwellen angeschlossen werden. Die Vorstellung von den biologischen ‚Kreis'läufen, besser: ‚Spiral'läufen von Atem und Blut und Licht mit ihren Energie- und Wandlungszentren in Herz und Lunge verlockt zu eigenen Entdeckungen. Jede Körpermeditation aber und alle Symbolik hat auszugehen von konkreten biologischen Fakten. Hier ist es der Energie liefernde Stoffwechsel bzw. Gasaustausch in den Körperzellen zwischen Zentrum und Peripherie sowohl im Blut (Arterien-Venen) als auch in Herz und Lunge.

Zusammenschau

Ursymbole sind abstrakte, kristalline, einsame Urformen. Wie alle Ursymbole, so steht auch die Spirale zwischen Natur und Kunst. Dabei ist gerade die moderne abstrakte Kunst eine ideale Vermittlerin, wie schon das Titelbild dieser Arbeit bekundet. Die Spirale jedoch nimmt durch ihre räumliche, transparente und zugleich bewegte Form eine besondere Stellung ein. Sie ist das aktuellste Symbol für die gegenwärtige Zeit, die sich auf der Schwelle (= Krise) zum Zeitalter der vierten Dimension befindet.

Hören wir dazu noch eine Dichter-Stimme:

> „... Einmal muss ich Welle werden! ...
> Erst aus ganz gelösten Erden
> Kann der Stern zusammenschießen ...
> Diesem stehn die Sphären offen.
> Es zieht Leuchtkraft aus dem Trüben ...
> Den kristallnen Leib im Leibe
> Lass ich langsam Glanz gewinnen."

Hans Carossa (aus seinem Gedicht ‚Von Lust zu Lust')[148]

Exkurs: Das immerwährende Herzensgebet[149]

Mit dem Gasaustausch in Herz und Lunge, der unser biologisch-physisches Leben in Gang hält, wird im Sinne dieser Arbeit auch seine spirituelle Entsprechung angesprochen: *das immerwährende Herzensgebet*.

Der immerwährende Herzschlag in Verbindung mit dem Großen Atem bildet die biologisch-physische Grundlage des geistlich-mystischen „immerwährenden Herzensgebetes". Dieses ist eine schon sehr alte Meditationsform, welche vor allem bei den ostkirchlichen Christen bis heute gepflegt wird. Vergleichbar einem indischen Mantra „O M", in dem „alles" enthalten ist (der Atem, die Befreiung, die Gottheit), wird das christliche Gebet:

„Jesus – Christus – erbarme – dich" oder „Kyrie eleison"

etwa mit vier Herzschlägen verbunden und zugleich mit dem größeren Atem-Zweier-Rhythmus ins Herz hinein- und wieder herausgeführt. Auf diese Weise ist das „immerwährende Gebet" zugleich eine existentielle Meditation des Atems, des Herzens und der Lebensspirale.

Wie der biologisch-chemische *Gasaustausch* zwischen Kohlendioxyd und Sauerstoff in den feinsten Blutgefäßen des Körpers vorgeht, so geschieht auch im Herzensgebet ein innerster

---

148 Hans Carossa, Gedichte, Insel Verlag, 1978, S. 34.
149 Nelly Sachs spricht von der Sehnsucht, welche die Staubfrucht des Leibes in Ekstase treibt: „In Spiralen/lodern Arme und Beine/verblühen außerhalb", aus dem Buch von Nelly Sachs, TB, S. 294.

TAUSCHprozess, nämlich der Austausch zwischen Leib und Seele, zwischen dem psychischen Menschen und seinem göttlichen Lebensgrund: ein gefühlter *Geistaustausch*.

Die leibliche Einübung der Herzens-Meditation fußt auf der Erfahrung, dass jede körperliche Tätigkeit eine Rückwirkung auf die Seele hat und dass auch der Leib auf jede Seelenregung reagiert. Körper und Geist-Seele antworten einander.

Durch Wohlspannung des Körpers (motorische Eutonie) wird die Seele hingeführt und vorbereitet, ihren Frieden, ihre Gelassenheit, ihren Gleichmut und ihre innere Stille zu finden. „Das Schweigen der Seele", sagt Isaak der Syrer, „ist das Mysterium der kommenden Zeit." Dieses bedeutet nicht die Vermeidung des Kampfes, sondern das Ausschalten von Unsicherheit und Erregung, besonders aber ein Vermehren von Wachsamkeit (Hörfähigkeit) und Nüchternheit = Acht-samkeit = Sammlung in der 8.

Durch das sich in der Mitte, im Herzen konzentrierende Gebet lösen sich im Körper die Alltags-Verspannungen des Nervensystems und der Drüsentätigkeit. Das gesamte körperlich-physische und geistig-seelische Geschehen im Menschen harmonisiert sich: und es öffnen sich Tore zu Ganzheitserfahrungen und zu universalen Bezügen. *Das Herz wird zum körperlichen Ort geistiger Aufmerksamkeit und zum Ausgangsort der Spiralwege der eigenen Lebendigkeit.*

10. Die Lemniskate, ein vergessenes Symbol

8 ∞ Die Lemniskate (von griech. Lemniskos = wollenes Band) ist die ebene, algebraische Kurve einer 8, *ein* Kurvenzug 4. Grades.

Das Zeichen S ist die einfachste Form einer Schlangen- und einer Spiral-Linie. Seine Vervollständigung findet das S, indem man es wieder zu seinem Anfang hin durchzieht, so dass die Zahlziffer 8 entsteht: die senkrechte Lemniskate. Die Gestaltung des senkrechten und des waagrechten Lemniskate-Symbols lässt sich in zwei Varianten betrachten:

1. als die Zusammenbindung von zwei S-Schlangenkurven zu einer Zahlziffer 8-Form,

2. als das Gegenüber von zwei Kreisen oder Kreiswelten, die sich in einem Mittelpunkt berühren und damit ebenfalls eine 8er Form herstellen.

Alle Varianten sind auf je ihre Weise dynamisch vermittelt und jede ist ein Perpetuum mobile in sich. Die Lemniskate ist das dynamisch-lebendigste aller Ursymbole. Sie ist, wie der Kreis, eine in sich geschlossene, pulsierende Form. „Eine unendliche Schleife" nennt sie der Dichter Paul Celan. Jede Schleife, die wir oftmals im Alltäglichen binden, hält durch die Lemniskate-Form und durch das Zusammenspiel des Oben-Unten und/oder des Rechts-Links-Wechsellaufs.

Die senkrechte „Schlangen"-Lemniskate im Achterschwung fängt zum Beispiel – im Detail beobachtet – oben an und ist zweiteilig. Die erste Hälfte bis zur Mitte ist linksläufig und die zweite ist rechtsläufig bis zum Südpol; dann geht der Lauf wieder aufwärts, zuerst rechtsläufig bis zur Mitte, und dann linksläufig bis zum oberen Ausgangspol. Diese Schlangen-Lemniskate stellt sich somit dar als ein rhythmisch angelegtes und unentwegt polares Schwingungssystem.

Deshalb kommen Lemniskaten in den körperlichen Bewegungsfeldern des Menschen mit seinen rechten und linken, oberen und unteren Gliedmaßen vielfältig vor. Allein schon beim gewöhnlichen Gehen findet ein überkreuztes Ausschwingen von rechtem Bein und linkem Arm im Wechsel dann von linkem Bein und rechtem Arm statt. Beide Seiten unterstützen sich gegenseitig zu einer dann sehr ökonomischen Bewegung. Durch das Lot der Körpermitte bleibt eine ausgewogene, schwingende Form des Gehens erhalten, je rhythmischer, umso schöner.

Die waagerechte Lemniskate tritt etwa im Körperschwung beim Walzer-Tanzen, im Hin- und Herschwingen von großen Fahnen oder leichteren Tüchern ins Bild. Auch kann die schwingende Impulsform der Lemniskate in manchen polaren Ballspielen wirksam werden und natürlich – im übertragenen Sinn – auch im Wechselschwung persönlicher Sympathien und manch anderer polarer Faszinationen, wenn man will auch androgyner Art.

Bei der senkrechten „Kreis"-Lemniskate hingegen schließen sich der obere und der untere Kreis miteinander zusammen über einen Vermittlungs-Punkt und ermöglichen so ebenfalls ein unentwegtes Unterwegssein durch ein Austauschen von polaren Wirkkräften. Denn diese beiden Kreise sind von unterschiedlicher Qualität, sie können verschiedene Welten enthalten. Vorgegeben durch eine biologisch-reale Konstruktion im menschlichen Körper, wo ebenfalls eine Rechts-Links-Durchkreuzung stattfindet: Die rechte Gehirnhälfte repräsentiert die linke Körperhälfte und die linke Gehirnseite die rechte Körperhälfte, wobei der Kreuzungspunkt in der Halsregion angesiedelt ist. Dieser Durchkreuzungsvorgang, dieser Transfer, funktioniert unbewusst, ständig und ist sehr geheimnisvoll. Wir Menschen sind also von Natur her ausgestattet mit der Fähigkeit zu Grenzüberschreitungen wie etwa zwischen Land und Meer und Luft und Kontinenten und sind begabt zu transportieren und zu transformieren, zum Beispiel zwischen Sprachen, in der Musik, in der Technik, zwischen Traum und Tag, zwischen Materie und Geist, zwischen Diesseitigem und Jenseitigem. Als Menschen sind wir Grenzgänger und sind durchlässig für beide Bereiche, sowohl des Körperlichen und des Geistig-Seelischen wie auch des Sichtbaren und Unsichtbaren.

Die Dichterin Nelly Sachs sieht in der Acht = 8 einen heiligen Schleifen-Engel, einen Engel, der uns beständig in körperlicher und geistig-seelischer Durchströmung hält, beheimatet und fremd:

> „Bin in der Fremde
> die ist behütet von der 8
> dem heiligen Schleifenengel
> Der ist immer unterwegs
> durch unser Fleisch
> Unruhe stiftend
> und den Staub flugreif machend."[150]

Die Beschaffenheit des Menschen, ein Grenzgänger zu sein zwischen Körperlichem und Geistigem, ist das Kriterium schlechthin für seine Fähigkeit, Symbole in ihrer sinnlich-geistigen Doppelnatur zu verstehen. Nur ein Mensch kann folgenden Ausruf formulieren:

---

150 Nelly Sachs, Späte Gedichte, Suhrkamp, 1965, S. 203, und „Fahrt ins Staublose", S. 60.

„O Erde, Erde
Stern aller Sterne"

Dieser hymnische Ausruf von Nelly Sachs gibt Zeugnis einer solchen Grenzüberschreitung. Allein schon in diesen zwei Zeilen werden Irdisches und Kosmisches über eine geheime Vermittlung zusammen gebunden (symballein!): Eines steht nicht ohne das Andere!

In einem anderen Gedicht „sieht" Nelly Sachs „Erde" und „Stern" als Metaphern für Menschliches und Göttliches und bezeichnet ihre gemeinsame Berührung als „magnetischen Punkt":

„Dieses leidende Papier ...
das gesegnete Wort entführend
vielleicht zurück zu einem magnetischen Punkt
der Gottdurchlässigkeit ist –."[151]

Aus dieser Sicht können die wie magnetisch-verbundenen Lemniskate-Kreise des Irdisch-Menschlichen und des Kosmisch-Göttlichen uns plötzlich aufleuchten als Abglanz der gott-menschlichen Doppelnatur Jesu Christi (s. Abb. A).

Ein Mensch, der zwischen seinem konkreten Körper und seiner Geist-Seele durchlässig geworden ist, erfährt sich selbst als lebendiges Symbol. Leider gibt es in dieser Hinsicht viele vermauerte, erstarrte, versteinerte Menschen.

Die göttliche und die menschliche Welt sind füreinander durchlässig und erklären sich gegenseitig im und durch ihren gemeinsamen Berührungspunkt. Indem ein Mensch körperlich und geistig an seiner Durchlässigkeit arbeitet, auch vor allem durch seinen Atem, findet er im Maße seiner Acht-Samkeit und seines Sich-bewusst-Werdens in den Formen seiner eigenen Körperlichkeit mehr und mehr auch zu seiner inneren Wesensgestalt.

Damit wird er auch zu seiner eigenen Lebens-Mitte vordringen, die biologisch-körperlich und geistig-mystisch sein *Herz* ist. Es ist ein Irrtum, den Bauchnabel, der neuerlich so öffentlich gezeigt wird, als die körperlich-vitale Lebensmitte anzusehen. Vielmehr befindet sich die wahre Lebenszentrale im Atemzentrum des Zwerchfells und in seinem Herzen, dem entscheidenden ‚Im-Puls-Geber' menschlichen Lebens. Wie in einem Spiegelbild stehen sich in der Kreis-Lemniskate Göttliches und Menschliches gegenüber und leben von ihrem gegenseitigen Sich-Austauschen. Das ist moderne Theologie und Ethik. Sie werfen sich einander ihre biologisch-vitalen und geistigen Impulse zu in Bewunderung und Liebe.

Das Symbol der Lemniskate vermittelt also entgegen allen Verlorenheiten und Isolationsängsten im unüberschaubaren modernen Welterfahren das tragende Gefühl eines grenzenlosen Dazugehörens. Ein Mensch, der sich berühren lässt in seinem Herzen von der Weite der kosmischen Welt und zugleich von der absoluten Grenzenlosigkeit und Nähe des Göttlichen, der lebt spirituell: als <u>begeisterter Grenzgänger</u>.

---

151 Nelly Sachs, Suche nach Lebenden, Gedichte, Suhrkamp, S. 89.

Heute, im 21. Jahrhundert und im Übergang zum Integralen Zeitalter der Vierten Dimension, erweist sich gerade das Ursymbol der Lemniskate als anschauliche Verstehenshilfe einer solchen neuen Orientierung im menschlichen Selbstverständnis.

Symbole sind mystische Existenzbilder.

Fügt man die senkrechte und die waagerechte Lemniskate zusammen und legt sie übereinander, entsteht das Bild eines vierblättrigen „Glücks"-Kleeblatts. Wer in einem solchen vierdimensional-kreuzförmigen Strömungsaustausch steht, dem mangelt es nicht an Glücksgefühlen, denn er atmet und lebt dynamisch-rhythmisch und vital-ganzheitlich aus seiner Herzmitte heraus.

Kein anderes Ur-Symbol vermag so allgemein verständlich das Wesen des so oft ungenauen und verschwommenen Wortes „Symbol" darzustellen wie die Lemniskate. Sie verkündet durch ihre Form, wie sich – wie in einer Doppelnatur – Sinnliches mit Geistigem und Geistiges mit Sinnlichem lebendig-existentiell verbinden.

> „Nichts vermag heilender zu wirken
> als die Einbildung von urtümlichen Bildern." (Rosenberg)

Kapitel VII

Das Labyrinth als Ursymbol

1. Hinweise zur Literatur – Die Eingrenzung des Themas hinsichtlich des Labyrinth-Symbols

Abb. 113: Labyrinth von Chartres[152]

Das Spektrum der einschlägigen Literatur ist breit gefächert: es reicht von spezieller Symbolkunde bis zu allen möglichen körperbezogenen und körpertherapeutischen Aspekten wie medizinische Anatomie, Gestaltpsychologie, Körperausdruck und Körpererfahrung, Gestik, Pantomime sowie Bewegungsgestaltung in Tanz und Theater u. v. m. Es gibt also eine Fülle von verschiedenen Ansätzen. Im Laufe der Auseinandersetzung mit meinem Thema ist mir klar geworden, dass mit dem Rückgriff auf die Ursymbole ein ausgesprochen zentraler und ganzheitlicher Aspekt gewonnen wird.

In den vergangenen Jahren sind infolge eines allgemein erwachten Interesses an Symbolen und an der Symbolkunde besonders im Themenbereich von Kreis, Spirale und Labyrinth eine Reihe von Büchern herausgekommen. Die m. E. wichtigsten sollen hier kurz angesprochen und charakterisiert werden.

1. Manfred Lurker, Der Kreis als Symbol im Denken, Glauben und künstlerischen Gestalten der Menschheit. Rainer Wunderlich-Verlag, Tübingen 1981

Der Symbolforscher Manfred Lurker hat sich intensiv mit dem Symbol des Kreises beschäftigt und mehrere Veröffentlichungen darüber herausgebracht. Hier nun bringt er in Text

---

152 Seit 1260 n. Chr. Es ist das größte noch erhaltene Kirchenlabyrinth, s. Hermann Kern, Labyrinthe, S. 225 ff.

und Bildern eine umfassende Darstellung der Kreisfigur und erläutert ihre vielfältigen Bedeutungen in kosmologischer, theologischer, anthropologischer, psychologischer und ethisch-sozialer Hinsicht. Ein Bezug aber zur menschlichen Gestalt, etwa zum runden Kopf, fehlt. Spirale und Labyrinth werden nur sehr knapp behandelt: S. 119–121.

2. Jill Purce, Spirale, Symbol der Seelenreise. Kösel-Verlag, 1988

Dieses neuartig interdisziplinär gestaltete und von Forschungsstipendien unterstützte, aus dem Englischen übersetzte Werk verdeutlicht in zahlreichen Skizzen und oft auch farbigen Abbildungen aus fast allen Kulturen und Religionen die Spiralordnung des Lebens, wie sie in Natur und Wissenschaft (Philosophie), in Mystik und Kunst ihren bildlich-symbolischen Ausdruck gefunden hat. Neben der immensen Vielfalt der Bildbeispiele und ihren manchmal mutigen Verknüpfungen fällt besonders die Qualität der Bildunterschriften auf. Der Aspekt der Seelenreise wird zwar angesprochen, doch nicht eigentlich behandelt. Die Symbole Spirale und Labyrinth gehen oft ineinander über, ohne dass über ihre Unterschiedlichkeiten reflektiert wird. Beide Symbole lassen sich unter dem gemeinsamen Nenner einer Seelenreise zusammenkoppeln, sonst aber nicht. Man vermisst ein Literaturverzeichnis und ein Sachregister.

3. Hermann Kern, Labyrinthe – Erscheinungsformen und Deutungen – 5000 Jahre Gegenwart eines Urbildes, Prestel Verlag, 21983

Hinsichtlich des Labyrinth-Symbols erfüllt dieses Standardwerk alle Ansprüche. Es verbindet eine nahezu vollständige Auflistung und Abbildung aller bisher entdeckten europäischen und außereuropäischen Labyrinth-Vorkommen von der Steinzeit bis zur Gegenwart mit einer entsprechenden Sinndeutung. Der Autor wertet mit wissenschaftlicher Gründlichkeit die oft zahlreichen geschichtlichen Belege aus und entdeckt dabei Überraschendes, z. B. hinsichtlich der geistigen Hintergründe von magischen oder mythischen Labyrinthen. H. Kern ordnet die verschiedenen Muster und deren Variationen ein in ihr kulturelles und geistesgeschichtliches Umfeld und weiß auch religionsgeschichtlich und kunstgeschichtlich die nötigen Akzente und Beurteilungen zu geben. Lesenswert sind vor allem der frühe Abschnitt „Deutungen", S. 26–33, und der abschließende Ausblick auf die zeitgenössische Situation, S. 445–448.

Durchgehend setzt er einen deutlichen Unterschied zum Irrgarten und vermag so das Labyrinth als ein „ganzheitsstiftendes Sinnbild" herauszuarbeiten, welches „mit Kraft und Eindeutigkeit einen einzigen Weg weist". Er wertet gerade deshalb das Labyrinth als „eine höchst zeitgemäße Figur" (S. 448).

Im Anhang bietet dieses Werk einen ausgezeichneten Apparat: eine weltweit orientierte Bibliographie und ein detailliertes, mit Seitenzahlen versehenes Personen- und Sachregister, ein Ortsregister und die Nennung der Titel der behandelten Werke. (Die Nazca-Kultur scheint er nicht zu kennen?) Allerdings: H. Kern führt die schon frühen (1975!), pionierhaften Darlegungen von Alfons Rosenberg zum Labyrinthsymbol und zur Labyrinth-Meditation in seinem Apparat an keiner Stelle auf. Lediglich in einer kurzen Fußnote am Ende (S. 445) verweist er auf diese Ausführungen Rosenbergs in dessen Buch über „Christl. Bildmeditation" von 1975, S. 191–214. Kern vertröstet mit seiner Kurznotiz lediglich auf eine „geplante" Publikation Rosenbergs zum Thema Labyrinth. Der Symbolforscher Alfons Rosenberg (1901–1984) hat sein einmalig großes Erfahrungswissen über das Labyrinth, seine Deutung und Meditation, ‚unveröffentlicht‘ mit ins Jenseits genommen; ausgenommen eben die wenigen Seiten in seinem Buch über die „Christliche Bildmeditation" von 1975, Kösel-Verlag! Hiermit wurde zugleich Buch Nr. 4 besprochen. An späterer Stelle mehr.

5. Sig Lonegren, Labyrinthe, Antike Mythen und moderne Nutzungsmöglichkeiten, Verlag Zweitausendeins, 1993

Dieses aus dem Amerikanischen übersetzte Buch tritt an mit dem Anspruch, eine „neue Phase der Labyrinth-Zeit" einzuläuten. Es enthält dankenswerterweise eine Bibliographie und ein gekoppeltes Sach- und Personen-Register. Das Werk von Hermann Kern wird dort nicht aufgeführt.

Dieses Buch lässt sich einfach lesen. Es bringt Grundaspekte des Labyrinths durch überraschend einfache graphische Skizzen und Illustrationen zur Darstellung. Man kann z. B. lernen, wie man ein 5- oder 7- oder 9- oder 11-Pfade-Labyrinth schnell zeichnen kann und wie eine Lemniskate (= liegende Acht) und die kretische Labrys (= Doppelaxt) mit dem Labyrinth zusammenhängen könnten.

Man erkennt eine anthroposophische Grundeinstellung zum Thema. Gelegentlich schwappt auch die moderne „Okkultwelle" herein. Die Aura des Geheimnisvollen, von der das Labyrinth umgeben ist, die moderne Abwendung von durchrationalisierten Lebensstrukturen sowie auch ein neu erwachtes Interesse an alten Kulturen kommen offensichtlich dieser Art von Beschäftigung mit dem Labyrinth entgegen. Im Ganzen gesehen handelt es sich um einen originellen, aber relativ äußerlichen Bezug zum Labyrinth, der auch auf moderne Nutzungsmöglichkeiten abgestellt ist, wobei eine tiefer schürfende Symbolik und deren ganzheitsstiftende Funktion auf der Strecke bleiben. Der Labyrinthweg als Muster für jedwede Problemlösung im Alltag? Warum nicht auch!

6. Ingrid Riedel (geb. 1935), Formen, Kreis, Kreuz, Dreieck, Quadrat, Spirale, Kreuz Verlag, 1985

Mit diesem schon mehrfach zitierten Buch meldet sich eine Psychotherapeutin zu Wort. Sie nimmt zu jedem der Symbole Stellung unter dem Aspekt ihrer natürlichen und symbolischen Form und dann unter dem Aspekt ihrer existentiellen und psychologischen Bedeutsamkeit. Hier geht es nicht um Materialfülle, sondern um Lebenswerte und Lebensbedeutungen. Für Ingrid Riedel ist die Spirale der Ausdruck eines Individuationsprozesses und eine Meditationsform für das eigene Leben, und sie beruft sich dabei mehrfach auf Alfons Rosenberg.

In der Erfahrung der Niveauerhöhung des Bewusstseins erfüllt sich für den Menschen die Symbolfigur der Spirale. Durch Lebenserfahrung anhand des Spiralweges, sagt I. Riedel, ist auch eine „Philosophie der Zeit" in der Spiralfigur enthalten (S. 140).

Ingrid Riedel vermag so viel aus der Spirale abzulesen, dass ihr darüber der Unterschied zwischen Spirale und Labyrinth nicht wichtig und das Labyrinth für sie kein eigenes Thema wird.

Trotz all dieser z. T. vorzüglichen Bücher zum Thema Labyrinth-Symbol ist der Bereich der existentiellen Erfahrungen auf dem symbolischen Labyrinthweg noch wenig aufgearbeitet.

Das Labyrinth will nämlich nicht nur erkannt werden als ein Sinnbild des menschlichen Lebensweges schlechthin, sondern auch erfahren werden als eine klärende und formende Kraft und Hilfe, und es will schließlich erfahren machen für eine eigene, bewusste Gestaltfindung und Lebensbewältigung.

In dieser Arbeit soll im Wesentlichen nur ein Labyrinth-Modell zum Gegenstand erhoben werden: das Labyrinth von Chartres (s. Abb. 113).

An ihm sollen exemplarisch jene Aspekte herausgearbeitet und intensiv betrachtet werden, welche die sowohl präzise wie komplizierte Labyrinthfigur zu einem Leitsymbol für eine ganzheitliche Gestaltfindung und Lebensbewältigung werden lassen.

Von diesem Anspruch her gehört das Eingehen auf den zugrunde liegenden Mythos zur unabweislichen Bedingung.

Da die dämonische Komponente bei der Labyrinth-Besprechung meistens unterschlagen wird, soll in einem Exkurs auch noch ein iro-keltisches Dämonen-Labyrinth erörtert werden.

2. Das Labyrinth als Ursymbol und als Mythos – Symbol und Mythos

Die Spirale als Wachstums- und Bewegungsfigur des Lebens ist zwar älter, doch gehört auch das Labyrinth zu den ältesten Menschheitssymbolen.

Das Labyrinth beansprucht zu seiner Darstellung eine Fläche und erscheint daher präziser und geschlossener als die Spirale.

Auf den ersten Blick ist das Labyrinth das Zeichen eines verschlungenen Weges, der von der Peripherie nach innen zur Mitte und von dort her umgekehrt wieder zurück zur Peripherie verläuft. Auf den zweiten Blick zeigt sich das Labyrinth als eine ins Dunkle führende linksläufige Todesspur, die sich in der Mitte, einem geheimnisvollen Zentrum, umkehrt und verwandelt zu einer wieder ins Licht führenden rechtsläufigen Lebensspur. Am Beispiel der frühen Steingräber von Malta und New Grange (Irland) wurde diese Bewegung schon an der Doppelspirale aufgezeigt. Dort allerdings war auseinander geteilt, was im Labyrinth in eins verschlungen ist. So repräsentiert das Labyrinth eindeutiger und stärker noch als die Doppelspirale das Verschlungensein von Tod und Leben durch ein festes Zeichen.

In Ägypten, auf Kreta, im alten Griechenland und im antiken Rom wurde das Zeichen des Labyrinths zu einer Chiffre für die Überwindung des Dunklen und für das Geheimnis des rätselhaften Lebens schlechthin. Symbole sind Erinnerungszeichen an ein wesentlich den Menschen angehendes Erleben.

Dass dieses die tiefsten Fragen des Menschen betreffende Zeichen irgendwann eine Umsetzung in ein erzählbares Geschehen, in eine Handlung, finden musste, ergibt sich aus dem Zusammenhang von Symbol und Mythos. Symbole machen tief bewegende, vorrationale Erfahrungen des Seins durch anschaubare, bildhafte Zeichen sichtbar. Mythen beruhen auf dem Wesen und Wirken solcher Symbole; denn Mythen stellen die mündliche Überlieferung solcher Welt-, Daseins- und Gotteserfahrungen eines Volkes oder der Menschheit dar. Die Spirale hat so vor allem in den mittelamerikanischen Schlangenmythen ihre erzählbaren Formen gefunden.

Mythen sind sinndeutende Berichte von inneren und äußeren Vorgängen, sie sind „Botenberichte des Seins" (Alfons Rosenberg)[153] Sie wollen Erscheinungen des Seins im Dasein durch Geschichten aufschlüsseln. „Der Mythos ist gleichsam die Dramatisierung des Symbols."[154]

Mythen sind also Geschichtsschreibung aus innerer Sicht, sie sind gleichsam eine Ursprache der Menschheit und sind den Menschen ohne Anstrengung des Verstandes verständlich.

Die Mythen wirken unmittelbar auf den Seelengrund der Menschen ein und rufen die dort schlummernden Urbilder wach. So wollen denn auch die alten Mythen als volle Wahrheit verstanden und heilig gehalten werden (Walter F. Otto).

Auch in diesem Sinne ist Karl Kerényi's tiefsinniger Satz zu verstehen: „Der Mythos ist die in die Göttlichkeit aufgegangene Welt.[155]

Wie jeder Mythos, so ist auch der Mythos vom kretischen Labyrinth die Ausfaltung eines symbolischen und archetypischen Zeichens in ein Drama, in eine zeitlich ablaufende und erzählbare Geschichte.

C. G. Jung, Hugo Rahner und Alfons Rosenberg, alle drei Gesprächspartner im Eranos-Kreis, haben uns über diese Zusammenhänge – jeder auf seine Weise – belehrt. Sie haben die Zugänge zu den Anfängen der Menschheitsgeschichte aufgelichtet und damit gleichsam menschheitliche Traumdeutung vollzogen.

Der Mythos vom Labyrinth führt zurück nach Kreta und auf den Kreterkönig Minos. Es gibt Anklänge an historische Vorkommnisse, z. B. dass es auf Kreta einen König Minos gegeben hat. Doch Mythos ist nicht Historie. Historisch gesehen ist der Mythos nicht wahr, er verweist lediglich auf Wahrheiten, doch diese liegen jenseits der historischen Fakten. Der Mythos spricht archetypisch wie ein Märchen. Wie aber Märchen oft Hunderte von Erzähl-Varianten haben, so auch der Mythos. Davon kann man sich durch Robert von Ranke-Graves „Griechische Mythologie"[156] in Bezug auf den Labyrinth-Mythos überzeugen und verwirren lassen. Hier soll nun eine Kurzfassung des antiken Labyrinth-Mythos mitgeteilt werden:

Im kretischen Mythos wird das Labyrinth als ein höhlenartiger, in die Unterwelt führender, spiralartiger Irrgang beschrieben, den der kunstreiche Architekt Dädalus geschaffen hatte – im Auftrag des Königs Minos oder – nach anderer Version – seiner Gattin Pasiphaë. Dieses Labyrinth war das Gefängnis des Menschen fressenden Ungeheuers, genannt Minotaurus, eines Mischwesens zwischen Mensch und Stier, das in seiner Mitte hauste. Wer diese Todesspirale hinabsteigen musste, wie die ihm dargebrachten Menschenopfer, so vor allem alle neun Jahre die sieben Jünglinge und sieben Jungfrauen von Athen, ein Tribut-Zoll[157], fand aus dieser Unterwelt nicht mehr ins lichte Leben zurück.

Erst dem athenischen Helden Theseus, halbgöttlicher Herkunft, der sich freiwillig als eines dieser 14 Opfer nach Kreta mit einschiffen ließ, um das Ungeheuer zu töten und um seine Vaterstadt von dieser Schmach zu befreien, gelang es, den Minotaurus, den Stier (= taurus) des Minos, zu überwältigen und zu töten. Bei dieser Unternehmung standen ihm die Götter bei. Amphitrite, die neue Gattin des Poseidon, seines Vaters, schenkte ihm als

---

153 Aus seinem Vorwort zu Hugo Rahner: „Griechische Mythen in christl. Deutung", S. XII.
154 A. Rosenberg, Einführung in das Symbolverständnis, S. 29. Auf den Seiten 9 bis 36 werden hier kundig die Zusammenhänge von Mythos und Symbol und die Unterschiede zwischen Symbol, Sinnbild und Allegorie herausgearbeitet.
155 K. Kerényi, Was ist Mythologie?, Europäische Revue, Juni 1994, S. 572.
156 S. R. v. Ranke-Grave, Griech. Mythologie, Quellen und Deutung, Rororo TB 2480.
157 Vielleicht eine Anspielung auf die minoische Hegemonie in der Ägäis zwischen 2000 und 1600 v. Chr.

Meeresgöttin einen leuchtenden, goldenen Kranz. Aphrodite half dem Helden, indem sie in Ariadne, einer Tochter des Königs Minos, leidenschaftliche Liebe zu Theseus entfachte. Ariadne hatte von Dädalus das Geheimnis des Labyrinths erfahren. Sie besaß das lebensrettende, wichtige Wollknäuel und gab es dem Theseus. Durch die Hilfe dieses magischen Instrumentariums drang Theseus in den düsteren Irrgarten ein: der Kranz der Amphitrite leuchtete ihm voran, der rote Faden wickelte sich hinter ihm ab. So vermochte er den Rückweg zu finden und die Schar der zu Opfernden wieder heim nach Athen zu führen. Dadurch wandelte er die linksläufige Todesspirale zum rechtsläufigen Lebensweg.

a) Das Labyrinth als Tanzplatz und als Tanz

Der kretische Mythos kennt noch eine andere Überlieferung: eine Tanzversion.[158] Danach war das Labyrinth ein vom kunstreichen Dädalus für die Königstochter Ariadne geschaffener Tanzplatz. Diese Spielbühne diente dem Vollzug des Labyrinth-Tanzes, eines ersten Gemeinschaftstanzes von jungen Männern und Frauen. dessen wesentliche. choreogra-

phische Figur die in Tanzschritten einwärts und auswärts gedrehte Spirale bildete; also ein androgyner Tanz. Diesen Labyrinth-Tanz sollen Theseus und Ariadne mit den geretteten jungen Leuten bei ihrer gemeinsamen Rückfahrt nach Griechenland auf der Insel Delos bei nächtlichem Fackelschein getanzt haben.[159]

Dieser Geranos-Spiraltanz stellt in seinen Kreiswindungen das Labyrinth dar, in Abstieg und Wiederkehr.

Ein Seil, an dem sich alle Tänzer festhielten, gewissermaßen der wegleitende Ariadnefaden, ermöglichte den Zusammenhalt der Tanzenden bei der sich einwickelnden und durch eine Drehung in der Mitte sich wieder entwickelnden Spiralfigur.

Diese Tanzchoreographie ist ein Bild für den alljährlichen Todes- und Lebenslauf der Sonne: ein Wandel-

Abb. 114 a: Skizze eines klassischen Drei- Pfade und eines Sieben- Pfade- Labyrinths. Es gibt hier je vier Endpunkte.

Abb. 114 b: Drei Silbermünzen aus Knossos, Kreta, Britisches Museum, London Links und Mitte: Ein rundes und ein quadratisches Labyrinth je mit sieben Umgängen, ca. 200- 67 v. Chr. Rechts: Swastika- Mäander mit Stern/ Blüte im Zentrum. Drehrichtung nach links; auf der Rückseite Kopf der Demeter oder Persephone nach rechts gerichtet, um 431- 350 v. Chr. Auf kretischen Münzen wurden die ältesten datierten Labyrinthe abgebildet, ungefähr ab 500 v. Chr.

---

158 Zur historisch-politischen Deutung des Mythos bringt H. Kern hier interessante Details. a. a. O., S. 54.
159 Der Labyrinth-Tanz wird auch kurz „Geranos" genannt, denn Geranos bedeutet Kranich. Der Kranich ist ein Zugvogel, er kehrt jedes Frühjahr pünktlich wieder zurück. Er gilt deshalb als Symbol des Frühlings. Wegen seines auffälligen Balzverhaltens war er bei den Griechen und Römern auch ein Symbol der Liebe und Lebensfreude. In China und Japan ist der Kranich ein Symbol für langes Leben und für Unsterblichkeit. In China gibt es rituelle Tänze, die auf Stelzen getanzt werden, um sich mit dem Kranich und seiner Unsterblichkeit zu identifizieren.

gang des Lebens, der bei vielen späteren Frühlingstänzen oder Polonaisen durchwandert oder durchtanzt wird.

Alle Labyrinthformen gehen auf dieses Urmuster zurück. Es sind Wandel-Figuren und: in ihnen finden Wandlungen statt. Der sich einwärts Wendende findet oder empfängt in der Mitte, in der er sich verengt und verfängt, jenen rettenden Lebensdreh, jenes Lebenswort, jenes Erleben, das die Wende vom Tod zum Leben bewirkt, so dass ein Ge-wandel-ter als ein Erleuchteter sich den Rückweg aus dem Dunkel in ein lichteres Leben zu ergehen vermag.

Wie alle großen Symbole der menschheitlichen Überlieferung ist auch das Labyrinthsymbol schließlich profaniert worden. Davon geben die Beispiele in Hermann Kerns Buch u. a. aus der Renaissance- und Barockzeit und auch die Rasenlabyrinthe der modernen Gartenarchitekturen ein beredtes Zeugnis.

In Kinderspielen von Hölle und Himmel ist noch etwas von der magischen Angst und der befreiten Seligkeit dieses numinosen Wandlungsgeschehens erhalten geblieben.

b) Andere Bedeutungsaspekte von Labyrinthen

Die berühmten antiken Labyrinth-Architekturen waren eher riesige Irrgärten. Dazu zwei Beispiele: 1. der Totentempel des ägypt. Königs Amenemhet III. mit angeblich 3000 Räumen, bei Hawara, in der Oase von Fayum, gelegen, der als eines der sieben Weltwunder galt, und 2. der Palast des Königs Minos von Knossos, der, dem ägyptischen Vorbild nacheifernd, durch seinen komplizierten Grundriss und die Vielzahl von Gängen und Räumen (man spricht von ca. 1400) vielleicht die spätere Sage angeregt hat.[160]

Die frühesten Labyrinthe in Asien, Europa, dem Mittelmeerraum und in Amerika sind entweder tellurische Orte, Orte für Fruchtbarkeitsmagie oder – angesichts einer astronomischen

Abb. 115: Bodenzeichnung in Form eines Labyrinths, Nasca, Pompa Ingenio (Peru), 300 v. Chr.-700 n. Chr. Der Pfad ist die Linie. Ein klassisches Fünf- Pfade- Labyrinth in der Pampa, durchzogen von einer modernen Straße.

160 Griechische Mythen sind erst ab dem 8. Jh. v. Chr. schriftlich fassbar.

Abb. 116: Robert Smithson, Spiral- Mole, Utha, Großer Salzsee, 1970, Länge der Spirale 457m, Breite ca. 4,5m. Zwei Bilder, die aus verschiedenen Welten kommen: eines ist eine geheimnisvolle Botschaft, das andere ein Kunstobjekt.- Kunstkritisch wird von der Entstehung eines neuen Primitivismus um 1970 gesprochen (s. ‚Primitivismus in der Kunst des 20. Jh.', Prestel- Verlag,1984, S. 679).

Orientierung (z. B. Stonehenge) – Orte einer kosmischen Hochzeit zwischen Vater Sonne und Mutter Erde, zwischen Leben und Tod, oder es sind Orte erotischer Ver‚wicklungen', was dazu beigetragen haben könnte, dass die ursprüngliche Labyrinthvorstellung später durch das Irrgarten-Motiv überlagert wurde. „Alle Labyrinthe sind Irrgärten, aber nicht alle Irrgärten sind Labyrinthe."[161]

Die eckigen Swastika-Mäander-Labyrinthe auf den frühen knossischen Münzen werden als Hinweis auf das sich drehende Sonnenrad gedeutet.

Der Theseus-Mythos von den sieben Jünglingen und sieben Jungfrauen lässt auch eine Deutung hinsichtlich einer Pubertäts-Initiation zu. Die Kinder werden aus ihrer gewohnten Umgebung gerissen, in die Fremde verbracht, in die Irre geführt und von einem Menschen fressenden Ungeheuer bedroht. Damit sind die wesentlichen Aspekte eines Initiations-Vorgangs vorhanden. Die Bewährungsprobe allerdings und die Arbeit erledigt Theseus: einer für alle.

c) Die ambivalente Bedeutung des Stiersymbols

Im Sinne einer Aufarbeitung der natürlichen Grundlagen des Mythos vom Labyrinth soll das Stiersymbol noch einmal angesprochen werden.

Die Menschen etwa im 4. bis 2. Jahrtausend v. Chr., also im astrologischen Stierzeitalter, erfuhren das Göttliche weithin unter dem Bilde des Stiers, in Babylon wie in Ägypten (die göttlich verehrten Apis-Stiere) und selbst in Alt-Israel (der Baalskult, das ‚goldene' Kalb). Der Stier in seiner unerschöpflichen Zeugungspotenz war damals eine Hieroglyphe für das

---

161 S. Lonegren. Labyrinthe, S. 25.

Göttliche. Die heutigen Stierkämpfe im Bereich der spanischen Völker und auch in der Kunst Picassos sind ein später kaum mehr verstandener Nachklang jener Gesinnung des Stierzeitalters.

Der Stier war allerdings nicht nur das Signum des Göttlichen, sondern auch dessen dunkles Gegenbild. Das wird bereits im Mythos der so hoch fundierten Kultur wie der des alten Kreta erkennbar. Der Mythos vom Labyrinth erinnert daran, dass ein starker, schöner Stier – ein Geschenk des Gottes Poseidon an Minos – die durch ihn leidenschaftlich erregte Königin Pasiphaë besprang und aus dieser Kopulation ein zwiegestaltiges Wesen, ein Stier-Mensch, ein Ungeheuer, geboren wurde, das dann in der Mitte einer finsteren Unterwelt, dem Labyrinth, eingesperrt zu hausen hatte. Das Labyrinth, ursprünglich als Tanzplatz für die Königstochter von Dädalus geschaffen, wurde zum Inbegriff der Unter- und Innenwelt, zum Symbol für den Menschen fressenden Minotaurus und zum Haus der dunklen, linksläufigen Mitternachtssonne. Erlöser von der Macht dieses Ungeheuers, der dämonisch verdunkelten Sonne, war Theseus, der Held. Im Einklang mit der halbgöttlichen Lichtjungfrau Ariadne und durch die Hilfe der Lichtkrone und des Garnknäuels fand Theseus nach der Tötung des Labyrinth-Ungeheuers den Weg aus der Tod bringenden Wirrnis heraus und zurück ins lichtvolle Leben.

Der Stier galt zu allen Zeiten als Zeichen des Beharrenden, des Lebensstiftenden und als eine sinnliche Offenbarung der beharrlich-drängenden Gottgewalten.

Er ist aber auch Sinnbild und Inbegriff für ungebändigte Vitalität, welche geistige Kräfte überwältigen und verschlingen kann. Als solches ambivalentes Zeichen wirkt der Stier heute nicht minder als in der Zeit der Antike: als leibhafte Vision einer maskulinen, animalischen Energie.

d) Zusammenhänge zwischen den drei runden Ursymbolen Kreis, Spirale und Labyrinth und ihre Veranschaulichung im Aztekenschild

Abb. 117: Aztekischer Schild aus Vogelfedern, um 1500 n. Chr. Durchmesser 65cm, Württemberg. Landesmuseum Stuttgart

Die gewaltige Kraft des Numinosen und Magischen rührt die Menschen, die sich ein Gespür erhalten haben für das Geheimnis in allem, seit eh und je an und zwar gerade in der Begegnung mit der unfasslichen Welt des Runden, so z. B. beim Anblick der Sonne oder des Vollmonds.

Davon zehrt nach wie vor auch die unbewusste oder bewusste Wahrnehmung des Magisch-Runden in den Ursymbolen Kreis, Spirale und Labyrinth.

Das Verhältnis dieser drei Symbole ist natürlich sehr vielschichtig. Man kann es aber einmal vom Gesichtspunkt ihrer Gestaltdimensionen betrachten. Die Geschlossenheit des Kreises, die ewige Wiederkehr des Gleichen, stellt eine Grenze dar. Grenzen müssen Grenzen bleiben, doch sie sind auch deshalb da, um überschritten werden zu können. So wird ein zweidimensionaler Kreis durch Öffnung in die dritte Dimension nicht zerstört, sondern zur Kugel und Spirale erhoben. Diese Niveauerhöhung wird vertieft dann durch das Labyrinth, indem es eine vierte Dimension erschließt. Ein angenommenes Bild möge dies verdeutlichen: Wenn der Kreis nur Sexualität andeuten würde, so würde die Spirale dann eine mehr vergeistigte Erotik und das Labyrinth schließlich den Bereich und die Fähigkeit für eine universelle Liebe andeuten.

Das will sagen: eine Niveauerhöhung wird in dem Maße existentiell vorangebracht, als sich ein sensibleres geistiges und körperliches Bewusstsein und Wahrnehmungsvermögen im Einzelmenschen und menschheitlich entwickelt, und zwar im Aufgreifen und bewussten Durchläutern von magischen Naturkräften durch Kräfte des Geistes. Die drei runden Ursymbole Kreis, Spirale und Labyrinth sind in diesem Aztekenschild zu/in einem großartigen, abstrakten Emblem vereinigt. Die kühne geometrische Abstraktion verleiht diesem Indio-Schild eine ungeheuer starke Aussage, die sich gewiss auch seinen kräftig-bunten Farben verdankt. (Das helle Feld ist leuchtend Gelb, das dunklere von kräftigem Weinrot, das Umrissband ist grün und einseitig schwarz gerahmt.) Aus dem

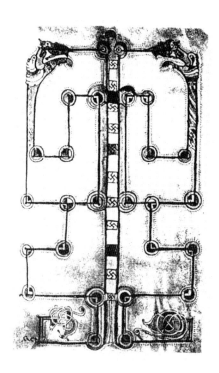

Abb. 118: Dämonen- Labyrinth, Northumberland, 8. Jh., Würzburg Universitätsbibliothek, Signatur M. p. th. f. 67

großen Umkreis löst sich nach innen zu von links nach rechts ein Zickzack-Muster, welches dann in eine rote, eckige Mäander-Spirale übergeht, die – enger werdend – einwärts dreht. Mäanderkompositionen lassen sich als kleine Labyrinthe verstehen. Aus der Mitte heraus dreht eine Komplementär-Spirale in hellem Goldgelb wie auf einer höheren Oktave hinauf ins Offene-Oben des Universums. Dort steht frei im ‚unendlichen‘ Raum ein sonnenhafter Kreis, der in farbigen Ringen sich zu einer innersten Lichtquelle verdichtet. Die Bildbewegung deutet eine Doppelspirale und einen Labyrinthweg an: von außen in ein dunkles Innen und – gewendet – von innen in ein helles Außen. Dieser Schild spiegelt aufgrund seiner symbolischen Komposition den Zusammenhang von Kreis, Spirale und Labyrinth, denn er ist sowohl statisch als auch dynamisch zu lesen. Drei Ursymbole vereinigen sich zu einem „Gerät“, das die menschliche Gestalt bewahren und schützen soll, das sie aber zugleich auch symbolisch „kennzeichnet“.

Exkurs: Das Dämonen-Labyrinth – Versuch einer Deutung

Dieses iro-keltische Labyrinth aus der turbulenten Zeit des Kampfes zwischen Heidentum und Christentum in Britannien wird in den Fachbüchern zumeist übergangen; es zu verstehen und zu deuten, bereitet zugestandenermaßen auch einige Schwierigkeiten. Hier der Versuch einer Deutung:

Nicht runde Bögen, sondern gerade und rechteckig abgeknickte Wege bestimmen dieses Labyrinth. Seine Wege sind rechts und links von einem langen Mittenstab angeordnet und zwar seitengleich.

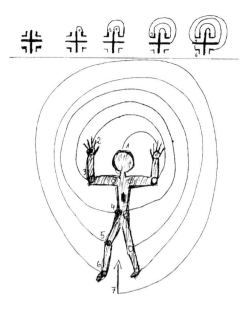

Abb. 119: Ein rechtsdrehendes Labyrinth

Die das ganze Labyrinth mittig trennende „Straße" beginnt unten mit einer kräftigen, waagerechten Grundlinie, die aus einem spiralig-rund-verschnörkelten, quasi ‚gezähmten' Tierleib entspringt. Sie endet oben in einem angedeuteten Kopf mit zwei konzentrischen Kreisen, die wie Augen aussehen. Dieser lange Mittenstab ist in einundzwanzig gleich große, quadratische Abschnitte gegliedert, wobei sich leere Felder abwechseln mit Swastika-Feldern.

Diese Swastika-Zeichen leiten sich her vom Sonnenwirbel, d. h., man liest sie ab von der Drehung der Mitte, der Sonne, her. Die abgeknickten Balken sind also wie nachwehende Flügel oder Äste.

Hier treten die Swastika auf in der linksläufigen Version, also als Zeichen für die untergehende, sterbende Sonne; die rechtsläufige wäre für die aufgehende, Leben spendende Sonne. Die Vierteilung der Form weist hin auf die vier täglichen und jahreszeitlichen Abschnitte des Sonnenweges.

Die Richtung ändernden Winkel dieses Labyrinthweges sind jeweils von zwei kleinen Kreisen umzeichnet, die sich auf drei verstärken, wenn die Wegstrecke ganz nah an die Mittenstraße, eine ‚heiße Zone'?, herankommt. Die Kreise muten an wie Drehscheiben, vermutlich, um die Dämonen auf ihrem Weg weiter zu treiben; denn auch in China weiß man, dass Dämonen rechte, gerade Winkel deshalb nicht mögen, weil sie darin leicht hängen bleiben und verenden.

Auf halber Strecke nach oben muss sich der Labyrinth-Wanderer entscheiden, ob er nach links oder rechts abbiegen will. Doch es ist keine wirkliche Entscheidung, denn beide Wege laufen wieder parallel zusammen zu einer Art Säule, welche schließlich in einem Tierkopf – wie anfangs – endet, jetzt aber in einem aufgerissenen, verschlingen-wollenden Dämonen-Maul, oben-außen.

In der fatalen Lage des Kurz-vor-dem-Gefressen-Werdens befindet sich – rechts- wie linksseitig – ein kleines, vogelartiges Tier mit verschreckt aufgerissenen Augen. Diese kleinen Tiere kommen aus den ‚Kopfaugen' am oberen Ende des Mittenstabes, wodurch an dieser Gefahrenstelle der ‚Winkelkreislauf' des Dämonenlabyrinths geschlossen wird. Ist es vielleicht ein Seelenvogel, dem es hier droht, verschlungen zu werden? In der Antike war es gebräuchlich, die menschliche Seele in Gestalt eines Vogels abzubilden.

Es scheint, dass dieser Labyrinthweg eine menschliche Figur choreographiert, mit schmalem Rumpf, breiten Schultern und Armen und auseinander gespreizten Knien. Insgesamt erscheint dieses Dämonenlabyrinth als eine ausweglose, höchst gefährlich angelegte Angelegenheit.

Die eckigen, beinahe penetrant aufgereihten Swastika-Muster rufen schreckliche Assoziationen wach an das Hakenkreuz-Emblem der braunen Nazi-Machthaber von 1933 bis 1945. Wollten diese doch mit einem germanischen Runen-Zeichen ihrer Blut- und Boden-Ideologie Ausdruck geben. Doch hatten sie das Swastika-Symbol nur unvollständig – also falsch – verstanden: sie wählten nämlich die linksläufige Form und damit die Todesrichtung. Jene ideologisierten, verblendeten Menschen folgten damit einem Todeszeichen. Indem sie es immer wieder gehäuft vor sich hinstellten (Fahnen, Standarten, Armbinden, Parteiabzeichen etc.) und vor sich hertrugen, es anschauten und somit – unbewusst – verinnerlichten, setzten sie sich auch der von ihm ausgehenden negativen Wirkung aus. Auf diese Weise wurden sie von den Dämonen, die sie riefen, schließlich selbst verschlungen. Sie endeten – symbolisch gesehen – im Schlund winkelzügiger Dämonen.

Vermutlich mussten die frühen Iren und Kelten auch schon zu ihrer Zeit Erfahrungen machen mit solchen Unheilsmächten und -machthabern.[162]

Ein Gegenmodell *(s. auch Abb. 119)*
In Anlehnung an das klassisch-knossische Labyrinth und an die im Buch von Sig Lonegren vorgestellte Methode, es zu zeichnen (siehe obere Reihen-Skizze), wird mit dieser *rund*-gebauten Labyrinth-Zeichnung ebenfalls versucht, den Labyrinth-Weg in die Gestalt des Menschen zu integrieren. Es hat sich daraus eine überraschende Erkenntnis ergeben, dass nämlich die menschliche Figur gerade im Gestus der Orante für diesen labyrinthischen Aspekt des Menschen und seiner Welt ‚zuständig' und nötig ist. Man könnte dieser so entstandenen Figuration den Titel beigeben: Das Aufblicken zum Herrn des Weges. Beschreibt sie doch unausdeutbar die sphärische Wegdrehung vom Irdischen ins Himmlische und wieder ins Irdische und wieder ins Himmlische usw. – „… und das Leben, – versteht sich –, spricht man nur annähernd aus" – (sagt Thomas Mann in der Person des biblischen Vaters Jakob zu seinem ‚Sohn' und Romanhelden ‚Joseph').

3. Das Labyrinth von Chartres, ein christliches Modell

Dieser mittelalterliche Labyrinth-Typus wird bei den folgenden Darlegungen zugrunde gelegt werden. Dabei trifft es sich gut, dass es sich hier um ein ‚Boden'-Labyrinth im inneren Mittelschiff dieser christlichen Kathedrale als einem auch schon in vorchristlicher Zeit geheiligten Ort (Wasserquelle!) handelt. Dass ein sehr altes, menschheitliches Symbol durch die christliche Welt- und Lebensperspektive erst eigentlich zum bedeutenden Sinnzeichen für menschliche Existenz im bewussten Daseinsvollzug wird: zu dieser Einsicht möchten die folgenden Darlegungen und Interpretationen ihren Beitrag leisten.

---

162 Alfons Rosenberg hat in seinem Buch ‚Kreuzmeditation' Bedeutung und Geschichte des Hakenkreuzes ausführlich behandelt. (S. 49–53). Daraus hier einige Zitate: „Weil das Hakenkreuz im Laufe der Menschheitsgeschichte erst ‚spät' bekannt geworden ist, lassen sich seine Wanderwege rings um den Erdball anschau lich verfolgen." „Für den steinzeitlichen Ackerbauer war das Hakenkreuz nicht nur ein Zeichen der Sonne, sondern des Lebens und der Schöpfung." „Das Hakenkreuz ist von jeher ein Sinnzeichen für durch Feuerkraft hervorgerufene Bewegung, die unaufhörlich Gestaltung und Umgestaltung bewirkt. Wer sich mit dem Hakenkreuz und dessen Dynamik einlässt, wird in Bewegung gesetzt – sei es zur lichten Höhe, sei es zum Abgrund hin. Das Hakenkreuz unterscheidet sich vom Urkreuz durch die ‚Haken', welche an den Enden des gleichschenkligen Kreuzes rechtwinklig angesetzt sind. Diese Haken können entweder nach links oder nach rechts weisen – dementsprechend wird das Hakenkreuz als rechts- oder linksläufig bezeichnet. Der zweifachen Richtung entspricht der Doppellauf des Lebens: der Auf- und Untergang der Sonne, das Werden und Vergehen aller Gestalten, die Verschlungenheit von Leben und Tod, der Wechsel von Tag und Nacht, von Aktion und Passion, von Erleuchtung und Verfinsterung. Insofern steht das Hakenkreuz seinem inneren Sinn nach in der Nähe der Doppelspirale, die das Ein- und Ausrollen des Lebensprozesses anzeigt, den Atemrhythmus des Universums."

a) Seine Beschreibung und Charakterisierung

Das Labyrinth von Chartres ist das größte aller Kirchenlabyrinthe. Im Vergleich zu dem kretisch-klassischen Labyrinth-Typ fallen drei markante Unterschiede auf: 1. Das Labyrinth v. Ch. ist ein Umgangslabyrinth, man kann es zu Fuß hin und zurück durchlaufen. 2. Es besitzt eine große zentrale Mitte. 3. Es hat einen einzigen, festgelegten Anfang, der identisch mit dem Eingang ist. Das kretisch-klassische Muster hingegen weist vier Anfangs- bzw. Endpunkte auf. Interessanterweise finden sich in italienischen und mittelmeerischen Kirchenlabyrinthen in der Mitte oft Minothaurus-Dar-

Abb. 120: Labyrinth der Kathedrale von Chartres,
um 1260 n. Chr.
Gesamtdurchmesser: ca. 12–12,5m,
Durchmesser des Zentrums: 3,05m,
Länge der Wegstrecke: ca. 294m

stellungen, also Rückverweise auf den antiken Mythos (siehe das Labyrinth von Lucca). Für eine solche Rückbindung bestand bei den nordfranzösischen Baumeistern offenbar kein Bedürfnis.

Das Labyrinth-Mosaik von Chartres liegt eindrucksvoll und unübersehbar im Mittelschiff der majestätischen Kathedrale. Der Eingang des Labyrinths liegt nach Westen hin. Jeder Besucher der Kirche kommt durch das Westportal herein und stößt gleich unmittelbar auf dieses Fußbodenlabyrinth wie auf eine Schranke oder Hürde, wenn er zum geheiligten Chorraum vorschreiten will. Es wirkt auf ihn wie eine zeichenhaft ausgelegte Aufforderung, es zu durchwandern.[163]

Das Labyrinth ist speziell für Pilger im weitesten Sinn gedacht. Die großen Kreuzzüge nach Jerusalem und dann die riesige Pilgerbewegung nach Santiago de Compostela lagen im Trend der Zeit. Die Pilger wollten durch eine große, strapaziöse Wallfahrt Schuld abbüßen, im Welt- und Naturerfahren Gott näher kommen und das Reich Gottes auf Erden voranbringen. Im Erreichen ihres ersehnten Zieles hofften sie, dort neue physische und psychische Kräfte

---

[163] Zusammen mit dem Chorraum-Rechteck und dem Vierungs-Quadrat ist das runde Labyrinth eine der drei heiligen Tafeln, die in die Architektur der Kathedrale geheimnisvoll integriert sind. Den Bau eines Tempels umgibt immer ein Geheimnis, vor allem, wenn er an einer der erhabensten Stätten Galliens erbaut wurde. „Drei Tafeln haben den Gral getragen: eine runde Tafel, eine quadratische Tafel und eine rechteckige Tafel. Alle drei haben denselben Flächeninhalt; ihre Zahl ist 21 …" So wird das ‚Traditionelle Geheimnis' zitiert.
Mehr über solche Zusammenhänge erfährt man in dem Buch von Louis Charpentier, Die Geheimnisse der Kathedrale von Chartres, gaia-Verlag, 1972. Es liest sich so spannungsvoll wie ein Krimi.

Abb. 121: Labyrinth- Relief am Eingang des Domes S. Marino, Lucca (Norditalien), 12.- 13. Jh., Durchmesser 50cm[164]
Hic quem creticus edit dedalus est labyrinthus
De quo nullus vadere quivit qui fuit intus, Ni Theseus gratis adriane stamine intus.
Hier ist das Labyrinth, das Dälaus erfand, aus dem keiner herauskommt, der darin war, außer Theseus, dem die Gunst der Adriane half und ihr Faden.

für ihr Leben im Alltag zu erhalten. Die französischen Kathedral-Labyrinthe entstanden in der geistigen Luft der großen Wallfahrten, sie wurden als Mini-Pilgerfahrten genutzt, denn nicht jeder konnte es sich leisten – finanziell nicht und auch körperlich nicht –, monate- oder jahrelang in der Fremde unterwegs zu sein.

Das Kathedral-Labyrinth war also ein heimatlicher Buß- und Pilgerweg, ein räumlich-zelebriertes Kyrie eleison der Messe.

Die mittelalterlichen Christen haben diesen Labyrinthweg angenommen und verstanden. Er führte auch sie auf vielen verschlungenen Um- und Irrwegen unter Anstrengungen schließlich an ein Ziel, in eine klare Mitte. Wer sich hier auf diesen Weg begab, auch der spürte, dass etwas in ihm vorging, dass dieser Weg eine Veränderung in ihm bewirkte, dass er auf einer Entwicklungsspur unterwegs war. Dieser Weg verlief nämlich nach einem besonderen, rätselhaften, einem höheren, unbekannten Gesetz, dem man einfach geduldig und konsequent folgen und gehorchen musste. Der bußwillige Mini-Pilger absolvierte mit diesem Weg gewissermaßen ein Reinigungs-Ritual, in das er durch die rhythmischen Schwingungen der vorgegebenen Wegfigur eintauchte wie in einen kultischen Rundtanz. Da gab es kein halbherziges Abbrechen oder Umkehren mehr, denn alles in ihm geriet spürbar in einen Sog, der schließlich in der überraschend erreichten Mitte seinen Abschluss und sein erlösendes Ziel fand.

---

164 Dieses Labyrinth befindet sich an einer außen stehenden Eingangssäule und ist in einer Höhe angebracht, die es jedem Kirchenbesucher ermöglicht, es bequem mit dem Finger abwandern zu können. Die Linienführung des Labyrinthweges stimmt mit dem Typ von Chartres überein. Rechts neben der Labyrinth-Abbildung ist eine Inschrift eingraviert, die auf den Minotaurus, auf Dädalus, Theseus und Ariadne Bezug nimmt. Hier wird also ein direktes Anknüpfen an den antiken Mythos in einem mittelalterlich-christlichen Kirchenlabyrinth dokumentiert. Auch in der Labyrinthmitte war ursprünglich eine Minotauromachie dargestellt.

Aus dieser Erfahrung schöpfte auch der alte Brauch, nach der anstrengenden Fastenzeit in der Kathedrale von Chartres österliche Reigen zu tanzen, die vom Bischof selber angeführt wurden. Diese Ostertänze werden auch für die Labyrinthe von Reims, Amiens und Auxerre berichtet.

Insgesamt sind die christlichen Labyrinthe in den Kathedralen und auf vielen mittelalterlichen Manuskripten mit ihren zumeist elf Umläufen von einer eindeutig größeren Komplexität als die klassischen Drei-, Fünf- oder Sieben-Pfade-Labyrinthe, und zwar vor allem durch ihren Ein-Weg-Charakter. Von daher ergaben sich nämlich für die christlichen Labyrinthe eine Reihe von Deutungsmöglichkeiten, z. B. als Weg nach Jerusalem, als Jericho-Zeichen, als Buß- und Läuterungsweg, als Erlösungsweg, als Abbild der sündigen Welt oder als Bild der Welt schlechthin, als Vorbereitung auf die Begegnung mit Gott, als geistige Wiedergeburt, d. h. als Initiationsweg etc.. Entsprechend dazu gab es auch für die Deutung der Mitte verschiedene Lösungen.

b) Seine Spannungsbögen

Abb. 122: Auf dieser Skizze ist der eben geschilderte Wegabschnitt eingezeichnet

Der Labyrinth-Pilger ist immer ein Einzelgänger. Er ist mit sich allein auf dem einen, einzig-möglichen Weg. Er ist somit auf einem ganz persönlichen und einmaligen Weg unterwegs und seine Erfahrungen werden sein persönliches Eigentum sein.

Dennoch aber gibt es eine vorgegebene, eine festgelegte Wegordnung, an der sich jeder Labyrinth-Pilger wird reiben müssen. Von solchen objektiv gegebenen Erfahrenssituationen und Gemütsbewegungen soll in einem kurzen Abschnitt die Rede sein, und zwar im Stil von Ich-Erfahrungen; denn Emotionen und Gefühle gehören zu einem menschlichen Leben dazu. Damit soll unterstrichen werden, dass mit einem nur rationalen Zur-Kenntnis-Nehmen des Labyrinthes das Wesentliche nicht erfasst wird. Der Labyrinthweg ist als ein persönliches, inneres Geschehen zu vollziehen; ansonsten verliert er die Qualität eines Läuterungs- und Individuationsprozesses.

Ich-Erfahrungen mit dem Labyrinth könnten so aussehen:

Ich stehe vor dem Labyrinth und lasse mich darauf ein. Ich betrete es neugierig und gespannt, um seine Mitte, den verborgenen Schatz im Zentrum zu erreichen. Ich weiß, dass es auf diesem Weg kein Abbrechen oder Umkehren gibt. Ich gehe jungen Mutes und auf mein Glück und meine Kondition vertrauend geradenwegs hinein und stracks auf die Mitte zu. Schon nach kurzer Strecke ist der Weg versperrt und ich muss nach links abbiegen – wie bei einer Verkehrs-Umleitung. Alsbald gerate ich wieder vor eine Sperrwand und ich muss sogar eine Kehre von 180° machen und dann parallel zur eben gelaufenen Strecke wieder zurückgehen bis zur Stelle der ersten Abbiegung. Gewonnen habe ich lediglich eine winzige Annäherung zum Ziel. Von dieser Stelle jedoch ist es jetzt möglich, wieder in direkter Richtung auf die Mitte zuzulaufen. Im Anblick des verheißungsvollen Zentrums allerdings muss ich erkennen, dass es an dieser Stelle keinen direkten Zugang zu ihm gibt. Ich muss den Eingang anderwärts suchen und der Weg leitet mich, links abbiegend, in einem Kreisbogen um die bereits ansichtig werdende Mitte herum. Aber am Ende eines halben Kreisbogens ist der Weg abermals versperrt und ich muss eine zweite 180°-Kehre machen und muss einwilligen in eine Wegführung, die mich erneut zurückführt, parallel zur eben gelaufenen Strecke, und die mich ärgerlicherweise auch noch weiter wegführt vom begehrten Ziel, das ich jetzt auch nicht mehr direkt sehen kann. Der Weg wird für mich nun zunehmend uneinsichtig. Ich muss – wie blind – Schritt für Schritt die Wegspur weitergehen. Ich ahne, die nächste Wand und die nächste 180°-Kehre kommen bestimmt. Mit anderen Worten: diese „Tour" wird mir schon langsam vertraut. Meine Geduld und meine Ausdauer geraten massiv unter Stressbelastung: Der Weg wird hart.

Die Schilderung könnte noch lange in dieser Weise fortgehen. Sie würde ‚laufend' Wechselbäder beschreiben zwischen Hoffnung, Frust und Verzweiflung, zwischen langen oder kurzen Aufstiegen und Abstiegen, zwischen Sichtphasen und Blindgängen, zwischen Willkür und Plan, zwischen prickelnder Nähe zum Ziel und äußerster Entfernung und Entfremdung.

Doch in allem Hin und Her stellt sich allmählich ein gewisser Rhythmus ein: Das Hin und Her wird zu einer Schwingung. Mal locker, mal straff fügt der Rhythmus die mal kurzen und mal langen Vor- und Rückgänge zusammen, so dass sie sich zu magisch-runden Umgängen ergänzen. Die Jericho-Labyrinthe zeugen von solcher Erfahrung und Deutung.

Rhythmus aber spiegelt Vitalität. So wird jeder Labyrinth-Pilger seinen persönlichen Rhythmus, seine eigene Weg-Zeit-Relation und seine eigene Erlebniswelt finden. Immer aber wird er sich zwischen Polen eingespannt fühlen, im Pendel zwischen Vorwärts und Zurück, zwischen Anstrengung und Entspannung (Relaxen), zwischen dunklen Depressionen und hellen Begeisterungen, zwischen kindlicher Naivität und weisheitlicher Nachdenklichkeit, zwischen Wohlergehen und Widerfahrnissen – um nur einige Polar-Aspekte zu nennen.

Das Labyrinth von Chartres enthält innerhalb seiner elf Umläufe insgesamt 28 Kehren von 180°. Diese Wendepunkte sind zugleich Mut fordernde Entscheidungssituationen für ein Nicht-Aufgeben, für ein vertrauensvolles Sich-Weiterführen-Lassen vom Weg. Eines darf man jedoch nicht vergessen: Diese Wechsel an den Polen sind zugleich eminente Wechselbäder, Veränderungen, wie etwa von heiß zu kalt, von plus zu minus, die eine beachtliche geistige und körperliche Kondition herausfordern; es wechselt nämlich grundsätzlich zwischen Rechtsläufigkeit und Linksläufigkeit.

Mit jeder Windung gerät der Wanderer in einen neu-anderen Zustand. Je öfter und bewusster er sich dem Labyrinth aussetzt, um so mehr schwindet der Eindruck von einem blinden Irrweg. Das Gefühl für das Ganze des Weges wird deutlicher. Jede Wendung des Weges wird mit der Zeit als eine neue Perspektive, als eine neue Position erfahren. Ein innerer Gestaltsinn für das Ganze des Labyrinthweges beginnt sich in ihm ahnungsvoll zu entwickeln. Jeder immer überraschend daherkommende Spurwechsel wird zum Wachstumsknoten, jeder Schritt in eine neue Richtung wird angenommen als ein Hineinwachsen und Vertrautwerden mit einem neuen Lebensabschnitt. Jede Wendung wird zum Bild für eine Krise und für eine Chance, für ein Sterben und ein Neubeginnen. Die vielen Spannungsbögen werden zum Bild für das spannungsreiche menschliche Leben selbst – im Rund der Welt, im Lauf der runden Welt.

c) Seine Zweiteilung in Rechts- und Linksläufigkeit

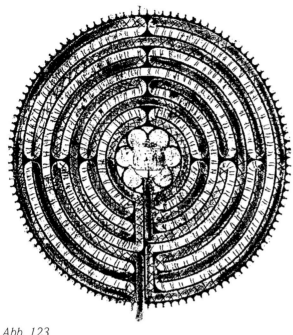

Abb. 123

Nachdem im vorausgegangenen Abschnitt mehr das subjektive Erleben im Vordergrund der Betrachtung stand, soll nun der Blick gewendet und objektiviert werden hin auf die formale Gestaltung der Labyrinthfigur. In ihrer deutlichen Vierteilung ist natürlicherweise eine Zweiteilung mit enthalten, z. B. obere gegen untere Hälfte und rechte gegen linke Seite. Auch nicht gemeint ist hier die große Zweiteilung des Labyrinthweges in Hin- und Rückweg. Indes: aus dem polaren Wechselgang des Labyrinthes ergibt sich eine klare, fundamentale Zweiteilung, welche nicht statisch, sondern dynamisch ist: die eindeutige Unterscheidung von Rechtsläufigkeit und Linksläufigkeit!

Die rechtsläufige Spur läuft mit der Sonne rechts herum, und ist somit eine lichtorientierte, tatenfreudige, begegnungsoffene Auferstehungsspur. Sie ist im Wesentlichen positiv aspektiert.

Die linksläufige Spur hingegen verläuft ,gegensonnen', dem immer dunkler werdenden Abgründigen, der Tiefe, zu. Sie ist die absteigende Todesspur und vorwiegend negativ aspektiert.

Im Laufe von wiederholten Labyrinth-Begehungen wird sich im Meditierenden ein Gespür dafür entwickeln, ob er sich auf einer rechtsläufigen oder einer linksläufigen Spur befindet. Er wird sich ,mitsonnen' erfahren, wenn er, von licht- und liebevollen Gedanken und Impulsen erfüllt, beziehungsreich, tatkräftig, kreativ und spontan zu leben vermag, bis hin zur Aggressivität.

Und er wird sich als auf der linksläufigen Spur, also gegensonnen, erfahren bei großer Nachdenklichkeit, in Zeiten von dunkler Traurigkeit oder von Resignation oder gar Depressionen, bei egozentrischer Verschlossenheit oder lastender Passivität.

Wer den Labyrinthweg ernsthaft einübt, wird bald sein eigenes Inneres in dem eingemerkten Liniengefüge erkennen. Er wird spüren und zu erkennen vermögen:

a) ob er sich in seiner augenblicklichen Verfassung oder mit dieser oder jener geistigen Einstellung auf einer rechtsläufigen oder linksläufigen Spur aufhält;

b) in welchem Spiralkreis des Gesamtzeichens er sich vielleicht befinden könnte;

c) dass beide Richtungen real zu seinem Leben gehören und sich gegenseitig bedingen und ergänzen und

d) dass dieser Labyrinthweg der Spiegel seiner Lebensreise schlechthin sein könnte.

Auf Abbildung 123 habe ich die rechtsläufigen Bögen einmal herausgehoben und grün nachgezeichnet (in der Kopie erscheinen sie als die dunkleren).

Aus dem so entstandenen, überraschenden Bild von konzentrischen Kreisen erkennt man, dass von den elf Umläufen des Labyrinths von Chartres sechs rechtsläufig sind, darunter der äußerste und der innerste Umlauf, obwohl sie je aus zwei unterschiedlichen Wegphasen zusammengesetzt sind. Das Chartres-Labyrinth hat somit ein rechtsläufiges Übergewicht und kann eigentlich nicht ins ‚Verderben' führen.

Durch das Ganze des Labyrinth-Zeichens wird klar und sinnenhaft veranschaulicht, dass beide Phasen nicht eindeutig positiv oder negativ sind, sondern ambivalent, dass sie gegenseitig durch Kehren sowohl getrennt wie auch verbunden sind und dass sie sich auch gegenseitig-polar ergänzen, zur Gänze bringen, d. h. die eine Phase ist nicht ohne die andere lebensfähig. Beide müssen aber dabei nicht quantitativ wie qualitativ egal austariert sein.

Im Bewusstwerden dieses Lebensmusters vermag der Mensch einsichtig zu werden und kraft solcher geistigen Einsicht und Bewusstwerdung sich umzustellen, d. h. im Alltag die Spur zu wechseln, in begrenztem Umfang zwar, aber immerhin umzuschalten von (vielleicht) rechts nach links, oder von links nach rechts herum. Das Labyrinth glaubt an die Veränderbarkeit des Menschen, es setzt auf seine geistige Entscheidungsfreiheit.

Die bildhafte Vorstellung und erst recht die Meditation des Labyrinth-Symbols ist aus sich eine wirkende Kraft und Hilfe für den Menschen, denn insbesondere ein Ursymbol wie das Labyrinth ist ein geistiges Sinn-Zeichen und ein sinnliches Seins-Zeichen. An der großen, tiefen, archetypischen Wirkkraft der Symbole aber sollte der Mensch nicht achtlos vorübergehen. Diese „Vitamine" sind nicht in Apotheken erhältlich und sie sind auch unbezahlbar: das Letztlich-Bewirkende sind sie aber auch nicht.

Die Polarität von Rechtsläufigkeit und Linksläufigkeit im Symbol des Labyrinths hat eine andere, eine seinsmäßig tiefere Qualität als die natürlich-biologische Atempolarität von Einatem und Ausatem und als die Rechts- und Linksläufigkeit der Spiralbewegung. Im Atemgeschehen und beim Spiralsymbol behalten die einander gegenübergestellten Kräfte vergleichbare Ausmaße, die sich gegenseitig die Waage halten. Im Labyrinthweg von Chartres, eine geniale intuitive und konstruktive, geistig-sinnliche Gestalterfindung des europäischen Mittelalters, sind die rechtsläufigen und linksläufigen benachbarten Vor- oder Rückpassagen oft ganz unterschiedlich lang und haben auch eine scheinbar unberechenbare Wegführung. Oft wechseln die kürzeren, inneren Wege ganz schnell hinüber zu langen äußeren Wegstrecken. Es findet also kein kontinuierliches Kleiner- bzw. Größer-Werden der in Spiralbögen angelegten Labyrinthwege statt. Es ergeben sich plötzliche Kehren, ‚Überraschungen', die wie ‚Sprünge' eingebaut sind, und die – auf dem Tanzplatz ‚Labyrinth' – ein bis zum Ende spannungsgeladenes Schau-Spiel garantieren. Dem, der seine Lebenswegfigur in jeder Hinsicht gut einstudiert hat (in vielen Meditationen etwa), dem wird der Labyrinthweg zum Rhythmus, zum Tanz; denn der Tänzer ist mehr als ein Wanderer.

„Wer weiß, was vorgeht, der tanzt."[165]

---

165 Abgeleitet von einem Vers aus den apokryphen Johannes-Akten: „Wer tanzt, weiß, was vorgeht", aus ‚Verborgene Worte Jesu', S. 70, Herderbücherei 857, 1981.

Damit taucht wieder einmal auf der sich verborgen durchziehende ‚Ariadne'-Faden des Tanzes, denn der Tanz ist ja eine in symbolischen Formen erfolgende, künstlerische Lebensgestaltung. (Siehe Labyrinth-Tanz im Mythos von Theseus, Ariadne und ihrer Gefährten, das Triadische Ballett von Oskar Schlemmer, der Tanz der Derwische, die Ostertänze auf den Kirchenlabyrinthen u. a. m.)

Die elf sich voneinander absetzenden, konzentrischen Kreise des Labyrinths von Chartres (siehe Bild) erinnern an das Auf- und Umschlagen einer Wasser-Welle, die bei der Betrachtung des Spiralsymbols als *die* Wachstums- und Lebensbewegung der Natur näherhin herausgearbeitet wurde (s. S. 172 ff dieser Arbeit). Dieses Naturschauspiel wiederholt sich auf höherer, künstlerischer Ebene in der Architektur der Kathedrale von Chartres. Hier fällt mit dem goldenen Glanz der Abendsonne von Westen her auf den dunklen, grauen Fries des Bodenlabyrinths gleich groß die bunte, leuchtende Heilswelt der Westfassaden-Rosette herab. Der düstere, beschwerliche, irdische Läuterungs- und Reinigungsweg erstrahlt dann im Abglanz ewigen, heilen Lebens, das aus dem dort dargestellten Weltgericht hervorgeht.

Der im Labyrinth geläuterte, in sich geklärte Mensch wird selbst in ein geheimnisvolles ‚Rosenfenster' gewandelt werden.

d) Seine Vierteilung – Die Gliederung einer ganzheitlichen Welt – Die Symbolik der Vier

Die Vier war für die mittelalterlichen Menschen und ihre Bilderwelt das allbekannte Symbolzeichen für die Begrenztheit der menschlichen Welt. Die Welt als Quadrat und als ein durch vier Grundkräfte geklärter und erschlossener Lebensraum des Menschen bildete den Gegensatz zur Unermesslichkeit des himmlischen, göttlichen Bereichs. Aus dem magisch-dumpfen Eingeschlossensein wurde im Mittelalter die Welt zu einer überschaubaren, rational-erfassbaren Größe, deren geheimnisvolle Verfasstheit es zu entdecken galt, die man erfahren, begreifen und respektieren wollte. Das viergeteilte Labyrinth eignete sich in dieser Hinsicht als vorzügliches Anschauungsmuster. Es wurde als Bild der Welt angesehen, denn in der Vierteilung des Labyrinthfeldes vermochten sich alle möglichen Vierergruppen der erfahrbaren Weltwirklichkeit zu spiegeln: Die vier Himmelsrichtungen, die vier Winde und die vier Weltenströme stehen für die Balken der Grundstruktur des Weltenhauses: Vertikale und Horizontale. Diese fundamental-kosmische Evidenz ist auch der tragende

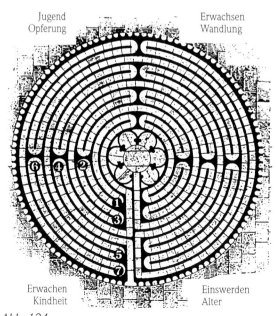

Jugend
Opferung

Erwachsen
Wandlung

Erwachen
Kindheit

Einswerden
Alter

Abb. 124

Grund für alle anderen Vierergruppen, die das menschliche In-der-Welt-Sein bestimmen und ordnen, z. B. für die Elemente: Feuer – Wasser – Luft – Erde

    die Jahreszeiten: Frühling – Sommer – Herbst – Winter

    die Tageszeiten: Morgen – Mittag – Nachmittag – Abend

    oder: Nacht – Morgendämmerung – Tag – Abenddämmerung

    die Lebensalter: Kindheit – Jugend – Erwachsen – Alter

    den Vegetationskreislauf: Keim – Knospe – Blüte – Frucht

    den Kreativitätskreislauf: Idee – Planung – Konstruktion – Produktion

    und viele andere mehr.

Die in vier Quadraten geordnete Welt des Labyrinths ist auch ein Bild für die Stadt als menschliches Gemeinwesen („Roma quadrata"). Die Stadt ist das Sinnbild für den menschlichen Wohnort schlechthin.[166]

Durch Errichtung von Mauern rund um die Stadt sollten Feinde oder/und böse Geister abgewehrt werden. Die Schutzwirkung als positiver Aspekt aber wird kompensiert durch den negativen einer Gefängnisarchitektur. In einigen nordfranzösischen Umgangslabyrinthen wurde der Weg durch das Labyrinth auch im Sinne einer ‚Reise nach Jerusalem' begangen. Die Stadt Jerusalem wurde dabei gemäß spätmittelalterlicher Kartographie als Erdmittelpunkt verstanden aufgrund ihrer heilsgeschichtlichen Bedeutung.

Das Verständnis für die Vierteilung der Labyrinthfigur wurde in dieser Arbeit bereits vorbereitet durch die ausführlichen Darstellungen der Ur-Zeichen „Senkrechte" und „Waagerechte" und ihrer Verbindung sowohl im Ursymbol des Kreuzes als auch im Ursymbol des Quadrates als auch im Ursymbol Kreuz-im-Kreis.

Diese drei vorwiegend statischen, sowohl zweidimensional als auch dreidimensional aufzufassenden Zeichen verweben sich im Labyrinth zu einem dynamischen, vierdimensionalen Wanderungs- und Wandlungssymbol, indem bzw. während es existentiell und bewusst gegangen und begangen wird.

Alle Vierergruppen, auch jene hier nicht genannten, werden im Labyrinth von den vier Sektoren symbolisch repräsentiert, und zwar in einer Zuordnung, wie sie auch vom Verlauf des Labyrinthweges angezeigt wird (siehe Abb. 124).

Wie in einem Webteppich durchläuft der Labyrinthweg mit seinen Windungen und seinen Vor- und Rückwegen ständig alle vier Sektoren. So wechselt der Weg etwa aus dem Bereich der Kindheit mal schnell hinüber in den Sektor der Jugend, um alsbald wieder zurückzukehren, und – um dann wenig später sogar erneut vorzupreschen – in schneller Folge aus dem Sektor Kindheit über ‚Jugend' in den Sektor ‚Erwachsen', um – von dorther wieder rückkehrend – erneut einzutauchen in ‚Jugend' und ‚Kindheit'. Schließlich, nach vielem Hin und Her, wird in großen, langen Strecken, wie von weit her, im Bereich der Altersreife überraschend der Zugang zum Zentrum möglich.

In dieser Abbildung sind auch die sieben 180°-Wendungen in einem Sektor markiert.

Durch die speichenartige Anordnung des Ein- und Ausgangs, also direkt auf die Mitte zu, liegt eine unüberbrückbare Sperre im spiralen Labyrinthweg, so dass es nur ein Hin und

---

166 Hier erinnere man sich noch einmal an die Ausführungen zum ‚Quadrat als Ursymbol', Kap. III, 1 bis 4.

Her, nie aber einen glatten, kreisrunden Weg gibt. Dieses bedeutet z. B., dass es zwischen ‚Jugend‘ und ‚Alter‘ keine direkte Verbindung gibt. Das bedeutet aber auch: Das Labyrinth ist ein strenger Entwicklungsweg, und als solcher rechtsläufig! Das Labyrinth ist ein naturgemäßes Lebensmuster für Welt und Mensch. Im Labyrinth sind Mensch und Kosmos schicksalhaft miteinander verwoben. Ein Kreisweg würde nämlich eine Niveauveränderung nicht zulassen und damit auch keine Entwicklung.

Das Labyrinth ist ein Weltbild und ein Menschenbild. Indem der Mensch die vierfältig geordnete Labyrinth-Welt als seine Lebenswelt erschaut und erfährt, werden ihm auch alle ihre räumlichen und zeitlichen Ordnungen und Bestimmtheiten bewusst, und er nimmt sie teils wie eine Orientierung, teils wie eine Bürde auf sich.

Mit dem Eintritt in das Labyrinth wandelt sich im Menschen das Wirrsal der Welt zu einem Weg, den er leiblich erfährt und der sich ihm geistig in Erfahrung umsetzt. Erfahrung aber speist sich aus Wiederholung und Erinnerung. Der spirale Entwicklungsweg durch das Labyrinth der Welt hindurch befähigt den Menschen schließlich – kraft seiner leibgeistigen Erfahrenheit –, die Weltwirklichkeit zu transzendieren, d. h. sich und die Welt mitzunehmen in einen höheren Bezug.

Das vierfach geteilte und ins Kreuz gestellte Labyrinth sinnbildet den geordneten, aber auch begrenzten Raum dieser Welt. Das Labyrinth ist wie die Tafel einer Einweihung, die es ja auch in der Konzeption der Kathedrale von Chartres ausgewiesenermaßen darstellt. Im eingegrenzten Raum dieser Welt vermittelt der Vollzug des Labyrinthweges als eines existentiellen Entwicklungsweges die Erfahrung von Transzendenz: die Erfahrung vom Geheimnis des Unbegrenzt-Göttlichen als einer Ermöglichung aller konkret begrenzten Weltwirklichkeit.

Auf dem viergeteilten Labyrinthweg von Chartres erwacht der buß-pilgernde Mensch zu seiner leibgeistig-seelischen Ganzheit als kreuzgestaltiger Kosmos.

Diese zunächst mächtig klingende Aussage wird über die christliche Deutung des Labyrinthweges verständlicher werden.

e) Die Zahl Sieben und ihre symbolische Bedeutung

Schon in der Zeit der Karolinger kamen zahlreiche Gelehrte und Studenten nach Chartres, um dort die ‚Artes liberales‘, die sieben freien Künste, zu studieren. Dieser Heptateuch (= siebenbändiges Buch) teilte sich auf in die sog. ‚drei Wege‘ der Erkenntnis und des Ausdrucks: das Trivium aus Grammatik, Rhetorik, Dialektik, und in die ‚vier Wege‘ der Welterkenntnis: das Quadrivium aus Arithmetik, Geometrie, Astronomie, Musik.

Entsprechend ihrer damaligen Bedeutung für Chartres und seine Schule, wurden diese sieben Künste auch in der großen Westfassade figurativ dargestellt. Es überrascht also nicht, auch im Labyrinth durch eine Siebener-Symbolik einen Anklang daran zu finden. Und siehe da:

In jedem Viertel des Labyrinth-Rades gibt es sieben 180°-Wendungen.

Die Sieben ist eine Mond-Zahl. Der Mond, der Wanderer am Himmel, läuft gegensonnen um die Erde. Das Labyrinth wird durch die insgesamt 28 Wendungen zum Monats-Bild von 28 Tagen. Dies könnte bedeuten, dass jedem Tag eine Kehre, d. h. auch eine geistige Umkehr entsprechen würde.

Die bereits vorgestellte Abbildung 124 verdeutlicht die kreuzförmige, geometrische Anordnung dieser Wendungen: pro Sektor je drei in der Waagerechten und je vier in der Senkrechten.

Die Siebenheit in Potenz ist die Siebzig, die 70.

Das Labyrinth als Lebensweg dauert – zahlensymbolisch – 70 Jahre. Es ist der Zeitraum, den das menschliche Leben normalerweise braucht zur Vollentwicklung seiner leib-seelischen Anlagen, wozu auch die Wahrnehmung seines inneren, geistigen Lebensauftrages gehört. Altwerden ist eine Aufgabe, ein Zu-Ende-Bringen. „3" + „4" = „7" bedeutet damit die gelungene Integration, die Einswerdung des Menschen und im Menschen, wo nun das Ewige und das Endliche, das Göttliche „3" und das Menschliche „4", Gott und Welt in Einklang gekommen sind.

4. Die christliche Deutung des Labyrinth-Symbols

Im Unterschied zu den archaisch-heidnischen Labyrinthen kennzeichnet die christlichen Labyrinthformen eine ausgeprägte Mitte. Damit ergibt sich eine Dreiteilung des Labyrinthweges:

a) Der Einwärtsweg, häufig als Abstieg, seltener als Aufstieg, zur Mitte hin als Weg der inneren Einkehr und der Selbsterkenntnis.
b) Die Mitte als dem eigentlichen Ort der Wandlung aus Finsternis, Tod und Grab hin zu neuem Licht und Leben.
c) Der Auswärtsweg, der Weg zurück in ein neu geschenktes, neu geklärtes Leben.

Das Leitmotiv der christlichen Labyrinth-Praxis ist bereits mehrfach angeklungen: Der Labyrinth-Pilger meditierte auf seinen verschlungenen Labyrinthpfaden den eigenen und den mühsamen Weg des Menschen schlechthin durch die widersprüchliche, verworrene Welt. Er verstand den Labyrinthgang als Bußweg, als eine Begehung des Jerusalemweges, als Wallfahrt nach Santiago de Compostela oder als Reise an das Ende der Welt (Finisterre, am äußersten Ende von Galicien gelegener Ort), vor allem aber als eine Nachahmung des Passionsweges Christi.

Die Mitte wurde dabei zum Ort der Reinigung, der Verzeihung, der persönlichen Begegnung mit Christus. Schon aus der heidnischen Frömmigkeit war die Labyrinth-Mitte den Menschen als Ort des Todesmysteriums, als geheimer Kern der Lebenserneuerung vertraut. Abgelesen an den kosmischen Rhythmen der Sonne, des Mondes und der Planeten, hatten die antiken Menschen ein sinnbildliches Liniengefüge für ihr Weltverständnis entworfen: das Labyrinth.

Das christliche Osterfest wurde, an dieser Vorerfahrung anknüpfend, als ein Sieg der „Sonne Christus" über die „Nacht des Todes" aufgefasst.

Mit der Begehung des labyrinthischen Weltbildes durch einen christlichen Bußwallfahrer wurde eine Synthese vollzogen von alter Menschheitsüberlieferung und der Feier des Christusmysteriums. In Christus wurde eine nunmehr unvergängliche Sonne verehrt und das Wiedererwachen der Natur in der siegreichen Frühlingssonne wurde zum Bild für das welt- und seelenbewegende Ereignis der Wiedergeburt in der österlichen Feier von Tod und Auferstehung Christi.[167]

a) Die Bedeutung der Mitte

Wie im ahnenden Mythos der Held Theseus den Bann der labyrinthisch-höllischen Unterwelt in Gestalt des Monsters Minotaurus gebrochen hatte und durch seine Heldentat auch für alle seine Gefährten den Rückweg aus dem kretischen Exil und ihre glückliche Rückfahrt in ein wiedergeschenktes Leben in der Heimat Athen ermöglicht hatte, so feierten die mittelalterlichen Christen in der Mitte des (Kirchen-)Labyrinths die Errettung durch Christus, „ihren Theseus", der das Monstrum des Todes überwand und durch seine Auferstehung aus Tod- und Grabesfinsternis *den* Rückweg, d. h. die Erlösung der Menschheit aus den Fesseln von Schuld und Tod, bewirkte und die Wiedergeburt in ein neues, ewiges (mystisches) Leben ermöglichte.

„Durch die Erlösertat Christi wurde die Todesmitte zum Mutterschoß der Wiedergeburt gewandelt." (S. 209)

Das Labyrinth als bedeutungsvolles Schema für Todesmitte und Mutterschoß wird freilich nur zu diesem Ereignis, wenn es „gespielt", d. h. existentiell mit Leib- und Seelenkräften gegangen wird. Der Weg der Erlösung, so wird im christlichen Labyrinth verdeutlicht, geht nicht unmittelbar und naturautomatisch hinauf zum Licht und zur Höhe, „sondern ‚unten durch', durch Dunkelheit und Nacht, über den Umweg des Abstiegs in die Unterwelt, durch die Todes- und Leidenssphäre, und dann erst zur Auferstehung und Teilhabe am ewigen Licht und dadurch zur Verklärung der ganzen Existenz." (S. 209)

„Weil das Christusmysterium dadurch, dass Gott in Christus menschlich wurde, zugleich das Mysterium Gottes und des Menschen ist, vermag der Christ den Abstieg in die Unterwelt (ad infernos) dadurch nachzuahmen, dass er in die Dunkelheit der eigenen Brust als in das Innere und Untere seiner Welt hinabsteigt." (S. 209)

Auf dieser existentiellen Ebene der Labyrinth-Meditation wird der Mensch zu einem End- und Todespunkt geführt, das bedeutet, zur Erkenntnis der aus eigener Kraft nicht aufhebbaren Gebrochenheit des Menschen; handelt es sich doch im ersten Teil dieses Labyrinthmeditationsweges auch um den Abstieg in die untersten Schichten der eigenen Seele. Dort begegnet der Meditierende zu seiner Überraschung dem Ungeheuer in der eigenen Brust.

„Denn erst die Erkenntnis der dem Menschen innewohnenden Minotaurusnatur erweckt wirklich das Verlangen nach Heilung und Gnade und eröffnet damit den Zugang zur Mitte, zur Begegnung mit dem Sonnenhelden Christus in der Tiefe des Höllenkreises der Welt oder des eigenen Innern." (S. 210)

„Es ist durchaus zwangsläufig, dass in der Kunst und in der Phantasie die dämonische Welt in Tierformen erscheint. Die Tiere, an sich ein legitimer Bereich in Gottes Schöpfungsordnung, stellen, auf den Menschen bezogen, Symbole der vormenschlichen Kräfte und Triebe, d. h. seiner Labyrinthsphäre, dar." (S. 211) „Kenner des Menscheninneren und seiner ‚Hölle', wie z. B. Hieronymus Bosch oder Matthias Grünewald, haben diese unheimlichen Kräfte und Gestalten als Tiermischformen mit allen Konsequenzen zur Anschauung gebracht." (S. 211)

---

167 In diesem Abschnitt beziehe ich mich weithin auf die Ausführungen meines Lehrers Alfons Rosenberg in seiner „Christl. Bildmeditation", S. 198–214, über die christl. Deutung des Labyrinth-Symbols. Zitate werden mit Seitenzahl angegeben.

Der Labyrinthweg muss als eine Entscheidungssituation verstanden werden um Christus als Wendepunkt. In der seelischen Begegnung mit ihm vollzieht sich die Umkehr. Es bedarf eines Retters aus dem Abgrund.

Erst in der tiefsten Dunkelheit, ,inmitten der Nacht', der Endstation der Hoffnung, wendet sich die Spirale. Der Punkt der Wende, des Absprungs aber, wo sich der Springer entweder ganz in den ,Schwung der Figur' (Rilke) hinein geben muss oder aber er scheitert – vergleichbar dem Turmspringer im Wasser- oder Ski-Sport –, *ist die berührte Herz-Mitte,* welche die rettende ,Hand' Christi ergreift.

Das Labyrinth stellt eine in Bild und Handlung verschlüsselte Anleitung zur „Einübung des Christseins" dar. Aber als wegleitendes Zeichen ist das Labyrinth ein Ur-Symbol, an das sich jeder Mensch erinnern mag, wenn er an einem vermeintlichen Endpunkt seines Lebens zu stehen glaubt. Das Labyrinth ist eine Weisung dahin, das Leben als einen Weg der Wandlung zu verstehen und als einen Wandlungsweg zu gehen.

Mitte und Ziel wird im Labyrinth von Chartres durch eine sechsblättrige Blume repräsentiert: Sechs runde Blütenblättersteine umstehen einen runden Mittenstein, der einen Durchmesser von rund 3 m Größe aufweist.

In dem Kapitel vom „Hexagon, dem Sechseck, das eigentlich ein Siebeneck ist" (siehe Kap. IV, 14) wurde schon darauf hingewiesen, dass und wie der Sechsstern in der Siebenheit seine Vollendung und seinen Glanz findet, und wie das Sechs-Tage-Werk der Schöpfung vollkommen wird im ,Siebten Tag', dem Sonnentag (sunday), dem Herrentag (domenica, domingo): Sechs Blüten-Werktage also umgeben eine sonntäglich ruhende Mitte, aus der sie gemäß ihrer Stellung im Kreis (wie eine Welt-Sonnenuhr) ihre je spezifische Kraft und Aufgabe füreinander und im Ganzen schöpfen. Unsere ,alltägliche' Wochen-Struktur wird hier – wunderbar – zum Zentrum eines weltschöpferischen Zeit-Kosmos.

„Die Blüte ist das Symbol des Geheimnisses unseres Geistes." (Novalis)[168]

b) Der Ariadne-Faden

Der Ariadne-Faden[169] liegt wahrscheinlich unserem sprichwörtlichen „roten Faden" zugrunde, den man möglichst nicht verlieren sollte.

Denn auch für Theseus war es lebensrettend, dass ihm sein ,Faden' nicht riss, an dem er sich zurückhangelte aus dem Unterweltirrgarten, um wieder in die Helle des Tages zu gelangen.

Mit dem Einsatz seines Lebens tötet Theseus den Minotaurus; damit endet die schmachvolle, schreckliche Blutspur zwischen Athen und dem Menschen fressenden kretischen Ungeheuer. Der Ariadne-Faden ist somit ein auf Blut gegründeter Lebensfaden. Er verband den todgeweihten Helden Theseus während seines einsamen Höhlenkampfes mit dem Leben, mit den vertrauten Menschen draußen im Licht und mit seiner Ariadne.

Der rote Ariadne-Faden ist somit auch eine Verbindungsschnur zwischen Leben auf verschiedenen Ebenen, wie es die Nabelschnur ist zwischen Mutter und Kind.

---

168 Vgl. O. Betz, Novalis – Im Einverständnis mit dem Geheimnis, Herderbücherei 773, S. 24.
169 Das lateinische Wort ,stamen' = Faden, das im Zusammenhang mit dem Ariadne-Faden gebraucht wird, kommt noch vor in den Bedeutungen: Grundfaden, Faden an der Spindel, Schicksalsfaden der Parzen, Lebensfaden, Spinnfäden, Saite eines Instruments. Es gibt Mariendarstellungen, wo Maria eine Spindel in Händen hält.

Dieser „rote Faden" choreographiert gewissermaßen den Labyrinthweg, ‚er' kennt sich aus, d. h., wer sich an diesen Faden hält, den führt er vom Tod zu neuem Leben, zu neuen Ufern: wer den Faden hält, kann hoffen.

Der Ariadne-Faden ist im weitesten Sinn auch eine Nabelschnur für menschheitliches Leben; denn man kann einen „roten Faden" erkennen gemäß dieser Perspektive, der bei der Menstruation der Frauen und beim Blut Abels beginnt und der fortläuft durch alle verworrenen Lebensgeläufe der Menschen zwischen Geburten und Toden, zwischen Blutrache und anderen Verschuldungen und Sühnungen, und der schließlich heilsgeschichtlich endet in der Blutspur Jesu auf seinem Weg nach Golgatha, d. h. in der Mitte des christlichen Weltlabyrinths. Dieser „rote Faden" wird zu guter Letzt nun zu einem Bild für eine durch unschuldig-vergossenes Blut gestiftete ‚Bluts-Verwandtschaft und Ver-Söhnung' zwischen Erde und Himmel, für ein ‚Leben-für-Leben-Bündnis' zwischen Gott und den Menschen, das von daher niemals endet. Der mythische Ariadne-Bluts-Faden „entpuppt" sich als eine Vorschattung: Der „Neue Bund" in Jesu Blut rettet die Welt. In ihm ver‚bündet' sich Gott mit den Menschen gegen den Tod, gegen die Macht der Finsternis. In der christlichen Feier der Eucharistie wird die letzte aller Befreiungen kultisch gefeiert: die Befreiung aus der Sklaverei unter der Herrschaft des Todes. Wer vom Blute Jesu ‚trinkt', trägt darum das Ewige Leben schon in sich, er tritt ein in die Schicksalsgemeinschaft mit Theseus – Christus: auf Leben und Tod – zu Tod und Auferstehung.

5. Die Meditation des Labyrinth-Symbols – Meditation als labyrinthischer Weg

Mit dieser Überschrift wird das besondere Verhältnis angezeigt, welches Labyrinth und Meditation miteinander verbindet. So sind denn auch in den vorausgegangenen Abschnitten bereits mehrfach meditative Aspekte zum Labyrinthsymbol zur Sprache gekommen. Dennoch möchten die folgenden Gedanken noch einmal aufmerksam machen auf die besondere Qualität und Komplexität des Labyrinth-Symbols: als objektivierte Darstellung subjektiver Meditationserfahrungen.

Zunächst fällt die große Unterteilung des Labyrinth-Weges auf, nämlich die Dreiteilung: der Einwärtsweg – die Umpolung in der Mitte – der Auswärtsweg. So verlaufen alle menschlichen Wandlungsprozesse.

Die parallelen, aber gegenläufigen Wege des Labyrinthschemas können aufgefasst werden als ein Bild für Erinnerung und Reflexion. Durch sein Erinnerungsvermögen kann der Mensch hinterlassene Spuren von früheren Lebensereignissen wieder aufnehmen und ins heutige Bewusstsein reflektieren. So wird jede Rückwegpassage durch die Erinnerung zu einem persönlichen Widerfahrnis und bereichert auch durch die vermehrte Gefühlsqualität den ganzen Bewusstwerdungsprozess. Sich erinnern zu können, ist eine der kostbarsten Fähigkeiten des menschlichen Geistes; unser einziges wirkliches Vermögen, denn: an was ich mich nicht erinnern kann, ist für mich wie nicht gewesen.

Das Noch-einmal-Zurückgehen ist nicht nur eine Rückerinnerung, es ist auch eine Begegnung mit sich selbst und den eigenen Lebensverhältnissen ‚von der anderen Seite her', und es ist auch in der sich meditativ vollziehenden Tiefenreflexion ein Bild für die Begegnung mit dem eigenen Schatten. Schattenbegegnungen herbeizuführen, ist eine Methode der existentiellen Psychologie mit ihren Sparten Erfahrungspsychologie, Verhaltenspsychologie und Werkpsychologie.

Die Vorstellung von der Anordnung des Hin und Her der Labyrinthwege gibt dem Meditierenden ein Ordnungsmuster an die Hand. An ihm kann er ablesen und lernen, wie man in der Spur bleibt und trotz aller Widerwärtigkeiten nicht die Fassung verliert.

Wie das Labyrinth, so strebt auch jede Meditation einer tiefen Mitte zu. Der spirale Sog hin zu einem Zentrum bleibt – trotz der vielen 180°-Wendungen – ein Geheimnis der menschlichen Seele.

Wie der Labyrinthweg, so ist auch jede Meditation eine schwierige, einübungsbedürftige Wegstrecke, eine mit Kehren ausgesteckte Hindernisbahn, deren Ziel man nur erreicht, wenn man sich konsequent an die oft uneinsichtige Wegspur hält, bis schließlich überraschend die Mitte, das Ziel, erreicht ist.

Jeder, der schon Erfahrungen im Meditieren besitzt, weiß, wie viele Ablenkungen, Zerstreuungen und frustrierende Leerläufe während einer Meditation aufzutreten pflegen, die wie Um- und Irrwege daherkommen. Dann mag den Meditierenden überfallen, wovon auch Goethe sehr wohl wusste: das Labyrinth in der eigenen Brust

und das, „was von Menschen nicht gewusst oder nicht bedacht,

durch das Labyrinth der Brust wandelt in der Nacht". („An den Mond")

Der Suchweg des Menschen in sein Innerstes, zu seiner Seele, bleibt, trotz aller Einübung, immer ein anspruchsvolles Unterfangen. Die geformte Richtungsführung und die geistige Vorstellung, die ihm das Ur-Bild des Labyrinthes anbietet, vermag ihm dabei wie ein Kompass zu helfen: in spiraligen Kreisbögen auf die Herz-Mitte zu.

Die Erfahrung von existentieller Mitte ist sowohl das Resultat eines in Geduld durchgehaltenen und austarierten Weges als auch eine Lot-Erfahrung inmitten von vielen konzentrischen Kreisbögen. Je mehr Labyrintherfahrung der Meditierende mitbringt, um so genauer wird er sich auskennen und sich bewusst sein, an welcher Stelle des Gesamtzeichens er sich befindet, und zwar aus einem ‚durchsichtigen' Empfinden der Gesamtsituation heraus.

Aus der Kraft des Zentrums, der lotbestimmten Mittenerfahrung, begegnen dem Meditierenden auf einmal zwei Hemisphären: die Todessphäre und die Lebenssphäre; wie Nacht und Tag, wie Mond und Sonne erscheinen sie als zwei sich ständig abwechselnde und herausfordernde Seiten eines ‚Großen Ganzen'.

Auf geistiger Ebene – so lehrt die Labyrinth-Meditation – gehen jeder großen Wandlung viele kleine Wendungen vorauf. Die große Wandlung ist identisch mit einer Entscheidung. Mit anderen Worten: Jede wesentliche Entscheidung hat ein labyrinthisches Umfeld:
a) einen wirren Vorweg und den Aspekt einer dramatischen, beklemmenden Ausweglosigkeit,
b) einen Punkt der Wandlung und Umpolung in der Herzmitte, einen Ab-Sprung in eine neue Welt-Begegnung und
c) einen erlösenden, befreiten Aus-Weg, eine neue Perspektive.

Das Ursymbol Labyrinth zeigt sich nach all diesen Erörterungen unter verschiedenen Aspekten, z. B. als ein lebensdynamischer Prozess, eine Bußwallfahrt, ein allmenschliches Lebensdrama, ein Erlösungs- und Initiationsweg, ein menschheitliches Schauspiel, ein kosmischer Tanz oder als ein Heilmittel. Dies alles jedoch nur unter der Bedingung, das Labyrinth meditativ als ein innerliches Geschehen auch zu vollziehen.[170]

Vom Labyrinth-Symbol her lässt sich das Meditieren als einer der Wege zur Ganzheit besser verstehen, weil die Meditation jene neue Bewusstseinsstruktur zu schaffen vermag, die Jean Gebser als die ‚integrale' bezeichnet. Dieses integrale Bewusstsein beinhaltet die Öffnung des ganzen Menschen hin zur ganzen Wirklichkeit. Dieses Öffnen muss aber unbedingt ein lebensdynamischer Prozess, ein wirkliches Öffnen sein. Wartendes Annehmen, Loslassen, Stillsein sind die typischen Meditationshaltungen. Stille schenkt sich dann als ein ruhiges, geweitetes Gewähren- und Strömen-Lassen des verborgenen Lebens im freigegebenen Atem- und Herzrhythmus: als ein – oft nur momenthaftes – Gewahrwerden ganzen Seins, des Ganz-Seins, oder einer großen Ganzheit.

Labyrinth und Meditation glauben an die Veränderbarkeit des Menschen durch den Geist.

6. Die Erfahrung von Mitte und Ganzheit im Labyrinth: das menschliche Herz. – Eine symbolische, real-mystische und aktuelle Herausforderung

Das Labyrinth vermittelt eine intensive Erfahrung von Mitte. Erschien schon in den steinzeitlichen Doppelspiralen und dann im kretischen Labyrinth-Mythos von Theseus und Minotaurus die Mitte als der Ort eines geheimnisvollen Wandlungsgeschehens, so wird erst recht in den mittelalterlichen Kathedral-Labyrinthen mit ihren Umgängen die Mitte zum Ort innerster Sammlung, von Einsamkeit, von innerer Einkehr.

Das christliche Labyrinth definiert sich ja auch schlechthin als **der** Weg, als Reinigungs- und Heilungsweg **zur Mitte**.

Das mittenorientierte Labyrinth ist ein groß gedachtes und groß zu deutendes Bild für den Lebensweg und die Lebenssituation des Einzelmenschen und der Menschheit insgesamt, und es ist besonders brisant und aktuell jetzt, da sich die Wende zum Zeitalter der vierten Dimension anbahnt. Es liegt im Sinn und in der Konsequenz der besonderen Themenstellung dieser Arbeit, die Bedeutung der Mitte im Labyrinth auch auf die Mitte der menschlichen Gestalt zu beziehen: auf das Herz. Diese Entsprechung soll nun in einem langen Gedankengang eindringlich, anschaulich und in weiter Perspektive erörtert werden.

Wie das Aufschlüsseln von Traumbildern befreiend und heilend wirkt, so erfährt auch der Mensch durch die Erfahrungen auf dem Labyrinthweg, wie sein kleines, beschränktes, rätselhaftes, subjektives Leben einem Größeren eingeordnet ist und von diesem her verständlicher und einsichtiger wird.

Es tut dem Menschen einfach gut, in den zerstreuenden Eindrücken und allgemeinen Verordnetheiten seines Alltags einen persönlichen Mitten-Ort zu kennen und zugleich sinnlich

---

170 Auch in Märchen und Sagen klingt das Labyrinth-Motiv an, und zwar als Suche nach der eigenen Wesenstiefe. Der Weg in die Tiefen des Unbewussten gleicht häufig einem engen, dunklen Schacht: es ist das Motiv des Brunnens, in dessen Wasser z. B. der junge Prinz sein Spiegelbild erblickt (Eisenhans) oder das junge Mädchen sich hineinstürzt (Frau Holle), um verwandelt wieder aus dem Brunnen heraus zu steigen.

vorstellbar zu haben, wo er eigentlich ‚zu Hause' ist und wo seine wesentlichen Entscheidungen stattfinden.

Der Labyrinthweg führt in eine Mitte, wo z. B. ein Kampf mit der eigenen Minotaurus-Natur oder mit dem eigenen Unterwelt-Drachen oder mit dem Engel passiert, eine plötzliche Klärung oder Einsicht auftaucht und den Auswärtsweg auf ein befreiteres Leben hin erschließt.

Der dynamische Weg des Labyrinths als menschlicher Lebensspur ist also ein persönlich-existentieller Akt; denn jeder persönlichen Entscheidung geht ein persönlicher Kampf voraus. – Zwischen den verschiedenen Seinsebenen des Menschen herrscht das Prinzip der Entsprechung. Deshalb richtet sich der Blick zunächst auf die *biologische* Entscheidungsmitte des Menschen im Sinne einer physischen Zentralstelle: Eine solche ist sein Herz. Dieses stellt eine Mitte dar und ist unser allzeit fühlend-fühlbar schlagendes zentrales Lebensorgan.

Das Herz ist wie das Zwerchfell ein großer Muskel, es ist das stärkste und wichtigste Muskelorgan im Menschen. Dank seiner Kraft fließt Blut nach unten und ebenso entgegen jedem Schwergewicht auch nach oben. Wenn ‚das Herz nicht mehr will', setzt alles Leben und alle Tätigkeit von Kopf, Lunge, Bauch oder Gliedern aus. Atem- und Blutkreislauf haben im Herzen ihr Kraftzentrum.

Das Herz ist ein Mikrokosmos des Menschen: Als eine biologische Einheit aus vier Kammern spiegelt es die Viergestaltigkeit irdischen Lebens. Indem in ihm aber je zwei Kammern zusammengeschlossen sind und es aus zwei Hälften heraus wirkt, ist das Herz auch ein Bild für die Polarität und die Doppeleinheit des Lebens. Im Herzen tauschen auch die zwei Hauptrhythmen des menschlichen Leibes, Puls (Blutwelle) und Atem, ihre Tätigkeiten aus und ergänzen sich. Das Herz ist somit ein Schalt-Zentrum zwischen Blut und Luft, zwischen Erde und Himmel, zwischen Natur- und Geisteskräften, zwischen unterer und oberer Hemisphäre.

Für den ‚kleinen Prinzen' ist es selbstverständlich: Man sieht nur mit dem Herzen gut. In der rechten Herzkammer, die das Herzblut mit der ‚geistigeren' Atemluft in Berührung bringt, verbinden sich Muskel- und Nervengewebe zu einem spezifischen Erregungssystem. So wird biologisch vorangekündigt, wozu das Herz als Organ der Mitte geistig berufen ist: nämlich das umfassende innere Organ der Erkenntnis zu sein und immer mehr zu werden. Es spürt, erfasst, ‚beurteilt' das aus allen Ecken und Enden des Körpers rückläufige Blut nach seinen Schadstoffen und Mängeln und reagiert entsprechend, d. h., es beurteilt alles im Körper real-biologisch und nicht chaotisch durch vages Gefühl.

Wie nun das ‚gesunde' Herz durch seine Einfühlungsgabe den wahren Zustand des Blutes und der feinstofflichen Vorgänge auf ihre Qualität hin zu prüfen vermag, so ist ebenso das ‚reine' Herz das untrügliche Organ der Wahrhaftigkeit im Urteil über den eigenen Seelenzustand. Beide Bereiche erspürt das wachsam- wahrnehmende Herz und handelt entsprechend.

Nicht der Kopf, sondern das Herz ist für das ethische Leben des Menschen das zuständige Organ: Das ‚gesunde' Herz ist offen, es sieht und erkennt und will das Gesunde; es ist ein gesundes Gewissen. Je ‚reiner' das Herz, umso sensibler das Bewusstsein. Das ‚kranke' Herz ist getrübt, vergrämt, es macht den ganzen Menschen krank. Das ‚reine' Herz erleuchtet und erfreut, es weiß um die wahren Realitäten. Auch hier gilt: Jede erkannte und gelebte Entsprechung führt weiter in die Verwandlung. Das Sich-Wandeln ist **das** Lebensprinzip und zugleich auch die vornehmliche Fähigkeit von Herz und Seele.

„Was, wenn Verwandlung nicht, ist dein drängender Auftrag?", fragt Rilke in seiner neunten Duineser Elegie. Es scheint eine heute fast vergessene Qualität zu sein, verkörpert Wandlungsfähigkeit doch schlechthin Lebendigkeit und Spiritualität von innen und außen. Dies ist *die* geistige Aufgabe des Menschen in seiner Lebensmitte. Das zur Wandlung fähige Herz ist das umfassendste Organ des Menschen, es ist Mitte **und** Quellort der leibseelisch-geistigen Persönlichkeit.[171] Viele Ausdrücke unserer Umgangssprache geben davon Zeugnis, z. B. herzhaft, herzlos, herzensgut sein, ein Herz und eine Seele sein, im Herzen bewahren etc.

Die Geschichte des Herzens ist ein eigenes großes Thema. Die griechischen Philosophen begannen seit Sokrates und Plato den Intellekt und das rational-analytische Denken vom ganzheitlichen, eindimensionalen, mythischen Denken abzusondern, d. h. die Erkenntnisfähigkeit wird dem Herzen genommen und ins Gehirn verlegt. Eine einschneidende, verhängnisvolle Wende in der Geschichte des Bewusstseins! Das Verständnis dessen, was das Herz ist und kann, verengte sich von da an immer mehr, bis hin zur Epoche der Aufklärung und bis heute. Das will sagen: Herz, das war einst der ganze, vollkommene Mensch, der Verstand nur ein Teil. Dann aber wurde das Herz zum Sonderbereich des Gefühls erklärt, und der Intellekt zum ‚Haupt'-wert des Menschen überhöht. Heute steht eine Rückbesinnung und Rückwendung aus dieser Sackgasse an.

Das Herz hat seine eigene Sprache und seine eigene Logik. Die Sprache des Herzens ist nicht anti-logisch und nicht anti-rational, sondern a-logisch und a-rational. Sie ist poetisch, dichterisch, mythisch, ganzheitlich, denn sie benutzt – unwillkürlich – Worte, symbolische Bilder und Gestalten, z. B. „Du bist ein Schatz, ein Juwel" u. a., die sowohl aus dem realen Leben, wie auch aus dem geheimnisvollen Bereich des Unbewussten kommen, und sie verquickt sie intuitiv-kreativ miteinander.

Hier ist auch der Ort für eine wichtige Zwischennotiz:

Bei diesem Beschreiben von menschlichen Lebensvollzügen werden die Worte und Begriffe ‚Herz', ‚Geist' und ‚Seele' fließend verwendet. Von Romano Guardini stammt der Satz „Das Herz ist Geist in Blutnähe", der genau diese durchlässige, leib-seelische Entsprechungsund Grenzzone des Menschen beschreibt.

Die beiden labyrinthischen Größen, die ‚zweierlei Gnaden' Goethes, nämlich Ausdehnung und Eindehnung, beschreiben die Bewegung des Herzens wie auch des Atems. Der leibliche Rhythmus des Herzens ist der Hauptträger der ebenfalls rhythmisch schwingenden Seele. Der Eindehnung (Bedrückung, Sorge, Depression) entspricht die Ausdehnung (Erleichterung, Befreiung, Ekstase oder Verzückung). Die erste Ausweitung des Herzens geschieht durch das Blut, welches gleichsam der Gesandte des Herzens zu den Organen und Gliedern ist.

Im menschlichen Körper schwingt das Herz mit dem Blut. Auf der geistigen Ebene spiegelt sich dieser Vorgang: Das Blut des Herzens ernährt und beschwingt die atmende Seele und der atmende Geist empfängt durch das Herzblut seine ausstrahlende Kraft. Im Blut hat die Kraft des Herzens quasi leibhafte Gestalt angenommen. Der Mensch muss ‚Erde' (Blut) unter sich haben, sonst verdorrt ihm das Herz.

---

171 R. Guardini weist in seinen Versuchen über Pascal (dort S. 178ff) darauf hin, dass Pascal das Herz als Organ für den Wertcharakter des Seins, des Alles-Seienden ausmacht. Bestimmte Gegenstände gelangen nur im Herzensakt zur Gegebenheit. Dazu Pascals berühmter Satz: „Das Herz hat seine Gründe, welche der Verstand nicht kennt." (Pensées 277).

In Herz und Seele und Atem vermögen sich die menschlichen Grenzen nach innen und nach außen zu
weiten, zu entgrenzen. Im Atem
steigt – sich eindehnend – die Seele
in die Tiefen/Höhen des Innen hin-
ab/hinauf und – sich ausdehnend
– überschreitet sie die Körperhaut-
grenze und findet den Weg zur
Um-Welt, zum Mitmenschen, zum

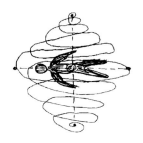

Abb. 125

Kosmos. Der „Große" Atem umfasst Herz und Seele und die ganze Gestalt! Aus der Kraft
des Herzens entspringt ganzheitlich Wirkendes, etwas, das den Drang hat, sich auszudehnen
und sich zu konzentrieren: die Liebe. – „Liebe ist", sagt Fr. Weinreb, „wie es dein Herz dir
sagt."[172]

,Ganzheit' aber ist das Merkmal des neuen, ,transparenten' Zeitalters.[173]

Die Idee, das Labyrinth-Symbol in die Dreidimensionalität zu transponieren, führte zu
folgenden Bild-Skizzen (Abb. 125):

Der universale Rhythmus des Herzens verbindet Geist und Materie, die obere und die untere
Hemisphäre.

Das Herz als Ich-Mitte des Menschen schwingt zwischen Gott und Mitmensch(en). Es
schwingt in die Höhe und Tiefe und in die Weite, in der Senkrechten und in der Waagerechten.

Der herz-wache Pilger im kosmischen Labyrinth – das ist der vierdimensionierte Mensch!
– Er vollzieht die elementaren spiralen Wandlungsläufe der Natur mit, sowohl die im eige-
nen Körper als auch die im Universum. Als solcher erweist er sich als Bürger eines neuen
Bewusstseins und einer neuen Zeit.

Dabei ist zu berücksichtigen, dass die im Detail mit zahlreichen Kehren und Wendungen
gespickten Labyrinthpfade hier vereinfacht dargestellt sind: aber man kann eben Details und
Kosmisches nicht einfach und schnell unter einen Hut bringen.

Seine im dreidimensionalen Labyrinth bis ins Kosmische ausgezogene und verlängerte
Lebensspur wird dem Menschen, der sie im „Großen" Atem herz- und blutvoll zu vollziehen
vermag, durch das Symbolbild ,Labyrinth' sinnlich nachspürbar und geistig begeifbar. Endlich
– vierdimensional – ein wirklich ganzheitliches, entgrenztes, menschliches Daseinserleben
– ohne Drogen!

> „Wir sind nur Mund. Wer singt das ferne Herz,
> das heil inmitten aller Dinge weilt?
> Sein großer Schlag ist in uns eingeteilt
> in kleine Schläge. Und sein großer Schmerz

172 S. Fr. Weinreb: Das Ende der Zeit, S. 44.
173 Die Frage nach dem Ganzen wird von zeitgenössischen Naturwissenschaftlern nicht mehr gemieden, ja, gerade die moderne Physik räumt ihr ein neues Recht ein. Somit wird die Frage Heisenbergs nach dem Teil und dem Ganzen für eine
integrative Naturphilosophie erneut wegweisend.

ist, wie sein großer Jubel, uns zu groß.
So reißen wir uns immer wieder los
und sind nur Mund. Aber auf einmal bricht
der große Herzschlag heimlich in uns ein,
so dass wir schrei'n –,
und sind dann Wesen, Wandlung und Gesicht."[174]

Diese Rilke-Verse künden vom Schlagen eines großen kosmischen Herzens, fern unserer Engstirnigkeit und Kleinlichkeiten. Der „große Herzschlag" ist das „heimliche" Ereignis, wo plötzlich das Herz der Welt in einem Menschen erwacht: in seinem gewandelten Wesen und Bewusstsein und dann auch in seinem „Gesicht". Über das ins Kosmische verlängerte Labyrinth und das Geheimnis seiner Mitte lässt sich auch der „große Herzschlag" Rilkes als Zentrum auch der Welt entdecken.

Jedem Ursymbol liegt eine menschliche Ursituation zugrunde, etwas, das zutiefst menschlich und deshalb zeitlos ist.

Ursymbole sind Darstellungen ewigen Wissens und als solche gehören sie zu den archetypischen Bildern. Archetypen und Ursymbole stehen zwischen Göttlichem und Menschlichem. Sie dienen dem Menschen zu seiner inneren Ordnung und zum Gedeihen seines leib-seelisch-geistigen Lebens.[175]

Im Labyrinth, welches ein sehr komplexes Symbol ist, sind sowohl das Kreuz und das Quadrat, das Strebe-Dreieck, der Kreis (Kugel) und die Spirale gegenwärtig.

Für alle Ur-Symbole trifft in besonderem Maße zu: Sie sind Ur-Bilder des Seins, sie teilen ihre verborgenen, tiefgründigen Kräfte mit, und zwar **jedem**, der sich ihnen öffnet. Damit wird auch klar, dass Symbole niemals willkürlich erfindbar sind. Nur ein ‚gereinigtes', ‚wissendes' Herz vermag die Transzendenz des Irdischen auf das ewige Sein hin ahnend zu erschauen und sich auf dieses hin zu wandeln. Entsprechungs-Denken und -Handeln bedeutet: mit Symbolen leben, bedeutet: vierdimensional leben und: Wandlung und Wachstum können stattfinden.

Das frei und gelöst zwischen den Hemisphären des kosmischen Labyrinths atmende und schlagende Herz verbindet Welten. Das Reich des Herzens ist im weitesten Sinne androgyn, es vermag die Welten des Männlichen und Weiblichen zu integrieren.

Herz-Atmen und Herz-Denken ist ein grenzüberschreitendes Wahrnehmen und Wahrgeben. Die Grenzüberschreitung in das Kosmische hinein lässt eine neue Intimität zwischen Mensch und Welt und Gott möglich werden.

Noch eine letzte Erwägung: Der Wandlungsweg vollzieht sich in den vier Lebensaltern des Menschen mit steigender Bewusstheit. Zuerst steht der Bauch im Vordergrund des spezifischen Tuns, dann die Hand (das Erlernen eines Handwerks o. ä.), später der Kopf und zuletzt das Herz. Es hat den Anschein, dass die heutige Menschheit noch vorwiegend von

---

174 R. M. Rilke, Die Gedichte, Insel-Verlag, 930.
175 Die archetypischen Bilder werden von C. G. Jung als „lebendige Bereitschaften" und als kollektive Strukturelemente der menschl. Seele angesehen: „Der Archetypus repräsentiert ... instinktive ... Wurzeln des Bewusstseins." – zitiert nach A. Rosenberg, Einf. in d. Symbolverständnis, S. 31.

der Kopfphase bestimmt wird, doch lassen sich bereits viele Anzeichen für eine Wende entdecken. Das Labyrinth-Schema belehrt uns, dass es nun die Aufgabe der Menschheit ist, sich bewusst dem Wirken aus dem Herzen, der „Be-Herzigung", zuzuwenden. Der Dienst der Beherzigung löst die Be-Hauptung des kleinen Ichs ab. Die bewusst erwanderte Mitte des eigenen Herzens erweitert sich zur mystischen Mitte der Welt.[176]

Das besagt: In dem Maße, in dem der Mensch seinen Labyrinth-Weg kosmisch-bewusst geht, gewinnen seine Lebenswirklichkeit und seine Gestalt an Lebendigkeit, an Ganzheitlichkeit und an real-mystischer Transparenz.

> „Das tiefste und erhabenste Gefühl, dessen wir fähig sind,
> ist *das Erlebnis des Mystischen*.
> Aus ihm keimt alle Wissenschaft.
> Wem dieses Gefühl fremd ist,
> wer sich nicht mehr wundern kann,
> der ist bereits tot."
>
> Albert Einstein (1879–1955)

> „Je gesammelter ein Mensch im Innersten seiner Seele lebt,
> umso stärker ist *die Ausstrahlung*, die von ihm ausgeht
> und andere in seinen Bann zieht.
> Umso stärker trägt alles freie geistige Verhalten
> den *Stempel der persönlichen Eigenart*,
> die im Innersten der Seele beheimatet ist."
>
> Edith Stein[177] (1891–1942)

> „Vielleicht wird nichts verlangt
> von uns
> während wir hier sind,
> als *ein Gesicht*
> leuchten zu machen
> bis es *durchsichtig* wird?"
>
> Hilde Domin[178] (geb. 1912)

Gestaltfinden durch Ursymbole – Eine Zusammenschau
Vorher und hinterher zu lesen

Eine Neubewertung und Zuordnung der biologisch-realen und der ontologisch-geistigen Gegebenheiten des Menschen von den Wurzeln her ist dringend notwendig. Dieses Auflichten

---

176 In diesen Darlegungen wurde angeknüpft an das Kulturschema von Jean Gebser, an Karl Rahners Wort „Der Mensch (Christ) der Zukunft ist ein Mystiker oder er ist nicht!", an die Jüdische Kabbala mit ihrer Adam Kadmon-Vorstellung, an die Vision vom Kosmosmenschen der Ärztin und Äbtissin Hildegard von Bingen, an die kosmisch-mystische Weltschau des Paläontologen und Jesuiten Teilhard de Chardin und schließlich auch an das Zeugnis und Vermächtnis des Relativitätstheoretikers Albert Einstein, der Philosophin Edith Stein und der Dichterinnen Hilde Domin, Marie-Luise Kaschnitz und Nelly Sachs.

177 E. Stein, Endliches und Unendliches Sein, Bd. II, S. 22.

178 H. Domin, aus dem Gedicht ‚Indischer Falter', in ‚Rückkehr der Schiffe' S. 24, Fischer Verlag.

der Wurzelgründe geschieht nicht im Romantisch-Ahnungsvollen, Vagen, Unerschlossenen, sondern durch Urformen, Symbole, durch Sinn-Bilder.

Symbole besitzen einen über ihr Erscheinungsbild hinausgehenden Sinn. Kraft ihrer sinnlich-geistigen Doppelnatur lassen Symbole die gegenständliche Welt durchsichtig werden auf einen geistigen, auf einen zeitüberschreitenden Sinn hin.[179]

Das Ewige ist uns viel näher, als wir gemeinhin annehmen.

Menschen sind mit einer besonderen Begabung ausgestattet: mit der Fähigkeit zu bewussten Grenzüberschreitungen; geographisch etwa von Land zu Meer oder in die Luft. Aber vor allem auch in geistig-seelischen Bereichen sind Menschen begabt zu transponieren und zu transformieren z. B. zwischen Sprachen, in der Musik, in der Technik, zwischen ‚Tag und Traum‘, zwischen Erde und Weltall – im Gegensatz zum Tier.

Wer Grenzen überschreitet, ist ein Grenzgänger. Er macht reale TranszendenzErfahrungen. Er wird an der Grenze durchgelassen und wird dadurch selbst durchlässig für beide Seiten, für Diesseitiges und Jenseitiges. Er bleibt nicht einseitig, eingeschlossen, vermauert oder versteinert. Seine geistigen Transzendenz-Erfahrungen sind geerdet und eine begrenzte Körperlichkeit wird auf Größeres hin befreit. Er wird hinauswachsen – täglich – über seine Stube, sein Haus, die Straßen seiner Stadt und über Schulweisheiten und mehr und mehr sich einfühlen können in die Weiten von Landschaften, von Verantwortung gegenüber der Welt und dem eigenen Herzen.

Die Beschaffenheit des Menschen, ein Grenzgänger zu sein zwischen Körper und Geist, ist das Kriterium für seine Fähigkeit, Symbole zu verstehen. Nur ein Mensch kann folgenden Ausruf formulieren und verstehen:

> „O Erde, Erde
> Stern aller Sterne – ...“[180]

Dieser hymnische Ausruf der Dichterin Nelly Sachs ist Zeugnis einer solchen Grenzüberschreitung. In diesem Vers werden Irdisches und Kosmisches über einen dynamischen Vermittlungs-Punkt zusammengebunden (symballein): Eines steht nicht ohne das Andere!

In dem Bemühen, das Phänomen der Durchlässigkeit besser zu verstehen und in sich selber durchlässiger zu werden, erweist sich das Symbol der senkrechten Lemniskate als hilfreich, da dieses Sinn-Zeichen aus zwei Kreisen (bzw. Kreiswelten) besteht, die einander an einer Stelle berühren und sich in diesem Punkt dynamisch durchkreuzen und austauschen.

In einem ihrer Gedichte ‚sieht‘ Nelly Sachs das „leidende Papier" und das „gesegnete Wort" als Metaphern für Erde und Stern, für Mensch und Gott und die gemeinsame Berührung als „magnetischen Punkt" ... und diesen „magnetischen Punkt" als „Gottesdurchlässigkeit".

Dieser „magnetische Punkt" „ist" die „Gottdurchlässigkeit".

> „Dieses leidende Papier...
> das gesegnete Wort entführend
> vielleicht zurück zu seinem magnetischen Punkt
> der Gottdurchlässigkeit ist."[181]

---

179 Vgl. A. Rosenberg, Ursymbole u. ihre Wandlung, S. 13: Irdische Erscheinung und ewiger Sinn waren ursprünglich eine Einheit.
180 Vgl. Nelly Sachs, Fahrt ins Staublose, Gedichte, Suhrkamp, S. 60.
181 N. Sachs, Suche nach Lebenden, Gedichte, Suhrkamp, S. 89.

Aus dieser Sicht können die „magnetisch"-verbundenen Lemniskate-Kreise des Irdisch-Menschlichen und des Kosmisch-Göttlichen uns plötzlich aufleuchten als ein Abglanz der gott-menschlichen Doppelnatur Jesu Christi (s. Abb. B).

Ein Mensch, der zwischen seinem konkreten Körper und seiner Geist-Seele durchlässig geworden ist, erfährt sich selbst als lebendiges Symbol. Leider gibt es in dieser Hinsicht viele vermauerte, erstarrte, versteinerte Menschen (vgl. Mt 3,9).

Ursymbole bezeichnen Anfängliches, Wurzelhaftes, sie sind gleichsam die „Jugend" der Erde. In den späten Improvisationen und kosmischen Visionen des Malers Wassily Kandinsky mit ihren leuchtend-frischen Farben und Formen findet sich dieser Werdeprozess der Welt ausgedrückt, vor allem in dem Bild „Im schwarzen Quadrat" von 1923 (Abb. A). Man möchte ihm auch den Titel ‚Die Jugend der Welt' verleihen und es sogar in einer Linie sehen mit der vorgestellten Miniatur aus dem 13. Jh. (s. S. 23, Abb. 1), wo Gott damit befasst ist, alle-zeit-immer Welt aus Ursymbolen zu erschaffen. Kreativität aus dem Ursprung.

Im Übergang zum Integralen Zeitalter der vierten Dimension wurde hier der Versuch unternommen, die leib-geistige Gestalt des Menschen neu aufzusuchen und sie aus blutleeren, rationalen Bestimmungen in eine blutvolle, kreative, existentielle Lebens-Praxis zu bringen.

Die Ursymbole erweisen sich aufgrund ihrer sinnlich-geistigen Doppelnatur hierbei als die idealen Vermittler einer solchen Neuorientierung.

Nicht nur durch die Monderoberung oder die Atomspaltung oder durch die Überwindung der Schallgrenze oder die unsichtbar alles vernetzende Medienwelt sind wir Menschen in grenzenlos erscheinende Welträume vorgedrungen.

Wie antwortet nun der moderne Mensch auf diese neuen Ortlosigkeiten, auf diese Chaos-Bedrohung und diese Orientierungsschwierigkeiten bei einem fortschreitenden Sich-ihrer-Bewusst-Werden?

Der hier vermittelte Weg zu einer neuen Gestalt- und Selbst-Findung des Menschen im Spiel *zwischen* Gott und Welt lässt den Menschen mit seiner körperlich-geistigen Gestalt nicht ohnmächtig draußen-vor, sondern lässt ihn zu einem kreativen Mitspieler werden. Die Pole dieses Dreieck-Spieles – die Ursymbole, die menschliche und die göttliche Welt – sind füreinander durchlässig und sie erklären sich gegenseitig.

Indem der Mensch an seiner ganzheitlichen Durchlässigkeit arbeitet, findet er im Maße seiner Bewusstwerdung in den Formen seiner eigenen Körperlichkeit mehr und mehr zu seiner inneren Wesensgestalt. Damit wird er auch zu seiner eigentlichen Lebens-Mitte vordringen, die biologisch-körperlich und geistig-mystisch sein *Herz* ist. –

Nicht Isolierung oder Abschottung oder das Gefühl von Verlorenheit im Unüberschaubaren, sondern das Gefühl grenzenlosen Dazugehörens wäre das Merkmal einer erneuerten, vierdimensionalen, transparenten, schöpfungs-biologischen Lebensgestaltung.

Der Mensch, der sich berühren lässt in seinem Herzen von der Weite der kosmischen Welt und zugleich von der absoluten Grenzenlosigkeit und Nähe des Göttlichen, der lebt spirituell:

Zeit und Raum überschreitend, kreativ, **als begeisterter Grenzgänger.**

Körperübungen

Hinweise zu den Übungen und zur Übungspraxis

Das Üben mit unserem Körper, unserem intimsten Schüler und Partner, ist von entscheidender Bedeutung. Die Erfolgsbestätigung des Übens durch täglich neue Erfahrungen macht den besonderen Reiz und die tiefe Freude an dieser Partnerschaft aus. Es ist ein ständiges, gegenseitiges Geben und Nehmen.

Es geht nicht in erster Linie darum, die hier vorgestellten Übungen leistungsmäßig zu bewältigen: Jeder kann nicht alles, aber doch, besonders im Laufe der Zeit, manches!

Die hier vorgestellten, eutonisch ausgerichteten Körperübungen beziehen sich streng auf die biologischen Realitäten des menschlichen Körpers. Sie benötigen Ruhe und Einfühlung, damit das Gespür für die inneren Vorgänge sich entwickeln kann. Sobald die inneren, sensorischen Wege erschlossen und ins Bewusstsein gelangt sind, kann man sie variieren und bei jeder Gelegenheit wiedererwecken. Es ist also nicht damit getan, so hoppla nebenbei die eine oder andere Übung auszuprobieren: es geht um vertiefende Erinnerung der Strukturen unseres Körpers anhand unseres Knochenbaus. Diese Strukturen nämlich sind Ur-Formen, Ursymbole, und damit weltförmig. Sobald wir sie in uns erwecken und erfahren, wirken sie: Auf einmal fühlen und finden wir uns in vielfältigen Beziehungen und Verwandtschaften. Strukturen sind einsichtig, durchschaubar, durchlässig, entwicklungsfähig und grenzüberschreitend-übertragbar. Unsere Menschengestalt nach innen hin und von innen her sensibel zu strukturieren, ist eine Weise, dem Chaos entgegenzustehen.

Hier werden nun zunächst allgemein zugängliche Übungen vorgestellt. Jede Übung sollte in der Regel wenigstens dreimal probiert werden. Also:
1. Mit Vorbedacht aufmerksam beginnen,
2. mit Einfühlung begleiten und das Maß meiner inneren Möglichkeiten abtasten,
3. mit locker entspanntem Körper nachempfinden.

Im Laufe der Zeit wird dieses aufmerksam-einfühlende Üben immer besser gelingen. Zunächst bedeutet diese Art Körperspürung das Betreten von Neuland. Neue Innervationen, d. h. Nervenbahnen und innere Wege, die vorher noch nicht an das Bewusstsein angeschlossen waren, werden aufgeweckt. Deshalb sollte die in den Übungen geweckte Feinfühligkeit, die für den Körper eine differenzierte Arbeitsleistung bedeutet, möglichst nicht durch anschließende anstrengende Muskelarbeit wieder zerstört werden. Es ist auch hilfreich, wenn man über seine jeweils gemachten Körpererfahrungen sich aussprechen und anderen mitteilen kann. Auch genügt es nicht, einmal ein Seminar mitzumachen; denn es geht nicht um eine neue Technik oder um neue Informationen, sondern um eine tief reichende Veränderung des ganzen Menschseins.

Um das zu bewirken, sind folgende Voraussetzungen nötig und hilfreich:
1. Der **Mut**, sich der Stille, der Besinnung auf sich selbst, auszusetzen.
2. Die **Geduld**, sich einzuüben in das Erfühlen und Gewahrwerden des eigenen Körpergeschehens.

3. Die **Ehrlichkeit**, das bisherige Leben infrage zu stellen, seine Vorzüge und Mängel zu erkennen und anzunehmen.
4. Die **Bereitschaft**, sich neu auszurichten und dabei konsequent zu bleiben.
5. Die **Entschlossenheit**, nicht nur seine Fähigkeiten, sondern sich selbst in diesen Prozess einzubringen.

Die körperliche Ein-Bildung der Grundsymbole wird auf dieser Basis ihre Gestalt bildende Wirkung entfalten können.

In der Eutonie[1] wird wenig über Atmung geredet, aber jede Übung hat ihre Wirkung auf die Atmung. Freie Atmung setzt gelöste Muskulatur, d. h. einen gelösten Körpertonus voraus. Sie werden die Erfahrung machen, dass in dem Maße, in dem Sie Ihre Rumpfmuskulatur, Ihre Brust- und Rippenmuskulatur, Ihr Zwerchfell und Ihre Bauch- und Beckenmuskulatur in einen entspannten, gelösten Zustand bringen, sich Ihr Atem dort einfindet und Sie unversehens tief durchatmen lässt.

Versuchen Sie Ihre Atmung zu beobachten, aber nicht zu steuern. Der Rhythmus des Atmens ist immer übergeordnet dem Rhythmus der Übungen, d. h. dass Sie bei Anstrengungen nie den Atem pressen oder anhalten, sondern gleichmäßig und ruhig weiteratmen sollen. Je offener und gelöster Sie in Ihrem Körperbefinden und in Ihren Muskeln sind, umso natürlicher und durchlässiger wird Ihre Atmung funktionieren. Atem ist die Grundlage unseres irdischen Lebens. Statt dass wir uns der Zeit bewusst werden, vergewaltigt uns die Zeit. Der Zeitrausch unseres Stadtlebens und z. B. die Massenproduktion der Maschinen versetzen uns in Atemlosigkeit und Zeitangst.

Alle hier vorgestellten Übungen sind Einweisungen in einen befreiten Körper- und Atemtonus. Das Sich-Konzentrieren auf die Grundsymbole befreit den Körper auf indirekte Weise von einengenden Verspannungen und lässt ihn in eine gelöste Klarheit seiner Gestalt finden.

Die Eingewöhnungsphase, also die erste Gruppe der Körperübungen, beansprucht anfangs viel Zeit und Genauigkeit in der Ausführung. Wichtig ist das tägliche, regelmäßige Üben. Je nach Möglichkeit und Notwendigkeit sollten Sie Ihre Übungen dann auswählen und zu einem Tagesübungspensum zusammenstellen.[2]

Eine Frucht dieser Bemühungen ist dann, dass Sie Ihre Haltung richtig auszurichten und zu korrigieren vermögen.

Sie können viele dieser Körperübungen im Laufe des Tages wieder wachrufen und in manchen Situationen und bei den unwahrscheinlichsten Gelegenheiten erneut nachüben, und jedes Mal werden Sie Ihre Haltung ganzheitlich verbessern; z. B. durch die Bauch-Atem-Übung (Nr. A 2) oder durch die isometrischen Hals- und Rückenmuskel-Übungen (Nr. 8) oder durch die Anwendung des Streckreflexes so ‚zwischendurch'. Es ist der unschätzbare Vorteil eutonischer Körperarbeit, dass man überall üben kann: im Bus, im Wartezimmer, beim Anstehen, beim Hören von Vorträgen oder Predigten, beim Fernsehen, im Flugzeug, am Schreibtisch, an der Werkbank, beim Kartoffelschälen, im Bett, beim Autofahren u. a. m.

---

1 In diesem Zusammenhang ist zu empfehlen, den Abschnitt über G. Alexander und ihre eutonische Pädagogik noch einmal nachzusehen; s. Kap. I, 9.

2 Gymnastiklehrende mögen die folgenden Übungen als Anregung aufnehmen. Das Konzept ist offen für Variationen. Mir selbst kommen in fast jeder Übungsstunde neue Kombinationsideen – je nach akutem Bedarf.

Ein Tipp für Autofahrer: Generell bei jedem Halt vor einer Ampel den Kopf und das Steißbein strecken, also den Streckreflex anklingen bzw. ausklinken lassen. Das heißt, wir lassen es zu und spüren, dass die Erde uns trägt.

Die später aufgeführten Übungen setzen die ersten teilweise voraus und erübrigen sie auch wieder. Im Endeffekt werden schließlich ein paar wenige Standardübungen nach Ihrer Wahl bleiben, so dass Sie nicht befürchten müssen, es werde Ihnen zuviel zugemutet.

Regelmäßiges Üben – täglich etwa 15 bis 30 Minuten – ist eine gut angewendete Zeit.

Das körperliche ‚Einüben' der Ursymbole ist kein Trainieren im Quantitativen, sondern eine Arbeit an der ganzheitlichen Gestalt des Menschen, an der Bewusstwerdung seiner biologisch-körperlich-seelischen und geistigen Einheit. Dieses körperliche Üben ist zugleich ein Einüben in eine spirituelle Wesensgestalt.

Es mündet fortschreitend hinein in ein Körper- und Haltungsbewusstsein, das überzugehen vermag in eine ganzheitliche meditative Bewegungs- und Seinsqualität.

Unbewusstheit ist eine Sünde gegen den Geist und eine Verhinderung seiner Ausreifung in ganzheitliches Menschsein.

Die 33 Übungen in ihren sechs Unterteilungen:

A: Für ein differenziertes Erspüren und Bewegen der Wirbelsäule   Nr. 1–11
B: Zur Verlebendigung des Rumpfquadrats   Nr. 12–20
C: Zur Verlebendigung der Körperquerachsen: Schultergürtel und Beckenkreuz   Nr. 21–22
D: Zum Aufbau eines Kopfgefühls   Nr. 23–27
E: Zur ganzheitlichen Haltungskorrektur   Nr. 28–30
F: Meditative Übungen   Nr. 31–33

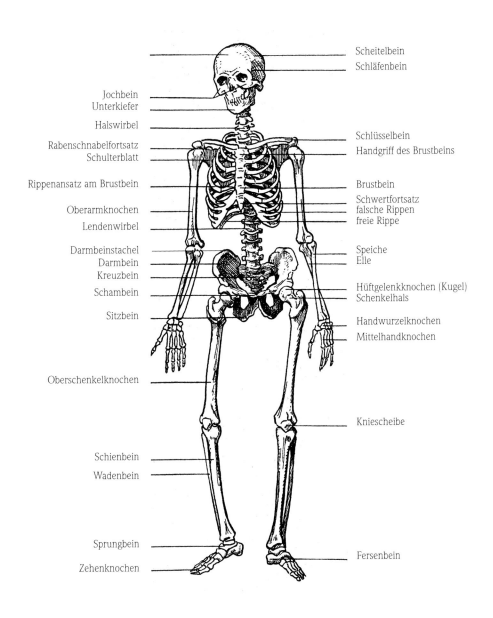

Scheitelbein
Schläfenbein

Jochbein
Unterkiefer

Halswirbel

Rabenschnabelfortsatz
Schulterblatt

Rippenansatz am Brustbein

Oberarmknochen
Lendenwirbel

Darmbeinstachel
Darmbein
Kreuzbein
Schambein

Sitzbein

Oberschenkelknochen

Schienbein
Wadenbein

Sprungbein
Zehenknochen

Schlüsselbein
Handgriff des Brustbeins

Brustbein
Schwertfortsatz
falsche Rippen
freie Rippe

Speiche
Elle

Hüftgelenkknochen (Kugel)
Schenkelhals

Handwurzelknochen
Mittelhandknochen

Kniescheibe

Fersenbein

Bezeichnung der einzelnen Übungen

A 1   Anleitung zum körpergerechten Aufrecht-Stehen: Das Stehen in den Knochen

2   Zur Wahrnehmung der Wirbelsäule in der Rückenlage – zusätzlich eine Bauch-Atem-Übung

3   Die senkrechte Wirbelsäule als Scheidelinie zwischen Rechts und Links und ihre Gegensatzspannung zur Waagerechten

4   Vorübung für den Streckreflex der Wirbelsäule

5   Übungen zur Verringerung der Lendenlordose

6   Einübung der Rückenschaukel in beide Richtungen

7   Die Schüttelwelle, eine Lockerung für die Zwischenwirbelmuskulatur

8   Isometrische Übungen zur Stärkung der Längsmuskulatur der Wirbelsäule

9   Die Glockenseil-Übung mit ihrem Impuls ‚Läuten'!

10   Das Verlängern des Steißbeins: ein Sich-Vorstellen mit Streckwirkung

11   Das Steißbein zum dritten Sitzbein aktivieren

EXKURS: Das Gedicht „Auferstehung" von Marie-Luise Kaschnitz und die eutonische Streckreflex-Erfahrung

B 12   Eine kreative Aufgabe: Das Entdecken von rechten Körperwinkeln

13   Das Kreuzbein erspüren

14   Die Kreuzbein-Uhr

15   Zur Rechts-Links-Sensibilisierung des Rückens

16   ‚Der umgedrehte Tisch'

17   Das Eindrücken verschiedener Rückenfelder-Kombinationen

18   Das Umwandern des Rumpfquadrates, das so genannte Kinhin

C 19   Das Sensibilisieren der senkrechten und waagerechten Mittellinien

20   Das halbseitige Absinken-Lassen des Rumpfquadrats im Stehen

21   Das Anrütteln des Schultergürtels

22   Das Aktivieren der Beckenquerachse zwischen den beiden Hüftgelenken

D 23   Die Beweglichkeit zwischen Schädelknochen und Kopfhaut erarbeiten

24   Die Größe und Rundheit des eigenen Kopfes ertasten

25   Die individuelle Beschaffenheit der eigenen Kopfgestaltung entdecken

26   Partnerübung, um die spezifische Schwere des Kopfes empfinden zu lernen

27   Eine Meditation zur Rundheit des Kopfes, zum Gesicht und zu den Augen (Kap. V, 8)

E 28   Die Schlüsselbein-Wippe: Das Sinken-Lassen der Schultergelenke

29   Das Aktivieren der Brustbein-Schambein-Linie und das gegenseitige Kontakten zwischen Vorderseite und Rückenseite des Rumpfes

30   Das innere Rumpfkreisen

A Für ein differenziertes Erspüren und Bewegen der Wirbelsäule – auch im Streckreflex: Nr. 1 bis 11

1. Übung: Anleitung zum körpergerechten Aufrecht-Stehen: Das Stehen in den Knochen

Es geht um den richtigen Stand, das richtige Stehen, das wir überall üben und verwirklichen können. Diese Übung ist die einfachste und gleichwohl die schwerste. Sie werden sie mit der Zeit mehr und besser verstehen lernen; ich werde sie ausführlich beschreiben, dann ist alles halb so schwierig. Und außerdem: Jede Übung hilft der anderen, allen anderen.

Stellen Sie sich einmal mit dem Rücken an eine Wand, um Ihre Haltung objektiv auf die Senkrechte einzustellen. Danach stellen Sie sich aufrecht in den Raum. Ihre Füße stehen exakt parallel und in hüftbreitem Abstand zueinander. Die Fußgelenke sollten senkrecht unter Ihren Hüftgelenken sein. Lassen Sie Ihr Körpergewicht ganz auf Ihren Füßen lasten. Dieses wird Ihnen erst nach einigen Minuten gelingen, denn dazu ist es nötig, alle Muskelanspannungen des Körpers nach und nach zu lösen. Lassen Sie zuerst Ihre Fußgelenke und dann Ihre Knie- und Hüftgelenke durchlässig werden. Entspannen Sie sorgfältig Ihre Oberschenkel- und Gesäßmuskulatur. Ihre Knie sollten übrigens *nie* ganz durchgestreckt sein, denn das vermindert ihre Durchlässigkeit und verstärkt zudem Ihre mehr oder minder ausgeprägte Lendenlordose.

Spüren Sie noch einmal nach, wie sich Ihr Körpergewicht auf die Fußsohlen aufdrückt. Die Drucklinie im Fuß geht von der Ferse zum Großzehenballen und belastet den Vorderfuß etwas stärker als die Ferse. Die leicht vorgeschobenen, durchlässigen Knie haben die Aufgabe, die Balance zwischen der Fußsohle und dem Beckengrund zu koordinieren, so dass das Becken auf dem Fußgewölbe spürbar aufliegt. Versuchen Sie, Ihren Hals aus dem Rumpf herauswachsen zu lassen in Verlängerung der Wirbelsäule. Achten Sie auf einen rechten Winkel zwischen Wirbelsäule und Schultergürtel. Dadurch verringert sich Ihre Halslordose.

Lassen Sie nun Ihre Schultern und den ganzen Schultergürtel sinken und lassen Sie auch Ihr Kiefergelenk ganz gelöst in seinen Angeln hängen. „Maulen" Sie mit Ihrem Unterkiefer einmal wie eine wiederkäuende Kuh es uns vormacht! Ihre Zunge möchte locker in der unteren Gaumenschale liegen.

Verlagern Sie nun Ihr ganzes Körpergewicht auf das rechte Bein und den rechten Fuß. Können Sie spüren, wie Ihre rechte Fußsohle jetzt doppelt belastet ist, d. h. mit doppeltem Gewicht in den Erdboden drückt?

Gehen Sie langsam zurück in die Ausgangsstellung und belasten Sie wieder beide Fußsohlen gleichmäßig. Verlagern Sie dann alles Körpergewicht allein auf die linke Körperseite und den linken Fuß. Anschließend belasten Sie wieder beide Füße gleichmäßig (anfangs dreimal üben!).

Dieselbe Gewichtsverlagerung sollten Sie nun auch in der Vor-Rück-Richtung üben. Zuerst also das Körpergewicht nach vorne verlagern auf die Zehenballen, dann zur Mitte zurückkehren und geringfügig (weil man sonst leicht hinten überkippt) das Gewicht nach rückwärts verlegen und die Fersen belasten, um dann wieder zur Mitte zurückzufinden. Sie sind also mal vor dem Lot und mal hinter dem Lot. Normalerweise stehen wir etwas vor dem Lot, also mit leichter Vorderfußbelastung.

Eine Erweiterung der Übung:

Umkreisen Sie Ihren Mittenstandort, indem Sie zuerst rechtsherum (und anschließend linksherum) die vier Eckpunkte der vorher geübten Gewichtsverlagerungen rund miteinander verbinden.

Die Vorstellung, dass Sie mit dem Kopf einen Kreis um Ihren Mittelpunkt zeichnen, wird helfen, sich als kreiselnde Säule zu empfinden, die an ihrem oberen Ende einen größeren Kreis beschreibt als an ihrer Basis, ja, dass die Kreisbewegung schließlich so einschwingt, wie wenn ein Bohrer sich in die Erde einschraubt.

Verweilen Sie anschließend in Ihrem neu wahrgenommenen Stehen in Ihrer Mitte. Was macht Ihr Atem? Vielleicht zeigt ein tiefer Atemzug an, dass Sie auf dem richtigen Weg sind.

2. Übung: Zur Wahrnehmung der Wirbelsäule in der Rückenlage – zusätzlich eine Bauch-Atem-Übung

Gehen Sie in die Rückenlage. (Sie dürfen dabei, wenn Sie wollen, Füße und Knie aufstellen, und zwar exakt parallel und in Hüftbreite voneinander entfernt.) Wissen Sie, was Sie tun?

Ihre Wirbelsäule, die Sie den ganzen Tag getragen hat, darf sich nun tragen lassen vom Boden, von der verlässlichen Erde. Bis Ihre Wirbelsäule dieses „Angebot" verstanden hat, dauert es geraume Zeit. Alle Muskelspannungen dürfen sich jetzt lösen, alle Glieder dürfen sich einsinken lassen in den tragenden Grund: d. h.

Die Stirne lehnt sich an den Hinterkopf an,

die Augen sind geschlossen und schauen innen nach hinten,

der Unterkiefer hängt ganz locker ab,

die Zunge liegt gelöst im unteren Gaumenbett,

der Hals sucht Bodennähe,

das Brustbein sucht Kontakt zur Brustwirbelsäule im Rücken.

Nehmen Sie die Berührungspunkte und -flächen in Ihrem Rücken wahr und die Hohlräume in Bezug zum Boden. Indem Sie den Hohlraum, der durch die Lendenlordose bewirkt wird, wahrnehmen, verringert er sich.

Gönnen Sie sich für diese Übung anfangs mindestens 20 Minuten!

Stellen Sie fest, was in Ihrem Körper vorgeht, minutiös, wie die einzelnen Muskelfasern sich gegenseitig nach und nach freigeben in die Lösung und wie die natürliche Schwerkraft des Knochengerüstes wahrnehmbar wird.

Fragen Sie sich nach einer Weile: Möchte ich jetzt aufstehen? und:

Wie reagiert mein Körper auf diese Frage? Möchte er lieber liegen bleiben?

Anschließend die Bauch-Atem-Übung:

Versuchen Sie, Ihre Bauchdecke mittels der Bauchmuskulatur zur Wirbelsäule hin einzuziehen! Die gelöste Rückenlage beibehalten.

Nehmen Sie – ruhig weiteratmend – mit Ihrem Atem Fühlkontakt mit der Innenseite Ihrer Lenden-Wirbelsäule auf! Dieses ist vorwiegend ein Atemweg.

Zählen Sie dabei auf der Strecke einwärts langsam etwa bis 10 und ebenso wieder zurück.

Beim Wiederholen dieser Übung legen Sie dann auf jeder Zählphase eine kleine Haltestufe ein, sowohl auf der Einwärtsstrecke als auch beim Rückweg!

Bei dieser Übung ist es wichtig, die Gesäßmuskulatur locker zu lassen bzw. sie immer wieder aus evtl. Anspannungen herauszulösen und locker abfallen zu lassen. Das wahrnehmend-bewusste Trennen zwischen Bauch- und Gesäßmuskulatur erfordert bereits eine gute binnenkörperliche Differenzierungsfähigkeit. Jede Wiederholung erbringt dabei spürbare Fortschritte und außerdem eine Kräftigung und Verbesserung der Bauchmuskulatur und der Aufrechthaltung!!!

Diese Bauch-Atem-Übung kann man natürlich jederzeit und in vielen Stellungen und Situationen des Alltags anwenden.

3. Übung: Die senkrechte Wirbelsäule als Scheidelinie und ihre Gegenspannung zwischen Rechts und Links zur Waagerechten

Kommen Sie in den aufrechten Stand.

Wissen Sie, was Sie tun?

Ihre Wirbelsäule übernimmt jetzt wieder ihre Aufgabe: zu tragen. Ihr Körpergewicht, das vorher mit ganzer Körperlänge auf dem Boden lag, wird nun auf die schmalen Fußsohlen übertragen. Kommt Ihr Körpergewicht spürbar in die Fußsohlen hinein? Versuchen Sie, diesem Vorgang nachzuspüren.

Lassen Sie sich tragen von der Erde, von Ihrem Fußgewölbe und von Ihrem Becken. Spüren Sie Ihre Körperbalance! Sind Ihre Knie leicht gebeugt und durchlässig? Spüren Sie sich als Säule und von der waagerechten Erdoberfläche getragen?

Führen Sie nun Ihre gestreckten Arme seitwärts hoch bis in die Waagerechte und gehen Sie mit Ihren Füßen in den Zehenstand hoch. Die Augen bleiben dabei geöffnet, sie schauen horizontal geradeaus, denn dadurch behalten Sie besser Ihre Balance.

Lassen Sie nun unterhalb Ihrer Arme und Ihres oberen Kreuzes Ihren Körper schwer werden und gemäß seinem Gewicht nach unten absinken; Sie bleiben aber mit Armen und Händen bis in die Fingerspitzen hinein waagerecht, so dass Ihr Körper gegensätzlich, d. h. senkrecht und waagerecht zugleich gestreckt und „gestimmt" ist. Atmen Sie gleichmäßig.

Drehen Sie Ihre Handflächen mal nach oben, mal nach vorn und mal nach unten.

Welche Unterschiede können Sie feststellen?

Haben Sie bemerkt, wie Ihre Hände und Schulterblätter korrespondieren, wenn Ihre Handflächen nach vorn schauen? Wie Ihre Hände und Arme zu einer Scheidelinie werden zwischen Oben und Unten und Ihre Wirbelsäule eine Scheidelinie zwischen Rechts und Links wird? Lassen Sie Ihre Arme abschließend langsam aus der Waagerechten wieder nach unten sinken und finden Sie wieder gesammelten Stand auf Ihren Fußsohlen. Nachspüren!

4. Übung: Vorübung für den Streckreflex der Wirbelsäule

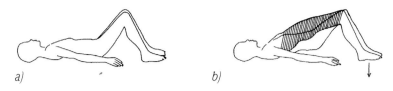

a)   b)

Begeben Sie sich in die Rückenlage.

Wissen Sie, was Sie tun?

Stellen Sie Ihre Knie und Fußsohlen exakt parallel und beckenbreit voneinander auf, so dass die Beine ein Dreieck bilden. (Der ständige Hinweis auf eine exakte Fußstellung ist keine Marotte, sondern bewirkt eine bestmögliche Einstellung der Fuß-, Knie- und Beckengelenke.)

Warten Sie, bis sich akute oder unterschwellige An- und Verspannungen in den Oberschenkelmuskeln gelöst haben. Ober- und Unterschenkel sollen locker in sich und wie in einem Dreieck zum Boden stehen, wobei der Boden die Hypotenuse dieses Dreiecks darstellt.

Warten Sie so lange, bis Sie sich in dieser Stellung ganz wohl fühlen. Dann versuchen Sie, möglichst viel Kontakt in Länge und Breite zwischen Rücken und Erdboden herzustellen und dieses Spüren auch vom Atem her zu intensivieren.

Fußsohle und Zehen ruhen entspannt auf dem Boden.

Wie erleben Sie Ihre Fußsohle in ihrer Länge auf dem Boden?

Spüren Sie mit Fußsohle und Zehen flach am Boden entlang nach vorwärts, als ob Sie lange Skier an den Füßen hätten, an denen Sie entlang tasten. Wenn Sie diese Vorstellung klar haben, geben Sie in die gedachte Richtung einen Widerstand, einen Druck in die Fußsohlen. Ihre Füße bleiben dabei fest auf der Stelle stehen, wie in einem Klettverschluss, so dass sie nicht wegrutschen.

Wie reagiert Ihr Körper auf diesen gezielten Druckimpuls, den Ihre Fußsohlen in paralleler Richtung nach vorn über den Boden hin geben? Probieren Sie mehrmals. Entdecken Sie Widerstände und Blockaden in Ihrer Muskulatur? Wo sind Sie noch verspannt, wo wird der Weitertransport des Impulses, den Sie mit den Fußsohlen geben, gehemmt? Der Druckimpuls nach vorn läuft in umgekehrter Richtung über Ihren Rücken bis hin zum Hinterkopf: Dabei bleibt die weiche Rückenhaut fest auf dem Boden liegen, jedoch die harten Knochen Ihrer Wirbelsäule werden nach oben geschoben und innerlich innerviert. Wesentlich ist, dass Sie den Druckwiderstand mit den Füßen genau in waagerechter Richtung geben, an den „Skiern" entlang. (S. Abb. a)

Anfänglich wird es schwer sein, die Bauchmuskeln nicht mit anzuspannen. Jede Muskelanspannung ist in diesem Fall unnötig, ja sogar hinderlich für die leise Verschiebung zwischen Haut und Wirbelknochen. Achten Sie darauf, dass Sie in der Bauchmuskulatur und in der Mundhöhle gelöst und locker bleiben. Durch das oftmalige Wiederholen des Impulses entstehen eine Hin- und Herbewegung und eine Differenzierung zwischen Haut und Knochen, die der Entfaltung des Streckreflexes dient. Unter **„Streckreflex"** versteht man in der Eutonie das reflexartige Sich-Aufrichten und das spontane innere Sich-Strecken der Wirbelsäule, was auch ‚Transport' genannt wird.

Der Druck der Füße nach vorn transportiert sich über die Knochen in eine kleine, etwa 1 bis 2 cm Verschiebung der Wirbelsäule nach oben, wobei die Rückenhaut unbewegt bleibt: Haut und Knochen verschieben sich gegeneinander. Zwei entgegengesetzte Kräfte treten miteinander in Beziehung, die Schwerkraft, mit der der Körper auf dem Boden liegt, und die Impulskraft, die sich von den Fußsohlen auf die ganze Säule der Wirbelknochen auswirkt.

Nehmen Sie auch wahr, wo und wie der Knochenstab der Wirbelsäule im Schultergürtelbereich das Geviert des Rumpfes durchstößt und dann mit den letzten Halswirbeln bis in die Kugel des Kopfes hineinstößt: Eine Total-Innervation des Körpers von Fuß bis Kopf!

Abschließend: Ziehen Sie nun die Fußsohlen näher an Ihr Becken heran und geben Sie jetzt den Druck von den Knien ausgehend in die Fußsohlen, und zwar senkrecht in den Boden hinein (s. Abb. b.). Was verändert sich dadurch? Ihr Rücken hebt sich jetzt wie ein Brett vom Boden ab, so dass der Schultergürtel einerseits und die Knie/Unterschenkel/Fußsohle andererseits zu Brückenpfeilern werden, zwischen denen Ihr Rumpf möglichst entspannt durchhängt. Von den Brustwirbeln ausgehend, legen Sie nun Wirbel für Wirbel langsam wieder auf dem Boden ab. Dabei sollten Sie geduldig abwarten, wenn ein Wirbel mal noch nicht weich genug in seinen Gelenken ist, bis sich die Wirbelsäule wie eine Perlenschnur Glied für Glied auf dem Grund abzulegen vermag.

Wiederholen Sie diese Übung noch einmal. Geben Sie erneut mit den Fußsohlen Druckwiderstand in den Boden hinein, so dass sich Ihr Becken wieder hebt. Stellen Sie sich nun ein gespanntes Dreieck vor mit den Ecken Schulter, Ferse und Knie, und lassen Sie jetzt dieses Dreieck kleiner werden, indem Sie die Wirbelsäule wieder langsam und sorgfältig abrollen lassen auf den Boden. Ziehen Sie zum Schluss, wenn es um das sanfte Ablegen der letzten Lendenwirbel geht, Ihr Steißbein nach innen, d. h. rollen Sie es ein. Dies erleichtert Ihnen das runde, weiche Ablegen in diesem schwierigen Abschnitt. Diese Übung hat eine belebende Wirkung auf die Wirbelsäule in ihrem Verbund von Wirbelknochen und Bandscheiben und auf den Streckreflex.

5. Übung: Zur Verringerung der Lendenlordose

Begeben Sie sich in die Rückenlage und stellen Sie Ihre Füße und Knie parallel und beckenbreit auf. Beginnen Sie die Übung erst, wenn Ihre Oberschenkelmuskeln ganz entspannt sind.

Versuchen Sie, möglichst viel Bodenkontakt zwischen Ihrem Rücken und dem tragenden Grund zu finden. Lässt sich Ihr natürlicher Lendenlordosen-Hohlraum noch etwas verringern? Versuchen Sie es, indem Sie die Wirbelsäule vor allem im Lendenbereich mit leichtem Druck gegen den Boden senken. Strecken Sie gleichzeitig auch den Hals aus dem Rumpf heraus, so dass der Hals ganz nah an den Boden zu liegen kommt. Legen Sie Ihre Arme neben den Rumpf und kehren Sie die Handflächen dem Boden zu. Drücken Sie nun mit den Handflächen in den Boden hinein und schließen Sie den Druck der Handflächen mit dem Druck der Lendenwirbelsäule gegen den Boden zusammen, und gestalten Sie das Ausmaß des Drückens so, dass Sie dabei gut durchatmen können. Den Hals gut strecken, aber dabei die Kiefergelenke ganz gelöst lassen!

Pro Druckphase von Händen und Rücken drei ruhige Atemzüge aushalten und zulassen. Der Rücken wird bei dieser Übung auf der ganzen Länge durchgehend angespannt. Zwischendurch großzügig entspannen! Der dritte Übungsvorgang darf, wenn Sie mögen, fünf Atemzüge lang andauern. Entspannen und Nachspüren nicht vergessen! Lösung und

Anspannung grundsätzlich gleich wichtig nehmen! Erst wenn Sie wieder im ruhigen Atem sind, die neue Anspannung ansetzen.

6. Übung: Einübung der Rückenschaukel in beiden Richtungen

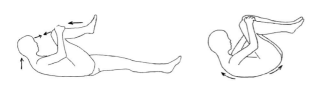

Sie liegen mit ausgestreckten Beinen auf dem Rücken. Lassen Sie das rechte Knie wie von einem unsichtbaren Faden zur Decke hin sich langsam hochziehen, bis die Fußsohle fest am Boden steht. Wichtig ist, das Knie nicht aktiv hochzustellen oder hochzuheben, sondern es wie von der Kniescheibe her hochziehen zu lassen. Die Ferse bleibt dabei immer in Berührung mit dem Boden. Genauso lassen Sie das linke Knie sich von der Kniescheibe hochziehen. Beobachten Sie die Veränderungen im Rücken. Danach versuchen Sie, Ihre Knie nacheinander mit den Händen zur Brust hin zu ziehen. Achten Sie dabei auf jede Nuance der Gewichtsverlagerung im Rücken. Legen Sie dann beide Beine achtsam nacheinander wieder auf dem Boden ab. Ziehen Sie nun das rechte Knie unter Zuhilfenahme der Hände wieder langsam hoch bis zur Brusthöhe. Heben Sie den Kopf und versuchen Sie, Ihre rechte Kniescheibe und Ihre Stirn einander anzunähern, bis sie sich vielleicht berühren. Versuchen Sie, im runden Raum zwischen Zunge und Steißbein alles locker und durchlässig zu machen und diesen Raum mit Atem zu füllen. Der sonst gestreckte Rumpf und das eckige Rumpf-Quadrat mögen dabei der Qualität des Runden nachspüren. Das linke Bein bleibt derweil lang ausgestreckt am Boden liegen. Vergleichen Sie danach einmal Ihre geübte und Ihre ungeübte Körperseite. Können Sie Unterschiede in Ihrem Rückengefühl feststellen?

Dann üben Sie in gleicher Weise mit dem linken Knie.

Anschließend legen Sie Ihre Hände um beide hochgezogenen Knie und versuchen Sie – bei vorgeneigtem Kopf und rundem Rücken –, ein wenig vor- und rückzuschaukeln. Achten Sie darauf, dass Ihr Rücken rund und weich ist, und lassen Sie ihm Zeit, sich zum Boden hin rund absinken zu lassen. Beim Schaukeln können Sie Ihre Unterschenkel zur Schwungunterstützung mit einsetzen.

Variation: Verbleiben Sie in der Schaukelstellung und schaukeln Sie nun von der rechten zur linken Seite hin und her, und zwar so, dass Sie Ihr ganzes Gewicht von der rechten auf die linke Körperseite verlegen. Sie „bügeln" damit Ihren Rücken aus, nun quer – und in der Breite. Schaukeln Sie, solange es Ihnen Spaß macht – nur am Ende das ruhige Nachspüren nicht vergessen!

7. Übung : „Die Schüttelwelle", eine Lockerungsübung für die Zwischenwirbelmuskulatur

Sie befinden sich in der Rückenlage. Ihre Hände umfassen von außen her die Unterschenkel und ziehen die Knie bis zur Brusthöhe heran. Lassen Sie Ihren Kopf auf den Boden niedersinken und recken Sie Ihren Hals weit aus dem Rumpf heraus, so dass Ihre Halslordose verringert wird und der Hals fast am Boden aufliegt. Die Kiefergelenke sollten immer wieder auf ihre Gelöstheit und Entspanntheit hin kontrolliert werden.

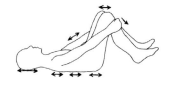

Nun lassen Sie Ihre Fußsohlen zur Erde hin sinken, jedoch nur soweit es die Arme zulassen. Ihre Arme halten die Knie wie gespannte Haltetaue einer Brücke. Wenn Sie nun mit den Fingern gegen Ihre beiden Unterschenkel drücken, im Wechsel von Druck und Loslassen, so bewegt sich Ihre Wirbelsäule auf dem Boden hin und her in Längsrichtung – ähnlich wie in der 4. Übung. Genau gesagt, verschiebt sich auch bei dieser Übung die Wirbelsäule über der darunter liegenden Haut, welche nämlich wegen des Körpergewichts fest mit dem Boden verhaftet bleibt. Es ist also eine Verschiebe- und Schüttelbewegung zwischen Wirbelknochen und Rückenhaut. Sie können dieses leise, wellenartige Schaukeln in größeren Schüben vollziehen und/oder auch zu einem feinen Schütteln variieren; letzteres ist besonders tiefenwirksam und bringt die feinen Zwischenwirbelmuskeln mit in diese Schüttellockerung hinein.

Wenn Sie in bequemer Rückenlage und in Ruhe nachgespürt haben und dann aufstehen wollen, vergessen Sie nicht, sich dabei zu fragen: Weißt du, was du tust – mit deiner Wirbelsäule?

8. Übung: Isometrische Übung zur Streckung der Längsmuskulatur der Wirbelsäule

Stehen Sie mit lockeren, leicht gebeugten Knien.

Legen Sie Ihre Hände hinter Ihren Kopf an die untere Schädelregion, also um das Hinterhauptsloch herum. Ziehen Sie zunächst mit Ihren Händen den Kopf etwas aus dem Rumpf heraus und strecken Sie Ihren Hals, wobei die Schultern möglichst locker und unten bleiben sollten. Nun die eigentliche Übung:

Die Hände drücken den Kopf nach vorn, während der Kopf und die Halsmuskeln gegenhalten und nach hinten, d. h. gegen die Hände, drücken. Dadurch entsteht ein isometrischer Gegendruck, so dass sich der Kopf überhaupt nicht bewegt, sondern in einer Spannungsbalance voneinander widerstrebender Einwirkungen unverändert an seinem Platz verbleibt. Zunächst werden in diesem Balancespiel die Halsmuskeln beansprucht, dann aber – über die mehr inneren, feineren Halswirbelmuskeln – auch die ganze Wirbelsäulenmuskulatur, so dass schließlich die ganze Rückenkraft gegen den Druck der Hände ankämpft und dagegenhält. Gleichmäßig weiteratmen! Mehrmals zwischen Anspannung und Muskellockerung wechseln; etwa 1-Minute-Phasen.

1. Variation: Die Hände und Finger vor die Stirne legen: Der Kopf drückt nun nach vorn und die Hände halten dagegen, d. h., schließlich halten sich Stirndruck der Hände und Wirbelsäulen-Rückenkraft die Waage.

2. Variation: Die Finger der rechten und linken Hand unter das Kinn legen: Der Kopf drückt nach unten und die Finger halten dagegen und geben diesem Druck Widerstand. Schließlich steht wieder die ganze Kraft der Hals-Rücken-Wirbelsäule gegen den Fingerdruck der Hände. Zwischen Fingern und Kinn entwickelt sich spürbar die Aufrichtungskraft der Wirbelsäule.

3. Variation: Die rechte Hand auf die rechte Gesichtswange legen. Der Kopf will sich nach rechts wenden, doch die Hand leistet Widerstand. Schließlich steht die Kraft der langen Wirbelsäule gegen den Druck der kleinen Handfläche und beide halten sich die Balance, so dass keine äußere Bewegung stattfindet. Wechsel zwischen Anspannung und Lockerung etwa in 1-Minuten-Phasen, wie oben. Auf gleichmäßiges Durchatmen achten!

Dasselbe auch linksseitig üben!

Wie schwierig und differenziert die bewusste Aufrechthaltung des Menschen für den Menschen ist, wurde schon mehrfach angedeutet. Das Steißbein als auslaufendes unteres Ende der stolzen Wirbelsäule gibt uns überraschend wirksame Hilfen für unsere Haltung an die Hand:

9. Übung: Die Glockenseil-Übung mit ihrem Impuls ‚läuten‘!

Im Stehen, Sitzen oder sogar im Bett liegend ausführbar: In der Vorstellung betrachten wir einmal unsere Wirbelsäule als ein Glockenseil und uns selbst als GlöcknerIn: Wir fassen das Seil an seinem unteren Ende, nämlich am Steißbein, an, um eine am oberen Ende angebrachte Glocke, den Kopf, zu läuten. Durch das innerliche Herunterziehen und Straffen des Wirbelstranges verringert sich die Lendenlordose, wodurch zugleich die Beckenschale aufgerichtet wird. Auch die Halslordose verringert sich, wodurch der Hals sich längt und streckt, die Schultern sich senken und weiten und der Kopf in die rechte Balance zur ihn tragenden Wirbelsäule gebracht wird.

In der folgenden Phase geht das ‚Seil‘ wieder aufwärts, seine Spannung ist in Lösung übergegangen, aus der heraus der neue Zug in die Tiefe und in die Spannung wieder einsetzt. Man kann sich den Vorgang des Glockenläutens ja gut vorstellen.

Auf diesen einfachen Impuls „Läuten“ oder „den Glöckner spielen“ hin, wird eine Streckung der gesamten Wirbelsäule bewirkt. Ist dieser feine Bewegungsablauf innerhalb der Wirbelsäule bereits etwas eingespielt, kann man ihn mit langsamen, ruhigen Atemzügen verbinden: das Einatmen mit der Streckung und das Ausatmen mit dem Lösen der Spannung.

10. Übung: Das Verlängern des Steißbeins: ein Sich-Vorstellen mit Streckwirkung

Im Stehen zu üben: Versuchen Sie in Ihrer Vorstellung, Ihr Steißbein nach unten auf die Fersen hin zu verlängern. Diese imaginative Verlängerung bewirkt indirekt eine Aufrichtung der Beckenschale und eine Streckung der Wirbelsäule. Sie bringt den Atem bis in die Füße. Sie selbst kommen in Atemkontakt zur Erde und auch in atmenden Kontakt zum Himmel durch die neue Balancefindung des Kopfes über der gestreckten, innervierten Wirbelsäule und die Bewusstwerdung in der eigenen Scheitelhöhe. Wo Tiefe, da Höhe.

Vergessen Sie nicht, Ihre Knie- und Fuß- und Sprunggelenke dabei locker und durchlässig zu halten und auch im Kieferbereich, in der Zunge und im Rachen offen und gelöst zu bleiben.

11. Übung: Das Steißbein zum dritten Sitzbein aktivieren

Im Sitzen zu üben: Jetzt richtet sich die Intention darauf, das Steißbein als drittes Sitzbein herabzuloten auf die Sitzfläche. Die zwei Sitzhöcker des Beckenbodens und das Steißbein sind dann die drei Berührungspunkte, die der Sitzfläche Widerstand geben. Diese drei Punkte bilden miteinander eine Dreiecksfigur, einen ‚Dreibeinstuhl‘ quasi (vgl. Abb. 24).

Die Impulse aus diesen Übungen übertragen sich auf die ganze Wirbelsäule. Haltungskorrekturen und wohltuende Durchströmung stellen sich *spontan* ein. Diese drei Übungen wirken auslösend auf den Aufrichtungs*reflex*.

EXKURS: Das Gedicht „Auferstehung" von Marie-Luise Kaschnitz und die eutonische Streckreflex-Erfahrung

Auferstehung

Manchmal stehen wir auf
Stehen wir zur Auferstehung auf
Mitten am Tage
Mit unserem lebendigen Haar
Mit unserer atmenden Haut.

Nur das Gewohnte ist um uns.
Keine Fata Morgana von Palmen
Mit weidenden Löwen
Und sanften Wölfen.

Die Weckuhren hören nicht auf zu ticken
Ihre Leuchtzeiger löschen nicht aus.

Und dennoch leicht
Und dennoch unverwundbar
Geordnet in geheimnisvolle Ordnung
Vorweggenommen in ein Haus aus Licht.

Marie Luise Kaschnitz[3], 1901–1974

Dieses Gedicht (vgl. Vorwort S. 16) widerspiegelt mir persönliche Erfahrungen mit dem eutonischen Aufrichtungs- oder Streck-Reflex: Der Aufrichtungsreflex als eine körperliche ‚Vorweg'-Erfahrung und ein geistiges ‚Vorweggenommen'-Werden in die Leib-Seele-Geist-Ganzheit des Menschen: ‚ein Auferstehen mitten am Tage'!

Der Aufrichtungsreflex oder das Erleben von reflexartigem Transport im Körper ist ein zentrales Anliegen und Ziel der Eutonie von Gerda Alexander. Gemeint ist damit konkret der Druck, der von der Erde her auf das Eigengewicht unseres Skeletts einwirkt und der sich reflexartig über Statik und Lot der Knochen, Wirbel und Gelenke auf unser ganzes Skelett durch,transportiert' bis zum Scheitelpunkt. Der Aufrichtungsreflex wirkt genau der Anziehungskraft der Erde entgegen. Er wird als spontan geschenkter Kraft-Reflex erlebt, als Fähigkeit, im Widerstand zu stehen und -,dennoch-' als souveräne Bereitschaft
für freies Sich-Bewegen: ‚leicht und unverwundbar'! Kleinkindern ist dieser Reflex eingeboren: Sie lernen das Aufrichten aus dem Kriechen aus sich allein.

---

3 Marie Luise Kaschnitz, Nicht nur von hier und von heute, Ausgewählte Prosa und Lyrik, Deutscher Bücherbund, Stuttgart 1971, S. 315.

B Zur Verlebendigung des Rumpf-Quadrats (s. Kap. III): Nr. 12 bis 20

12. Übung: Eine kreative Aufgabe: Das Entdecken von ‚rechten Körper-Winkeln'

Versuchen Sie, in Ihrem Körper Kreuzungsverhältnisse oder rechte Winkel in Bezug zu Ihrer Wirbelsäule oder zwischen verschiedenen Knochen zu finden. Empfinden und gestalten Sie auch Ihr gerades Stehen und Sitzen als ein Darstellen und Zulassen von rechten Winkeln!

Lassen Sie sich als „rechtwinklig" zu und was erleben Sie dabei?

13. Übung: Das Kreuzbein erspüren

Legen Sie sich auf den Rücken. Wissen Sie, was Sie tun?

Lassen Sie Ihr rechtes Knie sich von der Kniescheibe her hochziehen, bis die Fußsohle ganz am Boden aufliegt bzw. aufsteht. Dann folgt in gleicher Weise das Hochstellen des linken Knies. Beide Fußsohlen stehen jetzt parallel und beckenbreit entfernt voneinander fest auf dem Boden, und die Beine bilden ein in sich stehendes, ausbalanciertes Dreieck: wie ein Haus aus drei Spielkarten.

Spüren Sie nun das Aufliegen Ihres Rückens und Ihrer Wirbelsäule besonders in der Beckenregion. Lassen Sie das Gewicht der schweren Beckenknochen wirksam werden, und geben Sie noch mit Ihrem Kreuzbein (zwischen dem 5. Lendenwirbel und dem Steißbein!) einen leichten Druck zum Boden hin. Lassen Sie diese Bewegung von der Wirbelsäule her kommen. Nur einfach das reale Gewicht der Knochen zulassen und nicht die Bauchmuskeln anspannen.

Versuchen Sie nun, die Länge Ihres Kreuzbeines zu erspüren und tippen Sie mit seinen Begrenzungspunkten gegen den Boden. Im Wechsel von oben und unten entsteht eine kleine Schaukelbewegung im Becken. Können Sie auch die horizontale Linie des Kreuzbeins (etwa auf der Ebene der Hüftgelenke) durch Widerstand in den Boden hinein mit den Eckpunkten abtasten? Lassen Sie ebenso eine kleine waagerechte Schaukelbewegung entstehen.

Verbinden Sie anschließend die vier Außenpunkte Ihres Kreuzbeines miteinander in einer Kreisbewegung mit Gewichtsverlagerung. Lassen Sie die Bewegung fließend werden, und üben Sie den Kreis auch in der Gegenrichtung.

Als Hilfsvorstellung: Zeichnen Sie eine Kreislinie in den Boden unter Ihrem Becken.

Durch diese Übung können Sie überraschend gut Verspannungen in Ihrem „Kreuz", d. h. in Ihrer Lendenwirbelsäule, in Ihrer Beckenmuskulatur (Ischias) und in den Hüftgelenken lösen. Die Durchblutung im Unterleib wird stimuliert und ebenso die gesamte Wirbelsäule bis oben hin in den Nacken hinein.

Eine nach‚haltige' Übung, die sich auch auf eine gute Steh- und Sitzhaltung hin auswirkt (vgl. M. Kjellrup S. 49).

14. Übung: Die Kreuzbein-Uhr

Ebenfalls in Rückenlage mit aufgestellten Füßen und Knien zu üben:

Konzentrieren Sie sich auf den Kreuzungspunkt der senkrechten mit der waagerechten Linie in Ihrem Kreuzbein und machen Sie diesen Punkt zum Zentrum Ihrer Kreuzbein-Uhr. Nachdem Sie 1/2 12.00 Uhr (oder 6.00 Uhr) und 1/4 vor 3.00 Uhr (oder 1/4 nach 9.00 Uhr) als sich rechtwinklig kreuzende Linien versucht haben, probieren Sie nun beliebig viele weitere Uhrzeiten z. B. 13.55; 8.40; 2.30; 4.30; 6.30 etc. als gedachte, innervierte Beziehungskonstellationen.

(Für die folgenden Übungen kann man einfache Hilfsmittel einsetzen, die leicht zu beschaffen sind:

a) einen Bambusstab, Ø 2 cm, Länge 60 cm (Baumarkt oder Blumengeschäft)

b) einen Kastanienschlauch, den man sich leicht selbst nähen und anfertigen kann, indem man in einen Stoffschlauch von ca. 70 bis 80 cm Länge und ca. 4 cm Breite ungefähr 25 bis 30 Kastanien locker einfüllt, so dass er sich zu einer Schnecke aufrollen lässt.

c) Vielseitig verwendbar ist auch ein Waschhandschuh-Säckchen (oder zwei), das locker mit Kastanien oder mit Kirschkernchen gefüllt ist.)

15. Übung: Zur Rechts-Links-Sensibilisierung des Rückens

(Für die Übung wird entweder der Kastanienschlauch oder der Bambusstab benötigt. Zur Not reicht auch ein fest aufgerolltes dünnes Handtuch von ca. 80 cm Länge. Dieses länglich geformte Hilfsgerät wird kurz ‚Rolle' genannt.)

Rückenlage mit aufgestellten Füßen und Knien. Die Rolle legen Sie nun der Länge nach unter Ihre Wirbelsäule, so dass das obere Ende am Hals liegt und das untere Ende unter dem Kreuzbein und der Gesäßspalte zu liegen kommt, und zwar exakt gerade unter der Wirbelsäule.

Nehmen Sie nun Ihre durch die Rolle attackierte Rückenlage wahr. Versuchen Sie, Ihren Rücken weich um die Rolle absinken zu lassen und Ihre Schulterregion und Ihre Gesäß- und Oberschenkelmuskeln gut zu entspannen.

Wenden Sie dann aber Ihre Aufmerksamkeit ausschließlich Ihrer rechten Rückenhälfte zu. Spüren Sie nach, wie sich die Verspannungen um das rechte Schulterblatt mehr und mehr lösen und wie sich das rechte Schlüsselbein mehr und mehr sinken lassen kann, wie die Zwischenrippenmuskeln anfangen sich zu dehnen und wie die Brustrippen allmählich Kontakt finden zum tragenden Boden, wie dann auch die rechte Beckenseite ihre Verspannungen aufgibt und weich um die Rolle abschmilzt ‚wie ein reifer Camembert'!

Nehmen Sie Ihre ganze rechte Körperseite in Bezug zur Rolle und zum Boden wahr! Versuchen Sie, noch näher die Rolle zu umschließen mit Ihrer rechten Rückenhälfte.

Wenn Sie den Eindruck haben, am Ende Ihrer Möglichkeiten zu sein, etwa nach 8 bis 10 Minuten, dann wälzen Sie sich auf eine Körperseite, nehmen die Rolle fort und gehen wieder in die Rückenlage zurück.

Vergleichen Sie nun Ihre beiden Rückenhälften miteinander, nehmen Sie die Unterschiede wahr und spüren Sie nach.

Üben Sie dann durch erneutes Unterlegen der Rolle entsprechend mit Ihrer linken Rückenseite.

Zum Abschluss nehmen Sie die Rolle endgültig weg und genießen Sie ausgiebig Ihr neues Rückengefühl. Was hat sich durch die Übung verändert? Versuchen Sie noch einmal, zwischen Ihrer rechten und Ihrer linken Rückenseite zu vergleichen und evtl. Unterschiede wahrzunehmen. Hat sich Ihr Brustkorb etwa geweitet? Wie spüren Sie den Verlauf Ihrer Wirbelsäule? Wie läuft Ihr Atem, durchlässig oder unterbrochen? Wo spüren Sie sich besonders?

16. Übung: ‚Der umgedrehte Tisch'

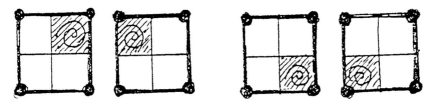

Dieser wird erarbeitet durch eine dreiteilige Übungsfolge, die aber nach mehrmaligem Üben nach eigenem Ermessen verkürzt werden kann.

Die Übungen Nr. 4, 5 und 6 sind gute Vorübungen, man sollte sich an sie erinnern.

1. Teil: Rückenlage mit parallel und beckenbreit aufgestellten Knien und Füßen.

Den möglichst durchgehenden Kontakt zwischen Rücken und Boden wahrnehmen.

Dann die Kastanienschnecke oder ein Kastaniensäckchen unter das rechte Schulterblatt legen und wieder die neue Rückenlage wahrnehmen, d. h. die entstandene Unebenheit sowohl im Schultergürtel als auch im ganzen Rücken gut annehmen und den Rücken locker und schmiegsam um diesen Niveau-Unterschied herum zu Boden sinken lassen. Solange nachspüren, bis sich auch vom Atem her ein angenehmes Gefühl einstellt (ca. 4 Min.) Dann die Kastanien-Unterlage wegnehmen und die neue Rückenempfindung wahrnehmen.

In gleicher Weise nun das linke Schulterblatt unterlegen etc.

Anschließend zunächst die rechte und dann die linke Beckengesäß-Seite mit der Kastanienschnecke oder dem Säckchen unterlegen – genauso wie oben.

Jedes Mal den Niveau-Unterschied 3 : 1 sorgsam umschmelzen lassen und anschließend die Wirkungen nachempfinden.

Schematische Unterteilung des Rumpfquadrats: Die Eckpunkte oben und unten sind die Schulter- und die Hüftgelenke:

2. Teil: Die gleiche Rückenlage mit aufgestellten Füßen und Knien.

Nun das rechte Bein gestreckt in die Senkrechte, ins Lot, stellen, so dass das Bein korrekt im Hüftgelenk steht und die rechte Beckenseite durch das Gewicht des Beines fest an den Boden gedrückt wird. Das rechte Bein dann wieder zurück auf seine Fußsohle stellen und dasselbe mit dem linken Bein üben. Diesen Vorgang jeweils wiederholen und das lotgerechte Aufstellen bis ins Hüftgelenk hinein einwirken lassen und nachempfinden.

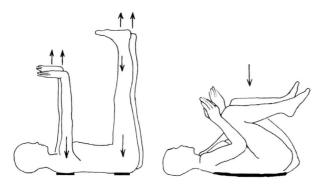

Anschließend heben wir nacheinander den rechten und den linken Arm und stellen beide gestreckt ins Lot senkrecht auf. Dann lassen wir beide Arme leicht rechtsherum und auch linksherum kreisen, wobei sie sich spürbar besser in ihre Lotstellung und in ihr Basis-Schultergelenk herein finden (quasi hineinbohren) können.

Dasselbe nun mit beiden Beinen üben, wobei wir die Fersen bewusst nach oben strecken, so dass die Fußsohlen parallel zur Raumdecke ausgerichtet sind. Die Fersen zeichnen in der Vorstellung nun Kreise unter die Raumdecke, rechtsherum und auch linksherum. Dann gönnen wir uns eine Verschnaufpause und ruhen in entspannter Rückenlage aus. Wir spüren bis in die Hüftgelenke hinein nach.

Mit neuer Kraft strecken wir nun gemeinsam Arme *und* Beine senkrecht in die Höhe, so dass unser Körper einen umgedrehten Tisch mit vier Beinen darstellt. Der Hals und das Steißbein strecken sich am Boden entlang, so dass zwischen der fest am Boden anliegenden Wirbelsäule und den aufgestellten Armen und Beinen exakte rechte Winkel (90°) entstehen.

Nehmen Sie ihr Rumpfquadrat und seine vier Eckpole, die Kugelgelenke, wahr, und lassen Sie vom Atem her viel Weite in die Gelenke und Gelenkhöhlen hinein.

3. Teil: Rückenlage mit senkrecht und lotgerecht aufgestellten Armen und Beinen.

Versuchen Sie, als letzte Steigerung dieser Übung, betont die *Fersen* und die *Handgelenke* (die Handinnenflächen und Fußsohlen sind zur Decke gewendet) nach oben zu strecken, um dann mit den parallel zur Decke gestellten Hand- und Fußsohlen-Flächen die ‚Last‘ der Decke und der Atmosphäre aufzuhalten und gegen zu stemmen. Dabei gibt es zwei Möglichkeiten der Ausführung:

a) ein schneller Wechsel zwischen Strecken und Zusammenfallen-lassen und
b) ein dynamisch-isometrischer Wechsel zwischen Sich-eindrücken-Lassen und wieder Gegenstemmen – wie etwa beim Tauziehen, ein gespanntes Hin und Her, ein Zurückweichen und ein Vordrücken gegen Widerstand jeweils. Dadurch verstärkt sich der Druck der Rückenfläche gegen und in den Boden hinein. Wichtig ist, die Spannung des Körpers, der jetzt zu einem Würfel geworden ist, so zu gestalten, dass der Atem weiter fließen kann. Er wird durch diese Übung bis in die letzten Winkel unseres Rumpfquadrates gedrückt. Versuchen Sie, diese Spannung über drei bis fünf tiefe Atemzüge hin durchzuhalten. Dann große Entspannung genießen in der vollen Rückenlage.

Das Üben des ‚umgedrehten Tisches‘ eignet sich hervorragend, um Rückenschmerzen zu beseitigen oder erst gar nicht aufkommen zu lassen. Schon früh im Bett vor dem Aufstehen ausgeführt, ist es eine gute Einstimmung für die Wirbelsäule auf ihr Tagesgeschäft, das ja darin besteht, die Last von Rumpf und Kopf zu tragen, und zwar aus der Rücken- und Beckenkraft heraus.

17. Übung: Das Eindrücken verschiedener Rückenfelder-Kombinationen (ohne Hilfsgerät).

Ausgangslage: entspannte Rückenlage

oben : unten   *links : rechts*   *diagonal*

a) Jeweils zwei Felder eine Weile lang gegen den Boden andrücken und wieder loslassen.

b) Dasselbe, aber jetzt im zügigen Wechsel von Hin und Her, so dass ein Rhythmus entsteht.
Den Atem dabei fließen lassen und darauf achten, so wenig wie möglich die großen, langen Muskeln dabei anzustrengen, schon gar nicht die Bauchmuskeln.

Im Nachspüren könnten Sie den Vorstellungen nachgehen, wie sie im Kapitel III, 2-4 angedeutet werden.

18. Übung: Das so genannte Kinhin, das Umwandern des Rumpfquadrates
s. Kap. III, 3.

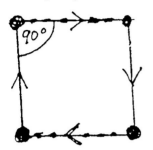 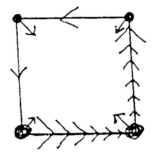

Schultergürtellinie

Beckengrundlinie

Jetzt richten wir unsere Aufmerksamkeit nicht auf die Felder oder die Eckpunkte, sondern auf die Außen- oder Seitenlinien, die unser Rumpfquadrat umschließen, und denen wir nun nachwandern wollen in der inneren Vorstellung.

Wir befinden uns wieder in der vertrauten Rückenlage.

Wir beginnen unseren von der Einfühlung her geführten Umgang um das Rumpfquadrat unten im linken Hüftgelenk, steigen aufwärts zum linken Schultergelenk, wechseln von dort herüber am Schultergürtel entlang auf die rechte Körperhälfte zum rechten Schultergelenk und loten von dort abwärts zum rechten Hüftgelenk, um dann mit dem Zurückspüren auf die linke Körperseite auf der Grundlinie den Quadrat-Umgang zu beschließen.

Jede Wegstrecke kann man wiederholen, vor und rück. Man kann rechtsherum wandern und linksherum und die Unterschiede wahrnehmen im Mitspüren, was vorgeht. Diese Übung lehnt sich an das sog. Kinhin an, das während der Zen-Meditation vollzogen wird: das sorgsam-meditative Umschreiten eines Quadrats. Hierbei erfährt man die sowohl eingrenzende wie befreiende Wirkung des Quadrats. Der wechselnde Blickpunkt beim Überschreiten der Ecken entspricht jeweils einem Perspektivenwechsel.

Auch Dynamik ist im Spiel.

C Zur Verlebendigung der senkrechten und waagerechten Körperachsen: Nr. 19 bis 22

19. Übung: Die Sensibilisierung der senkrechten und waagerechten Mittellinien
Die Sensibilisierung der Mittellinien führt zur Entdeckung der Rumpf-Quadrat-Mitte im Rücken.

Wie in der 16. Übung, versuchen wir die Mittellinien zu erspüren in unserem Rücken, indem wir folgende Felder des Quadrats im Wechsel – wie bei einer Wippe – betonen und innervieren:

Der Kreuzungspunkt dieser Linien markiert, für die Wirbelsäule spürbar, die „hintere Mitte". Diese Mitte vom Bewusstsein zu erobern und ins Ganze zu integrieren, ist eine Aufgabe für Fortgeschrittenere.

Da mit diesem Rückenmitte-Punkt auch das Zwerchfell verbunden ist, welches das Atmungsgeschehen regelt und den großen Rumpf-Innenraum in zwei Höhlen waagerecht durchteilt, vermag diese „Hintere Mitte" einen großen Einfluss auf das Haltungsgeschehen insgesamt auszuüben: Sie repräsentiert das menschliche Vermögen, Zurückhaltung verwirklichen und durchhalten zu können – und zwar im Sinne sowohl von Rück-Halt und auch als menschliche Tugend (z. B. Askese, Verzicht). Als Kreuzungs-Punkt vereinigen sich in ihr Gegensätze: das Oben und Unten, das Rechte und das Linke im Rumpfquadrat und – über Zwerchfell und Atmung – das Außen und Innen; und dieses nicht nur als geometrische Vorstellung, sondern im existentiellen Bewusstsein.

20. Übung: Das halbseitige Absinken-Lassen des Rumpfquadrats im Stehen

Ausgangsstellung. Aufrechtes Stehen, die Füße stehen beckenbreit und parallel nebeneinander, die Knie und Fußgelenke sind leicht gebeugt und durchlässig.

Jetzt gilt es, die ganze rechte Körperseite absinken, einsacken zu lassen, quasi „Strom raus!", ohne dabei in der linken Körperseite etwas zu verändern. Eine solche Bewegung unbewusst zu machen, ist haltungsmäßig wertlos. Durch das einseitige, bewusste Loslassen, Entspannen und Sinken-Lassen aller rechtsseitigen Rumpfmuskeln und Bänder gelingt es nach häufigem, aufmerksamem Versuchen und Üben, auch das Absinken der rechten Wirbelsäulenseite mit wahrzunehmen, also ein schon recht differenziertes Wirbelsäulenbewusstsein zu entfalten.

Anschließend in der gleichen Weise auch die linke Rumpfseite üben.

Danach kann man das direkte Wechseln von rechter und linker Seiten-Entspannung üben, wobei jedoch stets die klare Mittelposition nicht verschleiert werden darf: das aufrechte Stehen mit durchlässigen Gelenken.

Diese Übung ist bestens geeignet, manchmal am Tag, so zwischenhinein, die Rückenmuskulatur zu entspannen. Tipp: Gleich morgens beim freistehenden Duschen üben, wobei der Effekt des fallenden Wassers stimulierend hinzukommen kann.

21. Übung: Das Anrütteln des Schultergürtels

Zu dieser Übung benötigen wir wieder ein Hilfsgerät: entweder den Kastanienschlauch oder sonst einen runden Stock von wenigstens 70 bis 80 cm Länge und 1 bis 2 cm Dicke, am besten aus Bambus.

Ausgangsstellung: Rückenlage mit parallel und beckenbreit aufgestellten Füßen und Knien.

Wir legen die Rolle oder den Stock quer zur Wirbelsäule unter den Schultergürtel und versuchen, die Härte des Hilfsgeräts im Schultergürtel einfühlsam anzunehmen. Den Rücken

möglichst nah an die Rolle anschließen und ausgehend von den einzelnen Wirbeln, ihn gelöst zu Boden sinken lassen. Die Bein- und Bauchmuskulatur und ebenfalls die Hals- und Kiefergelenke aufmerksam lösen (s. Abb.).

a) Nun von der Mitte des Schultergürtels imaginativ nach rechts an der Rolle entlang wandern bis zum rechten Schultergelenk, das sich weich auf die Rolle ablegen möge. Dann langsam wieder zur Mitte, d. h. zur Wirbelsäule zurückwandern, als ob man einen Strich in den Boden zeichnen würde.

Dasselbe noch einmal wiederholen, dabei aber versuchen, noch über das rechte Schultergelenk hinaus weiter in den Raum zu spüren, d. h. die Schultergerade in der Vorstellung zu verlängern um ca. 10 bis 20 cm. Dann nach Schneckenart langsam wieder zurücktasten zum Ausgangspunkt. Nachspüren und die geübte mit der ungeübten Schulterseite vergleichen.

Den ganzen Vorgang nun auch mit der linken Schulterseite üben.

b) Nun die Fußsohlen und die Fersen nah an das Becken heranziehen und von den Knien her die beiden Fußsohlen fest in den Boden hineindrücken, so dass sich der untere Rumpf wie ein Brett hebt – ohne dabei die Bauchmuskulatur anzustrengen. Die Arme und Hände helfen dabei, indem sie mit abstützen – vgl. Übung 4!

Den Kopf leicht anheben, so dass der Körper nur über die Fußsohlen und mit der Rolle unter dem Schultergürtel Bodenkontakt hat. Nun die auf der Rolle liegende Schulterquerachse über der Rolle hin- und herrubbeln, wobei der Impuls aus den Beinen kommt! Dabei normal weiteratmen! Diesen Rubbelvorgang dreimal wiederholen und jedes Mal ca. fünfmal hin- und herrubbeln.

Zwischendurch Kopf und Rumpf wieder sinken lassen und ganz entspannen. Aus der Ruhe wieder erneut aktiv werden.

Schließlich die Rolle wegnehmen und das neu gewonnene Schultergefühl wahrnehmen. Man kann es noch stunden- und tagelang nachempfinden.

Von dieser Schulterquerachse fällt die Spitze des Wasserdreiecks in die Mitte des Beckens oder bzw. zu den Füßen hin ab.

22. Übung: Das Aktivieren der Beckenquerachse zwischen den beiden Hüftgelenken
Diese Übung entspricht teilweise der 21. Übung.

Rolle und Beine stehen im rechten Winkel zueinander!

22a: Ausgangsstellung: Rückenlage mit parallel und beckenbreit aufgestellten Füßen und Knien.

Wir unterlegen diesmal die Beckenquerachse mit der Stab-Rolle. Entsprechend der 21. Übung tasten wir imaginativ die Querlinie aus, die vom Kreuzbein/Steißbein ausgehend nach rechts oder nach links zum Oberschenkelgelenk führt und wieder zurück. In der Wiederholung dieses

Weges erproben wir ebenso das imaginative Verlängern der Beckenquerachse über das Gelenk hinaus; evtl. bis hin in die jeweilige Handhöhle, da ja die Arme parallel zur Wirbelsäule neben dem Rumpf liegen, oder bis ans Ende der unterlegten Stab/Rolle.

22b: Ausgangsstellung: Sitzen.

Anstelle der Rubbelaktion: Wir setzen uns gerade auf den/die Stab/Rolle, die wir mit den Händen am Boden festhalten und rutschen mit den Sitzhöckern vor und hinter den/die Stab/Rolle. Wir stellen – ausprobierend – fest, dass wir gerader sitzen, wenn der/die Stab/Rolle sich hinter den Sitzhöckern befindet.

Die solcherweise wach gerüttelten und empfindsam gemachten oberen und unteren Waagerecht-Kanten des Rumpfquadrats lassen einerseits das Rumpfquadrat selbst deutlicher spürbar und wirksam werden und andererseits unterstützen sie die spezielle Rumpfdynamik von Wasserdreieck und Feuerdreieck (s. Kap IV, 5, 6 und 7).

Wasserdreieck und Feuerdreieck vereinigen sich im Hexagramm-Symbol (s. Kap. IV, 14) zu einer dynamischen Atemfigur: im Auf- und Abschwingen des Zwerchfells.

Feuer und Wasser sind elementare Kräfte, welche reflektierend aufeinander reagieren. Sie geben uns einen Verstehensschlüssel für das Mysterium der Beziehung, z. B. in der Beziehung zwischen Einatem und Ausatem, diesmal innerhalb des Rumpfquadrats.

D Zum Aufbau eines Kopfgefühls (s. Kap. V): Nr. 23 bis 27

23. Übung: Die Beweglichkeit zwischen Schädelknochen und Kopfhaut erarbeiten
Ausgangsstellung für die Übungen 23 bis 25 ist eine gelöste Rückenlage.
Vorübung: Beide Hände miteinander warm reiben und die Finger empfindlich machen.

Die Finger und die Mittelhandgelenke beider Hände eng und sensibel um die Schädelkugel legen. Schädelknochen und Kopfhaut gegeneinander verschieben und dann leicht kreisend bewegen wie bei einer sanften Kopfhautmassage. Also täglich leicht zu üben. Die Kugelform des Kopfes wahrnehmen und sich genügend Zeit dafür nehmen.

24. Übung: Die Größe und die Rundheit des eigenen Kopfes ertasten
Von Hand zu Hand seine Ausmaße in Weite, Höhe und Länge ins Gespür hereinholen. Vielleicht eine Vogelfeder oder einen anderen sehr leichten Gegenstand auf die Stirn legen und von da bis auf den am Boden aufliegenden Hinterkopf durchspüren. Sich genau von Ohr zu Ohr durchfühlen u. a. m.

25. Übung: Die individuelle Beschaffenheit der eigenen Kopfgestalt entdecken
Als Hilfsmittel u. U. eine Kastanie.

Unter Mithilfe der Fingerspitzen oder u. U. einer Kastanie die genaue Grenze zwischen den behaarten und den unbehaarten Abschnitten und die Abweichungen von der Rundheit erfühlen, z. B. die Höhe und Weite der Stirn und ihre besondere Form, die Nasenform: Nasenbein und Nasenknick, die Augenbrauenwölbung, die Ränder der Augenhöhlen, die Schläfen- und Wangenbeine, die Kieferknochen und -gelenke, die Ausformungen des Kinns u. v. m.

Dann aber auch das Ertasten und Entdecken der Schädel-Rückseite: z. B. des sog. Hinterhauptsloches, der unteren Schädelkante (Kranum) als Ansatzstelle für viele Hals- und Rückenmuskeln. Dort kräftig durchtasten und durchkneten, denn dieses ist zugleich eine sehr wirksame Massage des oberen Halswirbelbereichs.

Die Übungen 23-25 können bei entsprechender Einübung vertieft werden, indem man achtsam vom Inneren des Kopfes her zu den Händen hinspürt. Ruhe, Feinfühligkeit und Sorgsamkeit sind dabei unbedingt erforderlich.

Anschließend das neue Kopfgefühl, seine Schwere und Rundheit in der Rückenlage und dann im Stehen nachspüren und immer wieder wachrufen im Alltag.

Es ist die erste Stufe einer Kopfmeditation.

26. Übung: Partnerübung um die spezifische Schwere des Kopfes empfinden zu lernen:

Partner ‚A' hilft dabei Partner ‚B' und umgekehrt.

‚A' liegt in gut entspannter Rückenlage. ‚B' kniet hinter dessen Kopf, legt die Hände achtsam um die hintere Schädelhälfte und versucht, langsam die Finger unter den Schädel von ‚A' zu schieben, so dass nach und nach das gesamte Kopfgewicht von ‚A' auf den Fingern von ‚B' aufruht. Ein gegenseitiges Zulassen!

Nach einer Weile ruhigen gegenseitigen Einfühlens hebt ‚B' den Kopf von ‚A' um 1 bis 2 cm an, verweilt in dieser Halte für etwa 1 Minute und lässt den Kopf dann langsam und einfühlend wieder auf den Boden sinken und legt ihn dort vollends wieder ab.

Beide Übenden machen auf ihre Weise Erfahrungen mit der spezifischen Schwere des Kopfes. Drei bis fünfmal diesen Vorgang wiederholen.

Beim letzten Übungsdurchgang versucht ‚B', den Kopf von ‚A' im Anheben zusätzlich noch etwas aus dem Rumpf herauszuziehen, was als Streckung der Wirbelsäule im Ganzen empfunden wird und der Atmung ihren Weg durch den ganzen Rumpf eröffnet und freigibt. ‚A' überlässt sich ganz gelöst, locker und passiv und ‚B' respektiert dies einfühlsam mitwirkend. Dann Partnerwechsel.

Diese Übung ist von nahezu unschätzbarem Wert für ein differenziertes Kopfschwere-Gefühl und letztendlich auch für eine lotgerecht aufgerichtete Haltung des Menschen. Ich habe sie kennen gelernt durch den amerikanischen Tanzmeister John Graham persönlich. Sie lässt sich erweitern, indem ‚B' in ähnlicher Weise wie beim Kopf danach den rechten Arm von ‚A' langsam aufhebt und wieder ablegt; anschließend natürlich auch den linken Arm. Entsprechend dann auch kann man üben mit dem rechten und dem linken Bein (Anheben am Hand- bzw. am Sprunggelenk). Diese Übungen erfordern sehr viel Zeit und Ruhe und Konzentration, sonst sind sie wertlos und vertan.

27. Übung: Vorschlag für eine Meditation zur Rundheit des Kopfes, zum Gesicht und zu den Augen (s. Kap. V, 8, S. 131/132).

Die dazu erforderliche Einweisung befindet sich im Kapitel V, Abschnitt 8; denn zum Meditieren lässt mancher Leser sich ermuntern und mitnehmen, der mit Körperübungen – voreingenommen oder aus anderen Gründen – auf Kriegsfuß steht. Also in Kap. V, 8, S. 131/132 vorn im Textzusammenhang lesen.

E Zur ganzheitlichen Haltungsbeweglichkeit: Nr. 28 bis 30

28. Übung: Die Schlüsselbein-Wippe

Die Ausführungen Kap. IV, 7 und Abb. 35 unbedingt dazunehmen!

Die Schlüsselbein-Region wurde bereits vorgestellt im Zusammenhang mit dem Schulter-Scheitel-Feuer-Dreieck, Kap. IV, 7. Die Schlüsselbein-Wippe als Körperübung kommt erst jetzt zur Darstellung, weil sie ganzheitlich ausgerichtet ist. Sie benötigt eine anatomische Vor-Information, die Übung selbst ist sehr einfach.

Das Schlüsselbein ist ein zierlicher, leicht S-förmiger Röhrenknochen, der horizontal die obere Brustgrenze sichtbar markiert. Es bildet mit dem ‚Handgriff‘ des Brustbeins ein Gelenk, das innere Schlüsselbeingelenk, das viel Beweglichkeit gestattet – fast wie ein Kugelgelenk.

Nun wird es interessant: Das Schlüsselbein liegt auf dem obersten Rippenbogen, dem sog. collier, auf und kreuzt ihn an einer Stelle, die ziemlich nah am Brustbein liegt. Dieser Kreuzungspunkt nun ist der ruhende Stütz-Pol unserer Schlüsselbein-Wippe: Wenn sich einerseits das Schultergelenk, d. h. die äußere Schulterhöhe, senkt, hebt sich auf der anderen, der kürzeren Seite das Brustbein und mit ihm der ganze Brustkorb.

Wir haben es also exakt mit einer Wipp-Bewegung zu tun.

Mit der Anhebung des Brustbeins weitet sich der ganze Brustkorb mitsamt den Rippen, und das nicht unerhebliche Gewicht der zwölf Rippenpaare verteilt sich ausgewogener auf das vorderseitige Brustbein und die rückseitige Wirbelsäule, als den beiden ‚Aufhängern‘ der Rippenbögen. Das bewirkt ein deutlich leichteres Bewegen der Rippen. Dazu kommt ein spürbar vergrößertes Atemvolumen und somit eine erheblich verbesserte Ökonomie der Atmung und der Lungen- und Herz-Arbeit. Üben im Rhythmus des Atems.

Die Übung besteht im einfachen, gelösten, bewussten Sinken-Lassen der Schultergelenke!

Automatisch hebt sich das Brustbein und die Halswirbelsäule streckt und reckt sich aufwärts.

Die Schlüsselbein-Wippe erweist sich als überraschend einfacher und dabei sehr wirksamer Faktor bei der lotgerechten Bewältigung der Kopflast und insgesamt für eine souveräne, gelöste, aufrechte menschliche Haltung.

Diese Übung der „Schlüsselbein-Wippe" ist durchschlagend gut, einfach und allseits praktikabel. Sie geschieht mit der Zeit wie von selbst.

29. Übung: Das Aktivieren der Brustbein-Schambein-Linie und das gegenseitige Kontakten zwischen Vorderseite und Rückseite des Rumpfes

Das Brustbein ist seiner Form nach ein länglicher, platter Knochen, der einem kurzen Stoß-schwert ähnelt, weil es unten in einer Spitze endet. Diese Pfeilspitze zielt hin zur Scham-fuge des Beckens. Das nun geforderte aktive und bewusste Aufeinanderzuführen dieser beiden Knochenstellen Brustbein und Schamfuge bewirkt in den Hüftgelenken eine Auf-wärts-Kippbewegung, wodurch die Formidee des Beckens, nämlich eine auffangende Schale, ein Auffangbecken zu sein, unterstützt wird. Gleichzeitig drückt sich dabei die Bauchdecke zurück gegen den Rücken, d. h. gegen die Lendenwirbelsäule. Das Vorfallen des Bauches wird zurückgedämmt und die Vorderseite des Rumpfes bekommt eine aktivierte Leitlinie, wie es die Wirbelsäule ohnehin für seine Rückseite ist. Das gegenseitige Kontaktaufnehmen zwischen der Vorderseite und der Rückseite des Rumpfes ist ein wichtiger Impuls für ein gutes Sich-Aufrichten des Menschen und für ein geordnetes Körperbewusstsein. Dieser Kontakt wird gebraucht sowohl für ein korrektes Stehen als auch für jedes gute Sitzen im Dreieck-Modell (Obelisk-Pyramide, s. Kap. IV, 10 und IV, 13).

30. Übung: Das innere Rumpfkreisen

Dieses Rumpfkreisen ist eine Übung, die dem bewussten Erfühlen und Bestärken der inneren, mittleren Rumpfzone dient: dem Magen-Darm-Zwerchfell-Bereich und der Wirbelsäulenmitte, also einer in der Regel mehr unbewussten, passiven Region. Das innere Rumpfkreisen ist eine Vorstellungsübung und sowohl im Stehen als auch im Sitzen oder in der Rückenlage zu üben.

Wir spüren von innen her kreisförmig am unteren Brustkorbrand entlang. Rechts- und linksherum je mindestens 10 Kreise, ohne dabei äußerlich den Rumpf zu bewegen. Ständig ruhig weiteratmen und nicht schnell werden, sondern jedes Wegstück wahrnehmen.

1. Variante: Statt des Brustumkreisens eine imaginative waagerechte Strecke zwischen Bauchnabel und Wirbelsäulenmitte spürend entlang wandern. Auch hierbei nicht schnell werden, sondern etwa alle 2 bis 3 cm der Wegstrecke anhalten, mehrmals durchatmen, um dann tastend weiterzugehen. Den Rückweg in gleicher Weise gestalten.

2. Variation: Auch die Querverbindung von Rechtsaußen nach Linksaußen durchtasten, so dass der Rumpfkreis durch das in ihn eingezeichnete Kreuz weiter differenziert, sensibilisiert und geordnet wird.

3. Variation: Das innere Rumpfkreisen konzentrisch oder spiralartig gestalten, d. h. von kleinen zu größeren Kreisen u. u. wechseln.

Die drei hier zuletzt angeführten Übungen Nr. 28, 29 und 30 sind besonders geeignet, die eigene Haltung im Alltag – locker zwischendurch mal – zu korrigieren und wieder ins ‚rechte Lot' zu bringen.

F Meditative Übungen: Nr. 31 bis 33

31. Übung: Anleitung zur Meditation des ‚Kreuz-im Kreis'-Symbols (s. Kap. V, 15)

Dieses Symbol zu meditieren, ist nicht so schwierig, wie es wegen seiner komplexen äußeren Form vermutet werden kann. Die körperliche Vorbereitung und Annäherung geht über eine große Kreisbewegung der Arme bei lotgerechter Kopf- und Schulterhaltung (s. Übungen 28 und 29).

Ausgangsstellung: Der aufrechte Stand mit parallel und beckenbreit nebeneinander stehenden Füßen, mit Erdkontakt und mit durchlässigen Kniegelenken.

Mit gestreckten Armen – sensibel bis in die Fingerspitzen in den Raum spürend – einen großen Armkreis um die Mitte des Kopfes ‚zeichnen', und zwar von unten über die Seiten gleichzeitig mit beiden Armen aufwärts, um dann, nach einem Innehalten und Durchatmen am höchsten Punkt, die Arme den gleichen Weg zurück in die Ausgangsstellung zu führen, langsam und bewusst in jeder Phase. Beim Aufwärtsweg einatmen, beim Abwärtsweg ausatmen.

Dabei ist es wichtig, diese Kreisbewegung der Arme mit leicht gebeugten, durchlässigen Knien dynamisch zu begleiten (je höher die Arme, desto gebeugter die Knie), um beim Umschalten zum Rückweg den Armen noch einen Impuls aus den Knien heraus in die Höhenstreckung mitgeben zu können, der dann zu einem noch etwas größeren und ausgedehnteren Abwärtskreis verhelfen kann – unterstützt vom Ausatmen.

Gleich anschließend erfolgt dann das Sich-hinein-Stellen mit waagerecht ausgebreiteten Armen in den noch nachwirkenden Kreis.

In dieser Kreuzhaltung sich ordnen und still werden im Wahrnehmen der ganzen Körperfigur: Kreuz im Kreis.

Von der gemeinsamen Mitte der beiden Symbole Kreis und Kreuz fängt das ganze Zeichen an, sich mit einem großen, man möchte sagen ‚weltumspannenden' Atem zu füllen, und in die äußere Weite und innere Tiefe zu wirken. Das Symbol mit dem Atem Aussagekraft gewinnen lassen!

32. Übung: Das Eintreten in den Spiral- und Labyrinth-Weg: eine Ur-Bewegung

Die Ausgangsstellung ist ein gesammeltes Stehen. Die Füße stehen parallel und beckenbreit nebeneinander. Es kann auch ein gutes, aufrechtes Sitzen sein.

Aus dem bewussten, lotgerechten Stand, d.h. zwischen Erdpol und Himmelspol, langsam den rechten Fuß mit der Hälfte seiner Länge vorschieben.!
Spüren und nachspüren, was dabei geschieht – mit mir und der Welt?
Unwillkürlich stellt sich der „Große Atem" ein, ein tiefes Durchatmen.
Der vorgeschobene Fuß bleibt mit der ganzen Sohle dabei am Boden.
Man erfährt sich aus einem ruhenden Kreis hinaustretend und zugleich hineintretend, in einen Spiral- und Labyrinthweg, der, da wir Wissende und/oder Eingeweihte sind, für uns letztlich zu einem Ziel führt, auf eine Mitte hinstrebt und in die Weite einer kosmischen und seelisch-geistigen Äquator- und Ganzheitserfahrung mündet.
Kein Weg ins Ungewisse, ins Vage, sondern ins Offene, in die Transparenz einer vom Symbol her sich klärenden und auflichtenden Wirklichkeit.

33. Übung: Der Einstieg in eine kreuzförmige Lot- und Äquator-Erfahrung in drei Stufen

a) Erste Ausgangsstellung: Bauchlage, die Arme liegen bequem neben dem Rumpf, die Handflächen sind zur Erde hin gewendet, der Kopf kann zur Seite gewendet werden.

Sich mit dem ganzen Körper, mit allen Gliedern und Gelenken vertrauensvoll von der Erde tragen lassen, wie ein Kind sich von der Mutter tragen lässt. Lebendigen Kontakt mit der Erde aufnehmen, mit ihren wunderbaren Mineralienschätzen und ihren weit verzweigten, klaren, großen und fein zisilierten Wasseradern – zum Beispiel.

Zu ihrem alten und jungen und immer sich wieder wandelnden Leben einfühlsam hinspüren wie zu einem tief-verwandten Urschoß und sich von ihm anziehen lassen.

Eigene Spannungen in die Erde abfließen lassen und Gelassenheit auftanken.

Sich die Erde als die untere Hemisphäre des Erdballs vorstellen und noch mehr mit ihr zusammenwachsen.

Auch zum eigenen Rücken hinspüren, nachfragen, wie die Rückenhaut die Berührung mit der aufliegenden Luft, den ‚Druck der Atmosphäre‘ wahrnimmt.

Sich selbst in diesem ‚Zwischen‘ erfühlen, zwischen den unteren, elementaren Erdkräften und den oberen, luftigen Himmelskräften – vielleicht wie inmitten eines Globus?!

Sich diesen umgebenden Wirklichkeiten eingewöhnen und sich öffnen für eine globale Äquator-Erfahrung.

Sich für sich Zeit nehmen – mindestens 15 bis 20 Min.

Es gibt keine körperlich-geistige Identität ohne das Gefühl strömender Verbindung zur Erde (s. Abb. 125, S. 229).

b) Zweite Ausgangsstellung: Rückenlage (möglichst ohne Kopfunterlagen)

Die Äquator-Erfahrung nun auch in der neuen Körperlage sich entfalten lassen. Sich mit Sensibilität in Haut und Knochen in die sphärische Umwelt einfühlen. Aus labyrinthischen Umwegen herkommend, sich mehr und mehr als Mitte von immer größeren Lebenskreisen wahrnehmen und erleben.

Dieser ‚innerste Bereich‘, wo die Seele zu ihrem Herzgrund findet, ist zugleich auch der Moment des Eintritts, des Erwachens in den „Großen Atem“, in die Weite, ins groß gewordene eigene Herz.

Je mehr wir auch unsere ‚andere‘, unsere innere Hälfte (s. Vorwort und Zusammenfassung!) einbeziehen können, desto mehr Energie haben wir zur Verfügung.

c) Bewusstes Aufstehen und die Äquator-Erfahrungen nun übersetzen in die Bedingungen der aufgerichteten Körperhaltung.

Jetzt liegt die Äquator-Ebene in der Höhe des Zwerchfells und der ausgebreiteten Arme: unterhalb die Erd-Halbkugel, oberhalb die Himmels-Halbkugel.

Sich von der Herzmitte aus nach rechts und nach links bis in die Arme und bis in die Fingerspitzen hinein und andererseits vom Scheitel bis zur Fußsohle hin und zurück kreuzförmig durchströmen lassen im globalen Rund der viergeteilten Welt.

Erinnert sei hier an das Labyrinth-Bild von Chartres, Abb. 113, und besonders an die Abb. 83.

Literatur-Verzeichnis

Alexander, Gerda: Eutonie. Ein Weg der körperlichen Selbsterfahrung, Kösel, 1976

Asper, Kathrin: Schritte im Labyrinth, Walter-Verlag, Olten 1992

Benedetti, Gaetano, Hg.: Welt der Symbole, Sammlung Vandenhoeck, Göttingen 1989

Berger, Peter L.: Auf den Spuren der Engel, Die moderne Gesellschaft und die Wiederentdeckung der Transzendenz, Herder Spektrum, 1991

Bettelheim, Bruno: Kinder brauchen Märchen, dtv 1481, 1980

Betz, Felizitas: Heilbringer im Märchen. Einübung in schauendes Denken, Kösel, 1989

Betz, Otto: Der Leib als sichtbare Seele, Kreuz Verlag, 1991, und Labyrinth des Lebens, Herder, 1999

Ders.: Novalis, Im Einverständnis mit dem Geheimnis, Herderbücherei 773

Ders. u. Timm Schramm: Perlenlied und Thomas-Evangelium, Benziger 1985

Bindel, Ernst: Die ägyptischen Pyramiden als Zeugen vergangener Mysterienweisheit, Stuttgart 1979

Bittlinger, Arnold: Das Vaterunser, erlebt im Licht von Tiefenpsychologie und Chakrenmeditation, Kösel, 1990

Bleistein, Roman, Hg.: Türen nach Innen, Wege zur Meditation, Verlag für Gemeindepädagogik, München 1981

Blum-Heisenberg, Barbara: Die Symbolik des Wassers, Kösel, München 1988

Bohm, Werner: Die Lotosblumenkraft: Chakras, die Aktivierung der Lebenskräfte und Bewußtseinszentren im Menschen, O. W. Barth, 1974

Charpentier, Louis: Die Geheimnisse der Kathedrale von Chartres, Gaia Verlag, Köln 1983

Champeaux, Gerard de / Dom Sebastian Sterckx: Einführung in die Welt der Symbole, Zodiaque-Echter, Würzburg 1990

Dacqué, Edgar: Leben als Symbol, Metaphysik einer Entwicklungslehre, München u. Berlin 1929

Dychtwald, Ken: Körperbewußtsein, Synthesis Verlag, Essen 1981

Eickhoff, Hajo: Himmelsthron und Schaukelstuhl. Die Geschichte des Sitzens, Carl Hauser Verlag, 1993

Favier, Jean: Das Universum von Chartres, Kohlhammer, 1989

Feldenkrais, Moshé: Bewußtheit durch Bewegung, Suhrkamp TB 429, 1968

Feudel, Elfriede: Durchbruch zum Rhythmischen in der Erziehung, Klett Verlag, Stuttgart 1949

Fontana, Lucio: Prestel Verlag, 1983

Francis, Karl A.: Heilweg der Kabbala, H. Bauer Verlag, Freiburg 1987

Franz, Marie-Louise v.: Die Visionen des Niklaus von Flüe, Daimon Verlag, Zürich 1983

Dies.: Erlösungsmotive im Märchen, München 1986

Gebser, Jean: Ursprung und Gegenwart, dtv 894, 1973

Ders.: Abendländische Wandlung, Gesamtausgabe Bd. 1, Novalis Verlag, 1975

Gerl-Falkovitz, Hanna-Barbara: Edith Stein, Grünewald Verlag, Mainz 1991

Dies.: Nach dem Jahrhundert der Wölfe, Benziger Verlag, Zürich 1992

Dies.: Wider das Geistlose im Zeitgeist. Pfeiffer Verlag, München 1992

Gollwitzer, Gerhard: Die Menschengestalt, Anregungen zu einer anschaulichen Anthropologie, Klett, 1967

Guardini, Romano: Der Gegensatz, Versuche zu einer Philosophie des Lebendig-Konkreten, Grünewald Verlag, 1925

Ders.: Von heiligen Zeichen, Grünewald, 1929

Ders.: Christliches Bewußtsein – Versuche über Pascal, Verlag Hegner, Leipzig 1935

Ders.: Die Sinne und die religiöse Erkenntnis, Würzburg 1950

Ders.: Das Ende der Neuzeit, Werkbund Verlag, Würzburg 1951

Günther, Dorothee: Tanz als Bewegungsphänomen, Rororo 151/152 Hamburg 1962

Haas, Germaine: Symbolik und Magie in der Urgeschichte – ihre Bedeutung für den heutigen Menschen, Haupt Verlag, Bern u. Stuttgart 1992

Hark, Helmut: Der Traum als Gottes vergessene Sprache, Walter Verlag, 1988

Hildegard von Bingen: Scivias, Wisse die Wege, Otto Müller Verlag, Salzburg 1981

Dies.: Gott sehen. Texte christl. Mystiker, Serie Piper 522, 1985-87

Höhler, Gertrud: Die Bäume des Lebens. Baumsymbole in den Kulturen der Menschheit, Deutsche Verlags-Anstalt, Stuttgart 1985

I-Ging, Das Buch der Wandlungen, hg. von Richard Wilhelm, Eugen Diederich Verlag, Düsseldorf /Köln 1956

Jaskolski, Helmut: Das Labyrinth, Kreuz Verlag, Stuttgart 1994

Jawlensky, Alexej, Ausstellungskatalog München, Prestel-Verlag, 1983

Johnston, William: Der ruhende Punkt, Zen und christl. Mystik, Herder, 1974

Jung, Carl, Gustav: Symbole der Wandlung, Walter Verlag, Olten 1973

Ders.: Erinnerungen, Träume, Gedanken. Walter Verlag, Sonderausgabe 1992

Kaiser, Ursula: Das große Buch für Hobbymaler, Otto Maier Verlag, Ravensburg 1973

Keel, Othmar: Die Welt der altorientalischen Bildsymbolik und das Alte Testament, Benziger Verlag, 1972

Kern, Hermann: Labyrinthe, 5000 Jahre Gegenwart eines Urbildes. Prestel Verlag, München 1983

Kessler, Herbert: Das offenbare Geheimnis. Das Symbol als Wegweiser in das Unerforschliche und als angewandte Urkraft für die Lebensgestaltung, Aurum Verlag, 1988

Kessler, Christina: AMO ERGO SUM - Ich liebe also bin ich, Selbstrealisation, Arbor Verlag, 2002/2006

Dies.: Herzensqualitäten, Die Intelligenz der Liebe, Integral Verlag München, 2005

Kjellrup, Mariann: Bewußt mit dem Körper leben, Spannungsausgleich durch Eutonie. Ehrenwerth Beratungsbuch, München 1980

König, Marie E. P.: Die Frau im Kult der Eiszeit in ,Weib und Macht', Fischer TB 3716

Kriele, Martin/Spaemann, Robert, Hg.: Die Großen Arkana des Tarot. Meditationen, Herder, Basel 1983

Kuschel, Karl-Josef, Hg.: Lesebuch: Lust an der Erkenntnis: Die Theologie des 20. Jahrhunderts, Serie Piper 646, 1989

Lander, Hilda/Zohner, Regina: Meditatives Tanzen, Kreuz Verlag, 1987

Ledergerber, Karl: Mit den Augen des Herzens, Herder TB 1569, 1988

Lonegren, Sig: Labyrinthe, Frankfurt, Zweitausendeins, 1993

Lurker, Manfred: Der Kreis als Symbol, Rainer Wunderlich Verlag, Tübingen 1981

Ders.: Götter und Symbole der alten Ägypter, Bastei TB 64099, 1991

Mees, L. F. C.: Das menschliche Skelett, Form und Metamorphose, Urachhaus 1980

Middendorf, Ilse: Der erfahrbare Atem, Jungfermann Verlag, Paderborn 1984

Minick, Michael: Kung-Fu: Heilgymnastik und Fitneßtraining, O. W. Barth Verlag, 1982

Mohr, Gerd-Heinz: Lexikon der Symbole, Herder, Spektrum, Freiburg 1991

Mulack, Christa: Die Weiblichkeit Gottes, Matriarchale Voraussetzungen des Gottesbildes, Kreuz Verlag, 1983

Olsen, Andrea: Körpergeschichten. Das Abenteuer der Körpererfahrung, VAK Verlag, Freiburg 1994

Osterloh, Ina: Harmonikale Symbole der Antike, Handverlag W. Osterloh, Bremen 1980

Ostertag, Silvia: Einswerden mit sich selbst, Kösel, München 1981

Peterich, Eckart: Kleine Mythologie, Badischer Verlag, Freiburg 1949

Pearce, Joseph Chilton: Die eigene Welt des Kindes. Aufwachsen nach innerem Antrieb, Rowohlt Sachbuch 7370, Hamburg 1980

Plessner, Helmuth: Die Stufen des Organischen und der Mensch, Suhrkamp Verlag, Frankfurt/Main 1981

Poppelbaum, Hermann: Mensch und Tier, Fischer TB 5509, Hamburg 1981

Purce, Jill: Die Spirale, Symbol der Seelenreise, Kösel, München 1988

Rahner, Hugo: Griechische Mythen in christlicher Deutung, Herder, Basel 1984

Ranke-Graves, Robert v.: Griechische Mythologie, Reinbek Rororo Enzyklopädie 404, 1989

Rech, Photina: Inbild des Kosmos. Eine Symbolik der Schöpfung, Otto Müller, Salzburg 1966

Riedel, Ingrid: Formen. Kreis, Dreieck, Quadrat, Spirale. Reihe Symbole, Kreuz Verlag, 1985

Dies.: Marc Chagalls Grüner Christus, Walter Verlag, Olten 1985

Riemann, Fritz: Grundformen der Angst, Pfeiffer Verlag, 1976

Rosenberg, Alfons: Christliche Bildmeditation, Kösel, 1975

Ders.: Kreuzmeditation. Die Meditation des ganzen Menschen, Kösel, 1976

Ders.: Einführung in das Symbolverständnis. Ursymbole und ihre Wandlungen, Herder, 1984 u. 1992

Ders.: Wandlung des Kreuzes. Die Wiederentdeckung eines Ursymbols, Kösel, 1985

Ders.: W. A. Mozart, Der verborgene Abgrund, Texte und Thesen, Edition Interfrom AG, Zürich 1976

Ders.: Jesus der Mensch. Ein Fragment, Kösel, 1986

Schabert, Tilo: Stadtarchitektur – Spiegel der Welt, Benziger Verlag, Zürich 1990

Schellenberger, Bernhard: Treppen – Stufen des Lebens, Echter Verlag, 1989

Schipperges, Heinrich: Hildegard von Bingen, ein Zeichen für unsere Zeit, Knecht Verlag, 1981

Schmid, Wilhelm: Schönes Leben? Einführung in die Lebenskunst, Suhrkamp TB 3664, 2005

Ders.: Mit sich selbst befreundet sein, Suhrkamp TB 3882, 2007

Schönberger, Martin: Verborgener Schlüssel zum Leben. Weltformel I-Ging im genetischen Code, Scherz Verlag, Bern 1981

Scholem, Gershom: Von der mystischen Gestalt der Gottheit. Studien zu Grundbegriffen der Kabbala, Suhrkamp TB Wissenschaft, 1977

Schubart, Walter: Religion und Eros, Beck, München 1966

Schwenk, Theodor: Das sensible Chaos, Verlag freies Geistesleben, Stuttgart 1991

Sölle, Dorothee: O Grün des Fingers Gottes. Meditationen der Hildegard von Bingen, Peter Hammer Verlag, 1989

Steffensky, Fulbert: Feier des Lebens, Kreuz Verlag, 1988

Stock, Alex: Gesicht bekannt und fremd: Neue Wege zu Christus durch Bilder des 19. und 20. Jahrhunderts, Kösel, 1990

Strehlow, Wighard: Heilen mit der Kraft der Seele. Die Psychotherapie der heiligen Hildegard, Bauer Verlag, Freiburg 1993

Striedter, Karl-Heinz: Felsbilder der Sahara, Prestel Verlag, 1984

Teilhard de Chardin: Der Göttliche Bereich, Walter Verlag, Olten 1962

Ders.: Das Teilhard de Chardin-Lesebuch, ausgewählt von Günther Schiwy, Walter Verlag, Olten 1987

Tetzlaff, Ingeborg: Romanische Kapitelle in Frankreich, Dumont TB, 1985

Tompkins, Peter: Die Wiege der Sonne, Geheimnisse der mexikanischen Pyramiden, Knaur Verlag, 1980

Vollmar, Klausbernd: Chakren, Gräfe und Unzer, München 1989

Weiler, Cl., A. Jawlensky: Köpfe, Gesichte, Meditationen, Hanau 1970

Weinreb, Friedrich: Vom Geheimnis der mystischen Rose, Thauros-Verlag, Weiler/Allgäu 1983

Ders.: Zahl, Zeichen, Wort. Das symbolische Universum der Bibelsprache, Thauros Verlag, 1986

Ders.: Leiblichkeit. Unser Körper und seine Organe als Ausdruck des ewigen Menschen, Thauros Verlag, 1987

Ders.: Das Ende der Zeit, Thauros Verlag, 1991

Kleines Stichwortregister

Personen-Register

Alexander,Gerda
Bacon, Francis
Beckett, Samuel
Berger, Peter
Betz, Otto
Hildegard von Bingen
Carossa, Hans
Carus, Carl Gustav
Chagall, Marc
Charpentier, Louis
Da Vinci, Leonardo
Dacqué, Edgar
De Cardin, Teilhard
Domin, Hilde
Duchamp, Marcel
Eccles, John C.
Eickoff, Hajo
Einstein, Albert
Fontana, Lucio
Fromm, Erich
Gebser, Jean
Gerl-Falkowitz, Hanna-Barbara
Goethe, Johann Wolfgang von
Gollwitzer, Gerhard
Guardini, Romano
Guillevic, Eugéne
Hark, Helmut
Heer, Friedrich
Heidegger, Martin
Jawlensky, Alexej
Jung, Carl Gustav
Kandinsky, Wassily
Kaschnitz, Marie-Luise
Kerényi, Karl

Kern, Hermann
Kessler, Christina
Kessler, Herbert
Kirchgässner, Alfons
Klee, Paul
König, Marie
Kretschmer, Ernst
Lavater, Johann Kaspar
Lehmbruck, Wilhelm
Lonegren, Sig
Lurker, Manfred
Middendorf, Ilse
Mondrian, Piet
Mulack, Christa
Neumann, Erich
Ostertag, Silvia
Pascal, Blaise
Perls, Frederick S.
Picasso, Pablo
Purse, Jill
Rahner, Hugo
Rahner, Karl
Ranke-Graves, Robert von
Riedel, Ingrid
Rilke, Rainer Maria
Rosenberg, Alfons
Sachs, Nelly
Schlemmer, Oscar
Scholem, Gershom
Schönberger, Martin
Stein, Edith
Tillich, Paul
Weinreb, Friedrich

Abbildungsnachweis

Einband: Alexej Jawlensky, Urform, ©VG Bild-Kunst, Bonn 2000

1   Miniatur zum 1. Kap. der Genesis aus einer franz. Bible moralisé, © Wien, Österreichische Nationalbibliothek, Cod. 2754

2   Kosmos-Tafel aus dem Codex Latinum der Bibliotheca governativa Lucca, dort ©, aus: H.-J. Brandt, Hildegard von Bingen, Edition Werry, „Kleine Schriftenreihe" des Instituts für kirchengesch. Forschung des Bistums Essen

3   Die Anordnung der Sefiroth, aus: Karl A. Francis, Heilweg der Kabbala, Verlag Hermann Bauer, Freiburg/Br.

4   Pablo Picasso, Klassischer Kopf, © Succession Picasso/ VG Bild-Kunst, Bonn 2000

7   Skizze Stufenpyramide, aus: Othmar Keel, Die Welt der orientalischen Bildsymbolik

8   Skizze Pharao auf Urhügel, wie Abb. 7

12   L. Fontana, Attesa, aus: C. Schulz-Hoffmann, Lucio Fontana, Prestel-Verlag, München, © Teresita Fontana und Ugo Mulas

13   A. Paul Weber, Lithographie „Rückgrat raus", © VG Bild-Kunst, Bonn 2000

14   „KA"-Statue, Photo Jürgen Liepe, Berlin

15   Göttin Nut, aus: Erich Neumann, Die große Mutter, © British Museum

19   Bild eines Jüngers, aus: G. de Champeaux / Dom S. Sterckx, Einführung in die Welt der Symbole, Zodiaque/Echter Verlag, Würzburg

20   Schale aus Norwegen, dgl.

21   Die Vierheit der Welt, roman. Kapitell, Estany, aus: Diether Rudloff, Romanisches Katalonien, Urachhaus 1980

25   Christus in der Glorie, wie Abb. 19

26   Ballett, aus: „Schwäbische Zeitung"

27   Pol Mara, La fille en oeuf, Allan Frumkin Gallery, New York

28   Piet Mondrian, Victory Boogie-Woogie, aus: Umbro Apollonia, Mondrian und die Abstrakten, © 1973 für die deutschsprach. Ausgabe Schuler Verlagsgesellschaft mbH, München

29   Kuppelmosaik Moschee von Cordoba: aus einem Tourismus-Prospekt

30   Blick in den Turm des Freiburger Münsters, Postkarte Schöning & CO + Gebrüder Schmidt, Lübeck

31   abstrakte Frauenfigur, aus: H. Müller-Beck und G. Albrecht (Hg.), Die Anfänge der Kunst vor 30 000 Jahren, Konrad Theiss Verlag Stuttgart, 1987, Rechte: Mährisches Museum, Brünn

33   Fußbodenmosaik Markusdom, Foto Hildegard Marcus

36   Paul Klee, EROS, 1923, 115; Aquarell auf Papier; Privatbesitz, © VG Bild-Kunst, Bonn 2000

38, 39   Skizzen aus: Ina Osterloh, Harmonikale Symbole der Antike, Handverlag 1980

40   Der Weg der Sonne, aus: Peter Tompkins, Die Wiege der Sonne, © by Scherz Verlag, Bern und München

120   Labyrinth von Chartres, aus: wie Abb. 113
121   Labyrinth-Relief Lucca, aus: dgl.
124   Labyrinth-Skizze, aus: wie Abb. 114a
A   Majestas Domini, Hitda-Kodex, Beuroner Kunstverlag, Karte 2050
B   W. Kandinsky, Im schwarzen Quadrat, © VG Bild-Kunst, Bonn 2000

Anhang Körperübungen, Bewegungsfiguren: Ulrike Vetter, Leipzig

Leider war es nicht möglich, alle Rechteinhaber zu ermitteln.
Wir bitten die Übersehenen, sich mit dem Verlag in Verbindung zu setzen.

Zu meiner Person:

Geboren 1926 in Lippstadt/Westfalen

Studium für das höhere Lehramt in München in den Fächern Theologie, Germanistik und Leibeserziehung/Sport. Ich hatte das Glück, meine gymnastische Ausbildung zu erhalten durch Ruth Opitz und Rose Daiber. Beide waren Solotänzerinnen der Dorothee Günter-Schule, München, die stark geprägt war durch die Zusammenarbeit mit Carl Orff.

Staats- und Assessor-Examen.

Nach eineinhalb Jahren Schuldienst Heirat. Fünf Kinder.

Wohnort Weingarten/Oberschwaben.

Durchgehend starkes Interesse an philosophischen und theologischen Fragen und Entwicklungen und an der Bildenden Kunst.

Gasthörerin an der Pädagogischen Hochschule Weingarten.

Weiterbildung und Lehrpraxis in funktioneller und tänzerischer Gymnastik (Jazz-, Modern-, Primitive- und Afro-dance).

Etwa zehn Jahre lang Teilnahme an Kursen des Symbolforschers Alfons Rosenberg und an Eutonie-Kursen bei Gerda Alexander und bei deren Schülerinnen in St. Gerold/Österreich, Großes Walsertal und an anderen Orten.

1986 bis 1994 Dozentin an der Volkshochschule Weingarten.

Innerhalb dieser Tätigkeit schriftliches Reflektieren und Ausarbeiten meines jeweiligen Semesterprogramms und schließlich Zusammenfassung der so gereiften eigenen Konzeption in der vorliegenden Arbeit.

Über 30 Jahre lang Leiterin einer Frauengruppe wöchentlich in funktioneller und tänzerischer Gymnastik im Rahmen der Pädagogischen Hochschule Weingarten.

Notizen

Notizen